Thomas Schübel
Einführung in die Gestaltpädagogik

Thomas Schübel

Einführung in die Gestaltpädagogik

Kontakt und Dialog im pädagogischen Alltag

Der Autor

Thomas Schübel, Prof. Dr., Professor für Soziale Arbeit an der IU Duales Studium München, Pädagoge und Soziologe, Gestalttherapeut (DVG), Supervisor, Redaktionsmitglied der Zeitschrift Gestalttherapie, langjährige Tätigkeit in sozialpsychiatrischen Einrichtungen und in anderen Feldern der Sozialen Arbeit.

Dieses Buch ist erhältlich als:
ISBN 978-3-7799-6796-5 Print
ISBN 978-3-7799-6797-2 E-Book (PDF)

1. Auflage 2023

in der Verlagsgruppe Beltz · Weinheim Basel
Werderstraße 10, 69469 Weinheim

Herstellung und Satz: Ulrike Poppel
Druck und Bindung: Beltz Grafische Betriebe, Bad Langensalza
Beltz Grafische Betriebe ist ein klimaneutrales Unternehmen (ID 15985-2104-100)
Printed in Germany

Weitere Informationen zu unseren Autor:innen und Titeln finden Sie unter: www.beltz.de

Inhalt

Vorwort

Dieses Buch entstand eigentlich aus einer Not heraus. In der Absicht, Studierende mit den Grundlagen der Gestaltpädagogik vertraut zu machen, suchte ich vergeblich nach aktueller, einführender Literatur. Vor allem in Schulen und sozial- bzw. heilpädagogischen Einrichtungen sind Fachkräfte heute massiv konfrontiert mit pädagogisch kaum noch handhabbaren, zum Teil stets aufs Neue eskalierenden Situationen. „Beziehung" oder „Bezwingung" scheinen die beiden entgegengesetzten Ufer zu heißen, bei denen Fachkräfte die Wahl haben, an welchem Fels sie lieber zerschellen wollen. Oft wird das eine Ufer auch als „Therapie", das andere als „Erziehung" bezeichnet. Ich habe selbst in der Praxis oft die Erfahrung machen müssen, dass wenn alles „therapeutische" Verstehen nichts mehr half, „pädagogische" Seiten aufgezogen werden sollten. Ein Missverständnis! Pädagogik ist etwas völlig anderes als bloße Belehrung und Disziplinierung. Ich werde in diesem Buch Möglichkeiten für pädagogisches Handeln entfalten, die auch schwierigen Praxisanforderungen standhalten. Angesichts der Zunahme seelischer Belastungen (bei den pädagogischen Adressat*innen ebenso wie bei vielen Fachkräften) scheint eine solche Pädagogik nötiger denn je.

Das Buch ist als Einführung in die Gestaltpädagogik gedacht. Gleichzeitig unternimmt es den Versuch, Gestaltpädagogik systematisch darzustellen, um sie dadurch noch stärker wissenschaftlich, vor allem bildungs- und erziehungswissenschaftlich, zu verankern. Ein solches Unterfangen ist von praktischem Nutzen. Aufgabe von Wissenschaft ist es, Zusammenhänge zu verdeutlichen und systematisch zu ordnen. In Aussicht steht, Gestaltpädagogik nicht nur als Handlungskonzept darzulegen, sondern auch zu verdeutlichen, warum sie funktioniert. Die Sprache der Gestaltpädagogik schärft den Blick dafür, was eigentlich in anspruchsvollen pädagogischen Situationen (vor allem auf der Beziehungsebene) genau passiert. Rezepte kann dieses Buch nicht bieten (die gibt es in der Pädagogik nicht), aber es kann helfen, die eigene Beobachtungsfähigkeit zu schulen und fachliches Wissen besser mit der eigenen Intuition zu verknüpfen. Gestaltpädagogik ist eine Pädagogik, die funktioniert und die erlernt werden kann.

Die vorliegende Einführung versteht Gestaltpädagogik als einen eigenständigen Ansatz, der sich aus der Gestalttherapie heraus entwickelt hat. Kontakt und Dialog werden die Schlüsselbegriffe sein. Nur am Rande geht es dabei um Didaktik, weil pädagogisches Handeln sehr viel mehr ist als Unterrichten. Es geht darum, Bildung, Erziehen und Lernen in allen pädagogischen Handlungsfeldern als ein Beziehungsgeschehen zu beleuchten und dabei die Menschen und die Menschlichkeit in den Mittelpunkt zu stellen.

Diesem Anliegen ist das Buch verpflichtet. Herausgekommen ist mit der vorliegenden Einführung in die Gestaltpädagogik ein Buch, das theoretische Systematisierung und praktische Bezugnahme zu vereinen sucht. Dies mag dazu führen, dass es manchen zu wenig praxisorientiert und anderen zu wenig (erziehungs)wissenschaftlich ausgerichtet ist. Damit muss ich leben. Mir ist es wichtig, die Gestaltpädagogik theoretisch fundiert darzustellen, gerade weil sie von hoher Praxisrelevanz ist. Die zahlreichen Literaturverweise sollen zum vertieften Weiterlesen einladen, sie dienen vor allem aber zur theoretischen Einordnung, die ich im Rahmen dieser Einführung an vielen Stellen aus nachvollziehbaren Gründen jeweils nur andeuten kann.

Das Ganze ist etwas anderes als die Summe seiner Teile. Mein Ziel war, den aktuellen Stand der Literatur möglichst vollständig zu berücksichtigen. Gleichzeitig enthält eine systematische Darstellung der Gestaltpädagogik, wie ich sie hier verfolge, auch neue Ideen und Gesichtspunkte, um die einzelnen Ansätze zu einem Ganzen zu verbinden. Bei allen meinen Ausführungen bin ich mir bewusst, dass es sich hier um *meine* Sicht auf die Gestaltpädagogik handelt. An mancher Stelle unternehme ich den Versuch, Theorie und Praxis in anderer Weise darzustellen, als dies bislang üblich war. Andere hätten gewiss ihre eigenen interessanten Schwerpunkte gesetzt. Ich versuche in dieser Einführung, eine eigenständig konturierte, an der Idee des „Kontakts" ausgerichtete, handlungsfeldübergreifende Gestaltpädagogik zu entwerfen, die gleichzeitig (um mit Talcott Parsons zu sprechen) „auf den Schultern von Riesen" steht. Zu nennen sind für mich diejenigen, die im deutschsprachigen Raum die Gestaltpädagogik etabliert haben, sie durch Publikationen bekannt gemacht und weiterentwickelt haben sowie im Rahmen von Weiterbildungen weitergegeben haben (vgl. einige dieser Autor*innen in Schübel 2023). Vor allem seien diejenigen Kolleg*innen bedankt, die die Gestaltpädagogik tagtäglich in der Praxis umsetzen. All jenen ist dieses Buch gewidmet. Ich bin davon überzeugt, dass durch die Gestaltpädagogik die Welt ein besserer Ort werden kann. Zumindest ist es die beste pädagogische Idee, die ich kenne.

München und Chiemgau im Februar 2023
Thomas Schübel

1 Einleitung: Die Idee der Gestaltpädagogik

Vor allem im Erziehungsbereich ist es wichtiger denn je, mit herausfordernden Aufgaben gut umgehen zu können. „Überforderte Eltern", „Erziehungsnotstand", „Disziplinprobleme", „Respektlosigkeit", „Schulchaos": Ein Blick in Wissenschaft, Publizistik und Medien könnte vermuten lassen, dass Eltern und berufsmäßigen Pädagog*innen alles gelingt, nur kein funktionierender Umgang mit Kindern und Jugendlichen. Über letztere wiederum heißt es, sie seien ebenfalls „überfordert", litten bis zu 50 Prozent an „ADHS", seien „depressiv", „aggressiv" und „tyrannisch". Längst schallt der Ruf nach mehr „Disziplin" statt „Kuschelpädagogik" sowie nach mehr „Psychotherapie". Es gibt bereits Modellprojekte, in denen Lehrkräfte prophylaktisch eine Art Crashkurs in psychiatrischer Diagnostik erhalten. „Eine ganze Generation wird krankgeschrieben", titelte die Deutsche Gesellschaft für Soziale Psychiatrie (DGSP 2013, vgl. zuvor DeGrandpre 2003) angesichts der drastisch gestiegenen psychiatrischen Diagnosezahlen bei Kindern und Jugendlichen. Um die pädagogische Alltagsarbeit mag es in Wahrheit nicht so drastisch bestellt sein, wie diese Schlagworte es erscheinen lassen. Und doch sind die pädagogischen Aufgaben von Bildung, Erziehung und Hilfe sehr komplex geworden. Die Diversität einer individualisierten, pluralistischen, liberalen Gesellschaft führt zu teils hitzigen Debatten über richtiges pädagogisches Handeln. In einer aufgeklärten, gebildeten Gesellschaft gibt es aus guten Gründen mehr Diskussionsbedarf über Bildung und Erziehung. Die Zeiten sind vorbei, als pädagogische Probleme ganz einfach mit dem Verweis auf „Disziplin- und Motivationsprobleme" beantwortet wurden – und das ist gut so.

Gestiegene Ansprüche an pädagogische Beziehungen

Bis in die 1990er Jahre ging es in reformerisch eingestellten pädagogischen Ansätzen wie der Gestaltpädagogik vor allem darum, die rigiden Strukturen in Schulen und anderen pädagogischen Einrichtungen aufzubrechen, um bei Kindern, Jugendlichen und Erwachsenen Selbstbefreiung und Selbstausdruck, Authentizität und Kreativität zu fördern. Heute geht es (zusätzlich) um die Frage, wie eine durch und durch psychologisierte und individualisierte Gesellschaft eigentlich zusammenfinden kann (gesamtgesellschaftlich ebenso wie in jeder einzelnen Schulklasse oder Wohnheimgruppe), wie wir mit den uns überflutenden medialen Eindrücken, Dauererreichbarkeiten, sozialen Blasen, Fakes und Likes umgehen können, ohne in reizbarer Dauererregung oder überforderter Erschöpfung zu landen und ohne in den pädagogischen Institutionen genau jene sozialen Konflikte erneut zu reproduzieren, die unsere Gesellschaft schon zu genüge unter Stress setzen. Was bedeutet das für pädagogische Beziehungen?

Die öffentliche Sicht auf Bildung, Erziehung und Lernen hat sich in den letzten Jahrzehnten enorm gewandelt. Es ist längst fachlicher Konsens (auch wenn das deshalb lange noch nicht überall Praxis ist), dass sich Lernprozesse nicht von außen steuern lassen, dass Bildung nicht hergestellt und Erziehung nicht einfach „gemacht" werden kann. Trotzdem ist wohl anzunehmen, dass pädagogisches Handeln etwas ist, das tagtäglich einigermaßen funktioniert und das vermutlich in den meisten Fällen recht friedlich vonstattengeht. Gleichzeitig fühlen sich viele Eltern überfordert, gehen Lehrer*innen erschöpft in Rente, verzweifeln Erzieher*innen an ihrer Aufgabe, und in manchen sozialpädagogischen Berufsfeldern herrscht eine Personalfluktuation in auffälliger Höhe.

Wie auch immer die Bildungs- und Erziehungssituation hierzulande einzuschätzen ist, in jedem Fall scheint es sich um eine anspruchsvolle und umstrittene Angelegenheit zu handeln, sei es in einzelnen Alltagssituationen oder in wiederkehrenden Problemkonstellationen. Wenn das morgendliche Aus-dem-Haus-Gehen einer Familie täglich aufs Neue ins Chaos abzugleiten droht, Essenssituationen im Kindergarten zu scheinbar nicht mehr bewältigbaren Organisationsaufgaben werden oder wenn es in einer Schulklasse ständig eskaliert, spätestens dann stellt sich die Frage, wie Kinder und Jugendliche auch unter schwierigen Bedingungen pädagogisch erreicht werden können. Warum flippt der fünfjährige Johan so aus – ich habe ihn doch nur gefragt, was er essen will? Wieso will die zwölfjährige Tasha nicht mit mir reden – ich will ihr doch nichts Böses? Warum rennt der 13-jährige Lars die ganze Zeit herum – ich will doch nur, dass alle ein wenig aufeinander eingehen? Warum ist der 16-jährige Mike so unerreichbar und abwesend – ich bin doch nun wirklich geduldig mit ihm? Wie kommt es, dass ich jeden Tag mit der 15-jährigen Amira streite – ich bin doch wirklich sehr vorsichtig mit ihr ...? In der Wissenschaft der Pädagogik ist Beziehung ein großes Thema. Wie sie jedoch gelingen kann, dafür gibt es nur wenig Konkretes. Beziehungsorientierung ist in aller Munde. Nur: Wie geht das?

Die Beziehung zu Kindern und Jugendlichen ist komplexer geworden durch die gute, aber kulturell vergleichsweise junge Idee, mit ihnen in einen echten Austausch zu gehen, statt ihnen lediglich zu sagen, was sie tun und lassen sollen. Mit dem Anspruch, Bildung- und Erziehungssituationen als Interaktion zu gestalten, müssen pädagogische Situationen sehr viel mehr als früher im Sinne von Kommunikationssituationen bewältigt werden. Dazu kommen dann noch die an jedem pädagogischen Ort wirkenden gesellschaftlichen Herausforderungen. Sozial ungleiche und ungerechte Lebensverhältnisse führen bei vielen Adressat*innen der Pädagogik zu prekären Einkommensverhältnissen und räumlicher Enge, zu psychischen Dauerbelastungen und familiären Konflikten, zu Stigmatisierungs- und Gewalterfahrungen. Hinzu kommt das Dauerfeuer der Medien- und Konsumgesellschaft in einer kapitalistischen Gesellschaft, die Leistung predigt und Erfolg meint. Das allein kann bereits dazu führen, dass Menschen wenig Hoffnung in die Angebote setzen, die ihnen von pädagogischer Seite gemacht werden, beispielweise Jugendliche, die scheinbar aufgegeben haben, noch irgendetwas zu wollen (ob in der Schule oder im Kontext der Familienhilfe). Gleichzeitig hat Pädagogik die Aufgabe, ihren Adressat*innen immer wieder Angebote zu machen. Sie hat im Unterschied zur Therapie „die schwierige und von ihren Adressaten nicht immer wertgeschätzte Aufgabe, etwas von ihnen wollen zu sollen", so fasst Ilse Bürmann (2003, 113) das pädagogische Dilemma zusammen. Die pädagogische Erreichbarkeit scheitert aber nicht nur daran, dass viele ihrer Adressat*innen sich scheinbar verweigern. Sie scheitert zudem oft an eskalierenden Konflikten im Umgang miteinander. Mehr denn je geraten pädagogische Situationen aus dem Ruder, die von allen Beteiligten deshalb als schwierig erlebt werden, weil es scheinbar zum kompletten Auseinanderklaffen von Sichtweisen, Werten und Einstellungen kommt. Unter solchen Bedingungen werden Beziehungsaspekte zu entscheidenden Faktoren pädagogischer Professionalität.

Pädagogik ist eine spezielle Form der Interaktion. Es braucht daher eine Theorie der menschlichen und im Konkreten der pädagogischen Beziehung, ein anschauliches Modell, das in der jeweiligen Situation Optionen für geeignetes pädagogisches Handeln aufzeigt, um einen fruchtbaren pädagogischen Kontakt zu ermöglichen. Die Gestaltpädagogik hat ein solches Modell zu bieten. Mehr noch: Ihr Konzept des Kontakts fußt auf einer Vorstellung darüber, was es generell heißt, in Beziehung zu sein, sich zu beziehen auf etwas oder jemanden: im Kontakt mit sich, mit anderen, mit der Welt. Denn die pädagogische Beziehung ist wahrlich nicht die einzige Beziehung, die für die Adressat*innen der Pädagogik relevant ist.

Beziehungsorientierung

Das Fundament der Gestaltpädagogik ist ihre Beziehungsorientierung. Damit liefert sie genau das, was eine „zukunftsfähige Bildung und Erziehung" (Schübel 2023) aktuell braucht: Möglichkeiten, um Kinder, Jugendliche und Erwachsene selbst unter schwierigen Bedingungen pädagogisch zu erreichen, in Kindergarten, Schule, sozial- und heilpädagogischen Einrichtungen, in Angeboten der Sozialen Arbeit und der Erwachsenenbildung. Gestaltpädagogik fördert persönlich bedeutsames Lernen. Statt entfremdetes Wissen zu „vermitteln" oder vorgegebene Veränderungsanforderungen „umsetzen" zu wollen, ermöglicht sie Kindern, Jugendlichen und Erwachsenen eigene bedeutsame Erfahrungen mittels einer unterstützenden Umgebung. Gestaltpädagogik ist ein erfahrungsorientierter Handlungsansatz, der theoretische Konzepte und methodische Überlegungen der Gestalttherapie integriert und eigenständig im Rahmen pädagogischer Professionalität zur Geltung bringt. Erfahrungsorientierung bedeutet, die Erfahrungen jedes einzelnen Menschen in den Mittelpunkt zu stellen: sowohl diejenigen Erfahrungen, die ein bestimmter Mensch im eigenen Leben gemacht hat, als auch solche, die ein Mensch jetzt gerade in der pädagogischen Situation macht.

Die Gestaltpädagogik hat sich aus der Gestalttherapie als ein eigenständiger Ansatz entwickelt. Sie ist nicht einfach nur angewandte Gestalttherapie. Gerade die Abgrenzung zur Therapie wird in dieser Einführung immer wieder eine Rolle spielen. Pädagogik ist ebenso wie Therapie zuständig für schwierige Beziehungssituationen, sie hat allerdings einen anderen Auftrag, den es im Rahmen dieser Einführung herauszuarbeiten gilt. Pädagogik ist keine Therapie, aber Therapie ersetzt auch keine Pädagogik. Es scheint sich eine seltsame Arbeitsteilung eingeschlichen zu haben zwischen Pädagogik und Psychotherapie/Psychiatrie, als ob die erste für Routinesituationen im Umgang mit Kindern, Jugendlichen und Erwachsenen zuständig wäre und die zweite sofort die Stellung zu übernehmen hätte, wenn es schwierig wird, wenn es zu emotionalen Ausbrüchen kommt, wenn Situationen eskalieren und Verhaltensweisen hohe Anforderungen stellen. Roland Stein (2020, 74) hat aus heilpädagogischer Perspektive angemerkt, dass das Umgehen mit besonders schwierigen Bedingungen, für die früher der Ruf nach therapeutisch-heilpädagogischen Maßnahmen ertönte, „mit der Zeit zu eher üblichen allgemeinen Kennzeichen guter pädagogischer Arbeit" geworden seien. Angesichts der aktuellen Herausforderungen im Bildungs-, Erziehungs- und Sozialwesen braucht es eine Pädagogik, die mit schwierigen emotionalen und Beziehungssituationen ebenso effektiv umgehen kann, wie dies leider oft nur therapeutischen Interventionen zugetraut wird.

Kontakt

Die Grundidee des Gestaltansatzes besteht darin, dass der Mensch immer schon im Kontakt ist zu seiner Umwelt, also in Beziehung steht zur Welt, in der er*sie lebt („Person/Umwelt-Feld"). Zu dieser Welt gehören natürlich zuvorderst die anderen Menschen, aber auch alle anderen Lebewesen, die Welt der Ideen und Gedanken, Stimmungs- und Gefühlswelten, die geistige Welt und die Welt der Spiritualität. Was hier so grundsätzlich anklingt, ist so auch gemeint. Es wird sich aber im Durchgang durch die einzelnen Bausteine der Gestaltpädagogik zeigen, dass das sehr grundsätzliche Kontaktkonzept, so abstrakt es zunächst erscheinen mag, ein sehr handfestes, bodenständiges Konzept ist, das eine Fülle von Alltagserfahrungen zur Sprache bringt. Letztlich ist mit „Kontakt" nichts anderes angesprochen als das, was die Lebensaufgabe eines jeden Menschen ist, nämlich das „eigene Leben auf die Reihe zu kriegen", in Bezug auf sich selbst und im Umgang mit anderen. Die Gestaltpädagogik hat keine vorgefertigten Rezepte dafür, wie das geht. Menschen sind keine Maschinen, es gibt keine Anleitung. Aber die Gestaltpädagogik hat Methoden, um in einer pädagogischen Situation gemeinsam herauszufinden, welcher Weg sinnvoll sein könnte. Das gelingt ihr, weil sie eine Sprache für Beziehungserfahrungen entwickelt hat, eine Sprache des Kontakts.

Um den widersprüchlichen und unsicheren Anforderungsstrukturen der späten Moderne gerecht zu werden, kann es nicht genügen, lediglich eine pädagogische Programmatik zu formulieren, und sei sie in der Praxis noch so tauglich.

Die Flut an publizierten Programmatiken und Ratgebern ist ja gerade ein Teil der Orientierungslosigkeit in Sachen Erziehung. Es bedarf der fachlichen Einordnung pädagogischen Handelns entlang erziehungs- und bildungswissenschaftlicher Kriterien. Gestaltpädagogik ist aus der Praxis entstanden. Gleichzeitig gibt es kaum einen pädagogischen Ansatz, der so anschlussfähig an erziehungswissenschaftliche Theorien ist wie diese. Es gibt bereits differenziert vorgenommene bildungstheoretische Ausdeutungen der Gestaltpädagogik, wie sie insbesondere von Ilse Bürmann, Jörg Bürmann und Günther Holzapfel vorgenommen wurden. Darüber hinausgehend hält die erziehungswissenschaftliche Entwicklung der letzten gut zwanzig Jahre zahlreiche weitere Anschlussmöglichkeiten für die Gestaltpädagogik bereit: von Theorien pädagogischen Handelns in der Allgemeinen Pädagogik über die verstärkte Rezeption entwicklungspsychologischer Erkenntnisse der Säuglingsforschung bis hin zur phänomenologischen Erziehungswissenschaft. Für die praktische Anwendung mag der Punkt wissenschaftlicher Anschlussfähigkeit nebensächlich erscheinen. Und doch: Die Ansprüche von Pädagog*innen in der Praxis sind gestiegen. Vor sich selbst wie vor anderen muss pädagogisches Handeln heute in ganz anderer Weise fachlich gerechtfertigt werden als früher.

Zu diesem Buch

Ausgehend von den bisherigen Überlegungen werde ich in dieser Einführung die Gestaltpädagogik als einen Ansatz darstellen,

- der für aktuelle pädagogische Herausforderungen Antworten bereithält, praktisch bewährt und theoretisch begründet;
- der Lern- und Veränderungsprozesse als Erfahrungsprozesse tiefgreifend versteht und auf dieser Grundlage eine Tiefendimension der pädagogischen Beziehung entfaltet;
- der Nähe und Distanz im Gleichgewicht hält durch einen anerkennenden dialogischen Beziehungsrahmen;
- und der auch und gerade in schwierigen Situationen funktioniert.

Ich werde in diesem Buch einen speziellen Akzent setzen: nämlich die strikte Ausrichtung auf eine *kontaktorientierte* Gestaltpädagogik. Dazu gilt es zunächst, die Entwicklung der Gestaltpädagogik aus der Gestalttherapie darzustellen, als eigenständige pädagogische Theorie und Praxis. Auf diese Weise entsteht eine erste Skizze zur Grundidee der Gestaltpädagogik vor dem Hintergrund ihrer Entstehungsgeschichte (Kapitel 2). Anschließend werden die paradigmatischen Grundpfeiler des Gestaltansatzes dargestellt, die den Rahmen setzen, innerhalb dessen sich gestaltpädagogisches Denken und Handeln bewegt. Dieser Rahmen lässt verstehen, wie die Gestaltpädagogik „tickt", was ihre Grundannahmen sind und worin sie sich von anderen Denkweisen unterscheidet. Vor allem vermittelt dieser Rahmen ein Verständnis des gestaltpädagogischen Menschenbilds, was wesentlich ist, um nachvollziehen zu können, wie die Gestaltpädagogik über Pädagogik nachdenkt und warum sie das so und nicht anders tut (Kapitel 3). Im Anschluss wird die entwicklungspsychologische Fundierung der Gestaltpädagogik beleuchtet, somit das Bild, das sich der Gestaltansatz vom Aufwachsen des Menschen als einem Hineinwachsen in die Welt macht (Kapitel 4). Diese grundsätzlichen Überlegungen ermöglichen schließlich eine differenzierte Einführung in die Kontakttheorie des Gestaltansatzes – das theoretische Herz der Gestaltpädagogik. Mit der ausführlichen Darlegung des Kontaktkonzepts wird der gestaltpädagogische Blick auf Beziehungen verständlich (Kapitel 5). Die Kontakttheorie wird noch ergänzt um den Dialog als weitere Grundform des Kontakts. Eine dialogische Grundhaltung ist in der Gestaltpädagogik Ausgangspunkt kontaktorientierten Handelns (Kapitel 6).

Bis zum sechsten Kapitel geht es stets um die gemeinsamen theoretischen Wurzeln von Gestalttherapie und Gestaltpädagogik (was ich als „Gestaltansatz" zusammenfasse). Die eigentliche Konturierung der Gestaltpädagogik beginnt mit der Erörterung ihres bildungstheoretischen Ausgangspunkts. Hier geht es zunächst darum zu zeigen, was die Gestaltpädagogik unter Bildung und Lernen versteht (Kapitel 7). Im Anschluss unterscheide ich vier Grundaspekte gestaltpädagogischen Handelns: dialogisches, bildungsorientiertes, störungsorientiertes und pädagogisch-therapeutisches Handeln (Kapitel 8). Weil die beste Pädagogik nicht funktionieren kann, wenn sie unter schlechten Rahmenbedingungen stattfindet, werden die strukturellen und gesellschaftlich-politischen Rahmenbedingungen pädagogischen Handelns betrachtet. Selbstverständnis der Gestaltpädagogik ist es, nicht nur für das Handeln, sondern auch für dessen Bedingungen fachlich Verantwortung zu tragen. Pädagogik ist mehr als nur Beziehungsarbeit (Kapitel 9). Wie Gestaltpädagogik umsetzen? Das ist die Abschlussfrage, die ich mit einem gestaltpädagogischen Handlungsrahmen beantworte, gewissermaßen als Quintessenz des bis dahin Gesagten. Mit Blick auf den Anwendungsfall „ADHS" werde ich darlegen, wie gestaltpädagogisches Denken und Handeln in der Praxis umgesetzt werden kann (Kapitel 10). Im Schlusskapitel fasse ich das Wichtigste noch einmal kurz zusammen (Kapitel 11).

Gestaltpädagogik ist ein fachlich begründbarer, menschlich intuitiv zugänglicher und praktisch wirksamer Ansatz. Das gilt es im Folgenden zu belegen.

2 Von der Gestalttherapie zur Gestaltpädagogik: „Pädagogik vom Menschen aus"

Gestaltpädagogik ist eine „Pädagogik vom Menschen aus" (Burow 1988, 78). Sie ist eine Pädagogik, die Menschen in ihren Erfahrungen und Lebensgeschichten ernst nimmt und sie dabei unterstützt, ihren eigenen Lebensweg im gesamtgesellschaftlichen Miteinander zu gehen. Die Geschichte der Gestaltpädagogik reicht bis in die Anfangstage der Gestalttherapie in den 1950er Jahren zurück. Seit etwa fünfzig Jahren gehört sie, von da an unter diesem Namen (Petzold & Brown 1977), zum Kanon der humanistischen Pädagogik (wie beispielweise auch der personzentrierte Ansatz von Carl Rogers, vgl. den Überblick bei Dauber 2009). Im Folgenden möchte ich kurz die Entstehungsgeschichte der Gestaltpädagogik darlegen, um auf diese Weise ihre Grund- und Gründungsideen zu verdeutlichen. Ein Blick in ihre Geschichte ist hilfreich, um ihre bewährten Ideen mit aktuellen Herausforderungen abzugleichen. Dazu werde ich zunächst die Gestalt*therapie* in ihren Grundzügen skizzieren (2.1) und anschließend die Entwicklungsgeschichte der Gestalt*pädagogik* darstellen (2.2).

2.1 Von der Gestalttherapie …

Die Gestalttherapie wurde durch das Ehepaar Friedrich (bzw. Frederick, „Fritz") Salomon Perls (1893–1970) und Laura („Lore") Perls (1905–1990) sowie durch Paul Goodman (1911–1972) begründet. Es handelt sich um einen eigenständigen Ansatz der Psychotherapie, der von Beginn an nicht nur für den therapeutischen Kontext konzipiert war, sondern „excitement and growth in the human personality" anstrebte (im Deutschen etwas unglücklich übersetzt mit „Grundlagen der Lebensfreude und Persönlichkeitsentfaltung"), so jedenfalls der Untertitel des Grundlagenwerks „Gestalt Therapy", verfasst von Frederick Perls, Ralph F. Hefferline und Paul Goodman (1951, dt. Übers. erstm. 1979). Gestalttherapie versteht sich als Weg des Lernens und Wachsens an sich selbst und mit anderen. Die folgenden Zitate sollen eine erste Annäherung an die Gestalttherapie erlauben. Unter anderen wird in den Aussagen das Menschendbild der Gestalttherapie sowie ihre Herangehensweise an die Arbeit mit Menschen deutlich.

> Gestalttherapie ist ein existenzieller Ansatz; das bedeutet, dass wir nicht nur damit beschäftigt sind, Symptome oder Charakterstrukturen zu behandeln, sondern dass wir mit der ganzen Existenz eines Menschen befasst sind. (Perls 2002 [1969], 74)

> Die Gestalttherapie ist ein modernes psychotherapeutisches Verfahren, das sich weniger an dem traditionellen medizinischen Krankheitsmodell und festgelegten Normen davon orientiert, was als „richtig" und „falsch" oder als „gesund" und „krank" gilt. (Staemmler 2009, 11)

> Gestalttherapie ist ein existenziell-phänomenologischer Ansatz und als solcher erfahrungsbezogen und experimentell. (L. Perls 1999, 177)

> *Experientiell* ist die Gestalttherapie, weil sich der dialogische Erforschungsprozess auf das unmittelbare Erleben (in Abgrenzung etwa zum abgespaltenen abstrakten Denken) bezieht; *existenziell*, weil immer die Personen in ihrer Lebenssituation und die Auseinandersetzung mit dem jeweiligen Umweltfeld der Inhalt gestalttherapeutischer Arbeit sind (...); *experimentell* schließlich ist die Gestalttherapie, weil sie die Entwicklung des Lebendigen nicht für determinierbar hält, sondern nur immer wieder etwas Neues versucht werden kann ohne Garantie für den Ausgang dieses Versuchs. (Fuhr 2017, 425 f., Hervorh. i. O.)

Gestalttherapie wird in den obigen Zitaten deutlich als ein ganzheitlicher Ansatz, der Menschen nicht auf psychische Störungen reduziert, sondern mit ihnen im Dialog speziell für ihre individuelle Lebenssituation nach hilfreichen Erfahrungen sucht, die für sie subjektiv bedeutsam sind: geistig, seelisch, emotional, körperlich.

> Die Gestalttherapie ist ein Verfahren, das aus einem wachstumsfördernden, mehrschichtigen, therapeutischen Beziehungsverständnis sowie aus seinem humanistischen Menschenbild heraus mit einer phänomenologischen Zugangsweise (...), ein erlebnis-, ressourcen- sowie ein lösungsorientiertes Bewusstwerdungsangebot macht, das hilft, in Achtsamkeit die innere und äußere Situation klarer zu erkennen. (Hartmann-Kottek 2011, 157)

In der Gestalttherapie geht es darum, das Gewahrsein (Achtsamkeit) für die eigene (innere und äußere) Situation zu fördern. Das Herzstück ihrer Theorie besteht darin, den Menschen stets im *Kontakt* zu sehen mit seinem Umfeld, statt ihn isoliert zu betrachten (zur Kontakttheorie siehe Kapitel 5). „Kontakt" ist gleichzeitig auch das Prinzip des therapeutischen Handelns:

> Theorie und Praxis der Gestalttherapie rücken den menschlichen Kontaktprozess in den Mittelpunkt der therapeutischen Arbeit. Die Bewusstwerdung der im Kontakt bei Therapeut und Patient auftauchenden Impulse, Gefühle und Bedürfnisse nimmt

> im therapeutischen Dialog einen zentralen Platz ein. Angenommen wird als elementarer Prozess der Heilung, dass der dialogische Erfahrungsprozess in der Therapie direkt den inneren Dialog des Patienten und darüber auch seine persönlichen Interaktionen in der Welt beeinflusst. (Strümpfel 2006, 32)

Der Kontakt zwischen Therapeut*in und Klient*in spielt eine entscheidende Rolle in der Gestalttherapie, weil Menschen an einer stimmigen Beziehung heilen können. Darüber hinaus geht es darum, dass von der therapeutischen Beziehung ausgehend die Klient*innen auch in ihrem übrigen Leben lernen, anders mit sich und mit anderen umzugehen. Unter seelischer Gesundheit versteht die Gestalttherapie einen „guten Kontakt" mit sich selbst in der Welt, eine stimmige Passung zwischen sich und der Umwelt. Gestalttherapeutische Methoden zielen ab auf einen besseren Kontakt mit sich selbst im Kontakt mit dem Außen, das heißt mit anderen Menschen und mit den Dingen in der Welt. Es handelt sich um eine Art Achtsamkeitstherapie mit bald achtzigjähriger Geschichte.

Die Gestalttherapie hat die Entstehung manch anderer Therapierichtung maßgeblich beeinflusst. Allen voran basiert die Emotionsfokussierte Therapie (EFT) (Greenberg 2006) in weiten Teilen auf der Gestalttherapie (Greenberg et al. 2003, 77 ff., Strümpfel 2006, 78 ff., Gegenfurtner 2006, Hartmann-Kottek 2014) als ein „Lernen, mit den eigenen Gefühlen umzugehen", so der Untertitel bei Greenberg (2006). Die EFT wiederum ist ein wichtiger methodischer Unterbau der Schematherapie (Young et al. 2008). Gestalttherapeutische Methoden, allen voran die „Stuhlarbeit" (eigentlich eine Erfindung des Psychodramas), gehören längst zum schulenintegrativen Methodenkanon der Psychotherapie und werden vor allem in der Verhaltenstherapie breit rezipiert. Immer wieder wurde allerdings von gestalttherapeutischer Seite kritisiert, dass die Methoden der Gestalttherapie ohne deren Haltung und Menschenbild zur bloßen Technik verkommen (vgl. diesbezüglich zur Technik des „leeren Stuhls" Staemmler 1995). Die Gestalttherapie zählt aktuell zu den großen, international anerkannten Psychotherapieschulen und stellt neben dem personzentrierten Ansatz von Carl Rogers die verbreitetste Form der humanistischen Psychotherapie dar. Theoriegeschichtlich weist sie eine gewisse Nähe zur systemischen Therapie auf (Lutterer 2021, 97 ff.). Gestalttherapie ist in Österreich und der Schweiz ein gesetzlich anerkanntes Psychotherapieverfahren, die Anerkennung in Deutschland als Regelverfahren steht noch aus. Die Wirksamkeit der Gestalttherapie darf als wissenschaftlich gesichert gelten (Hartmann-Kottek 2014, Strümpfel 2006). Zertifizierte Gestalttherapeut*innen sind über zwei Berufsverbände organisiert: Deutsche Vereinigung für Gestalttherapie e.V. (DVG) und Deutscher Dachverband Gestalttherapie für approbierte Psychotherapeut*innen e.V. (DDGAP).[1]

---

1 www.dvg-gestalt.de und https://ddgap.de/

Die Gestalttherapie entstand in den 1940er Jahren in Abgrenzung zur damals alles beherrschenden Psychoanalyse. Nach Fritz Perls' erstem Buch „Ego, Hunger and Aggression“ (dt.: „Das Ich, der Hunger und die Aggression“, Perls 2000 [1947][2] erschien 1951 das Grundlagenwerk einer eigenständigen Gestalttherapie, das aus einem Theorieteil und einem Übungsteil bestand (Perls et al. 1951). Perls und Goodman ging es um einen Therapieansatz, der es Menschen ermöglichen sollte zu wachsen und sich in ihrer Persönlichkeit zu entwickeln. Dafür erdachten sie von Beginn an eine ganze Palette von Übungen, die bis heute gestalttherapeutisch (und längst nicht nur dort) zur Anwendung kommen. Wachstum ist ein Erfahrungsprozess, Lernen ist Erfahren. Genau diese Grundidee bildet auch das Fundament der Gestaltpädagogik.

Die Gestaltpädagogik ist nicht lediglich eine Anwendungsform der Gestalttherapie. Pädagogik an sich ist eine eigenständige Profession mit einer Vielzahl voneinander relativ unabhängiger Berufsfelder, die sich jeweils durch spezifische Aufträge, Handlungsweisen und Berufsethiken auszeichnen (vgl. Helsper 2021, Dinkelaker et al. 2021, Schütze 2021). Viele Methoden der Gestalttherapie wären für pädagogische Zwecke entweder ungeeignet oder unsachgemäß. Selbst wenn sie übertragbar sind, sind sie doch anzupassen. Denn obschon sich durch Therapie angestoßene Prozesse als Lernprozesse interpretieren lassen (vgl. Sieper & Petzold 2002), kommen pädagogische Methoden aus anderen Anlässen und mit anderen Zielsetzungen zum Einsatz als therapeutische. Gestaltpädagogik und Gestalttherapie verfolgen unterschiedliche Ziele, begründen ihr Vorgehen jedoch in ähnlicher Weise, was etwa ihr Menschenbild und ihre Erkenntnistheorie anbelangt (siehe Kapitel 3).

2.2 … zur Gestaltpädagogik

Von Beginn an war die Gestalttherapie nicht als rein psychotherapeutischer Ansatz gedacht, sondern als eine grundsätzliche Idee zur Ermöglichung von Wachstum und Veränderung. Die Idee, Gestalttherapie auch in pädagogischen Zusammenhängen anzuwenden, findet sich bereits im Theorieband von Fritz Perls und Paul Goodman. Lange Zeit ging es in der Gestalttherapie gar nicht um therapeutische Einzelarbeit, sondern um Gestaltarbeit in Gestaltgruppen, also um gemeinsame Selbsterfahrung unter Anleitung. Gestaltpädagogik bedeutet sonach nicht, psychotherapeutisches Wissen anzuwenden, sondern den *Gestaltansatz* (handlungsfeldübergreifend ausgedrückt) in pädagogischen Kon-

2 Eckige Klammern in den Quellenangaben bezeichnen das Erscheinungsjahr der Originalausgabe in der Originalsprache. Ich vermerke das ursprüngliche Erscheinungsjahr immer dann, wenn diese Zusatzinformation meines Erachtens zum historischen Nachvollzug der Theorieentwicklung des Gestaltansatzes beiträgt.

texten zur Geltung zu bringen. Theorie und Praxis der Gestalttherapie bilden den Ausgangspunkt der Gestaltpädagogik:

> Gestaltpädagogik ist ein Sammelbegriff für pädagogische Konzepte, die sich weitgehend an den theoretischen und praktischen Vorstellungen der Gestalt-Therapie und der Gestaltpsychologie orientieren. (Burow & Scherpp 1981, 119)

Im Fokus der Gestaltpädagogik stehen existenziell bedeutsame Lernerfahrungen:

> Unter dem Begriff „Gestaltpädagogik" kann eine Reihe von Ansätzen zusammengefasst werden, die auf dem Hintergrund der Humanistischen Psychologie, des Existenzialismus und Experimentialismus entstanden sind und in wesentlichen Konzepten ihrer Theorie und Praxis auf der Gestalttherapie von F. S. Perls und Paul Goodman aufbauen (...). (Petzold & Brown 1977, 7)

> Gestaltpädagogik stärkt die Menschen auf ihren persönlichen Wegen.
>
> Gestaltpädagogik betont die Verankerung des Menschen im sozialen Miteinander.
>
> Gestaltpädagogik nimmt dabei Maß am Menschen und nicht an heutigen gesellschaftlichen Zwängen. (Svoboda et al. 2012)

Gemeint sind im letzten Zitat nicht nur die Adressat*innen. Die gestaltpädagogischen Ausbildungsgänge waren seit jeher auch zur Stärkung der Pädagog*innen gedacht. Die Grundidee lautete, dass es für pädagogisches Handeln, das auch unter schwierigen Bedingungen funktioniert, Pädagog*innen braucht, die in ihrer Haltung gefestigt sind, die sich als Person einbringen können, die wissen, wer sie eigentlich selbst als Mensch und in der pädagogischen Professionsrolle sind. Daraus ist immer wieder geschlussfolgert worden, Gestaltpädagogik könne nur in jahrelangen Trainings erlernt werden. Ich sehe darin jedoch nicht mehr als die Tatsache, dass Pädagogik hohe Anforderungen an Persönlichkeitsbildung und Beziehungsgeschehen stellt (vgl. erziehungswissenschaftlich Krautz & Schieren 2013). Die Gestaltpädagogik steuert zur Bewältigung der damit verbundenen Herausforderungen die menschenfreundliche Idee bei, dass Pädagog*innen etwas für sich selbst tun müssen (dürfen!), um für andere gut da sein zu können. Es geht nicht um noch mehr Forderungen an Pädagog*innen, sondern um den Verweis auf die Ressourcen im je eigenen Beziehungswissen, die Professionalisierung von Intuition sowie die Trainierbarkeit innerer und äußerer Klarheit im Handeln.

Geschichte der Gestaltpädagogik

Die Wurzeln der Gestaltpädagogik reichen weit zurück und liegen ursprünglich weniger in der Formulierung eines Theoriegebäudes als im gesellschaftspolitischen Anliegen, Schule radikal zu verändern: menschenfreundlicher, offener, lebendiger. Als sich dieses Ansinnen später in anderen pädagogischen Feldern verbreitete (von der Kinder- und Jugendhilfe bis zur Erwachsenenbildung), ging es auch hier um Haltungen und Methoden, die Lernen und Entwicklung auf eine humane Art und Weise unterstützen sollten.

Gestaltpädagogik hat ihren Ursprung in der pädagogischen Praxis, und zwar im Unterrichtskonzept der „confluent education" von George Isaac Brown (1971). Brown entwickelte seine Idee, nachdem er selbst Erfahrungen mit gestalttherapeutischen Gruppen gemacht hatte (Brown 1969). Ausgangsidee einer „confluent education" (Brown 1971, 3 f.) war es, affektives und kognitives Lernen im Sinne einer „humanistic education" kreativ zusammenzuführen. Auch Hilarion Petzold und insbesondere Johanna Sieper (vgl. bereits 1971) experimentierten damals bereits mit kreativen Methoden für die pädagogische Arbeit, vornehmlich im Bereich der Erwachsenenbildung. Ursprünglich war „confluent education" ein Trainingsprogramm am Esalen-Institut, in den 1960er Jahren die geistige Urstätte des „Human Potential Movement", Wiege der humanistischen Psychologie (vgl. zu dessen Geschichte Andersen 2004), in der sich Psycholog*innen und Psychotherapeut*innen (unter ihnen so bekannte Namen wie Carl Rogers oder Virginia Satir) in Kalifornien mit der Frage beschäftigten, wie Menschen ihr Potenzial für mehr Freiheit und Ausgeglichenheit ausschöpfen können.

Im *Human Potential Movement* ging es um die Idee, über den Weg der Selbstveränderung (durch „Selbsterfahrung") Gesellschaft zu verändern. Bis heute geht es daher in der Gestaltpädagogik nicht nur um pädagogisches Handeln, sondern immer auch darum, die gesellschaftlichen Bedingungen mitzureflektieren, unter denen Pädagogik stattfindet; die sozialen Bedingungen, unter denen Menschen leiden, unter denen ihnen etwas gelingt oder ihnen etwas versagt wird. In dieser Absicht setzten sich damals am Esalen-Institut die Teilnehmer*innen, unter ihnen G. I. Brown, mit sich selbst und den anderen Teilnehmenden auseinander, mithilfe von Methoden und Übungen, wie sie damals zahlreich entwickelt wurden. Gestalttherapeutische Methoden waren in diesem Zusammenhang nur eine Inspirationsquelle unter vielen (auch Fritz Perls war am Institut tätig), wenngleich eine zunehmend wichtige Quelle (Brown 1969, 23). Gestaltpädagogik im Sinne einer „confluent education" war kein reines gestalttherapeutisches Projekt, sondern Teil der humanistischen Pädagogik mit deutlichen Gestaltakzenten. Humanistische Pädagogik orientiert sich an einem humanistischen, holistischen (ganzheitlichen) Menschenbild. Es ging ihr stets um Gesellschaftserneuerung mit dem erklärten Ziel einer Befreiung aus gesellschaftlichen Unterdrückungs- und Gewaltverhältnissen, Befreiung des Subjekts zum einen und Änderung gesellschaftlicher Strukturen zum anderen. Humanistische pädagogische Ansätze unterscheiden sich untereinander in methodischen Details, aber kaum in ihrer grundlegenden Haltung und Zielstellung (vgl. Dauber 2009). *Theoretisch* dürften die Arbeiten insbesondere von Abraham Maslow und Carl Rogers das Esalen-Projekt sehr viel mehr beeinflusst haben als die Theorie der Gestalttherapie, die generell in der Begründung der *Human Potential Movement* keine große Rolle spielte (vgl. Anderson 2004, zur Rolle der Gestaltpädagogik in dieser Bewegung vgl. Shapiro 1998). Die Gestalttherapie lieferte aber die Grundidee und sie lieferte Methoden.

Von Beginn an war die Idee der Gestaltpädagogik damit verbunden, Menschen für die pädagogische Arbeit dadurch zu qualifizieren, dass sie selbst Lernerfahrungen im Schnitt affektiven und kognitiven Lernens machten. Ähnlich wie in der Gestalttherapie war es auch in der Gestaltpädagogik vor allem eine Idee gesellschaftlicher Veränderung und der Glaube daran, dieses Ziel mit therapeutischen (Selbsterfahrungs-)Methoden erreichen zu können. Die Idee einer „Psychotherapie in der Schule“ (Sauter 1983) im Sinne einer „Therapie, Politik und Selbsterkenntnis in der Schule“ (Prengel 1983) schien angesichts der vernichtenden Weltkriege in der ersten Hälfte des 20. Jahrhunderts und der Wirtschafts-, Umwelt und atomaren Krisen in der zweiten Hälfte des 20. Jahrhunderts ein Ausweg schlichtweg zur Rettung der Menschheit. Als *Confluent Education* aus den USA kommend, stieß der Ansatz in der gesellschaftskritischen Zeit der 1970er und 1980er Jahren auf reges Interesse im gesamten deutschsprachigen Raum, wo er unter jener neuen Bezeichnung „Gestaltpädagogik“ diskutiert wurde, die Hilarion Petzold im Austausch mit George Brown (Petzold & Brown 1977) eingeführt hatte. Mit Petzolds Initialzündung entstanden die ersten Ausbildungsgänge (vgl. rückblickend J. Bürmann 2023), Institutionen wurden gegründet – neben Ausbildungsinstituten beispielsweise auch die Gestaltpädagogische Vereinigung e.V. (GPV, vgl. Kienzl 2023a)[3] – und die Publikationen wurden immer zahlreicher. Pädagog*innen machten die Erfahrung, dass durch eine gestaltpädagogische Herangehensweise ihre Arbeit mit Kindern, Jugendlichen und Erwachsenen enorm erleichtert wurde. Gestaltpädagogische Lehrer*innen versuchten, aus Schule einen Ort zu machen, an dem Kinder und Jugendliche in ihrer ganzen Persönlichkeit – Gedanken und Gefühle, Ideen und Bedürfnisse – angesprochen werden. Schule wurde menschlicher, mit dem „Lernziel: Menschlichkeit“ umschrieben Burow und Scherpp (1981) das Motto des neuen Ansatzes.

Aktuelle Entwicklungen

Die Entwicklung der Gestaltpädagogik hat seit den 1990er Jahren im deutschsprachigen Raum vor allem zwei Richtungen eingeschlagen. Hilarion Petzold entwickelte schon früh seinen eigenen Ansatz, nämlich die „Integrative Therapie“ (Petzold 1996) und „Integrative Agogik“ bzw. „Integrative Pädagogik“ (Petzold 1978), die er anfangs zusammen mit der „Themenzentrierte Interaktion“ von Ruth Cohn (1975) und der „Confluent Education“ von George Brown (1971) als Teil einer gestaltpädagogischen Trias verstand (Petzold 1977). Theoretisch wollte Petzold sei-

3 https://gpv-ev.de/

nen Ansatz im Laufe der Zeit nicht mehr von der Gestalttherapie hergeleitet wissen (deren Pionier in Deutschland er war) und entwickelte stattdessen – bis heute – eine breite Palette leib-, bewegungs- und naturpädagogischer Ansätze. Noch ein zweiter Ansatz ist eng verwandt mit der Gestalttherapie, der seinen eigenen Weg eingeschlagen hat. Er geht direkt auf die Gestalttheorie zurück (ein Ausdruck von Max Wertheimer als Verallgemeinerung der Gestaltpsychologie der 1920er und 1930er Jahre),[4] die auch für die Gestalttherapie und damit für die Gestaltpädagogik eine wichtige Quelle darstellt (siehe Kapitel 3). Daraus hat sich ein bis heute eigenständiger *gestalttheoretischer* Ansatz der Pädagogik entwickelt (vgl. bereits Metzger 1971, Guss 1975, aktuell Soff 2017).

Wenn heute von „Gestaltpädagogik" die Rede ist, dann ist damit üblicherweise die Traditionslinie von der Gestalttherapie her kommend gemeint. Jörg Bürmann (1992) brachte den pädagogischen Kerngedanken der Gestaltpädagogik auf den Punkt: Lernen soll ein „persönlich bedeutsames Lernen" sein. Olaf-Axel Burow (1993) wies in einer aufwändigen empirischen Studie nach, dass gestaltpädagogische Ausbildungsgänge ihre Teilnehmer*innen tatsächlich dafür qualifizieren können. Die dazu passenden Methoden und Vorgehensweisen wurden zahlreich veröffentlicht (vgl. exemplarisch Reichel & Scala 1999), auch mit Blick auf andere Handlungsfelder als Schule (vgl. etwa Svoboda et al. 2012). Vermutlich aufgrund der starken Praxis- und Ausbildungsorientierung fand eine erziehungswissenschaftliche Einordnung der Gestaltpädagogik nur vereinzelt statt. Neben Jörg Bürmann (1992) waren es vor allem Ilse Bürmann (1997) und Günther Holzapfel (2002), die nach möglichen Anschlüssen zur akademischen Pädagogik suchten.

Gestaltpädagogische Methoden haben die pädagogische Praxis bereichert, ihre Ideen finden sich längst wieder in der Vielgestalt von Lehr- und Seminarmethoden, wie sie von der Personalentwicklung bis zur sozialen Gruppenarbeit Anwendung finden. Immer dann, wenn es darum geht, Lernen als Erfahrungsfeld mit allen Sinnen zu gestalten, finden sich Ideen wieder, die (zumindest auch) im Umfeld der Gestaltpädagogik entstanden sind. Aus dem Bildungsbereich gelangte gestaltpädagogisches Denken und Handeln in andere pädagogische Bereiche (vgl. Schübel 2023). Neben dem Regelschulbereich stieß sie vor allem in der Heilpädagogik auf Interesse. Das ist deshalb interessant, weil es sich um ein pädagogisches Handlungsfeld handelt, in der „Pädagogik unter erschwerten Umständen" (Paul Moor) stattfindet. Hier stehen nicht nur didaktische Überlegungen im Vordergrund, sondern es geht darum, wie Kinder und Jugendliche (und ergänzend: Erwachsene) überhaupt pädagogisch erreicht werden können. Genau das wird die Leitfrage im weiteren Fortgang sein. Gestaltpädagogik nimmt in beson-

4 Um Missverständnisse zu vermeiden, verwende ich im gesamten Buch nur dann den Begriff „Gestalttheorie", wenn damit Theorien im Ausgang der Gestaltpsychologie gemeint sind, nicht jedoch die Theorie der Gestalttherapie und der Gestaltpädagogik.

derer Weise die emotionalen Aspekte des Lernens und der pädagogischen Beziehung ernst. Dabei berücksichtigt sie, dass Störungen in Lern- und Veränderungsprozessen normal sind und ihre Ursachen im gesamten sozialen Feld haben, also grundsätzlich auch institutioneller und gesellschaftlicher Art sind. Mehr denn je braucht es heute eine Pädagogik, die mit solchen Störungen pädagogisch-professionell umgehen kann, statt diese Störungen einseitig zu Lasten von Kindern und Jugendlichen allzu schnell und beziehungsfern zu individualisieren und zu pathologisieren. Diese Denkweise entspringt nicht nur einer bestimmten ethischen Auffassung von Pädagogik. Sie gründet auch in den theoretischen Annahmen des Gestaltansatzes, der den Menschen als ganzheitlich eingebunden in eine Erfahrungswelt begreift. Dazu greift der Gestaltansatz auf wichtige Ideen vor allem der Philosophie zurück. Die darin enthaltenen paradigmatischen Grundannahmen teilt die Gestaltpädagogik mit der Gestalttherapie (vor allem Erkenntnistheorie und Menschenbild). Um diesen spezifischen Denkrahmen geht es im nächsten Kapitel.

3 Paradigma des Gestaltansatzes: Relationalität von Erfahrung

In der Gestaltpädagogik geht es darum, pädagogische Situationen zu schaffen, in denen Kinder, Jugendliche und Erwachsene hilfreiche Erfahrungen machen können: mit sich selbst, mit anderen, mit den Dingen in der Welt. Die Theorie der Gestaltpädagogik hat ihren Ursprung in der Theorie der Gestalt*therapie*. Mit ihr teilt sie vier wichtige Grundannahmen, die die Vorannahmen (das Paradigma) des Gestaltansatzes bilden. Der Gestaltansatz geht (gestaltpsychologisch) von der *Ganzheit der Erfahrung* aus, setzt (feldtheoretisch) an der *Situativität der Erfahrung* an, stellt (phänomenologisch) die *Existenzialität der Erfahrung* ins Zentrum und sucht (dialogphilosophisch) der Relationalität menschlicher Existenz durch die *Dialogizität der Erfahrung* und der Suche nach Begegnung gerecht zu werden. Diese vier Grundannahmen entstammen vier großen Bezugstheorien, die gemeinsam den Denkrahmen, sozusagen die Philosophie des Gestaltansatzes bilden.

Um die vier Grundannahmen des Gestaltansatzes darzustellen, werde ich zunächst den ideengeschichtlichen Hintergrund skizzieren, dem die vier großen Bezugstheorien des Gestaltansatzes zuzuordnen sind (3.1). Anschließend gehe ich auf die vier zentralen theoretischen Perspektiven ein. Es sind dies die Gestaltpsychologie (bzw. Gestalttheorie) (3.2), die Feldtheorie (3.3), die Phänomenologie (3.4) und die Dialogphilosophie (3.5). Mit diesen vier zentralen Bezugstheorien ergibt sich für die Gestaltpädagogik ein Denkrahmen, in dem die Relationalität (Bezogenheit) von Erfahrung den Ausgangspunkt für pädagogisches Denken und Handeln darstellt (3.6).

3.1 Ideengeschichtlicher Hintergrund

Gestaltpädagogik und Gestalttherapie gehören demselben Paradigma an, das heißt sie schöpfen aus demselben Erkenntnisgrund. Dieser besteht, wie überall in der Wissenschaft, aus spezifischen Annahmen über die Natur des Menschen, über Bedingungen und Möglichkeiten der Erkenntnis, aus Annahmen über Möglichkeiten des Handelns sowie über die ethische Begründbarkeit bestimmter Handlungsweisen. Die genannten Aspekte bilden den Rahmen einer jeder Theorie, ob nun explizit oder implizit, das heißt selbst dann, wenn sie gar nicht in Worte gefasst sind. Gestalttherapie und mit ihr die Gestaltpädagogik zeichnen sich dadurch aus, dass sie ihr Vorhaben explizit theoretisch rahmen. In Abgrenzung zum psychoanalytischen und behavioristischen Denken des frühen 20. Jahrhunderts ging es Fritz Perls, Lore Perls und Paul Goodman im Kern um

Folgendes: Sie schufen einen therapeutischen Ansatz, der nicht wie die Freud'sche Psychoanalyse eine Klassifizierung psychischer Determinanten und Störungen in den Mittelpunkt stellte, und der nicht wie der Behaviorismus menschliches Verhalten in experimentell messbare Bestandteile zerlegte, sondern der die Fähigkeit des Menschen, als Persönlichkeit durch neue Erfahrungen zu wachsen, in den Mittelpunkt stellte. Zusammen mit dem personzentrierten Ansatz von Carl Rogers wurde die Gestalttherapie auf diese Weise zu einem der wichtigsten Ansätze der humanistischen Psychotherapieverfahren und die Gestaltpädagogik zu einem Grundstein der humanistischen Pädagogik.

Im Gestaltansatz geht es darum zu ergründen, *wie* Veränderung und Entwicklung auf Grundlage von neuen Erfahrungen möglich sind, und nicht darum, *was* zum scheinbaren Stillstand geführt hat. Es geht darum, nicht Defizite zu klassifizieren, sondern Erfahrungsprozesse zu fördern, die zu Wachstum führen. Zustandsbeschreibungen können höchstens ein Hilfsmittel sein, um Prozesse als Abfolge von Zuständen darzustellen. Wie ist zu begründen, dass der Blick auf Prozesse statt auf Zustände, auf Veränderung statt auf Stillstand sinnvoll ist? Für eine erfahrungsprozessorientierte Sichtweise auf menschliches Erleben und Verhalten gibt es einen einleuchtenden Grund: Eine solche Sichtweise entspricht der Alltagserfahrung. Menschen zerlegen Alltagssituationen (z. B. einen Konflikt) nicht zuerst in Einzelteile (z. B. Verhaltensmotivation von Person A, Gesichtsausdruck von Person B etc.) und setzen sie dann wieder zusammen (wie ein Computer), sondern nehmen die ganze Situation wahr (das ist ja im Konfliktfall das Anstrengende), das heißt statt einer Analyse machen sie mit der Situation eine *Erfahrung*. Selbst wenn wir besonders auf einen einzelnen Aspekt achten (z. B. auf das, was Person A gerade sagt), dann ist dessen Bedeutung nicht unabhängig von unserer Erfahrung mit den anderen Aspekten in der Situation. Die Einzelaspekte erhalten ihre Bedeutung aus der Gesamtsituation, und zwar jeweils in unserer subjektiven Anschauung. Die Ganzheit der Situation lässt sich nicht auf ausgewählte Einzelaspekte reduzieren, das Ganze ist etwas anderes als die Summe seiner Einzelteile, und das Ganze ist nur als Ganzes erfahrbar. So erleben wir es im Alltag.

In der Theorie des Gestaltansatzes geht es darum, die Notwendigkeit und die Umsetzbarkeit einer solchen Denkweise und eines entsprechenden methodischen Programms zu begründen. Dafür stehen einige der wichtigsten innovativen Theorien des 20. Jahrhunderts zur Verfügung, die sich allesamt abheben von einer Sichtweise, die sich in der europäischen Neuzeit durchzusetzen begann und die bis heute unter Stichwörtern wie „rational", „naturwissenschaftlich", „analytisch", „statistisch", „empirisch" sehr viel mehr verspricht als sie hält, die den Menschen aus den Augen verliert vor lauter Zerlegung in analysierbare und messbare Einzelteile – gegen jede Alltagserfahrung. Der analytische, die Welt in abstrakte Teile zergliedernde Zugang hat seine Berechtigung. Der Gestaltansatz besagt lediglich, dass uns dieser Zugang im Umgang mit Menschen nur bedingt etwas nützt. Perspektivenübernahme und Empathie verlangen einen Zugang zur Ganzheit der Erfahrung in entwicklungsrelevanten Situationen: ein Kind in der täglichen Erfahrung neuer Entdeckungen, Jugendliche im Ringen um ihren Platz in der Welt, ein erwachsener Mensch in einer schweren Lebenskrise. Sich dem Alltagserleben in ganzheitlicher Sicht (der ganze Mensch in der Lebenssituation) anzunähern, mag zunächst trivial klingen, und es ist tatsächlich eher ein Problem der Wissenschaft als der Praxis. Es wird aber zu einem riesigen Problem der Praxis, wenn die wissenschaftlich-analytische Art des theoretisch-abstrakten Denkens, so fruchtbar sie in der Wissenschaft oft sein kann, den Zugang zu Alltagserfahrungen dominiert. Dann geht es plötzlich nicht mehr um ein Kind, sondern nur noch um eine „Entwicklungsstörung"; dann geht es nicht mehr um einen konkreten Menschen, sondern um „Borderline", nicht mehr um Jugendliche, sondern nur noch um „Unterrichtsstörungen". Doch genau darum geht es: Menschen in ihrer Erfahrungswelt zu verstehen. Die Idee, den Menschen in der Ganzheit seiner Erfahrung zu betrachten, ist ideengeschichtlich in vielen Denktraditionen beheimatet.

Historisch, geistesgeschichtlich kommt es im Übergang zum 20. Jahrhundert zu einer Art Gegenbewegung zur bahnbrechenden wissenschaftlich-technologischen Entwicklung des 19. Jahrhunderts. Die Gestaltpsychologie war nur eine Richtung dieses neuen Denkens, freilich die akademischste Disziplin unter ihnen. Zwei Entwicklungen sorgten Anfang des 20. Jahrhunderts, teils einander bedingend, für diese rationalismusskeptische Gegenbewegung. Zum einen zeigte sich, gerade aufgrund des Fortschritts der Naturwissenschaft, dass, je exakter Forschung möglich wird, umso deutlicher große Zusammenhänge erkennbar werden, die mit einem rein funktionalen, technisierten, kleinteiligen Verständnis nicht mehr fassbar sind und letztlich das, was wir uns in unserer Lebenswelt an Zusammenhängen vorstellen können, weit übersteigen. Darwin hatte mittels peniblen Beobachtungen zeigen können, dass die Entwicklung der Arten nur über Zeiträume zu verstehen sind, die dem Zeiterleben des Menschen nicht im Entferntesten zugänglich sind.

Mit der Einstein'schen Relativitätstheorie, der Quantentheorie von Planck und der Quantenmechanik von Heisenberg schien den Menschen sprichwörtlich die letzte Gewissheit darüber verloren zu gehen, was eigentlich noch als „real" zu betrachten ist (denn all diese Phänomene sind für das menschliche Auge unsichtbar und darüber hinaus intellektuell kaum noch begreifbar). Die Folge in der Wissenschaft war eine Erschütterung, die bis heute nachwirkt und zu allerlei Lehren inspiriert hat, in deren Zentrum zumeist die (damals) neuen physikalischen Konzepte wie Wellen, Bewegungen, Schwingungen, Energien stehen. Spätestens seit Immanuel Kant war in der Philosophie die Frage virulent geworden, was Erkenntnis eigentlich ist, was Erkennen eigentlich bedeutet. Zu Beginn des 20. Jahrhunderts wurde diese Frage, die schon länger die Rationalisierungs- und Umdeutungsbewegungen der europäischen Neuzeit mit Skepsis begleitete, noch drängender, weil nun auch noch naturwissenschaftlich nachweisbar wurde, dass „Realität“ physikalisch nicht eindeutig bestimmbar ist (hatte doch Heisenberg nachgewiesen, dass sich auf atomarer Ebene das Beobachtete durch das Beobachten verändert, das reale Atom also letztlich nicht beobachtbar ist). In diesem Kontext entstand unter anderen, neben allerlei skurrilen Ideen, auch zum Beispiel die Allgemeine Systemtheorie (Ludwig von Bertalanffy), durchdrungen vom Gedanken, das gesamte Universum sei nach einheitlichen Prinzipien geordnet. Auch der Ausdruck „Ökologie“ wurde damals prominent, als Vorstellung einer prinzipiellen Wechselwirkung zwischen Organismen und Umwelt, ebenso die Wortneuschöpfung „Holismus“ (zuerst angeblich bei Jan Smuts). „Ganzheitlichkeit“ und „Ganzheit“ avancierten zu regelrechten Modewörtern (vgl. zur Abgrenzung und zur Ideen- und Problemgeschichte des Begriffs Harrington 2002), sie wurden im Übrigen auch von den totalitären Ideologien des europäischen, insbesondere vom deutschen Faschismus, aufgegriffen in Phrasen wie „Volkskörper“. Hier zeigt sich, dass die Rede von der Ganzheit, bis heute, anschlussfähig ist in viele Richtungen, letztlich aber wenig konkret lediglich darauf abzielt, sich auf „das Ganze“ zu besinnen – was immer das ist.

Einflüsse auf die Gestalttherapie

Perls hat sich in seinen zentralen Grundgedanken der Gestalttherapie von vielen Theorien anregen lassen, die damals von der Physik bis hin zur Esoterik das Maschinendenken des 19. Jahrhunderts (Kausalität, Funktionalität, Objektivität, Beherrschbarkeit) infragestellten. Sein Ausgangspunkt könnte so beschrieben werden: Neue Denkwege ermöglichen neue Handlungsspielräume. Oder: Neue Denkwege erlauben die Begründung neuer Handlungsspielräume. In der frühen Gestalttherapie ging es um eine Vision, wie und was Psychotherapie sein soll, und die Fülle der neuen Theorien lieferte die Begründung dafür. Von zentraler Bedeutung ist in diesem Zusammenhang unter anderen die Idee der Gestaltpsychologie, die Welt nicht immer in noch weitere Teile zu zerlegen, sondern sie so zu erforschen, wie wir Menschen sie erfahren. Eine Darstellung der Bezugstheorien der Gestalttherapie wird allerdings dadurch erschwert, dass sich Fritz Perls et al. (1951) in ihrer theoretischen Grundlegung der Gestalttherapie an nur ganz wenigen Stellen *explizit* auf wissenschaftliche Autor*innen beziehen. Deutlich ist aber zu erkennen, dass ihre Überlegungen tief durchdrungen sind von wichtigen theoretischen Ideen der damaligen Zeit, vor allem von gestaltpsychologischem und phänomenologischem Denken (vgl. Bloom 2009, 30, Clarkson & Mackewn 1995, 69). Wichtig für die Theoriegeschichte des Gestaltansatzes waren darüber hinaus das Konzept der „schöpferischen Indifferenz“ von Salomon Friedlaender (2009, vgl. Frambach & Thiel 2015), das „Holismus“-Konzept von Jan Smuts (1927, vgl. Blankertz & Doubrawa 2007), der Zen-Buddhismus (vgl. Schleeger 2017) und die Dialogphilosophie des jüdischen Religionsphilosophen Martin Buber (1973). Sein Werk wurde vor allem ab den 1990er Jahren zu einer wichtigen Quelle derjenigen

Gestalttherapeut*innen, die sich als „dialogisch" verstanden (vgl. Jacobs & Hycner 2008, Bloom & Brownell 2011, Doubrawa & Staemmler 2003).

Eine vollständige Darstellung der Denkströmungen, die auf die Theorie der Gestalttherapie Einfluss hatten, ist kaum möglich, auch weil die theoretische Argumentation von Perls et al. (1951) vielen Zwecken diente. Sie müsste Spekulation bleiben. Nachdem über Jahrzehnte überzeugend nachgewiesen wurde, dass das Theoriegebäude der Gestalttherapie teils nur sehr spekulativ (und an vielen Stellen gar nicht) in Bezug gebracht werden kann zu spezifischen Quelltheorien (vgl. den Überblick bei Bocian 2007, Sreckovic 2017), stellt sich die Frage nach der Bedeutung derjenigen Referenztheorien, von denen die Theorie der Gestalttherapie augenscheinlich inspiriert ist. Denn dies ist ein zweiter Aspekt: Mag sein, dass die Theorie der Gestalttherapie weder konzise aus ihren Bezugstheorien hergeleitet ist, dennoch sind die Ideen der Gestalttherapie durchdrungen von deren Grundgedanken.[5] Ich glaube, es gibt viele gute, *theoretisch* plausible Gründe, dass sich Gestalttherapie und Gestaltpädagogik als Ansätze begreifen, deren Grundannahmen gestaltpsychologisch, feldtheoretisch, phänomenologisch und dialogphilosophisch *begründbar* sind (ob sie aktuell bereits daraus gut *begründet* sind, ist eine andere Frage). Perls und Goodman haben vermutlich eher nach Autor*innen und Ansätzen Ausschau gehalten, die der Idee nach kompatibel und geeignet schienen, ihren eigenen Ideen mehr Gewicht zu verleihen, als dass es ihnen darum gegangen wäre, sie differenziert in theoretischen Diskursen zu verorten. Um eine theoretisch konzise Darstellung haben sie sich wahrlich nicht bemüht. Daher geht es mir in diesem Kapitel auch nicht um eine Vollständigkeit der Darstellung, sondern ich konzentriere mich auf diejenigen vier Einflusslinien (wie etwa auch z. B. bei Votsmeier-Röhr & Wulf 2017, Boeckh 2015), bei denen ich, auch erziehungswissenschaftlich, die meiste Anschlussfähigkeit an akademische Diskurse sehe, und zwar hinsichtlich theoretischer Differenziertheit, wissenschaftlicher Einordenbarkeit und wissenschaftlicher Wirkungsgeschichte: Gestaltpsychologie/-theorie, Feldtheorie, Phänomenologie und Dialogphilosophie (die bei Perls noch keine explizite Rolle spielt).

Für eine paradigmatische Verortung der Gestalt*pädagogik* wird es wichtig sein, die vier Theoriekomplexe in jedem Fall auf ihre pädagogische Relevanz und Anschlussfähigkeit hin zu überprüfen. Wichtiger als die Frage der theoretisch stringenten Rezeption der Bezugstheorien in der Gestalttherapie ist die Frage nach der Relevanz eines solchen paradigmatischen Rahmens im Kontext pädagogischer Überlegungen. Denn mit Klaus Prange (2012, 19) muss aus Sicht der

---

5 Das Werk von Perls et al. (1951) ist schwierig im Zugang, sodass es ohne die penible Vorarbeit von Blankertz (2000, 2012), der Kapitel für Kapitel, auch in den verschiedenen (mehr oder weniger gelungenen) Übersetzungen, Zeile für Zeile analysiert und systematisiert hat, sodass zu einer Lektüre des Buches eigentlich nur unter Zuhilfenahme dieser unersetzlichen Sekundärliteratur geraten werden kann.

Erziehungswissenschaft gesagt werden, dass die Pädagogik wie jede andere Wissenschaft auch, damit etwas zu ihrem eigenen Wissen werden kann, Theorien aus anderen Wissenschaften in ihr eigenes Fach hineinübersetzen muss. Sie muss „einheimische Begriffe" (ebd.) generieren. Ein Grund mehr, die Gestaltpädagogik eigenständig zu rahmen: Auf diese Weise bleibt die Gestaltpädagogik bewahrt vor der Beliebigkeit einer Argumentation, die letztlich wahllos, unbegründbar und unkritisierbar ihr Wissen und Handeln als theoretisch in *anderen* Wissenschaften als der Erziehungswissenschaft für „fundiert" erklärt.[6]

Als Ausgangsproblem hatte ich im ersten Kapitel die meines Erachtens aktuell größte Herausforderung für die pädagogische Praxis benannt: beziehungsfähig zu bleiben auch unter schwierigsten, vor allem auch emotional anstrengenden, Bedingungen. Die Gestaltpädagogik ist für diese Aufgabe deshalb so gut geeignet, weil sie über Beziehungen besonders differenziert nachdenken kann. Wenn wir über Beziehungen noch nicht einmal nachdenken können, weil wir gar nicht richtig verstehen, was gerade passiert: wie sollen wir sie gestalten? Eine umfängliche Darstellung von Gestaltpsychologie/-theorie, Feldtheorie, Phänomenologie und Dialogphilosophie der vier Theoriekomplexe ist zu diesem Zwecke im Folgenden nicht nötig. Vielmehr geht es darum herauszustellen, wofür die eine und die andere Theorie jeweils für den Gestaltansatz, auch mit einem speziellen Blick auf die Gestaltpädagogik, wichtig ist, wozu sie dient und welche Schlussfolgerungen daraus gezogen werden können für Absicht und Vorgehensweise der Gestaltpädagogik, für die Begründung ihrer Möglichkeit und Sinnhaftigkeit, vielleicht sogar für ihre Notwendigkeit.

Gestalttheorie, Feldtheorie, Phänomenologie und Dialogphilosophie sind die paradigmatischen Rahmentheorien, die das Denken der Gestaltpädagogik prägen. Ich werde jeweils nach einer kurzen Darstellung wichtiger Aussagen deren Rezeption in der Gestalttherapie skizzieren, um anschließend nach der Relevanz

6 Leider befindet sich die Gestalt*therapie* immer wieder in diesem Dilemma. Oftmals im theoretischen Diskurs unentschieden zwischen disziplinären Bezügen (Philosophie, Psychologie, Medizin, Neurowissenschaft, und: Esoterik), scheint oft nicht klar, worein sie eigentlich ihre vielen „Bezugstheorien" integrieren will. Es scheint ihr die eigene Verortung zu fehlen. Da sie aus guten Gründen kein (nur) klinischer Ansatz sein will, hat sie ein sehr ambivalentes Verhältnis zum klinischen, das heißt medizinischen (Störungs-)Paradigma. Medizin und mit ihr die klinisch ausgerichtete Psychotherapie folgen einem funktionalistischen Paradigma. Die Gestalttherapie reduziert sich aus guten Gründen darauf nicht, damit fehlt ihr aber ein disziplinärer Ort, der ihr Kriterien an die Hand gäbe, welche Bezugstheorien für sie aus welchen angebbaren Gründen relevant sind und wie diese innerhalb ihres eigenen, bestimmbaren Rahmens Bedeutung entfalten können. Die Buntheit ihrer Bezugstheorien mag eine Stärke der Gestalttherapie sein, aber manchmal scheinen die Grundannahmen doch zu sehr auseinanderzugehen, um noch einem gemeinsamen Paradigma anzugehören. Vielleicht wäre eine Verortung in der neueren integrativen Psychotherapiewissenschaft ein Ausweg, so wie er im Rahmen dieser Einführung darin besteht, den Gestaltansatz erziehungswissenschaftlich einzuordnen, statt ihn nur aus sich selbst heraus begründen zu wollen.

der jeweiligen Theorie für die Gestaltpädagogik zu fragen, und zwar auch unter dem Aspekt der erziehungswissenschaftlichen Anschlussfähigkeit eines entsprechenden Theoriebezugs.

3.2 Ganzheit: Gestaltpsychologie

Erfahrungen sind eingebunden in ein Ganzes, sie betreffen immer den ganzen Menschen. Sie nehmen Gestalt an, indem sich etwas, das Bedeutung erlangt, von allem anderen abhebt. Die Gestaltpädagogik trägt in ihrem Namen einen der wichtigsten psychologischen Fachbegriffe des 20. Jahrhunderts: „Gestalt". Bis etwa in die 1960er Jahre war der Gestaltbegriff ungefähr so populär wie es seit den 1970er Jahren der Systembegriff ist (zur Geschichte der Gestaltpsychologie vgl. Ash 1995). Es könnte gesagt werden, die Gestaltpsychologie war eine frühe Variante der Familie der Systemtheorien, zumindest trifft das auf die Berliner Schule der Gestaltpsychologie zu (zur Abgrenzung der gestaltpsychologischen Schulen vgl. Ash 2016), für die eine Gestalt ein von „innen bestimmtes System" ist (vgl. Sreckovic 2017, 263, in Zitierung Wolfgang Köhlers). Wie oben bereits erwähnt findet sich die Rede von der „Ganzheit" ab dem Ende des 19. Jahrhunderts in einer Vielzahl von Denkansätzen, die Gestaltpsychologie bzw. -theorie ist lediglich ihre wichtigste akademische Variation, deren wissenschaftliche Auseinandersetzung mit Ganzheiten im Sinne von Gestalten ein äußerst differenziertes Theorie- und Forschungsprogramm hat entstehen lassen (vgl. Fitzek & Salber 1996). Die Gestalttherapie beruft sich vor allem auf die *Berliner Schule* der Gestaltpsychologie (zur gestalttherapeutischen Rezeption vgl. Portele 2017). Die wichtigsten Vertreter der Berliner Schule sind Max Wertheimer (1880–1943), Wolfgang Köhler (1887–1967) und Kurt Koffka (1886–1941).

Unter einer „Gestalt" versteht die Gestaltpsychologie die Struktur der inneren Ordnung psychischer Phänomene, empirisch untersucht insbesondere im Rahmen von Wahrnehmungsexperimenten. Eine „Gestalt" ist eine Figuration aus drei Aspekten (Wymore 2015, 337): Es geht darum, etwas (Dinge oder Personen, das Verhalten einer Person oder ein einzelner Verhaltensaspekt) jeweils im Kontext (Umfeld, Situation, andere Dinge oder Personen, Lebensgeschichte, Kultur) zu betrachten sowie auf die Beziehung (Einfluss, Wechselwirkungen, Interaktion) zwischen diesen beiden Betrachtungsebenen zu achten. Letztlich geht es um eine differenzierte Erforschung und Betrachtung eines Gegenstandes *im Verhältnis* zu seinen Kontextbedingungen. Gestalten sind nur erkennbar, wenn man sich nicht auf die Ebene der Einzelaspekte beschränkt, sondern deren Ganzheitszusammenhang untersucht, so die Grundannahme. Wir sehen nicht Linien, sondern Gesichter; wir sehen keine Einzelbilder, sondern Bewegung.

Nach Ash (2016, 263 f.) beruht die Gestaltpsychologie grundlegend auf drei zentralen Thesen:

1. Das Ganze ist etwas wesentlich anderes als eine Summe von Teilen;
2. nicht nur die Wahrnehmung, sondern auch das Verhalten hat Gestaltcharakter;
3. Gestaltverhältnisse gibt es nicht nur im menschlichen Erleben und Verhalten, sondern auch in der nicht-lebendigen Natur.

Die Gestaltpsychologie revolutionierte zu Beginn des 20. Jahrhunderts vor allem die Psychologie (Gestalt*psychologie*), indem sie dafür plädierte, wissenschaftliche Erkenntnis nicht durch die Zerlegung eines Gegenstandes in Einzelaspekte anzustreben (Analyse), sondern die Dinge in ihrem Zusammenhang zu sehen (Ganzheit). Das vielleicht berühmteste Beispiel stammt von einem Vorreiter der Gestaltpsychologie, Christian von Ehrenfels, der bereits im 19. Jahrhundert (angeregt durch die ästhetischen Betrachtungen von Goethe) darauf hinwies, dass Musik etwas anderes sei als lediglich die Summe der Töne (vgl. Fitzek & Salber 1996, 14 ff.). Vielmehr nehmen wir in einer Melodie etwas wahr, das die Aufsummierung der Einzeltöne weit übersteigt, zum Beispiel Stimmungen, Atmosphären. Die Melodie weist eine eigene Gestaltqualität auf. Es gilt das Grundprinzip der *Ganzheit der Erfahrung*. Es geht in der Gestalttheorie im Sinne Wolfgang Köhlers um Erfahrungen, wie sie Menschen in eigener Anschauung vorfinden. „Gestaltqualitäten" (von Ehrenfels) entstehen dadurch, dass sich etwas im Vordergrund vor einem Hintergrund abhebt. Je klarer die Figur, desto klarer die Gestalt. Die berühmten Kippbilder der Gestaltpsychologie – zum Beispiel die beiden zueinander gerichteten Gesichtsprofile, deren Umrisse zusammen auch als Vase bzw. als Becher gesehen werden können (Abbildung 1) – zeigen, dass Wahrnehmungsprozesse Sinnbildungsprozesse sind (vgl. Wertheimer 1912).

Ein Kippbild enthält keinen sinnkonstituierenden Kontext. Keine der beiden Wahrnehmungsmöglichkeiten ist richtiger als die andere, daher kippt die Wahrnehmung zwischen der einen und der anderen Variante. Als Gestalten machen beide Sinn: Im einen Fall erscheint das dunkle Feld in der Mitte als Vordergrund und die beiden äußeren hellen Flächen werden zum Hintergrund (Vase bzw. Becher). Im anderen Fall werden die hellen Flächen zum Vordergrund und die dunkle Fläche zum Hintergrund (Gesichter). Beide Deutungsvarianten gleichzeitig zu sehen ist kaum möglich, weil das Bild in diesem Moment keinen Sinn mehr für die Betrachtenden hätte (in einer Art mittlerer Modus aus der Ferne ist es aber für kurze Zeit möglich). Der Mensch ist ein Bedeutung produzierendes, ein die Welt (einschließlich sich selbst) deutendes Wesen. Sinngebung beruht auf Differen-

7 Grafik erstellt unter Verwendung folgenden Bildes: https://de.freepik.com/vektoren-kostenlos/geschaeftsleute-sprechen-vektor_715133.htm#query=gesicht%20profil&position=7&from_view=search&track=sph

Abbildung 1: Kippbild – Gesichter oder Vase?

Quelle: Eigene Darstellung der sogenannten Rubin'schen Vase nach Rubin (1921)[7]

zierungsprozessen, Differenzieren wiederum verlangt das Erkennen von sinnhaften Einheiten. Bedeutungsbildung ist also stets Unterscheiden und Verbinden in einem, Differenzieren und Integrieren. Wer in einem Bild zunächst die eine Deutungsvariante sieht (etwa die Gesichter, oder vielleicht sogar im ersten Moment noch gar kein Bild), und bei längerem Hinsehen dann plötzlich ein anderes Bild sieht (die Vase), hat die Elemente der betrachteten Grafik umgeordnet, etwas Anderes in den Vordergrund gehoben, das sich als verbundene Einheit von einem Hintergrund abhebt. Das ist der Prozess der Gestaltbildung bzw. Gestaltwahrnehmung, der mehr ist als ein bloßer Wahrnehmungsprozess im Sinne eines Sehens, sondern der (auf einer theoretischen Ebene) Wahrnehmung als Sinngebungsprozess beschreibt. Die Theorie der Gestalttherapie stellt diese Kippmomente in den Mittelpunkt als psychologisch in besonderer Weise relevante Ereignisse. Solche „Aha-Erlebnisses" (K. Bühler 1907) spielen im Gestaltansatz als subjektiv bedeutsame Lernerfahrungen eine zentrale Rolle. Ein Aha-Erlebnis ist „gleichzeitiges Gewahrsein von Teilen und Ganzes" (Yontef 1999, 175).

Die Erkenntnisse der Gestaltpsychologie waren bahnbrechend und nachhaltig einflussreich vor allem für die Entwicklung der Wahrnehmungs- und Denkpsychologie, speziell für die „kognitive Wende" der Psychologie in den 1960er Jahren (vgl. Metz-Göckel 2016). Der Blick auf die Welt als eine Suche nach Gestalten ging bald schon über die Psychologie hinaus. So beschäftigte sich etwa Metzger (1971, 1975) eingehend mit Fragen der Erziehung. Um die Gestalttheorie wurde es ab den 1970er Jahren recht ruhig.[8] Sie gilt als Vorreiterin der Erforschung menschlichen Denkens und Bewusstseins mit der Idee einer eigenständigen Ganzheit und Ein-

8 vgl. aber die sehr aktive „Society for Gestalt Theory and its Applications (GTA)": www.gestalttheory.net.

heitlichkeit der damit verbundenen Prozesse. Ideengeschichtliche Verbindungslinien lassen sich von der Gestalttheorie ausgehend vor allem zur Kognitionswissenschaft und zur aktuellen Kognitiven Neurowissenschaft ziehen (vgl. zu dieser Linie Wiese 2018). Für letztere ist vor allem das gestaltpsychologische Denken in Relationen von Interesse.

Nach Ansicht der Gestaltpsychologie löst die experimentelle Psychologie ihren Gegenstand durch immer kleinteiligere Analyse bis zur völligen Belanglosigkeit auf. Ziel der Gestaltpsychologie hingegen war es, einen eigenständigen psychologischen Gegenstand zu bestimmen und diesen mithilfe angemessener experimenteller Methoden zu beforschen. Erkenntnistheoretisch hebt sich die Gestalttheorie vom damals die psychologische Forschung dominierenden Behaviorismus ab, der nur berücksichtigte, was objektiv beobachtbar war. Methodisch verstand sie sich als experimentelle Wissenschaft. Die Gestaltpsychologie ging in ihren Experimenten von einer „Isomorphie“ beobachtbarer und innerer Prozesse aus und suchte damit den Spagat zwischen Realismus einerseits und Konstruktivismus andererseits zu überbrücken (im Sinne einer Realismuskritik, zum Kritischen Realismus und anderen Weltzugängen vgl. Willaschek 2015). Trotzdem – oder gerade deshalb – sind die gestaltpsychologischen Wahrnehmungsexperimente vor allem hinsichtlich ihrer Verallgemeinerbarkeit aus der rationalistisch-empirischen Wissenschaft sehr kritisiert worden. Im Anspruch auf die Gültigkeit universeller „Gestaltgesetze“ wagten sich die gestalttheoretischen Autor*innen weit hinaus. Gesetze der Wahrnehmung werden hier auf alle Denkprozesse (und darüber hinaus) übertragen. Es könnte sein, dass hier – aufgrund unseres sehenden Zugangs zur Welt – ein naturalistischer Fehlschluss vorliegt, der in unspezifischer Weise Denken mit Sehen gleichsetzt. Gleichwohl sucht der faszinierende Versuch, experimentell Dinge zu untersuchen, die nicht nur abstrakt, sondern auch konkret-lebensweltlich als Erfahrung Sinn machen, bis heute seinesgleichen. Wissenschaft scheint heute mehr denn je zweigeteilt in quantitativ-analytische und qualitativ lebensweltliche Zugänge. Die Gestalttheorie hingegen versuchte, naturwissenschaftliches Vorgehen mit der lebensweltlichen Einbettung ihres Forschungsgegenstandes zu verknüpfen, verstand sich dabei jedoch als experimentelle Psychologie mit dem Ziel, allgemeine Gesetze über Wahrnehmungsprozesse zu formulieren. Damit geht sie einen „dritten Weg“ zwischen Geistes- und Naturwissenschaft, so Ash (2016), und inspiriert bis heute Theorie und Forschung, gleichwohl ihre Rezeption oftmals einer gewissen Beliebigkeit folgt.

Rezeption der Gestaltpsychologie/-theorie in der Gestalttherapie

Ohne expliziten Verweis, aber deutlich im Denkstil der Gestalttheorie, legt Perls (2000 [1947], 23) bereits in seinem Erstlingswerk „Ego, Hunger, and Aggression“ ein „Differenzierendes Denken“ seiner Theoriebildung zugrunde: „Die Differenzierung in Gegensätze ist eine wesentliche Eigenschaft unseres Geistes und des Lebens selbst“, Gegensätze entstehen durch die Differenzierung von „etwas nicht

Differenziertem" (ebd.). An dieser Stelle kann sich Perls allerdings genauso auf Salomon Friedlaender bezogen haben, dessen Idee des „Nullpunkt" zwischen zwei Polen er bereits früher zitiert hatte (vgl. Perls 2000 [1947], 23). Friedlaender bewegte sich eher abseits des akademischen Diskurses, was die wissenschaftliche Einordnung seines Werks schwer macht (auch weil sich kaum jemand in der Wissenschaft mit ihm auseinandergesetzt hat). Ob sich Perls nun eher von Wertheimer oder von Friedlaender hat anregen lassen, sei einmal dahingestellt. In jedem Fall drückt sich in beiden Denkansätzen eine ähnliche Idee aus: auf das Ganze zu schauen und nicht nur auf die Einzelteile, in Zusammenhängen zu denken und nicht in Einzelbausteinen, den Blick auf das Gesamte zu richten und sich nicht in den Teilen zu verlieren. Diese Idee tauchte damals unter vielen neuartigen Schlagwörtern auf: Ganzheitlichkeit, System, Ökologie, Holismus – und: Gestalt. Der Gestalttheorie kam eine besondere Rolle zu. Sie war es, die dem neuen Denken, das in wissenschaftlichen Kreisen zunächst als obskur galt, zu wissenschaftlichen Weihen verhalf – gerade weil ihre Protagonist*innen ihr Ansinnen als naturwissenschaftlich-experimentell verstanden. So mag der Rekurs auf Gestalttheorie bzw. -psychologie bei Perls auch dem Motiv geschuldet sein, eigene Überlegungen als „wissenschaftlich" zu deklarieren.

Perls et al. (2004 [1951], 18, Hervorh. i. O.) bezeichneten es als die wertvollste Einsicht der Gestalttheorie, „dass *das Ganze die Teile bestimmt*, im Gegensatz zu der früheren Auffassung, der zufolge das Ganze bloß die Summe seiner Elemente war". Perls und Goodman beziehen sich in diesem Zitat auf die therapeutische Situation, die nicht einfach aus „Arzt plus einem Patienten" bestehe, sondern aus deren „Begegnung". Damit wird der situativ-räumliche Aspekt betont, der die beiden Personen umfasst und noch viel mehr: die Dynamik, die Resonanz, die Atmosphäre der ganzen Situation. Fritz Perls war fasziniert von der Sprache der Gestaltpsychologie. Als die wichtigsten „Ausdrücke, die wir aus der Gestaltpsychologie entlehnt haben" bezeichnen Perls et al. (2004 [1951], 16) neben „Figur/Grund" und „Gestalt" die „unerledigte Situation". In der Gestalttherapie spielt das Konzept der unerledigten Situation eine zentrale Rolle, weil mit ihm das Vertrauen darin eine Begründung findet, dass seelischen Blockaden die Tendenz zur Lösung innewohnt, offenen Problemen die Tendenz zum Abschluss; dass Prozessen eine Entwicklungstendenz bereithalten, die darauf hinwirkt, dass Dinge „rund werden" können. Auch wenn darüber gestritten werden kann, ob die Übertragbarkeit dieses gestalttheoretischen Prinzips von der Ebene des Denkens und Wahrnehmens auf lebensgeschichtlich-seelische Zusammenhänge theoretisch und empirisch begründbar ist, so ist doch für den Gestaltansatz vor allem das Menschenbild relevant, das dadurch entsteht. Die „offene Gestalt", der eine Tendenz zum Ganzwerden innewohnt, kann als Sprachbild im Sinne einer Rechtfertigung eines humanistischen Menschenbildes gelten, das dem Gestaltansatz wie allen anderen humanistischen Ansätzen zugrunde liegt.

Sehr viel expliziter als auf die Gestaltpsychologie im engeren Sinne gehen Perls und Goodman auf eine ihrer Nebenlinien ein: auf Kurt Goldsteins (1878–1965) Organismustheorie (Goldstein 1934, vgl. Noppeney 2000). Sein Werk gilt als wichtiger Baustein der Gestalttherapie (vgl. Bocian 2007, 189 ff.). Goldstein stand der Gestaltpsychologie zwar nahe, sich selbst rechnete er aber nicht dazu (vgl. Votsmeier 1995, 2 f.). Für Perls und Goodman war sein Ansatz zentral. Seine neurologischen Forschungsarbeiten waren für die gesamte humanistische Psychologie und Psychotherapie, explizit für Abraham Maslow und für Carl Rogers, das Argument schlechthin dafür, dass eine neue Art von Psychologie und Psychotherapie nicht nur notwendig, sondern auch möglich sei (vgl. Hutterer 1998, 162 ff.). Goldsteins empirische Ergebnisse, dass der Organismus in der Lage sei, in eigener Schaffenslogik innere Ordnung nach einer äußeren Störung (einer Schädel-Hirn-Verletzung) wiederherzustellen und dass dabei stets der gesamte Organismus beteiligt sei (vgl. Hoffmann & Stahnisch 2014), lieferte ein schlagkräftiges Argument für neue Ansätze in der Psychotherapie. Kurt Goldstein unterschied eine konkrete Haltung und eine abstrakte Haltung (vgl. Noppeney 200). Erstere ist ein Automatismus, der ein homöostatisches Gleichgewicht immer wieder herstellt, eine kompensatorische Reaktion auf äußere Störungen zum Funktionserhalt im Sinne eines Überlebens; letztere ist ein kognitiver Akt, symbolhaftes Handeln, ein bewusstes Sichverhalten gegenüber der Welt, das ein Fließgleichgewicht darstellt, also ständig neue Gleichgewichtszustände sucht. „Organismus" ist für Goldstein eine Einheit von Körper, Geist und Seele als unterschiedliche Erfahrungsebenen dieser Einheit (Hoffmann & Stahnisch 2014). So ist also bereits bei Goldstein der Schritt getan vom organischen Verhalten zum Ich-Verhalten der Person. Damit überschreitet Goldstein die Grenzen der Medizin und Psychologie zur Philosophie, und der Bezug auf ihn wird zum Bezug auf eine herausragend inspirierende Idee, weniger zu einer weitreichenden naturwissenschaftlichen Fundierung. An der Schnittstelle zwischen Naturwissenschaft und Philosophie wird sein Werk im Übrigen auch in der modernen Neurowissenschaft eingeordnet (ebd.).

Ideen und Begriffe der Gestalttheorie sind von großer Bedeutung für den Gestaltansatz, gleichwohl wurde die Art und Weise der Rezeption heftig kritisiert. Über die Angemessenheit der Rezeption der Gestalttheorie durch die Gestalttherapie gab es von Anfang an Streit, auch in der Gestalttherapie selbst. Es gebe „*keine* substanzielle Beziehung zur wissenschaftlichen Gestaltpsychologie", so Henle (2005 [1978], 19, vgl. gestalttheoretisch Stemberger 1998). Zurecht wurde kritisiert, dass „Gestalt" bei Perls oftmals in eine diffuse Nähe rückt zum begrifflich völlig unscharfen Konzept der „Ganzheitlichkeit" (vgl. Holzapfel 2002, 156, vgl. aber etwa zu einem Konzept von „sinnstiftender Ganzheitlichkeit" Stauffer 2023).[9] Auch die Rezeption der Goldstein'schen Theorie durch die Gestalttherapie

9 Wenn von Ganzheitlichkeit die Rede ist, dann geht es oft um begrüßenswerte und menschenfreundliche Ideen, Körper, Geist und Seele gleichermaßen zu berücksichtigen. Der Ausdruck

wird kritisch betrachtet (vgl. Votsmeier 1995, Bocian 2007, 198 ff.). Gleichwohl ist die Bedeutung des Selbstregulationskonzepts für die Gestalttherapie unbestritten (ebd.).

Die *Ideen* der Gestalttheorie und die Theorie Goldsteins prägen den Gestaltansatz, mögen sich diese Ideen auch zusätzlich aus vielen anderen Quellen speisen (vgl. dazu Sreckovic 2017, 127 ff.).[10] Und sie prägen den Gestaltansatz, auch wenn die Frage nach einer adäquaten Rezeption durch Perls und Goodman zu stellen ist. Henle behauptet, „Gestalt" bedeute für Perls lediglich eine „Erfahrungseinheit" (Henle 2005 [1978], 12). „Die Gestalt ist das erlebte Phänomen", heißt es tatsächlich kurz und knapp bei Perls (2002 [1969], 24). Henle (a. a. O., 13) kritisiert zudem, Perls gebrauche die Unterscheidung von Figur und Grund lediglich äquivalent im Sinne von wichtig und unwichtig. In der Tat mag Perls sehr an der starken Bildhaftigkeit der Rede von Figur und Hintergrund interessiert gewesen sein (die es ja bis in die Alltagsprache geschafft hat). Allerdings ist die Auffassung von Erfahrungen als Erfahrungs*einheiten* im Gestaltansatz nicht wichtig genug einzuschätzen. Immerhin erklärt hier erstmals ein therapeutischer Ansatz die subjektive Erfahrung zum Dreh- und Angelpunkt der Psychotherapie anstatt „objektiver" Expertise von außen.

Schlussfolgerungen für die Gestaltpädagogik

Insgesamt wurde die Gestalttheorie in der Erziehungswissenschaft wenig rezipiert (vgl. aber Guss 1975, Soff 2017). Die Rezeption der Gestalttheorie erfolgte bislang fast ausschließlich im Kontext einer *angewandten Gestalttheorie*. In der Gestaltpädagogik gab es bislang wenig Interesse, nach der Bedeutung der Gestalttheorie für die eigene Theorie zu fragen. Leider gibt es bislang zu wenig Austausch zwischen angewandter Gestalttheorie und Gestaltpädagogik (vgl. aber etwa den Beitrag von Soff 2023 in Schübel 2023).

Gestaltpädagogik, als Pionierin einer erfahrungsorientierten Pädagogik, betrachtet Lernen und Entwicklung nach dem Grundprinzip der Ganzheit der Erfahrung. Der Erfahrungsbegriff wird in den folgenden Kapiteln vor allem eine Rolle spielen, wenn es um die Bedeutung von Erfahrung beim Lernen geht und wenn das Leitkonzept des Gestaltansatzes „Kontakt" als der Erfahrungsaspekt von Beziehung präzisiert wird. In diesem Sinne kann die Gestaltpädagogik eingeordnet werden als ein differenzierender Ansatz, der konsequent auf den Prozess der Erfahrungsqualitäten aller Beteiligten achtet. Erfahrung wird verstanden als das,

---

ist allerdings begrifflich unscharf und oftmals ideologisch aufgeladen. Holzapfel (2002, 156) bezeichnet ihn als „Leerformel" und weist auf den Missbrauch des Ganzheitsbegriffs im Dritten Reich hin, leider auch unter anderem durch den Gestalttheoretiker Metzger.

10 Es ist bedauernswert, dass die theoretische Debatte in der Gestalttherapie (und erst recht in der Gestaltpädagogik) sich nie ausführlich mit dem Erbe der Gestalttheorie auseinandergesetzt hat, anders als etwa die Psychoanalyse (Waldvogel 1992).

was je *mir* zur Erfahrung wird in einer pädagogischen Situation. Eine solche Situation ist mehr als die Summe aus der pädagogisch handelnden und der pädagogisch angesprochenen Person, sie ist das situative Zusammentreffen von beiden. Das Bild vom Vordergrund-Hintergrund ist für die Gestaltpädagogik Anregung, den Blick immer dorthin zu richten, wo die Dynamik der Gestaltbildung gerade, von Moment zu Moment, im Wechselbezug von Vorder- und Hintergrund besonders deutlich wird. Welche Erfahrungen machen die in der pädagogischen Situation Beteiligten jetzt gerade? Wer macht welche Erfahrungen? Im Unterschied zu anderen Situationen? Welches Gesamtbild zeigt sich durch einen solchen Wechsel der Perspektive? Die Gestaltpädagogik ist eine Pädagogik der Ganzheit.

3.3 Situativität: Feldtheorie

Erfahrungen sind eingebunden in Situationen. Erfahrungen stehen stets im Zusammenhang mit einem Kontext, mit einem Feld. „Feld" ist ein zentraler Begriff in der Theorie der Gestalttherapie. Die Feldtheorie Kurt Lewins gilt als wichtige Bezugstheorie der Gestalttherapie (vgl. z. B. Portele 2017, Parlett 2017, Blankertz 2020, Robine 2001). „Die Feldtheorie ist die Basis der gestalttherapeutischen Theorie", so etwa Gary Yontef (1999, 141). Kurt Lewin (1890–1947) gilt als ein Gründervater der modernen wissenschaftlichen Psychologie und vor allem als Urvater der Sozialpsychologie (vgl. Dieter Freys Vorwort in Lewin 2012 [1951]). Kurt Lewins Werk (vgl. den Überblick in Lewin 2009) ist bezüglich seines intellektuellen Einflusses in damaliger Zeit und bis heute wohl gar nicht zu überschätzen. Lewins Feldtheorie gilt als bedeutende Nebenlinie der Gestaltpsychologie, manche sehen in ihr – zumindest aus pädagogischer Sicht – sogar die wichtigste Variante der Gestaltpsychologie (vgl. Bogner 2017). Kurt Lewin hinterließ ein umfangreiches und vor allem aufgrund seiner Bemühungen, seine Theorie sehr stark zu formalisieren (mathematisieren), ein nur mühsam zu erschließendes Werk (Bogner 2017, 314). Seine Grundidee ist jedoch einfach: Er wollte Handlungen nicht länger in einzelne Teile zerlegen (z. B. „Motiv" und „Absicht"), sondern als „Handlungsganzheiten" untersuchen (Lewin 1926, vgl. dazu Fitzek & Salber 1996, 93 ff.). Verhalten ist eine Funktion von Person und Feld, so Lewins Kernaussage (Bogner 2017, 316) in Übernahme des Feldbegriffs aus der Physik. Das bedeutet: Wer Verhalten erklären will, darf nicht nur auf die Person schauen (wie das die Persönlichkeitspsychologie und die klinische Psychologie in weiten Teilen bis heute tun, leider oft auch die pädagogische Diagnostik), sondern muss auch das Feld berücksichtigen, das heißt die konkrete Situation. Dieselbe Person verhält sich unter anderen Feldbedingungen anders, und unter identischen Feldbedingungen verhalten sich verschiedene Personen in verschiedener Weise. „Verhalten ist nicht willkürlich, sondern das Ergebnis von Kräften, die in Zeit und Raum wirken", fasst Bogner (2017, 328) Lewins Formel zusammen. Lewin begreift das Feld als Raum, in dem Kräfte

(„Vektoren“) wirksam werden, im Zusammenspiel von Verhalten und Feld als die hier und jetzt im „Lebensraum“ wirksamen „Feldkräfte“ und Personvariablen, aus denen Verhalten erklärbar wird.[11] Der „Lebensraum“ ist das „psychologische Feld“ im Sinne der subjektiv wahrgenommenen Umwelt. In Lewins Feldtheorie geht es darum, dass deren Zusammenwirken nicht beliebig ist, sondern spezifischen Gesetzen gehorcht. Das Interessante an der Lewin'schen Feldtheorie ist, dass diese sowohl subjektive als auch objektive Aspekte berücksichtigt. Menschen konstruieren zwar ihre je eigene Wirklichkeit, aber sie tun das nicht unabhängig von der Welt (Portele 2017, 269). Lewin fasst seine Feldtheorie wie folgt zusammen (zitiert nach Bogner 2017, 316).

> (...) die Anwendung einer konstruktiven anstelle einer klassifizierenden Methode; das Interesse für die dynamischen Aspekte der Ereignisse; der psychologische anstelle eines physikalischen Ansatzes; die von der Gesamtsituation ausgehende Analyse; die Unterscheidung zwischen systematischen und historischen Problemen; die mathematische Darstellung des Feldes. (Lewin 1942, 102)

Lewin, so Bogner (2017, 317), ging es um eine „in die Tiefe gehende Erklärung eines individuellen Falles“ und nicht um eine Kategorisierung von Fällen. Er war interessiert an Dynamiken und an einer Geometrie der Feldkräfte statt an deren Messung (a. a. O., 319 f.); Lewin sei ein Vorreiter in der „radikalen Hinwendung zum Subjekt“ gewesen (a. a. O., 320), allerdings einer, der die jeweils wirkenden Kräfte vektormathematisch beschreiben wollte. „[W]irklich ist, was wirkt“, so zitiert Bogner (a. a. O.) Lewin: aus einem vergangenen Feld könne nichts erklärt werden, das sei nach Lewin reine Spekulation (a. a. O., 321). Was immer geschichtlich relevant ist, ist feldtheoretisch ausschließlich dahingehend von Interesse, was davon jetzt konkret „psychologisch gegenwärtig“ ist (etwa als Erinnerung) (ebd.). Das Gesamtfeld verweist auf die einzelnen Elemente im Feld, gibt ihnen ihre Bedeutung (a. a. O., 322). Lewin spricht hier unter anderen von der „psychologischen Atmosphäre“ im Feld (a. a. O., 323) und auch von einer „Erziehungsatmosphäre“ (a. a. O., 324).

Rezeption der Feldtheorie in der Gestalttherapie

Die Nähe der Feldtheorie zur Theorie der Gestalttherapie wird immer wieder herausgestellt (z. B. Clarkson & Mackewn 1995, 61 ff.). Allerdings ist damit nicht immer die Feldtheorie von Kurt Lewin gemeint, sondern beispielweise eine eigenständig gestalttherapeutische Auffassung von Feld (vgl. Robine 2001) oder auch der „Holismus“ von Jan Smuts (1927, vgl. Blankertz & Doubrawa 2007). Zudem ist die adäquate Rezeption der Lewin'schen Feldtheorie (zu Recht) bei Perls

---

11 Von Lewin stammt der Ausdruck „Hier-und-Jetzt“, für den der Gestaltansatz (unberechtigterweise) berühmt geworden ist.

et al. (1951) in Zweifel gezogen worden, vor allem aus Richtung der Gestalttheorie (Stemberger 1995). Aber auch Blankertz (2020, 103) sieht aus gestalttherapeutischer Perspektive Klärungsbedarf derart, dass Kurt Lewin mit „Feld" nicht einfach „die Gesellschaft" gemeint habe (wie Perls), sondern das für Handlungsvollzüge unmittelbar relevante „überschaubare Feld". Bei Perls und Goodman wird dieser Aspekt oft nicht klar unterschieden. Damit würde aber aus der Feldtheorie nichts weiter als ein allgemeines sozialwissenschaftliches Paradigma, das Kurt Lewin zwar mit Sicherheit mitbegründet hat, das aber die Differenziertheit seiner Theorie vollkommen ignorieren würde.

Dass Verhalten kontextabhängig ist, war mit Sicherheit ein Kerngedanke, den Perls und Goodman in ihrem Modell vom „Organismus / Umwelt-Feld" verarbeitet haben. Aber die Theorie der Gestalttherapie ist damit so wenig feldtheoretisch wie sie als gestalttheoretisch zu titulieren wäre. Immerhin ist „Feld" ein zentraler Begriff in der Gestalttherapie, auch wenn Stemberger (1995) zurecht einen Bruch zum Lewin'schen Feldbegriff konstatiert.[12] Das Zusammenwirken von Person und Umwelt sowie die Kontextabhängigkeit des Verhaltens sind im Gestaltansatz jedoch in jedem Fall Dreh- und Angelpunkt. Das erinnert nicht zufällig an die systemische Denkweise, gilt doch Kurt Lewin unter anderen als Wegbereiter der modernen Systemtheorie (vgl. Kriz 2008). Vielleicht ist es ohnehin so, dass zwischen einzelnen Disziplinen und erst recht zwischen Wissenschaft und Praxis eher *Ideen* übernommen werden als begrifflich stringente Aussagensysteme. Perls ging es nie um begriffliche Stringenz, er hat sich von vielen Quellen inspirieren lassen. In mehreren davon ist vom „Feld", und zwar in begrifflich unterschiedlicher Weise, die Rede, wie Staemmler (2006) ausführlich gezeigt hat. Auf welchen Feldbegriff mag sich also Perls bezogen haben, zumal noch nicht einmal zwischen Perls (2000 [1947]) und Perls et al. (1951) begriffliche Konsistenz besteht, so Staemmler (2006). Er resümiert, es gebe angesichts dieser „Babylonian confusion" (ebd.) genau *eine* verbindende Idee zwischen all den Wortverwendungen, nämlich die Relationalität alles Seienden (a. a. O., 76). Staemmler ist unbedingt recht zu geben, dass diese verbindende Idee allerdings keineswegs trivial sei angesichts eines immer noch weit verbreiteten isolationistischen und individualistischen Paradigmas in der Wissenschaft (ebd.). So ist die Bedeutung der Feldtheorie für die Gestalttherapie wohl eher eine paradigmatische als eine im engeren Sinne begrifflich-theoretische. Die paradigmatische Grundannahme des Feldcharakters alles Lebendigen, die Annahme einer Beziehung zwischen Person und Feld, war für Perls vermutlich vor allem in Abgrenzung zum damals alles beherrschenden analytischen, die Dinge in Einzelteile zerlegenden Paradigmas von Bedeutung. Portele (2017, 269 f.) sieht in der Feldtheorie Lewins die Quelle einer wichtigen Auffassung der

12 Perls et al. (1951) interpretieren die Grundidee der Feldtheorie sehr großzügig und machen aus dem Zusammenwirken von *Person und Umwelt*, aus dem Verhalten erklärbar wird, eine Wechselbeziehung zwischen *Verhalten und Umwelt*.

Gestalttherapie, nämlich, dass Menschen „Wahlmöglichkeiten" in ihrem Verhalten haben, dass sie nicht von Ereignissen bestimmt werden, sondern sich zu diesen ins Verhältnis setzen können. Sie dabei zu unterstützen, darum geht es in Gestalttherapie und Gestaltpädagogik.

Schlussfolgerungen für die Gestaltpädagogik

Für die Erziehungswissenschaft, zumindest wo sie sich (auch) als Sozialwissenschaft versteht, darf es als paradigmatischer Konsens gelten, den Menschen grundsätzlich in Kultur, Natur und Gesellschaft einzuordnen. Und doch bringt Lewins Feldbegriff den Aspekt der Relationalität erziehungswissenschaftlich noch einmal viel weitergehender ins Spiel. Bogner (2017, 415) sieht die Feldtheorie in vielerlei Hinsicht anschlussfähig an die Erziehungswissenschaft, unter anderen bezüglich der „inklusiven Pädagogik, Umgang mit Heterogenität (…), pädagogische Diagnostik, Lernprozessbegleitung" und so fort. Bogner (2017) weist allerdings auf die insgesamt schwache erziehungswissenschaftliche Rezeption des Werks von Lewin hin.[13] Sie sei eine „vergessene Meta-Theorie".

Welchen Schluss kann die Gestaltpädagogik aus der feldtheoretischen Grundidee der Relationalität ziehen? Das Paradigma der Relationalität durchdringt die Grundannahmen der Gestaltpädagogik: von der Annahme grundsätzlicher „Bezogenheit(en)" des Menschen in dieser Welt (Petzold 1978) bis zur Kontakttheorie (siehe Kapitel 5). Für die Gestaltpädagogik ist es weniger wichtig zu klären, auf welchen Feldbegriff sich die Gestalttherapie bezieht. Es ist naheliegend, dass die Gestaltpädagogik künftig die pädagogische Rezeption von Lewin in der angewandten Gestalttheorie (vgl. Soff 2017) stärker berücksichtigt. In jedem Falle ist es wichtig, die paradigmatische Grundidee der Feldtheorie gestaltpädagogisch einzuordnen. Das wird im Weiteren dieser Einführung vor allem in der Spezifizierung eines relationalen Bildungsbegriffs erfolgen sowie in der Auffassung, dass pädagogisches Handeln und jedwede Beziehungserfahrungen im pädagogischen Kontext stets situationsgebunden sind. Wer als Pädagog*in andere Menschen verstehen will (ihre Handlungsweisen, ihre Bedürfnisse, Gefühle und Ge-

---

13 Zurecht plädiert Bogner (2017) für eine erziehungswissenschaftliche Rückbesinnung auf Lewin als Alternative zum Blick auf Kinder als vom Feld isolierte – es könnte gesagt werden: vom Umfeld, von der Situation abgetrennte – Einzelwesen. Vor allem mache eine pädagogische Diagnostik keinen Sinn, die die Dynamik des Feldes in Schule und Unterricht ignoriere, und die dann auch noch durchgeführt werde von Lehrkräften, die ja selbst Teil des Feldes sind (a. a. O., 479). Bogner (2017) zeigt das Potenzial der Feldtheorie für die Pädagogik auf: Kurt Lewins Entwicklungs-, Lern- und Erziehungstheorie. Darauf hat sich die Gestaltpädagogik nie bezogen, allerdings ist das erziehungswissenschaftliche Werk Lewins auch andernorts in der Pädagogik nur selektiv, aber immerhin, rezipiert worden. Bogner (2017) weist in seiner erziehungswissenschaftlichen Auseinandersetzung mit der Feldtheorie auf die schwierige Zwischenstellung der Feldtheorie im Spagat von verstehender Geisteswissenschaft und erklärend-standardisierender Empirie hin und erklärt damit die schwache Rezeption von Lewins Werk in der Pädagogik.

danken), muss immer das gesamte pädagogische Feld mit berücksichtigen, also beispielsweise auch die Gruppe, die Klasse, das Jugendzentrum – und zwar in der Weise, wie sich das Feld hier und jetzt für alle Beteiligten jeweils darstellt. Gestaltpädagogik ist eine Pädagogik der Situation.

3.4 Existenzialität: Phänomenologie

Erfahrungen sind konstituierender Bestandteil der menschlichen Existenz. Welche Bedeutung sie für uns jeweils erlangen, hängt davon ab, welche Bedeutung sie für unser Lebensgestaltung gewinnen. Ähnlich wie in der Gestaltpsychologie geht es auch in der Phänomenologie um die Ganzheit der Erfahrung (zur Verknüpfung beider Ansätze Gurwitsch 1974), allerdings in einem anderen, grundsätzlicheren Sinne. Während die Gestaltpsychologie experimentelle Psychologie ist, ist die Phänomenologie im Nachgang Edmund Husserls (1859–1938) Philosophie, also die Suche nach Denkwegen. Husserl ging es philosophisch um die Frage der Anschauung: wie uns im Anschaulichwerden der Dinge, in intentionaler Hinwendung zum Gegenstand der Anschauung, Wirklichkeit *als Wirklichkeit* erscheint (vgl. Zahavi 2009, Waldenfels 1992, 15 ff., Ströker & Janssen 1989, 40 ff.): *Wie* erscheint *mir* in der Alltagserfahrung etwas *als etwas*? Husserl war mitnichten ein Konstruktivist, vielmehr setzt er anknüpfend an Immanuel Kant die Unmöglichkeit objektiver Welterkenntnis immer schon voraus, um sich der philosophisch viel spannenderen Frage zu widmen, wie sich uns Wirklichkeit darstellt. Denn wir erfahren ja Dinge als wirklich. Jede andere Aussage widerspräche jeder Erfahrung. Er unterstellt (wie Kant vor ihm und Heidegger nach ihm), dass es eine vernünftige Annahme ist, von der Existenz einer realen Welt auszugehen, und auch davon, dass unsere Erfahrung mit dieser im Verhältnis steht, und zwar dergestalt, dass wir in unserer Anschauung von den Dingen, die es gibt, etwas erkennen können; dass also das, was wir als wirklich erfahren, mit dem in Zusammenhang steht, was real existiert. De Palma (2016, 2) hat meiner Meinung nach das Problem auf den Punkt gebracht, um das es hier geht: Das, was mir als wirklich erscheint („Phänomen“) aufgrund meiner Sinne, kann ich betrachten als Ausdruck der Sinnhaftigkeit der Dinge. „Alle realen Erfahrungen sind ‚Einheiten des Sinnes‘“ (Husserl 1913, 120). Die reale Welt wird auf diese Weise zur Welt der *möglichen* Erfahrung, es werden „die realen Gegenstände auf das Bewusstsein reduziert“ (ebd.). Die reale Welt wird auf diesem Erkenntnisweg zur *bewussten* Welt. Das Spannungsfeld von Wirklichkeit und Realität, Erfahrbarkeit und Erfahrungsvollzug, kann eingedenk der Unklärbarkeit ihrer Verknüpfung fruchtbar genutzt werden, um in einer phänomenologischen Herangehensweise weder den Dingeigenschaften noch den eigenen Bewusstseinsinhalten den Vorzug zu geben, sondern beides zusammenzudenken. Es gibt nun einmal keine Objektivität, das bedeutet aber nicht, dass sich über die reale Welt im Sinne einer anschaulichen *Wirklichkeit* nichts sagen ließe.

Von Husserl ausgehend hat sich ein ganzes Forschungsprogramm entwickelt (das von der Phänomenologie auch zum Beispiel in die Psychologie, Medizin, Soziologie und Pädagogik reicht), in der es um die einfache wie anspruchsvolle Frage geht, was wir eigentlich sehen, wenn wir unvoreingenommen sehen; was uns eigentlich anschaulich wird, wenn wir nicht versuchen, es sofort einzuordnen, sondern einfach nur versuchen, unsere Anschauung in Worte zu fassen. Im Nachgang der existenzialistisch-phänomenologischen Philosophie Martin Heideggers (2001 [1927]; vgl. Trawny 2016), der den Ausgangspunkt phänomenologischer Betrachtung vom Bewusstsein (bei Husserl) auf das Sein verschiebt, hat sich eine rege phänomenologische Forschung etabliert, die versucht, ontologisch-qualitative Aussagen über die menschliche Existenz zu machen (vgl. den Überblick bei Churchill 2022). In diesem Zusammenhang spielen auch, anders als bei Husserl, Handlungen eine stärkere Rolle, weil sich der Mensch stets zu sich selbst und zur Welt „verhält" im Sinne eines „In-der-Welt-Seins" (Heidegger). Das Sein in der Welt gründet im Akt, im Aktivsein, im Willen. Im Sichverhalten zur Welt als Möglichkeitsraum wird der Mensch erst zur „Person", vollzieht „die Person ihre Existenz ja eben erst im *Erleben* ihrer möglichen *Erlebnisse*", so hatte es bereits Max Scheler (1916, 400, Hervorh. i. O.) ausgedrückt. Doch wovon können wir im Erkennen der Welt ausgehen? Von der lebensweltlich bestehenden Unhintergehbarkeit unserer leiblichen Existenz, so Merleau-Ponty (1965). Vernünftigerweise gehen wir von unserem Leib als real anzunehmendem Ausgangsgrund allen Erkennens aus. Waldenfels (insbesondere 1971, 2007, 2015, 2018) erweitert im Anschluss an Merleau-Ponty das Husserl'sche Intentionalitätskonzept um eine Phänomenologie der Leiblichkeit, der Fremdheit und der Aufmerksamkeit (vgl. erziehungswissenschaftlich Brinkmann 2019, 35). Merleau-Pontys Werk gilt als wichtige Quelle für eine leiborientierte Ausdeutung der Gestalttherapie, wie sie vor allem in der Integrativen Therapie durch Petzold (1996, vgl. Holzapfel 2023) ausgearbeitet wurde.

Rezeption der Phänomenologie in der Gestalttherapie

In der gestalttherapeutischen Literatur finden sich zahlreiche Hinweise auf die Bedeutung der phänomenologischen Philosophie (vgl. zusammenfassend z. B. Mann 2020, 143 ff.), meistens mit Akzent auf Husserl und Merleau-Ponty (vgl. z. B. Nausner 2017). Hinweise auf die phänomenologische Psychologie (die stärker in der Tradition der Gestaltpsychologie steht) finden sich hingegen erstaunlich selten (z. B. aber prominent bei Yontef (1999, 13). Die phänomenologische Methode in Anlehnung an Husserl ist die „Essenz" der Gestalttherapie, so Bloom (2009). Henle (2005 [1978], 18) kritisiert, Perls verstehe unter Phänomenologie lediglich „eine unvoreingenommene Beschreibung der phänomenologischen Welt" im psychologischen Sinne. Damit hat sie recht. Meines Erachtens gleicht die gestalttherapeutische Auffassung von Phänomenologie eher dem methodischen Programm einer *Phänomenologischen Psychologie* (vgl. Wendt 2020), deren Anliegen in weiten Teilen mit dem einer verstehenden, qualitativen Psychologie übereinstimmt und deren Bezug zu Husserl nur noch brüchig ist (Ploder 2018). Sie steht methodologisch der existenzialistischen Philosophie (vgl. etwa Churchill 2022) sehr viel näher als dem Werk Husserls, wodurch sich eine Verbindungslinie zur hermeneutischen Philosophie ergibt. Die gestalttherapeutische Auffassung von Phänomenologie ist ohnehin zwischen Phänomenologie einerseits *und* Hermeneutik andererseits einzuordnen (vgl. Nausner 2017). Sie steht mit Sicherheit der philosophischen Hermeneutik eines Wilhelm Dilthey oder der philosophischen Anthropologie eines Max Scheler weitaus näher als der Transzendentalphilosophie Husserls.[14] „Gründe des fast vollständigen Verschweigens des hermeneutischen Verstehens als Erkenntnismethode in der Gestalttherapie" sieht Fuhr (2017, 421) in deren Absicht, Menschen nicht auf das zu reduzieren, was ein*e Expert*in an Deutungen produziert. Allerdings ist genauso wenig, wie die phänomenologische Philosophie eine Anleitung zu unvoreingenommener Erkenntnis ist (sondern Erkenntnis lediglich zu problematisieren vermag), die hermeneutische Philosophie eine Anleitung zum (objektiven) Verstehen (sondern problematisiert ja gerade das Verstehen). Es ist allerdings so, dass zumindest Goodman nicht im kontinentalphilosophischen Sinne phänomenologisch orientiert war. Dieser stand dem Pragmatismus John Deweys sehr viel näher und sah in ihm die amerikanische Variante zur kontinentalen Philosophie Husserls (Stoehr 1994, 104 f.), dennoch sprach er – in dieser sehr US-amerikanischen Auffassung – von einer phänomenologischen Theorie (ebd.).

Yontef (2004) mag diese Unterschiede erkannt haben, weshalb er forderte, das gestalttherapeutische Denken besser aus Gestaltpsychologie und Feldtheorie herzuleiten. Das würde jedoch nichts daran ändern, dass die Gestalttherapie nun einmal phänomenologisch ausgerichtet ist, indem sie *de facto* auf die Idee zurückgreift, „die Beschreibung der ‚Phänomene' einer theoretischen Erklärung entgegenzusetzen", so jedenfalls fasst Waldenfels (1992, 13) die Ausgangsidee der Phänomenologie zusammen. Eine stärkere Auseinandersetzung im Gestaltansatz mit der langen phänomenologisch-philosophischen Theoriegeschichte im Nachgang von Husserl hätte den Vorteil, Erfahrungen nicht nur beschreiben, sondern in ihrem Doppelaspekt von Selbst und Welt eingehend reflektieren zu können. Die Rezeption von Husserl und Merleau-Ponty (oder deren Ablehnung)

14 Die Anschlüsse zu John Dewey sind augenscheinlich: Die Idee des Person/Umwelt-Feldes findet sich bei Dewey (2004 [1938], 148) als „Angelegenheit des Wechselspiels eines lebendigen Wesens mit seiner physischen und sozialen Umwelt", als „lebendige Erfahrung ist [sie] experimentell, (...), durch ein Ausgreifen ins Unbekannte charakterisiert".

reicht meines Erachtens nicht aus, wenn die Behauptung, der Gestaltansatz sei phänomenologisch orientiert, Substanz haben soll.[15]

In der Praxis geht die Gestalttherapie mit ihrem phänomenologischen Selbstverständnis recht pragmatisch um. Die Phänomenologie liefert ihr schlichtweg gewichtige Gründe für die Fokussierung auf unmittelbar gegebene Erfahrungen und eine Idee, wie Menschen begegnet werden kann, ohne immer schon expertisehaft das Verhalten zu klassifizieren (als normal oder unnormal, gesund oder krank). Was die Gestalttherapie seit jeher am meisten an der Phänomenologie interessiert hat, ist ihre, so nennen es jedenfalls Joyce und Sills (2015, 31), „phänomenologische Befragungsmethode". Sie läuft darauf hinaus, „anstatt das Verhalten des Klienten zu *deuten*, ihm beim Explorieren und Bewusstmachen zu helfen, *wie* er seiner Welt Sinn verleiht" (ebd.). Kern dieser der Phänomenologie entlehnten Methode (zur Problematik solcher Entlehnungen vgl. methodologisch Ploder 2018) ist das „Einklammern" (Husserl) all dessen, „was uns vertraut ist, also alle Voreingenommenheiten und gewohnten oder üblichen Deutungsmustern (vgl. Fuhr 2017, 422). Nach Fuhr (a. a. O., 420) beziehen sich phänomenologisch-hermeneutische Erkenntnisweisen auf das „Offensichtliche", und zwar durch ein Erforschen im gemeinsamen Therapieprozess (a. a. O., 426 ff.): „Was erlebe ich?", „Wie bin ich in meinem Umweltfeld?" und „Was geschieht, wenn …?" Diese drei Fragen sind nach Fuhr handlungsleitend in der Gestalttherapie durch Mittel der Erlebnisaktivierung, einem Fokus auf Lebensbewältigung und mittels offenem Experimentieren in den Therapiesitzungen. Es geht darum, die eigene Voreingenommenheit (das immer schon Wissen-Wollen) erst einmal so hinzunehmen und sich in der therapeutischen Situation vom Offensichtlichen ansprechen zu lassen, wohl wissend, dass dieser Spagat eine im Prinzip unmögliche Angelegenheit ist.

---

15 In der Gestalttherapie wird seit einiger Zeit vermehrt auf die sogenannte „Neue Phänomenologie" von Hermann Schmitz Bezug genommen (vgl. Matthies 2022). Schmitz leistet einen wichtigen Beitrag dafür, dass es einen gewissen sprachlichen Konsens braucht, um über Erfahrungswelten zu sprechen. Bei Schmitz handelt es sich jedoch meines Erachtens – im Sinne Husserls – um eine egologische Innenschau, so inspirierend sie an der einen oder anderen Stelle auch sein mag. Das Problem der Rezeption von Schmitz besteht darin, dass dieser selbst seinen Entwurf auf einer paradigmatischen Ebene ansetzt (eine „neue" Phänomenologie), das jedoch nur relativ knapp begründet. Im wissenschaftlichen Diskurs der phänomenologischen Philosophie spielt er nach wie vor nur eine sehr randständige Rolle, was auffallend ist angesichts des eigenen großen Anspruchs (zur Kritik daran und auch zur Nicht-Eingelöstheit des Anspruchs vgl. Waldenfels 2018, 267 ff.). Weder hat sich Schmitz mit aktuellen Strömungen der Phänomenologie auseinandergesetzt, noch hat sich die Philosophie mit ihm in nennenswerter Weise befasst. Phänomenologisch (im Anschluss an Husserl und dessen Nachfolger) wäre Schmitz, wenn er etwa „Atmosphären" einen objektiven Charakter zuschreibt, als naturalistisch zu kritisieren. Letztlich bleibt Schmitz in der Trennung von Subjekt und Objekt verhaftet, ohne zu problematisieren, wie beides zusammengedacht werden kann (das eigentliche phänomenologische Problem!).

Das gestalttherapeutische Sinnverstehen ist ein phänomenologisch inspiriertes. Es geht darum, mit Deutungen zurückhaltend umzugehen und den Erfahrungen Raum zu geben, die Dinge selbst in den Mittelpunkt zu rücken und sich von ihnen ansprechen zu lassen (statt analysieren, messen, festlegen). Es mag übertrieben sein, wenn Blankertz und Doubrawa (2005, 222, Hervorh. i. O.) behaupten, dass die „Gestalttherapie aus dem *erkenntnistheoretischen* Programm der Phänomenologie ein *psychotherapeutisches* Programm gemacht" habe. Dennoch trifft die Aussage den Kern, was die *Bedeutung* phänomenologischen Denkens in Abgrenzung zum analytischen, kategorisierenden Denken anbelangt. Blankertz und Doubrawa (ebd.) orten die phänomenologische Orientierung bereits in Perls Frühwerk, und zwar in seinem Appel, wir sollten aufhören, Warum-Fragen zu stellen. Tatsächlich fragt die Phänomenologie ebenso wie die Gestaltpsychologie nicht nach dem „Warum", sondern nach dem „Wie". „Was passiert gerade?" ist eine phänomenologisch gut begründbare Frage, wenn es darum geht, Wahrnehmung nach innen und außen zu schulen – eine Kernmethode der Gestalttherapie. Die Frage soll Menschen dabei unterstützen, in Kontakt mit der Situation im Hier-und-Jetzt zu kommen, mit sich selbst und anderen. Die phänomenologische Philosophie kann begründen, warum es essenziell ist, therapeutisch und pädagogisch an Erfahrungen anzusetzen. Auch wenn die phänomenologische Philosophie in der Grundlegung von Perls und Goodman keine *theoretisch* konkrete Rolle gespielt hat (außer etwa über Verbindungen zwischen Gestalttheorie und Phänomenologie bei Goldstein und in der Selbstbenennung als „phänomenologisch"), so ist ihr wesentlicher Einfluss auf Theorie und Methodologie der Gestalttherapie unbestritten. Die phänomenologische Philosophie liefert die *Begründung der Möglichkeit* der Welterfassung auf einer anderen als einer analytisch-abstrakten Ebene.

Schlussfolgerungen für die Gestaltpädagogik

Für die Pädagogik hat sich der phänomenologische Zugang lange schon als erziehungswissenschaftlich fruchtbar erwiesen (vgl. den Überblick bei Brinkmann et al. 2017, Woo 2007, Schneider 2010). Mit Blick auf die Praxis schärft er die Beobachtungsgabe, kann sie erweitern zu einer Fokussierung auf das, was anschaulich wird im Versuch, möglichst alle bereits deutenden Erklärungsfolien beiseitezulassen. Auf diese Weise kann ich zwar nicht erkennen, wie beispielsweise ein Kind *real ist*. Aber ich vermeide den *unrealistischen* Anspruch, es objektiv wissen zu wollen. In vielen pädagogischen Situationen weitet das den Blick ungemein. Vielleicht ist die Phänomenologie eine der besten Herangehensweisen, um im beständigen Oszillieren zwischen (Vor-)Wissen und Nicht-Wissen letztlich dem nahezukommen, was wir vernünftigerweise annehmen dürfen, im Umgang miteinander übereinander wissen zu können.

In der Praxis der Gestaltpädagogik geht es um das Offensichtliche (und in diesem Sinne Neue) in Anschauung des Alltäglichen. Unsere Alltagserfahrungen sind uns so selbstverständlich wie fremd. Fremd in der Hinsicht, dass das, was uns jeden Tag umgibt, gar nicht so leicht zur Sprache gebracht werden kann. Das ist aber wichtig, weil gerade das, was wir nicht bemerken, oft Wirkung entfaltet. Phänomenologisches Denken wird im weiteren Verlauf insbesondere bei der Darstellung der Kontakttheorie eine wichtige Rolle spielen und immer dann, wenn es theoretisch und praktisch um den Fokus auf Erfahrungen in der Gestaltpädagogik geht. Phänomenologisches Denken in der gestaltpädagogischen Praxis bedeutet zu versuchen, sich das eigene Erleben zu vergegenwärtigen. Für routinehafte Situationen im Alltag mag das (vielleicht) nicht nötig sein. Für eine Bewältigung schwieriger und schwierigster pädagogischer Situationen aber schon. Phänomenologie schult den Blick für die Menschen, mit denen wir arbeiten, für deren Lebenswelten und Erfahrungen, für die existenziellen Aspekte unseres In-der-Welt-Seins. Über unsere Erfahrungen werden wir zu dem, wie wir in der Welt sind. Gestaltpädagogik ist eine Pädagogik der Existenzialität.

3.5 Begegnung: Dialogphilosophie

Erfahrungen mit anderen Menschen können durch eine dialogische Haltung zu zwischenmenschlichen Begegnungen werden. Dieser Gedanke spielt eine zentrale Rolle in der Dialogphilosophie Martin Bubers (vgl. Wojcieszuk 2010, 51 ff., Sander 2017, 281 ff.). In Rekurs auf Martin Buber (1878–1965) wird der *Dialog* zum tragenden Fundament zwischenmenschlicher Beziehung im Gestaltansatz (vgl. Doubrawa & Staemmler 2003, Hycner 2003). Bubers Bedeutung für den Gestaltansatz ist immens, ich fasse mich deshalb in diesem Kapitel etwas kürzer und verweise auf den Abschnitt zum dialogischen Aspekt in der Kontakttheorie (siehe Kapitel 5). Bubers Dialogphilosophie ist eine Religionsphilosophie, die wahrhafte Begegnungen zwischen einem Ich und einem anderen Ich (einem Du) als Gotteserfahrung versteht. Buber (1973) schreibt der Begegnung zwischen Menschen fundamentale Bedeutung zu. Eine wahrhaftige Begegnung, eine „Du-Beziehung" (ebd.), ist eine existenzielle, eine tief berührende, ja: eine spirituelle Erfahrung. Es geht nicht um etwas Drittes, einen Zweck, ein Ziel, ein Es. Es geht nur um das Du. Der Dialog ist die Form dieser Begegnung: das Prinzip des gegenseitigen Sichansprechenlassens ohne instrumentellen, manipulativen, ein Ziel anstrebenden Charakter. In der Du-Beziehung kommt es zur „Umfassung" (Buber 1964 [1925]). „Umfassung" bedeutet, den Anspruch eines Anderen gegenüber mir *als Person* zuzulassen, der Begriff meint daher mehr als Einfühlung (Buber 1964 [1925], 31). Im Buber'schen Dialog gibt es kein Machtgefälle. Es geht um die „Gegenseitigkeit" der Beziehung (a. a. O., 19); um „Kontakt mit dem Sein des Anderen", so zitiert Bohnsack (2008, 17) Buber. Sich einzulassen, sich öffnen für die andere Person. Für Buber ist Begegnung eine dem Menschen in grundsätzlicher Weise gegebene Möglichkeit und gleichzeitig keine Selbstverständlichkeit, vielmehr Ideal der

Menschwerdung: „Alles wirkliche Leben ist Begegnung" (Buber 1973, 15). Die Nähe zur Sprache der Phänomenologie ist augenscheinlich, denn auch in der Dialogphilosophie ist eine Erfahrung angesprochen, in der uns die Welt (bei Buber: Gott) wirklich wird, indem wir in der Begegnung unsere Verbundenheit mit allem Lebendigen *erfahren*.

Rezeption in der Gestalttherapie

Die Dialogphilosophie wird in der Gestalttherapie im Sinne einer philosophisch-praktischen Haltung rezipiert. Vor dem Hintergrund der wissenschafts- und erkenntnistheoretischen Gedanken der Gestalttheorie, einschließlich Feldtheorie, und der Phänomenologie liefert sie mit Blick auf die Gesamtheit der Erfahrung im Feld eine praktische Idee, wie der ganze Mensch therapeutisch angesprochen werden kann. Insgesamt ist Buber im psychotherapeutischen Diskurs immer wieder rezipiert worden (vgl. z. B. Trüb 2015 [1951], Hycner 1989). Buber hat wie kein zweiter in Worte gefasst, wie Menschen in inniger Weise mit anderen Menschen (und auch darüber hinaus) in eine *Begegnung* kommen können. Zurecht wird daher seine Dialogphilosophie als bedeutungsvolles ergänzendes Fundament des Gestaltansatzes aufgefasst (vgl. z. B. Jacobs 2003). Denn obwohl immer wieder betont wird, die Theorie von Perls sei durch die Dialogphilosophie Martin Bubers inspiriert, betont etwa Rumpler (2018, 103): Perls „hört dort auf, wo Buber eigentlich erst beginnt".

Schlussfolgerungen für die Gestaltpädagogik

Buber hat sich eingehend mit Erziehung auseinandergesetzt (Buber 1973, vgl. Bohnsack 2008), er wird in der Pädagogik jedoch wenig zitiert (vgl. aber Mikhail 2008, Liegle 2017). In der Gestaltpädagogik ist die mit dem Werk Bubers auf das Engste verknüpfte dialogische Wende der Gestalttherapie (vgl. Jacobs & Hycner 2009) noch wenig angekommen. Dabei ist Buber auch hier eine wichtige – wenn auch nicht die einzige – Quelle, um eine Idee davon zu erhalten, um was es im zwischenmenschlichen Kontakt, in der pädagogischen Beziehung in der Gestaltpädagogik geht. Buber erinnert uns im Sinne einer „Beziehungspädagogik" (Liegle 2017) oder einer „Personalen Pädagogik" (Bohnsack 2008) vor allem daran, dass wir alle wissen, wie berührend Begegnungen zwischen Menschen sein können, wie ein kurzer Moment der Berührung uns zu Tränen rühren kann, dass Begegnung nicht nur eine *zwischenmenschliche* Erfahrung sein kann, sondern mit allem Lebendigen auf der Welt möglich ist. Ein solches dialogisches Prinzip des Angesprochenwerdens durch das Gegenüber ist für Buber immer nur ein anzustrebendes Ideal, kein Dauerzustand. Jedoch wirkt die Du-Beziehung nach, wirkt in die Welt hinein (vgl. Bohnsack 2008, 24). Daraus leitet die Gestaltpädagogik die Vorrangstellung des Beziehungsaspekts ab als ein „Apriori der Beziehung", wie Bohnsack (2008, 12) Martin Buber zitiert. Letztlich geht es methodisch in der

Gestaltpädagogik genau darum: Sich einzulassen auf die andere Person *als Person* unter Maßgabe einer Du-Beziehung

Zur Existenz gehört das Miteinander. Für Buber ist die Begegnung ein Ideal, das nicht von Dauer sein kann. Das ist wichtig, denn in der (Gestalt-)Pädagogik geht es nicht nur um Begegnung. Pädagogik zeichnet sich immer auch dadurch aus, dass etwas Drittes eine Rolle spielt (etwa: Probleme gemeinsam lösen). Das wusste auch Buber. Es geht in der Pädagogik um einen gemeinsamen Weg, um Wünsche, Absichten und Ziele, also auch um pädagogisch wichtige Es-Momente (auf beiden Seiten der pädagogischen Beziehung). Es wäre zum Beispiel schlichtweg unverantwortlich, so zu tun, als hätte die pädagogische Situation keinen Rahmen, keine Voraussetzungen, keine Ziele, keine Machtasymmetrie zwischen den Beteiligten. Buber selbst hat das gesehen und in seinen Schriften zur Erziehung betont: Es geht nicht nur um Ich-Du (vgl. Buber 1964). Zur Erziehung gehört auch die „Es-Beziehung", also die instrumentelle Beziehung, die einen Zweck verfolgt und Wirkung zu entfalten trachtet. Das Ideal der Du-Beziehung bildet dafür aber stets den Rahmen. Ein solcher Rahmung kann verhindern, dass aus Ich-Es Manipulation wird, ein Machtmissbrauch. Es geht um eine unverrückbare „Bereitschaft des Erziehers zum Angesprochenwerden durch Andere" (Bohnsack 2008, 24). Meine Antwort im Dialog wird für diesen einen Menschen erst bedeutsam, indem ich mich auf seine*ihre Welt beziehe, die mir wiederum erst durch diesen anderen Menschen erreichbar wird. In diesem Sinne begründet die Dialogphilosophie Bubers das (berufs)ethische Fundament der Gestaltpädagogik im Sinne einer dialogischen Verantwortung. Dieser Gedanke wird eine wichtige Rolle spielen im weiteren Verlauf dieser Einführung.

Die Idee der dialogischen Beziehung wird als Ergänzung der ursprünglichen Theorie von Perls dargestellt werden, und der Dialog ist von zentraler Bedeutung, wenn es um gestaltpädagogisches Handeln geht. Dialogphilosophie in der Praxis erinnert uns daran, wie existenziell wichtig dem Menschen Beziehung ist: lebenswichtig. Der Dialog als Grundhaltung schafft keine Machtasymmetrien aus der Welt (etwa zwischen Erwachsenen und Kindern), macht aber genau dafür sensibel und lässt so mit gegebener Macht verantwortungsbewusster umgehen. Buber erinnert uns daran, dass wir uns alle nach aufrichtiger Begegnung sehnen und dass sie uns allen möglich ist – auch dem scheinbar noch so „gestörten" Kind. Mit Buber lassen sich auch die kleinen Momente der Begegnung, ein Augenkontakt vielleicht, als etwas wirklich Bedeutsames würdigen.

3.6 Gestaltpädagogik als relationale Pädagogik

Gestalttheorie, Feldtheorie und Phänomenologie laufen alle auf eines hinaus: auf die Relationalität (Bezogenheit) menschlicher Erfahrung. Die Dialogphilosophie formuliert eine Idee, wie aus der Tatsache der Bezogenheit ein sich im Dialog

Aufeinanderbeziehen werden kann. Die Gestaltpädagogik ist eine *relationale Pädagogik*, weil sie nicht nur die pädagogische Beziehung, sondern insgesamt das In-der-Welt-Sein des Menschen in den Blick nimmt. Das Paradigma der Relationalität basiert auf der Annahme einer grundsätzlichen „Bezogenheit" des Menschen in dieser Welt (Petzold 1978, vgl. Holzapfel 2023). Uri Bronfenbrenner (1981, vgl. Ditton 2006) hat das in seinem erziehungswissenschaftlich breit rezipierten Sozialisationsmodell als „ökologisch" bezeichnet, ganz ähnlich formulierten es Germain und Gitterman (1988) in ihrem ökosystemischen Ansatz, eine der wichtigsten Theorien der Sozialpädagogik. Mit Waldenfels (2007) kann unter Relationalität ein sich gegenseitiges Antworten, ein „Antwortregister", verstanden werden. Aus der Erste-Person-Perspektive stellt sich *mir* Bezogenheit als Erfahrung des *mir* anschaulich Werdens und des *mich* Beziehens dar: Wer oder was *spricht mich an*? Auf *wen* oder *was* möchte ich *mich einlassen*? Was *sagt mir* ein bestimmter Film oder eine bestimmte Musik? Finde *ich* einen *Zugang* dazu? Was habe *ich* mit der Aufgabe zu tun, die *mir* gerade gestellt wird (von der Lehrerin oder vom Leben)? Was oder wer *weckt* gerade *mein* Interesse? Mit welchem Ort fühle *ich* mich *verbunden*? Was *gibt mir* der Blick von einem Berg aus ins weite Land? *Wem* fühle *ich* mich *nahe* oder nicht? Was *vereint* oder *trennt* mich mit diesem Menschen hier? Um all dieses „Antwortgeschehen" (Waldenfels) begrifflich fassen zu können, kann statt von Beziehungen allgemeiner von *Relationen* gesprochen werden, um das Grundsätzliche des hier Gemeinten zu abstrahieren. Die Rede von der Relationalität besagt, dass alles mit etwas ins Verhältnis gesetzt *ist*, meint keine lediglich *möglichen* Relationen, sondern *bestehende*.

In der Kontakttheorie des Gestaltansatzes (siehe Kapitel 5) geht es darum, von der Relationalität der menschlichen Existenz ausgehend, aktiv bewusste *Prozesse des Sichbeziehens* zu gestalten. Erfahrung ist immer Erfahrung *von etwas* (also relational) und die Verwobenheit der menschlichen Existenz in der Welt wird in ihrer Relationalität erst wirklich über konkrete Erfahrungen („Kontakt"). Wer zu diesen Erfahrungen keinen Zugang findet im Sinne einer Selbst- und Welt-Erfahrung, erlebt Entfremdung. Es könnte also gesagt werden, der Gestaltansatz ist eine Entgegnung auf Tendenzen, sich von sich selbst (Dissoziation, Leere, Depression, Depersonalisation etc.) oder von der Welt (Ohnmacht, Zynismus, Derealisation, Psychose etc.) zu entfremden. In der gestaltpädagogischen Begleitung geht es um existenziell bedeutsames Selbst- und Weltverstehen – um Kontakt mit sich und der Welt. Gestaltpädagogik erweist sich sonach als komplex begründeter und gleichzeitig recht bodenständiger Ansatz: existenzielle Relationalität als Anfang aller Pädagogik.

Durch Gestaltpädagogik kann erreicht werden, dass sich Kinder, Jugendliche und Erwachsene besser in ihrem Leben verwurzeln und dass sie von diesem Standpunkt aus ihre sozialen Beziehungen für sich befriedigender und im Miteinander gestalten können. Was aber ist, wenn Menschen scheinbar aufgehört haben, Beziehungen als bedeutsam einzuschätzen? Wenn beispielweise

Jugendliche scheinbar aufgehört haben, noch irgendetwas zu erwarten von der Beziehung zu den Eltern, von einer Lehrerin, von einem Sozialpädagogen? Sind Beziehungen dann wirklich nicht mehr von Bedeutung? Oder haben solche Jugendliche nicht vielmehr aufgegeben zu hoffen, dass eine bestimmte Beziehung (die ja grundsätzlich besteht) jemals stimmig sein wird aus ihrer Perspektive? Und geben nicht manchmal auch Pädagog*innen eine Beziehung aus schierer Ohnmacht auf, obwohl es für sie durchaus von Bedeutung wäre, wenn diese anders zu gestalten wäre? Solange Bezugnahme aufeinander stattfindet, hat die pädagogische Beziehung eine Chance. In der Praxis gilt es, auch unliebsame Bezugnahmen, die vielleicht aus der eigenen Perspektive als provozierend, feindselig, desinteressiert gedeutet werden, ernst zu nehmen – als Beziehung. Auch wer mich ärgert, will etwas von mir: Es besteht eine Beziehung, nun will sie gestaltet sein. Gestaltpädagogik ist eine Pädagogik der Beziehung.

Der paradigmatische Ausgangspunkt des Gestaltansatzes, alles Existierende und jede Erfahrung als relational eingebunden in ein Beziehungsgeflecht zu betrachten, bestimmt auch die Theorien des Gestaltansatzes über menschliche Entwicklungsprozesse, ihr Bild vom Aufwachsen des Menschen als ein Beziehungsgeschehen. Darum geht es im nächsten Kapitel.

4 Entwicklungspsychologie des Gestaltansatzes: Aufwachsen in Beziehung

Der Gestaltansatz geht von der Eingebundenheit menschlicher Erfahrung aus – von Geburt an. Aufwachsen bedeutet, Erfahrungen mit Beziehungen zu machen. Diese Erfahrungen sind untrennbar verbunden mit Lernprozessen. Entwicklung – im entwicklungspsychologischen Sinne – ist letztlich nichts anderes als ein vielschichtiges Knüpfwerk von unendlich vielen Lernprozessen, das ein ganzes Leben lang in Veränderung begriffen ist. Aufwachsen ist den Herausforderungen des Lebensverlaufs ausgesetzt. Eine wichtige Rolle spielen dabei entwicklungsbedingte Lebensaufgaben (etwa nach den berühmten Modellen von Erickson oder Havighurst), die in einer Mischung aus Personalisation und Sozialisation bewältigt sein wollen. Das Ergebnis der Bewältigung dieser Anforderungen bezeichnen wir gewöhnlich als Entwicklung. Alters- und entwicklungsbedingte Faktoren zu berücksichtigen ist eine pädagogische Selbstverständlichkeit. So sind unter anderen Interaktions- und Kommunikationsmöglichkeiten in ihrer Form altersspezifisch unterschiedlich, was sich unter anderem darauf auswirkt, wie Pädagog*innen Kinder und Jugendliche erreichen können und welche Angebote sie ihnen sinnvollerweise machen. Im Folgenden skizziere ich entwicklungspsychologische Ansätze der Gestalttherapie, die auch für die Gestaltpädagogik von Belang sind. Die Darlegung einer einheitlichen Entwicklungspsychologie des Gestaltansatzes steht damit allerdings nicht in Absicht. Es handelt sich vielmehr um diejenigen Überlegungen, die ich für die Gestaltpädagogik als am fruchtbarsten erachte.

Im Gestaltansatz wurde lange darüber gestritten, ob es überhaupt eine Entwicklungstheorie[16] braucht, andererseits wurde ihr Fehlen angemahnt (vgl. rückblickend Wirth 2012, 29), mittlerweile liegen nun einige Entwürfe vor (vgl. den Überblick in a. a. O.). Ob der Gestaltansatz tatsächlich eine in eigener Terminologie verfasste entwicklungspsychologische Theorie braucht, sei einmal dahin gestellt (die hätte beispielsweise die Verhaltenstherapie auch nicht zu bieten). Unverzichtbar, zumindest in einem gestaltpädagogischen Kontext, ist hingegen der

16 Damit meine ich nicht „Entwicklungstheorien" etwa im Sinne von Ken Wilber, in denen es eher um die Entwicklung des Menschseins insgesamt geht. Erziehungswissenschaftlich sind solche (teilweise ins Esoterische abgleitende) Theorien von geringem Belang. Bildungsideale werden im Kontext der Pädagogik in anderer Weise thematisiert, nämlich im erziehungs- und bildungswissenschaftlichen Diskurs über anthropologisch und ethisch begründbare Bildungstheorien.

Anschluss an vorhandene entwicklungspsychologische Theorien und Modelle. In welcher Weise ist solch ein Anschluss vorstellbar?

Carroll (2017) hat mögliche Anschlussstellen identifiziert, die sich ihrer Ansicht nach aus entwicklungspsychologisch relevanten Aspekten ergeben, die in der Theorie der Gestalttherapie bereits formuliert seien: Interdependenz, geistige Aktivität von Beginn an, Antwortgeschehen zwischen Bezugsperson und Kind und wechselseitige Unterstützung, Kontaktprozesse und Widerstand sowie Aggression als positive Kraft für Wachstum (vgl. a. a. O., 569 f.). Ähnlich wie in der Entwicklungspsychologie von Jean Piaget geht es in der Theorie des Gestaltansatzes um Assimilation und Akkommodation, also um ein Gleichgewicht des Sichanpassens und des Sichpassendmachens (Wirth 2012, 18). Vor allem das kindliche Spiel ist bereits seit Perls und Goodman immer wieder Thema der Gestalttherapie als Prototyp der kindlichen Selbstverwirklichung (vgl. Wirth 2012, 37).

Schön (2019) hat die Kompatibilität der Theorie der Gestalttherapie zur allgemeinen Entwicklungstheorie an drei Stellen festgemacht: Gestaltpsychologie / Feldtheorie, Phänomenologie sowie Säuglingsforschung / Bindungstheorie. Die Gestalttherapie erweist sich als prinzipiell anschlussfähig an die moderne Entwicklungspsychologie immer dann, wenn es nicht um Stufentheorien geht, sondern um komplexe Prozesse, um differenzielle, ökologische und lebenslange Entwicklung (vgl. Gruninger 2012, 63). Der Blick in die Literatur des Gestaltansatzes weist vor allem zwei für die Gestaltpädagogik relevante entwicklungspsychologische Orientierungen auf: Entwicklung ist kein rein individuelles Geschehen, sondern muss feldbezogen betrachtet werden (4.1). Außerdem ist Entwicklung nicht die Summe von Prozessen in einzelnen Entwicklungsbereichen, sondern die bereichsübergreifende Gleichzeitigkeit zusammenhängender Prozesse (4.2). Zwischen den entwicklungspsychologischen Überlegungen im Gestaltansatz und der Säuglingsforschung von Daniel Stern gibt es eine enge Verbindung, die ich in einem kurzen Exkurs darlegen möchte (4.3).

4.1 Entwicklung als Entwicklungsfeld

Vor allem bei Wheeler (2002) und McConville (2001) finden sich explizit feldtheoretische Überlegungen im gestalttherapeutischen Kontext. Wheeler (2002, 55) entwirft einen feldbezogenen Ansatz kindlicher Entwicklung: Entwicklung sei ein Entwicklungsfeld (vgl. auch Wirth 2012, 26 ff.). Es mache keinen Sinn, sich die Entwicklung eines Babys vorzustellen, ohne die Bezugsperson mitzuberücksichtigen, die Untersuchungseinheit sei nicht das Individuum (in Rekurs auf Lewin), sondern „the *relational field* or, at the least, that part of the relational field that is significant and presenting at the moment" (Wheeler 2002, 57, Hervorh. i. O., in Rekurs auf Winnicott 1988). Stufen der Entwicklung sind nicht einfach neuartige Verhaltensmöglichkeiten, sondern eröffnen ein völlig neues „field of living" (Wheeler 2002, 56). Ausgehend vom gestalttherapeutischen Selbstkonzept geht es nach Wheeler (vgl. a. a. O., 59 ff. für das Folgende) um folgende Erfahrungsbereiche (nicht nur) der kindlichen Entwicklung: Intersubjektivität und Intimität, Support (Unterstützung) und Scham, Geschlecht und Identität sowie Stimme und Narration.[17] Auf dieser Grundlage entwickelt Wheeler eine feldtheoretisch-phänomenologisch-erfahrungsorientierte Entwicklungstheorie. In dieser geht es weniger um ein altersspezifisches Stufenmodell, sondern um grundsätzliche menschliche Erfahrungen, die ein Leben lang essenziell sind und die ihren Anfang finden in den Erfahrungen von Geburt an. Grundmotive menschlicher Entwicklung sind Problemlösen und Sinngebung.

Intersubjektivität ist der Ausgang aller menschlichen Entwicklung und Intimität (im Sinne eines gegenseitigen Kennenlernens innerer Welten) deren Voraussetzung. Das Kind wächst von Anfang an in ein Beziehungsfeld hinein. Indem sich auf diese Weise das Selbst ständig neu herausbildet, organisiert das Selbst gleichzeitig das Feld. In feldtheoretisch-phänomenologischer Perspektive geht es nicht um einen individualistischen Fokus auf Autonomie, sondern um die Bewältigung des Aufwachsens in einem dynamischen Zusammenspiel von Selbst-Unterstützung und Fremd-Unterstützung als gleichrangig (anstatt selbst können als gut, unterstützt werden als schlecht zu bewerten). Die Entwicklungsaufgabe besteht darin, „a whole field of support" zu mobilisieren. Gelingt dies nicht in ausreichender Weise, kommt es unter anderen zu Schamgefühlen. Scham entsteht in dieser Auffassung in Beziehungen, die gleichzeitig bedeutsam und bedrohlich sind. Das führt dazu, dass das relevante Feld nicht vollständig integriert werden kann. Geschieht dies trotzdem (weil die Grenze nicht gezogen werden kann, zumeist frühkindlich), dann kommt es zu einem destruktiven Selbstprozess. Bei der Entstehung von Scham spielt auch der Genderaspekt eine zentrale Rolle. Gender „is a field map and a social code of support and shame" (Wheeler 2002, 73). Wheeler verweist hier auf die vielen Erfahrungen von Scham, bei denen der Verweis auf Geschlechternormen die zentrale Rolle spielt. Geschlechteridentitäten sind soziale Prozesse von subjektiver Relevanz und als solche für die Identitätsentwicklung hoch wirksam.

McConville (2001) hat ausgehend von der Feldtheorie Lewins eine Entwicklungstheorie des Jugendalters formuliert. In der Jugend gehe es vor allem um eine Ausdifferenzierung des „Lebensraumes" (Lewin). Es differenzieren sich Gruppenzugehörigkeiten, Lebensbereiche, Aktivitäten (Clique, Verein, Sport, Schule, Party etc.) heraus mit je eigenen „Selbstgestalten" (McConville). Die Ausdifferenzierung von inneren und äußeren Regionen bedarf der Integration, ansonsten komme es zu psychischen Spannungen. Nach McConville ist „das Jugendalter durch die Strukturierungsprozesse des Ausfaltens des Verständnisfeldes gekennzeich-

---

17 eigene Übersetzung; Wirth (2012) übersetzt mit „Narrativ".

net. Diese Ausfaltungsprozesse vollziehen sich bei gleichzeitiger Destrukturierung der Kindheitseinheiten, und gehen mit einer Erweiterung und Differenzierung des Lebensraumes und einer Transformation der Abgrenzungsprozesse der einzelnen organisatorischen Einheiten des Feldes einher" (Wirth 2012, 25). Die konfluenten (sich nicht abgrenzenden) Zustände der Kindheit verschwinden immer mehr, heftige Wechselzustände sind das Resultat (ebd.). Diese vollziehen sich sowohl innerpsychisch als auch im äußeren Verhalten (z. B. durch scharfe Abgrenzung) (vgl. a. a. O., 26).

Auch Wirth (2012, 41) betont die zentrale Bedeutung des „supportiven Feldes" für Entwicklung. Das supportive Feld resultiert sowohl aus Körperlichkeit als aus zwischenmenschlichen Beziehungen. Diese ermöglichen Differenzierung und Entwicklung. Im Grunde genommen ist gestalttherapeutisch betrachtet Entwicklung nichts anderes als Differenzierung (vgl. a. a. O., 44). Die Herausbildung von Identität ist nicht nur ein individueller, sondern immer auch ein Prozess im Feld. Wird der Identität eine eigene Stimme verliehen, dann ist das, was da zur Sprache kommt, nicht nur eine persönliche Narration, sondern Teil einer Erzählung im Feld als einer eigenen bedeutungsvollen Lebensgeschichte (a. a. O., 74 ff.). Wirth (2012, 45) zieht praktische Schlussfolgerungen aus der Auffassung, dass das supportive Feld der wichtigste „Entwicklungspromotor" sei.

> Entwicklung findet einerseits statt, wenn die Abstimmung des Organismus auf äußere Veränderungen dieses erfordert. (...) Andererseits findet Entwicklung statt, wenn innere Veränderungen und Reifungsprozesse des Organismus einen anderen Umgang mit dem Umfeld ermöglichen. Die entscheidende Brücke für diesen Übergang bildet die angemessene Unterstützung für den Entwicklungsschritt. Wenn keine ausreichende Unterstützung gegeben ist, wird der Entwicklungsschritt nicht vollzogen, kann es zu Entwicklungsverzögerungen kommen. (Wirth 2012, 45)

Gemeint sind hier Entwicklungsprozesse ein Leben lang. Wichtig ist in diesem Zusammenhang, dass Entwicklung nicht einfach ein individueller Prozess ist, sondern ein sozialer. Entwicklung ist immer auch Sozialisation im Sinne einer Auseinandersetzung mit günstigen und ungünstigen sozialen Einflüssen. Mit Blick auf die kindliche Entwicklung erinnert das an die berühmte Formulierung von Lev Vygotski, die „Zone der nächsten Entwicklung" zu unterstützen. Wie aber kann festgestellt werden, ob genügend Unterstützung im Entwicklungsfeld vorhanden ist, also konkret: ob Kindern, Jugendlichen oder Erwachsenen genügend Ressourcen zur Verfügung stehen, um einen Schritt tun zu können? Hier kann nur an das erinnert werden, was pädagogisches Handeln generell ausmacht: Erziehung ist eine Absicht, die erst durch Feedback, also durch eine Antwort, in ihrer Wirkung abschätzbar wird.

4.2 Entwicklung von Beziehungskomplexität

Sowohl Wheeler (2002) als auch McConville (2001) formulieren eine feldtheoretische Entwicklungstheorie. Das tut in etwas anderer Weise auch eine Gruppe um Francesetti et al. (2016) und Spagnuolo Lobb (2016b). Margherita Spagnuolo Lobb verknüpft ihre entwicklungstheoretischen Konzepte mit Ansätzen der Kinder-Gestalttherapie (vgl. die Beiträge in Spagnuolo Lobb et al. 2016) in feldtheoretischer Perspektive und unter Bezugnahme auf die Säuglingsforschung von Daniel Stern (vgl. deren gemeinsame Publikation Spagnuolo Lobb et al. 2009, siehe den Exkurs im nächsten Abschnitt). Zwei Befunde der experimentellen Forschung von Stern findet sie zentral für die Gestalttherapie: zum einen, dass das Kind von Geburt an komplexe Formen des Zusammenseins mit den Bezugspersonen lernt und nicht isolierte Verhaltensweisen (z. B. selbstreflexive, emotionale, soziale, moralische); zum anderen, dass Entwicklung keine Abfolge von Phasen, sondern eine Entwicklung von Bereichen ist, deren Komposition sich zunehmend, „wie eine Melodie", verdichtet (vgl. Spagnuolo Lobb 2013, 112). Das lasse auch keine Vergleichsmaßstäbe zwischen Kindern zu (vgl. erziehungswissenschaftlich zu den Un-„Kulturen der Entwicklungsdiagnostik" Kelle 2009). Entwicklung wird hier nicht, wie sonst meist üblich, als asynchrones Phasen- oder Stufenmodell im Sinne der Zunahme einzelner Fähigkeiten verstanden, sondern als Synchronizität von Entwicklung in den einzelnen Entwicklungsbereichen, als qualitativer Prozess der Veränderung in der Komplexität von Interaktionsfähigkeiten.

Entwicklung ist für Spagnuolo Lobb (2016b, 112) eine „Reise zur Komplexität von Kontakten", keine simple Progression. Entwicklung vollziehe sich nicht in erster Linie in Stufen oder Phasen. Spagnuolo Lobb spricht von der „polyphonen Entwicklung von Bereichen" (ein Begriff von Daniel Stern). Statt einer Diagnostik von Entwicklungsphasen gehe es folglich in Hinwendung zum Kind nicht darum, individuelle Entwicklung zu beobachten, sondern Bewegungsmuster des Bewegungsfeldes (a. a. O., 114).

Nur durch ein wechselseitiges Antwortgeschehen, eine Auseinandersetzung miteinander kann es zur feinfühligen Abstimmung kommen, zum Verständnis für den Säugling ebenso wie für jeden anderen Menschen: „Was brauchst du?" Entwicklung ist kein vom sozialen Umfeld isolierbarer Prozess. Unter anderen haben Pädagog*innen daran einen elementaren Anteil. Das scheint manchmal vergessen zu werden, wenn im Eifer der Entwicklungsdiagnostik kindliches Erleben und Verhalten begutachtet wird, als hätten die beobachtenden Eltern und pädagogischen Fachkräfte an dieser Entwicklung keinen Anteil. Gestaltpädagogik fördert Entwicklung durch Beziehung. Alles, was Beziehung ermöglicht, ist in einem solchen Ansatz integrierbar, vor allem auch andere Handlungsansätze der humanistischen Pädagogik (z. B. die Pickler-Pädagogik, vgl. den Überblick bei Dauber 2009). Mit Blick in Richtung Gestalttherapie stellen außerdem Ansätze der Kinderpsychotherapie (vor allem Oaklander 1981, Oaklander 2009, Baulig & Baulig

2002, Anger & Schön 2012, Spagnuolo Lobb et al. 2016) sowie die gestalttherapeutische Familientherapie (Kempler 1975, Kempler 1989, Zinker 1994)[18] hilfreiche Ressourcen für die Gestaltpädagogik dar. In Summe ist die Theorie der Entwicklung im Gestaltansatz eine sozialwissenschaftlich konturierte Entwicklungstheorie und weniger eine monodisziplinäre Entwicklungs*psychologie*. Ihr Kern ist das Verständnis des Menschen als eines sozialen Wesens, dessen Entwicklung sich in Beziehung vollzieht. Daniel Stern hat diese Prozesse im Rahmen seiner Säuglingsforschung theoretisch und empirisch differenziert beschrieben.

4.3 Exkurs: Säuglingsforschung

Daniel Sterns berühmt gewordene, psychoanalytisch gerahmte Säuglingsforschung („Die Lebenserfahrung des Säuglings", Stern 1992) weist eine große Nähe zur Gestalttherapie auf (vgl. Pauls 1994, Wimmer 2014), die Stern auch selbst so eingeschätzt hat (vgl. die gemeinsame Publikation bei Spagnuolo Lobb et al. 2009 sowie Stern 2006a, Stern 2006b). Stern hat die entwicklungspsychologische Sicht auf das Erleben und Verhalten von Säuglingen (vgl. zu den theoretischen Anschlüssen und Vorläufer*innen Stern 2012, 11 ff., 22) nachhaltig verändert (vgl. Beebe 2017). Auch er selbst hat daraus weitreichende Schlussfolgerungen gezogen, insbesondere für psychotherapeutische Veränderungsprozesse (Stern 2012, gemeinsam mit der *Boston Change Process Study Group*). Stern (vgl. bereits 1971) konnte in seinen Studien erstmals experimentell nachweisen, dass Säuglinge von Geburt an „mit ihren Betreuungspersonen auf der Grundlage eines umfangreichen Beziehungswissens interagieren" (Stern 2012, 22). Der Säugling, anders als bis dato gedacht, ist kein passives Wesen, sondern agiert *aktiv* beziehungsorientiert. Er verfügt über ein angeborenes „implizites Beziehungswissen" (a. a. O., 21). Implizites Wissen (vgl. Stern 2005, 123 ff.) ist Wissen, das Menschen haben, das sie aber nicht ad hoc verbal zur Sprache bringen können, sie haben es einfach und können es anwenden. Stern hat gezeigt, dass die kindliche Entwicklung nicht von einem undifferenzierten Wesen, das sich selbst nicht von der Umwelt unterscheiden kann, hin zum sich selbst unterscheidenden Individuum verläuft (wie bis dato entwicklungspsychologisch angenommen), denn „Säuglinge erleben niemals eine Phase völliger Undifferenziertheit zwischen dem Selbst und dem Anderen" (Stern 1992, 24). Dazu kommt, dass sie bereits im Alter von neun Monaten ihr eigenes subjektives Erleben sogar auch noch bemerken (a. a. O., 23). Stern widerspricht der Annahme einer kindlichen Entwicklung in Phasen entlang von spezifischen Themen wie Oralität, Bindung, Autonomie,

18 Jesper Juul entwickelte gemeinsam mit Walter Kempler seinen pädagogischen Ansatz der gleichrangigen Erziehung, mit dem er weltberühmt wurde (siehe www.ddif.de/das-institut/entstehungsgeschichte).

Selbstständigkeit und Urvertrauen, sondern er betrachtet sie als Themen, „die für die gesamte Lebensspanne und nicht nur für einzelne Entwicklungsphasen relevant sind, da sie sich zu allen Zeiten der Entwicklung in etwa gleichem Maße auswirken" (a. a. O., 25). Bereits die Interaktion zwischen Säugling und Bezugsperson ist „ein Prozess fortlaufender Verhandlungen über eine Abfolge von Anpassungsaufgaben" (Stern 2012, 22). Säuglinge zeigen Erwartungen und reagieren überrascht, wenn diese nicht erfüllt werden (ebd.). Stern spricht von einer angeborenen „intersubjektiven Matrix" (Stern 2006a, 30) beim Säugling in Form einer „primären Intersubjektivität" (a. a. O., 31). Intersubjektivität ist ein eigenständiges menschliches „Motivationssystem, so wie Bindung" (a. a. O., 41). Mit Bindung (körperliche Nähe, Sicherheit) gehe nicht notwendigerweise seelische Vertrautheit einher, so Stern (a. a. O., 43, vgl. auch Stern 2005, 113). Intersubjektivität stellt hingegen ein eigenständiges Motivationssystem dar (a. a. O., 112), das die intersubjektive, affektive Nähe erstrebt.[19]

Für die Gestalttherapie und mit ihr die Gestaltpädagogik bietet das Werk Daniel Sterns viele theoretische Anschlussmöglichkeiten und zudem auch Anregungen für eigene empirische Studien. Letztlich bestätigen diese Ergebnisse auf einer empirischen Ebene das, was die humanistische Psychologie und Psychotherapie lange Zeit nur behaupten konnten, nämlich dass Menschen für Begegnungen ansprechbar sind, dass es ein angeborenes Streben nach stimmiger Beziehung gibt, das sich nicht erst in Phasen entwickeln muss, sondern von Geburt an da ist und sich über die ganze Lebensspanne weiter entwickelt: ein angeborenes Sich-einlassen-Wollen auf andere Menschen. Wenn also innige Begegnungsmomente von Geburt an möglich sind, dann ist alles, was über die therapeutische und pädagogische Idee von Beziehung zu sagen ist, nicht altersabhängig, sondern höchstens der Komplexität und der Form nach unterschiedlich. Das heißt: Menschen sind ihr Leben lang ansprechbar, und es ist die Aufgabe der Gestalttherapie und Gestaltpädagogik, Wege zu suchen, die Beziehung ermöglichen.

Die Ergebnisse der Säuglingsforschung hat Daniel Stern umfassend auf den psychotherapeutischen-psychoanalytischen Kontext in Anwendung gebracht (Stern 2005, 144 ff., Stern 2012). Seine Forschungsergebnisse machen Mut, dass Menschen immer ansprechbar sind und ansprechbar bleiben. Ursula Svoboda (2023a, 141 f.) hat diese Grundhaltung in der Gestaltpädagogik als „gestaltpädagogischen Optimismus" bezeichnet. Er beruht auf einem – auch durch die

19 Fälschlicherweise wird für diese menschliche Motivation immer wieder das Bindungssystem herangezogen. Bowlby hat jedoch zu den Auswirkungen von Vernachlässigung geforscht und in seiner Bindungstheorie daraus lediglich ein angeborenes Bindungsbedürfnis *geschlussfolgert*. Auch Ainsworth hat nicht die affektiven Mikromomente in ihren Feldstudien beobachten können, sondern nur ein sehr grob differenziertes Interaktionsverhalten. Die konkreten, affektiven „Mikromomente" (Stern 2005, 9) des Interaktionsverhaltens von Säuglingen hat hingegen differenziert die Gruppe um Stern empirisch erforscht.

Säuglingsforschung bestärkten – Menschenbild, das Menschen die Fähigkeit zuschreibt, sich selbstständig und in Beziehung zu entwickeln. Die pädagogische Aufgabe besteht folglich darin, von außen Unterstützung in einer Weise anzubieten, sodass Selbst-Unterstützung wachsen kann: Hilfe zur Selbsthilfe, Bildung zur Selbst-Bildung. Genau dafür stellt der Gestaltansatz eine Theorie zur Verfügung: die *Kontakttheorie*.

Die gestaltpädagogische Anwendung der Kontakttheorie läuft darauf hinaus, bei Kindern, Jugendlichen und Erwachsenen das Selbst-Erleben und das Erleben der eigenen Wirksamkeit im Kontakt mit der Welt zu fördern. Kontakt ist der Erfahrungsaspekt von Beziehung. Beziehungen stimmig gestalten zu können ist der Schlüssel zur Welt. Weil die Theorie des Kontakts so zentral ist für die Gestaltpädagogik, wird sie im nächsten Kapitel ausführlich dargestellt. In Aussicht steht ein Theoriemodell, das besser verstehen lässt, was In-der-Welt-Sein eigentlich konkret bedeutet. Auf diesem Verständnis wird später im Kapitel 7 die Bildungstheorie der Gestaltpädagogik beruhen.

5 Theorie des Kontakts: Der Erfahrungsaspekt von Beziehung

„Kontakt" ist ein Kernbegriff der Gestaltpädagogik (Burow 1988, 54, Reichel & Scala 1999, 10, Stein 2005, 40, J. Bürmann 2023, 24 ff., Svoboda 2023a). Den Begriff übernimmt die Gestaltpädagogik von der Gestalttherapie. In deren Theorie und Praxis ist „Kontakt" *das* zentrale Konzept (vgl. Schübel 2021, Quitmann 1985, 119, Polster 2001, 153, Rumpler 2018, 101, Crocker 2019, 165, Fromm 2006 [1978], o. S., Yontef 1999, Blankertz & Doubrawa 2005, 178, Maragkos 2017, 60). Fritz Perls und Paul Goodman (Perls et al. 2004 [1951], 27), bezeichnen „Kontakt" als Schlüsselkriterium therapeutischer Prozesse. Für die Gestaltpädagogik ist das Kontaktkonzept deshalb so wichtig, weil es erlaubt, Bildungs- als Beziehungssituationen zu verstehen.

Im Folgenden versuche ich im ersten Schritt, ausgehend von wissenschaftlichen und Alltagsbedeutungen des Kontaktbegriffs, eine erste Konturierung des Kontaktverständnisses im Gestaltansatz. Ich erläutere in diesem Zusammenhang, was Perls und Goodman im Sinne hatten, indem sie sich ausgerechnet mit Gewahrseinsprozessen („bewusster Kontakt") befassten (5.1). Die Theorie des Kontakts im Gestaltansatz umfasst meines Erachtens (mindestens) drei Theorieebenen, die ich im Anschluss nacheinander erläutere: Kontakterfahrungen werden als *Verhaltensweisen* thematisiert (Kontaktverhalten) (5.2), außerdem als Abfolge von Verhaltens*prozessen* (Kontaktprozesse) (5.3) sowie als *Präferenzen* für spezifische Qualitäten solcher Prozesse („guter Kontakt") (5.4). Die von mir vorgenommene Dreiteilung der Theorie des Kontakts erlaubt eine Differenzierung nach Möglichkeit, Aktualisierung und subjektiver Bewertung von Beziehungserfahrungen in einem psychologischen Theoriemodell.

5.1 Ausgangspunkt: Kontakt und Gewahrsein

„Kontakt" umfasst im Gestaltansatz mehr als nur zwischenmenschliche Interaktionen, nämlich „sämtliche Aspekte des Sich-auf-die-Welt-Beziehens eines Menschen" (Joyce & Sills 2015, 151). Kontakte sind die „Fülle der Weltberührungen" (J. Bürmann 2000, 189, in Rekurs auf Otto Friedrich Bollnow). „Kontakt" bedeutet im Gestaltansatz grundsätzlich etwas sehr Ähnliches wie im Alltag – und zugleich mehr.

5.1.1 Kontakt als Sicheinlassen auf Interaktionen

Christa Rohr (1966) hat die bis heute umfangreichste Begriffsanalyse von „Kontakt“ vorgelegt. Alltagssprachlich meint „Kontakt“ ein situatives „Sicheinstellen“ auf etwas oder jemanden, das „die Möglichkeit seines Entzugs, ebenso wie jede Abwesenheit des Kontaktes“ einschließt (Rohr 1966, 33 f.). Auch im Kontext der Pädagogik ist das Wort „Kontakt“ durchaus gebräuchlich (z. B. „Erstkontakt“, „Elternkontakt“, „Kontaktvermeidung“, „enger Kontakt“, „angenehmer Kontakt“, „schwieriger Kontakt“ etc.). Erziehungswissenschaftlich und psychologisch ist von „Kontakt“ jedoch nur selten im Sinne einer theoretischen Begriffsfassung die Rede, sondern eher im Sinne einer alltagsplausiblen Metapher. So haben etwa Buchholz und Kleist (1997) metaphernanalytisch eine beeindruckende Fülle von Bedeutungen im klinisch-stationären Kontext herausgearbeitet. Rohr (1966) weist in ihrer Begriffsanalyse auf die wenigen Arbeiten hin, in denen in definierender Absicht von Kontakt die Rede ist: Erziehungswissenschaftlich taucht der Kontaktbegriff zuerst in der feldtheoretisch inspirierten Studie von Winnefeld (1971) auf: „‚Pädagogische Kontakte‘ bestehen in der ‚Resonanz verschiedener Persönlichkeitsschichten‘“, es handle sich um „mehrschichtige Bezugsgeschehnisse“ mit vielen verschiedenen Formen, pädagogisch bedeutsam sei vor allem die „Kontaktfähigkeit des Lehrers“. Lange vorher taucht der Kontaktbegriff bereits in den frühen kinderpsychologischen Studien von Charlotte Bühler (1937) auf, einer Vorreiterin der humanistischen Psychologie. Mit „Kontakt“ bezeichnet sie verschiedene Interaktionsweisen zwischen Bezugspersonen und Kindern. Interessant ist auch der Hinweis von Rohr (1966, 27 f.) auf den existenzphilosophischen Bedeutungsaspekt von „Kontakt“, den sie psychotherapeutisch bei Hans Trüb im Sinne eines gleichrangigen und vollverantwortlichen Kontakts sieht (vgl. Trüb 2015 [1951]). In der phänomenologischen Pädagogik von Hans Bollnow ist „Kontakt“ ein „unausweichlicher Appell“ (Rohr 1966, 27 f.).

Neben dem zitierten Bollnow haben sich auch andere Vertreter*innen einer phänomenologischen Pädagogik mit Kontaktphänomenen befasst, etwa Yin (2013) mit dem „Augenkontakt“ zwischen Lehrer*innen und Schüler*innen, und vor allem van Manen (2012, 2016), der explizit als Aufgabe der Pädagogik „Kontakt“ benennt (siehe weiter hinten im Abschnitt über die Phänomenologie des Kontakts). Es geht bei Yin und van Manen um besondere, bedeutsame Momente der Berührung im übertragenen Sinne. Der Kontaktbegriff des Gestaltansatzes meint genau solche berührende Momente und geht gleichzeitig über diesen besonderen Kontaktaspekt hinaus. Kontakt reicht im Gestaltansatz von Innigkeit bis zum Sichzurückziehen, vom losen Kontakt bis zur tief berührenden Begegnung mit etwas oder jemanden. Es geht dabei nur unter anderem um zwischenmenschliche Interaktionen, wenngleich dieser Aspekt eine zentrale Rolle spielt. Wenn im Gestaltansatz von „Kontakt“ die Rede ist, dann sind grundsätzliche Aspekte bewusster Erfahrungen angesprochen, welche der Gestaltansatz zu stärken versucht.

5.1.2 Stärkung des Gewahrseins

In der Theorie des Gestaltansatzes ist von „Kontakt" in spezieller Absicht die Rede. Ausgangsidee von Fritz Perls war die Etablierung einer neuen Therapieform, die sehr viel mehr sein sollte als nur Psychotherapie: nämlich ein Weg der Selbsterforschung, um neue Erfahrungen mit sich und anderen machen zu können, um dadurch als Person zu wachsen – nicht nur in klinisch relevanten seelischen Krisen. Für Perls ging es, im Sinne eines humanistischen Ansatzes (siehe Kapitel 2), nicht nur um eine andere Therapieform, sondern auch um eine andere Gesellschaft. In (was diesen Aspekt anbelangt) scharfer Abgrenzung zur damals dominanten Freud'schen Psychoanalyse betonte er in Abwendung von der beanspruchten Deutungsmacht der Psychoanalyse den eigenmächtigen Erfahrungsprozess der Klient*innen anstelle einer von außen definierten Maßgabe für therapeutischen Erfolg.

> Es geht nicht um größere „gesellschaftliche Eignung", wie es in den Augen einiger anmaßender und selbstgerechter Außenstehender erscheinen könnte, sondern um das Gewahrsein des Patienten von erhöhter Lebenskraft und gesteigerter Handlungsfähigkeit. Sicher vermögen auch andere die Veränderung zu bemerken. *Ihre* gute Meinung ist aber dennoch nicht der Prüfstein der Therapie. (Perls et al. 2004 [1951], 34, Hervorh. i. O.)

Zum „Prüfstein der Therapie" wird in der Gestalttherapie die subjektive Erfahrung der Klient*innen. Perls et al. (2004 [1951], 14) verlagern das Interesse „von dem Fetisch des Unbekannten, der Anbetung des ‚Unbewussten', hin zu der Problematik und Phänomenologie des Gewahrseins". Damit rückt die subjektive Erfahrung des Menschen in den Mittelpunkt anstelle der Deutung durch den*die Therapeut*in.

Mit dem Gestaltansatz verfolgten Perls et al. (1951) die Absicht „to heighten awareness of reality".[20] Ziel ist es, so die deutsche Übersetzung, „die Bewusstheit

20 In der Literatur zum Gestaltansatz ist das, was bei Perls und Goodman „awareness" heißt, recht unterschiedlich übersetzt worden. Für eine differenzierte Begriffsverwendung ist es meines Erachtens wesentlich, zwischen zwei verschiedenen Begriffsverwendungen zu unterscheiden. Im psychiatrisch-klinischen Kontext ist von Bewusstsein zumeist die Rede im Sinne eines Wach-Bewusstseins (in Abgrenzung zum Schlaf oder zur Bewusstlosigkeit), quantifizierbar bis hin zu einem „vollen" Bewusstsein. In der klinischen Terminologie bedeutet „Bewusstsein" Orientiertsein bezüglich Zeit, Ort, Situation und Person. „Bewusstheit" hingegen, sofern der Ausdruck klinisch Verwendung findet, bezieht sich dann auf den Grad der Aufmerksamkeit in diesem Be-

von der Wirklichkeit zu steigern" (Perls et al. 2019 [1951], 22), mehr Gewahrsein für die Wirklichkeit des In-der-Welt-Seins. Das Grundlagenwerk der Gestalttherapie (Perls et al. 1951) enthält im Original nach einer kurzen Einführung einhundert Seiten (im Originaltext) mit Übungen, die den Fokus auf bewusste Wahrnehmungsprozesse im Innen und im Außen legen.[21] Bewusstheit fördert nicht nur Wachstum auf der psychischen Ebene, sondern stärkt die Handlungsfähigkeit, indem es – mehr als im Achtsamkeitskonzept anderer Ansätze („mindfulness") – um ein *Gewahrsein für die Situation* geht, nicht nur um die innere Achtsamkeit. Gremmler-Fuhr (2017a, 381 f.) hat darauf hingewiesen, dass mit Gewahrsein gemeint sei, auf „das gesamte Feld, also auf den Zusammenhang zwischen Figur und Hintergrund" die Aufmerksamkeit zu richten. Gewahrsein ist gleichzeitige Präsenz in der Wahrnehmung nach innen wie nach außen. Das ist die Bedeutung von „Gewahrsein" (oder auch: Bewusstheit, Awareness) im Gestaltansatz.[22]

„Phänomenologie des Gewahrseins" (i. O.: „phenomenology of awareness") als therapeutisches Prinzip bedeutet, sich der inneren Prozesse bewusst zu werden („to be aware of") mit dem Ziel der Integration der eigenen inneren Gespaltenheit zu einem Ganzen (ebd.). Es geht nicht wie bei Freud nur um Introspektion im Sinne einer Innenschau, es geht darum, sich selbst in der Welt bewusst zu erleben: „Die Beobachtung des Selbst in Tätigkeit" (a. a. O., 21). Integration wird möglich durch das „Gewahrsein, dass die Teile Teile sind" (a. a. O., 140).

---

wusstheitsprozess. Damit geht die Frage einher, was Bewusstsein psychologisch, neurowissenschaftlich, evolutionär, philosophisch etc. eigentlich ist. Schwierige und hoch interessante Fragen, die zu stellen schnell in selbstreflexive Dauerschleifen führen kann. Von diesem klinisch-neuro-philosophischen Fragenkomplex muss das unterschieden werden, worum es in der Tradition der Gestalttherapie meines Erachtens vor allem geht: nämlich um einen Bewusstheitsbegriff, der darauf abzielt zu klären, wie Bewusstsein im Sinne einer Vergegenwärtigung des eigenen Lebens gesteigert werden kann. Hier geht es um die Frage, was es heißt, sich gewahr zu werden („to be aware"), was gerade passiert. Wie lässt sich (z. B. therapeutisch) erreichen, dass wir in Alltagssituationen mehr mitbekommen, um unser Leben bewusster, das heißt mit mehr Klarheit und Passgenauigkeit gestalten zu können? Das ist die Ur-Frage des Gestaltansatzes.

21 Die Übungen waren in der Erstfassung an den Anfang des Buches gesetzt worden, weil sich der Verlag wohl angesichts der damals in Mode kommenden „Selbsterfahrung" bessere Verkaufszahlen erhoffte als von einer theoretischen Darstellung. Das ursprüngliche Gesamtwerk (Perls et al. 1951) liegt heute als „Theorieteil" vor (Perls et al. 2019 [1951]) und davon abgetrennt der „Übungsteil" (Perls et al. 2004 [1951]). Leider wurde die meines Erachtens sehr erhellende Einleitung des Originals an der ursprünglichen Stelle vor den Übungen belassen (zu finden nun auf Deutsch in Perls et al. 2004 [1951]), die aufgrund der in der deutschen Fassung umgedrehten Reihenfolge folglich in der Ausgabe des Theorieteils (Perls et al. 2019 [1951]) fehlt. Die ursprüngliche Einleitung fasst die theoretische Kernidee der Gestalttherapie verständlich zusammen und hätte dem „Theorieteil" als Einführung gut bekommen.

22 Was mich hingegen erziehungswissenschaftlich nicht interessiert, ist die Rede von „Bewusstheit" im Sinne der Erreichbarkeit von Bewusstheitsstufen. Da scheint mir der Bildungsbegriff in angemessener Weise komplexer.

Beispiel: Ein Mensch wird sich dessen gewahr, das seine Angst zusammenhängt mit einer unterdrückten Trauer; die aggressive Kraft dieser Unterdrückung führt zu Unterdrückung der Atmung; die unterdrückte Atmung wiederum spürt dieser Mensch als Atem-Enge, als Angst (ebd., zum Zusammenhang zwischen Angst und Atmung vgl. L. Perls 1999).[23] Gewahrwerden öffnet augenblicklich neue Möglichkeiten, sich zu verhalten.

> Bewusstheit findet immer in der Gegenwart statt. Sie eröffnet Handlungsmöglichkeiten. (Perls 2002 [1973], 84)

Die Ausgangsidee von Perls ist recht pragmatisch, es ging ihm um die Steigerung von Bewusstheit als „das wirkliche Durchleben eines oder mehrerer Ereignisse" (Perls et al. 2004 [1951], 33). Es geht ihm um ein Hinmerken auf das, was gerade geschieht – und zwar nicht als reine Innenschau, sondern in Aufmerksamkeit für das, was jetzt gerade hier in dieser *Situation* als subjektiv erfahrbar geschieht. Gewahrsein ist ein Willensakt, etwas, das gewollt werden kann, eine beabsichtigte *Zuwendung* zum bewussten Erleben, ein Oszillieren zwischen Erleben und dem Bewusstsein dieses Erlebens. Ziel der Gestalttherapie ist es zu „lernen, zwischen vielfachen Ebenen Wechselbeziehungen herzustellen, z. B. zwischen dem Ganzen und den Teilen, der Figur und ihrem Hintergrund, dem Ich und dem Du, der Erinnerung und der Gegenwart, der Gegenwart und der Zukunft, den Wahrnehmungen und den Emotionen" (Perls 1980, 124).

Innere Achtsamkeit ist die Voraussetzung für Gewahrsein. Nach Nevis (1988) bedeutet „Bewusstheit" (gemeint ist: Gewahrsein), „dass etwas aus den vielen Sinnempfindungen oder Ereignissen, die gleichzeitig ablaufen, zur Figur geworden ist". Bewusstes Erleben kann sich auf folgende Ebenen beziehen (a. a. O., 41): Sinnesempfindungen (Anblicke, Klänge, kinästhetische Reize etc.), innere Verbalisierungen und Visualisierungen (Denken, Grübeln, Planen, Erinnern, Phantasien etc.), Gefühle (Begeisterung, Traurigkeit, Abscheu, Zuneigung, Angst etc.), Werte (Einstellungen, Urteile, Generalisierungen etc.) sowie interpersonelle und Gruppeninteraktionen (Kommunikationsstile, Energie, Atmosphäre etc.). Gewahrsein zu steigern, im Sinne eines „Mitkriegens" dessen, was von Moment zu Moment auf all den genannten Ebenen geschieht, ist das erklärte Ziel des Gestaltansatzes, ob in Therapie, Beratung oder Pädagogik.

Am Anfang des Gestaltansatzes steht eine praktische Idee: dass sich Menschen verändern können, wenn sie ihrer Erfahrungen gewahr werden. Dann kann der Mensch „ganz" werden im Sinne der „Widerherstellung des Kontakts zwischen den isolierten Teilen seiner Persönlichkeit" (Perls 2000 [1947], 88) im Sinne einer seelischen Integration. Der Weg dorthin führt über das Gewahrsein.

---

23 Der Band enthält Texte von Lore Perls, deren Ursprungsjahr jeweils von 1938 bis 1988 datiert.

> Gewahrsein ist freies Erspüren dessen, was in dir auftaucht – was du fühlst, tust oder vorhast. Introspektion ist absichtliches Hinwenden der Aufmerksamkeit auf diese Vorgänge, um bewertend, lenkend oder berichtigend in sie einzugreifen. (Perls et al. 2004 [1951], 95)

Was braucht es für Gewahrsein? Nach Perls et al. (2004 [1951], 14, Hervorh. wegg.) ist Gewahrsein gekennzeichnet durch „Kontakt, Sinneswahrnehmung, Erregung und Gestaltbildung". Kontakt ist die Voraussetzung für Gewahrsein.

5.1.3 Kontakt als Voraussetzung für Gewahrsein

Kontakt, Sinneswahrnehmung, Erregung und Gestaltbildung sind die Voraussetzungen für Gewahrsein. Kontakt (Erfahrung des Sichbeziehens) bedarf der Sinneswahrnehmung, die von Erregung (Mobilisieren von Energie) gespeist wird, die wiederum durch Gestaltbildung (Fokussieren von etwas Neuem) ausgelöst wird. Gewahrsein lässt sich über die Förderung von Kontakt stärken. Für Kontaktprozesse, die nicht zu Gewahrsein führen, interessiert sich der Gestaltansatz nicht. Es geht ihm um *bewussten* Kontakt im Sinne einer bewussten Selbst- und Weltwahrnehmung.

> *Kontakt* ist als solcher auch ohne Gewahrsein möglich, für das Gewahrsein aber ist Kontakt unerlässlich. Die wichtigste Frage ist: Womit ist man in Kontakt? (...)
>
> *Sinneswahrnehmung* bestimmt die Natur des Gewahrseins, ob sie sich nun auf Fernes (zum Beispiel Gehör), Nahes (zum Beispiel Tastsinn) oder auf Vorgänge innerhalb der eigenen Haut (Eigenwahrnehmung) bezieht. (...)
>
> *Erregung* erscheint uns als ein sprachlich günstiger Ausdruck. *Erregung* bezeichnet sowohl physiologische Reize wie auch undifferenzierte Gefühle. (...)
>
> *Gestaltbildung* geht immer mit Gewahrsein Hand in Hand. Wir sehen nicht drei isolierte Punkte, wir machen ein Dreieck aus ihnen. (...) Nur die fertige Gestalt kann (...) in den Gesamtorganismus integriert werden. Jede unfertige Gestalt steht für eine „unerledigte Situation", die Aufmerksamkeit erheischt und die Bildung einer neuen lebendigen Gestalt stört. Anstelle von Wachstum und Entwicklung finden wir dann Stagnation und Regression. (Perls et al. 2004 [1951], 15, Hervorh. i. O.)

Sinneswahrnehmung ist „die Natur des Gewahrsein". Es geht dabei um mehr als um reflektiertes Nachdenken, sondern um ein fühlendes, spürendes Gewahrsein. Gewahrsein setzt Fokussieren voraus: Gestaltbildung im Sinne der Unterscheidung von Figur und Grund. Erregung bedeutet eine „erhöhte Mobilisierung von

Energie (...), die immer dann eintritt, wenn starkes Interesse und starker Kontakt bestehen“ (a. a. O., 148 f.). Mit Gestaltbildung geht Erregung einher. Erregung (Energie) wird sinnlich erfahren und sie mobilisiert zu Bewegung und Verhalten. Sie hängt eng zusammen mit Gestaltbildung (Interesse, Fokus, Vordergrund) und Kontakt. Erregung ist die Basis für Kontakt. Kontakt als ein Sicheinlassen auf etwas verknüpft sinnliche Wahrnehmung (als Voraussetzung für Kontakt) mit Bewegung und Verhalten (als Ergebnis). Kontakt ist für Perls und Goodman eine Assoziation von Bewusstheit und Bewegung: „Kontakt ist die Bewusstheit des Feldes oder die Bewegungsreaktion im Feld“ (Perls et al. 2019 [1951], 24), der Bewegungsimpuls, der aus der Erregung kommt. „Wir verwenden das Wort Kontakt – in Berührung mit Objekten – als Grundbegriff sowohl für sinnliche Wahrnehmung als auch für motorisches Verhalten“, so Perls und Goodman (Perls et al. 2019 [1951], 22).

Manchmal wird im Gestaltansatz zwischen „Kontakt“ und „Gewahrsein“ nicht strikt genug unterschieden (vgl. kritisch Staemmler 1993, 55 f.). Der begriffliche Unterschied ist so zu verstehen, dass „Gewahrsein“ ein Wahrnehmen meint, während sich „Kontakt“ auf das Sicheinlassen (neugierig sein) auf etwas und das Sichverhalten-Dazu bezieht. Bei Perls und Goodman ist Kontakt ein Konzept, das zunächst einmal relativ technisch klingt. Für Therapie und Pädagogik wird es eigentlich erst dadurch interessant, dass Kontaktprozesse als Erfahrungsprozesse interpretiert werden. *Bewusster* Kontakt ist der Erfahrungsaspekt jedweden Sichbeziehens, wenn ich mit etwas in Berührung komme, das in mir etwas berührt: „Berührung geschieht immer dann, wenn das Berühren etwas berührt“ (Perls et al. 2019 [1951], 212, i. O.: „touch, touching something“, Perls et al. 2009 [1951], 373). Kontakt ist somit nicht einfach gleichbedeutend mit Berührung, sondern meint einen Prozess, bei dem das *Erleben* einer Berührung (geistiger, seelischer, leiblicher, emotionaler Art) zum Auslöser einer subjektiv bedeutsamen *Erfahrung* wird, eine Berührung im doppelten Sinne: Berührung, die ein Berührtsein als ein Affiziertsein zur Folge hat, also eine Berührung, die mich etwas angeht (mit einem anderen Menschen, mit etwas in der Welt, mit mir selbst, mit meinen Gefühlen). Ohne Kontakt im Sinne eines In-Berührung-Kommens mit etwas Neuem gibt es kein Gewahrsein. Fritz Perls ging es darum, den Kontaktsinn therapeutisch zu schärfen, den „Sinn für das einheitliche Wechselspiel zwischen dir und der Umwelt ist Kontakt“ (Perls et al. 2004 [1951], 93). Kontaktfähigkeit, als die dynamische Kontaktaufnahme nach innen *und* außen, erhöht den Handlungsspielraum, sowohl in der Beziehung zu sich selbst als auch mit anderen. Immer wenn es darum geht, *subjektiv bedeutsame* Beziehungs*erfahrungen* zu thematisieren, spricht der Gestaltansatz von „Kontakt“. Kontakt ist derjenige Aspekt von Gewahrsein, bei dem es um das Sicheinlassen auf Erfahrungen geht. Kontakt ist derjenige Aspekt von Beziehung, in dem es um die *Erfahrung* des Sichbeziehens geht – von Moment zu Moment. *Bewusster* Kontakt, als Aspekt des Gewahrseins, ist die Erfahrung des Wechselspiels zwischen Person und Umwelt.

> Kontakt ist ein subjektives *Verknüpfungserlebnis* der Person mit der Welt (soziale und ökologische Umwelt). Als wissenschaftliche und therapeutische Kategorie setzt sie Übereinstimmung von Selbsterleben (Gewahrsein und Introspektion) und Beobachtung von außen (motorische und physiologische Reaktionen bzw. „Körpersprache") voraus (…). (J. Bürmann 1992, 125, Hervorh. i. O. fett).

„Kontakt" ist nicht gleichzusetzen mit zwischenmenschlicher Beziehung. Mit „Kontakt" können alle Erfahrungsweisen bezeichnet werden, bei denen ich mich in *subjektiv bedeutsamer Weise* auf jemanden oder auf etwas beziehe (mich annähere oder zurückziehe), sowie das Ergebnis dieses Sichbeziehens bzw. Bezugnehmens. Für zwischenmenschliche Beziehungen ist Kontakt keine zwingende Voraussetzung. Beziehung „lebt nicht nur von gelungenen Kontaktprozessen mit hoher Aufregung, sondern auch von den ‚unterbrochenen' Kontaktprozessen des Alltags" (Fuhr & Gremmler-Fuhr 1991, 102). Kontakt ist somit ein Beziehungsaspekt unter anderen, wenngleich ein in besonderer Weise hervorgehobener. Denn positive Kontakterfahrungen tiefen eine zwischenmenschliche Beziehung.

Gestaltpädagogik ist eine Pädagogik des Kontakts, die alle Kontaktformen und alle Beziehungserfahrungen in den Mittelpunkt stellt, nicht nur die mit Gewahrsein verbundenen; die alle Beziehungserfahrungen würdigt und gleichzeitig versucht, positive, bewusste Kontakterfahrungen zu fördern. Die Theorie des Kontakts nimmt innerhalb der gesamten Theorie der Gestaltpädagogik eine prominente Stellung ein. Sie kann als Grundlage dienen, Bildungsprozesse in einer Weise zu fördern, dass sich Kinder, Jugendliche und Erwachsene selbst besser verstehen und auf dieser Grundlage handelnd in die Welt hinausgreifen. Die Kontakttheorie liefert der Gestaltpädagogik eine Theorie der Selbst-Welt-Beziehung. Im ersten Schritt beschreibt die Kontakttheorie Kontakt als Verhalten im Sinne einer Kontaktregulierung.

5.2 Kontakt als Verhalten

„Kontakt" wird in der Theorie des Gestaltansatzes als Verhalten, als Prozess und als Präferenz entworfen. In den Kapiteln 5.2 bis 5.4 geht es um ein theoretisches Verständnis von Kontakt als Ausgangspunkt der Theorie des Gestaltansatzes bei Perls und Goodman. Kontakt bezeichnet die grundlegenden menschlichen Verhaltens-, Erfahrungs- und Regulationsprozesse, die durch die Stellung des bewusstseinsfähigen Menschen zu sich selbst und zur Welt als möglich gegeben sind. Kontakt ist im Gestaltansatz stets als bewusster oder zumindest bewusstseinsfähiger Kontakt von Interesse. Die Bezugnahme zum Neuen, zum Anderen muss psychisch hergestellt, fokussiert werden, sie ergibt sich nicht von selbst und sie kann auch verweigert werden.

Die klassische Kontakttheorie von Perls et al. (1951) kann psychologisch als frühes[24] Modell der Verhaltensregulation eingeordnet werden, in dem es speziell um die Regulation von Erregung sowie um Verhaltensregulation geht. Die Grundidee ähnelt Modellen neuronaler Reizverarbeitung („Aktionspotenzial", vgl. z. B. Baer et al. 2018, 86 ff.) und zeigt Analogien zu bestimmten Modellen der Emotions(ko)regulation (vgl. vor allem Holodynski 2006, Holodynski 2013, Burkitt 2021). Geuter (2015, 201) stellt das in körperpsychotherapeutischen Ansätzen gängige „Modell des affektiven Zyklus und seiner Blockaden" ausdrücklich in die Nähe der „Erregungskurve des Kontaktzyklus in der Gestalttherapie". Die Grundidee der Kontakttheorie erinnert an die frühe Orgasmustheorie von Wilhelm Reich (vgl. aber den abgrenzenden Hinweis bei Perls et al. 2005 [1951], 16) und an die Willenspsychologie Otto Ranks (vgl. dazu Quitmann 1985, 41 ff., Heekerens & Ohling 2005). Auch fallen Analogien zu Kurt Lewins (1926) „Willens- und Affektpsychologie" auf, in der Lewin auf die Ganzheit von Handlungsvollzügen abhebt. Im Grundlagenwerk des Gestaltansatzes (Perls et al. 1951) wird daraus die *Kontakttheorie*. Psychologisch betrachtet bezeichnet „Kontakt" Aspekte von Aktivierung (Kraft, Bewegung, Richtung) und Bewertung (Offenheit, Affektivität, Intensität, Stimmigkeit, Bedeutsamkeit) in Handlungsprozessen. Das erinnert sehr an die Dimensionen von Kurt Lewin, die dieser seiner Feldtheorie zugrunde gelegt hat. In Anbetracht dieser Parallele und eingedenk des enormen Einflusses, den Lewin auf die Entstehung der modernen Motivationspsychologie und des sozialwissenschaftlichen Paradigmas (Wechselwirkung zwischen Person und Situation) hatte (Heckhausen 2018, 26 ff., Beckmann & Heckhausen 2018, 121 ff.), kann die Kontakttheorie von Perls et al. (1951) als frühes motivationspsychologisches Modell eingeordnet werden, bei dem Bedürfnisse und situative Reize (bei Lewin: individuelle Valenzen und der Aufforderungscharakter der Situation) die entscheidende Rolle spielen. Die Kontakttheorie ist zudem Vorreiter späterer sozialökologischer bzw. ökosystemischen Ansätze in Sozial- und Erziehungswissenschaft (z. B. Germain & Gitterman 1988, Bronfenbrenner 1981, vgl. Ditton 2006), welche die Person in Erleben und Verhalten als eingebettet in eine (nicht nur soziale) Umwelt sehen („person-in-environment").

5.2.1 Person und Umwelt

Der Gestaltansatz geht, feldtheoretisch inspiriert, davon aus, dass jeder Mensch in eine spezifische Umwelt eingebettet ist. Der Mensch ist „situiert" in einer Situation, in einem Feld. Die Situiertheit des menschlichen Verhaltens haben die theoretischen Begründer der Gestalttherapie, Fritz Perls und Paul Goodman, in

24 Perls erwähnt den Begriff bereits in „Ego, Hunger and Aggression" (Perls 2000 [1947]).

einem anschaulichen Modell beschrieben. Dieses Modell ist in seiner ursprünglichen Version (Perls et al. 1951) vielfach kritisiert worden, weil es als Ausgangspunkt den Organismus in den Blick nimmt und nicht den ganzen Menschen. Daher werde ich gleich anschließend das Modell auf die Personebene erweitern.

Organismus/Umwelt-Feld

Im *Organismus/Umwelt-Feld* bilden Organismus und Umwelt zusammen ein Feld, das sich durch Wechselwirkungen zwischen Organismus und Umwelt auszeichnet.[25] Die menschliche Natur sei geprägt von einer Wechselbeziehung zwischen Organismus und Umwelt (vgl. Perls et al. (2019 [1951], 24). Der Mensch ist im Fluss, in Bewegung, in Veränderung – das aber stets eingebettet in eine Umwelt. Das Besondere an diesem Modell ist, dass es sowohl die Unterscheidung von Organismus und Umwelt betont als auch deren *Wechselbeziehung*. Jeder Organismus ist eingebettet in eine Umwelt, von der er unterscheidbar ist und zu der er gleichzeitig in Beziehung steht. Erst die Unterscheidbarkeit macht es sinnvoll, überhaupt von einem Organismus zu sprechen: „Der Organismus grenzt sich ab und lebt gleichzeitig in seiner Umwelt, indem er seine Unterschiedlichkeit dieser gegenüber aufrechterhält und indem er die Umwelt an seine Unterschiedlichkeit anpasst" (Perls et al. 2019 [1951], 25). Die Organismus-Umwelt-Grenze „ist gleichzeitig der Ort der Berührung und der Trennung" (L. Perls 1999, 110). Über die Grenze zwischen Organismus und Umwelt ist der Organismus immer in Berührung mit der Umwelt. Darüber kann er in „Kontakt" kommen mit Neuem in der Umwelt, das nicht zum Organismus gehört, um es sich entweder einzuverleiben oder auch nicht. Nährender Kontakt erlaubt ein „Wachsen des Organismus" (a. a. O., 211). „Der Zweck des Kontakts ist die Balance von Wachstum und Erhaltung" (Wheeler 1993, 143).

Kontakt ist eine situationsbezogene Eigenschaft in Beschreibung einer Wechselbeziehung, da „jede menschliche Funktion eine Interaktion in einem sozialen, biologischen und physischen Organismus/Umweltfeld darstellt" (Perls et al. 2019 [1951], 23). Zum „Kontakt" wird die Berührung zwischen Organismus und Umwelt erst dadurch, dass es zur Berührung mit etwas kommt, das in spezifischer Weise für den Organismus relevant ist, weil es zur Sättigung eines Bedürfnisses dient (vgl. Dreitzel 2007, 37 ff.). Nach der Sättigung endet die Kontaktsequenz wieder, bis ein neues Bedürfnis zu einem neuen Austausch führt. Zentral für das Zustandekommen von Kontakt ist im organismischen Modell die Idee der Selbstregulation. Perls und Goodman gehen davon aus, dass Prozesse der Bedürfnisbefriedi-

25 Stemberger (1995) hat zurecht die unklare Unterscheidung zwischen Umwelt und Feld bei Perls et al. (1951) kritisiert. Tatsächlich ist für Perls die Wechselwirkung zwischen Organismus und Umwelt entscheidender als das Feld, das beide gemeinsam bilden. Neuere gestalttherapeutische Ansätze (vgl. Robine et al. 2001) betonen jedoch das Feld als entscheidenden Aspekt. Damit gelangt stärker in den Blick, dass im subjektiven Erleben und Verhalten Organismus (Personmerkmale) und Umwelt (Situationsmerkmale) einander durchdringen (= Feld).

gung selbstregulatorisch verlaufen. Sie sind unausweichlich, andernfalls wäre der Organismus nicht überlebensfähig. Mit „organismische Selbstregulation" formulieren Perls et al. (2019 [1951], 48 f.) die Idee, dass der Organismus zu einem Fließgleichgewicht tendiert, wodurch er Störungen aus sich selbst heraus zum Ausgleich bringt. Perls und Goodman beziehen sich hier explizit auf die neurologisch-philosophische Theorie von Kurt Goldstein (siehe Kapitel 3.2).[26] Ungeachtet differenzierter theoretischer Überlegungen dient die Idee der Selbstregulation, wie in allen humanistischen Ansätzen, als Argument dafür, im Rahmen von Entwicklungsprozessen in das Potenzial und die Ressourcen von Menschen Vertrauen zu setzen.

Kontaktgrenze

Der wichtigste Aspekt des „organismischen" Modells ist, dass die Verzahnung von Organismus und Umwelt gleichzeitig *Beziehung und Begrenzung* ist, Verbindung und Unterscheidung. Nur wenn beides gegeben ist, kann ein Organismus *mit* der Umwelt in Kontakt sein. Im anderen Fall gibt es kein „mit". Für diesen Doppelaspekt der Wechselbeziehung von Organismus und Umwelt hat der Gestaltansatz eine eigene Bezeichnung kreiert, die beide Aspekte – Beziehung und Begrenzung – vereint: die „Kontaktgrenze".

Kontakt meint nicht jede Wechselbeziehung zwischen Organismus und Umwelt, sondern nur „jede Art von lebendiger Wechselbeziehung im Organismus-Umweltfeld, bei der eine Kontaktgrenze zwischen Organismus und Umweltfeld entsteht, über die ein Austausch stattfindet" (Gremmler-Fuhr 2017a, 360). Mit „Kontaktgrenze" ist nicht einfach eine materiale Trennlinie zwischen Organismus und Umwelt gemeint, etwa die menschliche Haut (diese Auffassung von Grenze legt der Kontaktbegriff vielleicht nahe),[27] sondern die Grenze im Sinne

---

26 Der Ausdruck „Organismische Selbstregulation" stammt nicht von Kurt Goldstein. Goldstein spricht von „organischen" Prozessen und von „Selbstaktualisierung". Der Ausdruck „Organismische Selbstregulation" wird in der Folge oft Jan Smuts zugeschrieben. Das stimmt aber auch nur fast, denn Smuts sprach von „organic regulation" (z. B. Smuts 1927, 61) und nur genau an einer Stelle von „self-regulation" (a. a. O., S. 145), was jedoch für seine Argumentation unerheblich ist. Denn Smuts argumentiert im Sinne einer ganzheitlichen Biologie. Biologisch macht jedoch eine Unterscheidung zwischen organischer Regulation und organischer Selbstregulation keinen Sinn, denn die Regulation des Organismus ist – per Definition in der Biologie – eine Selbstregulation. „Organismus" ist in der Biologie ein Synonym für Leben, und Lebewesen wiederum sind für die Biologie, eben: selbst-organisierte Einheiten.

27 Auch wenn Perls und Goodman bereits im ersten Satz ihres Grundlagenwerks Kontakt nicht auf Hautkontakt reduzieren, und obwohl immer wieder darauf hingewiesen wurde, dass mit „Kontaktgrenze" in der Gestalttherapie nicht in erster Linie die Hautgrenze gemeint sei (z. B. Mehrgardt 2001, 506), wird in der gestalttherapeutischen Literatur der Hautkontakt immer wieder als protypische Form zur Veranschaulichung des Kontaktkonzepts herangezogen. Solange dabei deutlich wird, dass es sich dabei um eine Metapher (oder einen Sonderfall) handelt, mag die Vorstellung von Kontakt als Hautkontakt eine gewisse Plausibilität entfalten. Das Bild der Hautberührung ist aber unter Umständen irreführend, weil es nur auf den ersten Blick selbst-

einer *Unterscheidung* (Differenz), die sich immer dann aufs Neue bildet, wenn und indem sich der Organismus selektiv auf seine Umwelt *bezieht*. Eine solche Grenze ist immer Angrenzung und Abgrenzung zugleich.

Die prinzipiell gegebene Einbettung des Organismus in eine Umwelt wird immer dann zum Kontakt, wenn die Person im direkten und im übertragenen Sinne in die Umwelt hinausgreift. Das Hinausgreifen über die Kontaktgrenze setzt die Unterscheidbarkeit in „Ich" und „Nicht-Ich" (vgl. L. Perls 1999, 100) voraus. Würde dieser Unterschied verloren gehen, käme es im Hinausgreifen zur Verschmelzung („Konfluenz") zwischen Organismus und Umwelt, zu einem Identitätsverlust. „Kontaktgrenze" ist ein „psychologischer, kein physikalischer Ort" (Dreitzel 2004, 32), ein „Wahrnehmungsbegriff" (Kepner 1988, 261), ein Identitätsbegriff, der gleichzeitig Beziehung und Begrenzung umfasst. „Kontaktgrenzen existieren nicht als solche, sondern entstehen (...) immer wieder neu" (Gremmler-Fuhr 2017a, 367), nämlich immer dann, wenn der Bezug auf die Umwelt (auf Dinge, auf Menschen) unter Bewahrung der eigenen Identität (mehr oder weniger) gelingt.

Person/Umwelt-Feld

Bereits Kurt Goldsteins Organismusbegriff, auf den sich Perls und Goodman beziehen, umfasst bereits die Personebene (siehe Kapitel 3.2). Eine physiologische Auffassung von Perls et al. (1951) griffe, eingedenk des Menschen als sinnbegabt handelnder Person, in jedem Fall zu kurz. Leider lädt die Darstellung bei Perls und Goodman zu Missverständnissen ein. Mehrgardt (1997, 27) fragt entsprechend kritisch, ob denn der Organismus wählen könne, ob er Kontakt wolle oder nicht, und formuliert als Antwort, die Wahl bestehe nicht im „Dass", sondern im „Womit".

Perls ging es nicht um Organismen, sondern um handelnde, sozial eingebundene Menschen. Immer dann, wenn Perls et al. (1951) die organismische Ebene verlassen (die sie lediglich zur Anschaulichkeit verwenden), wird deutlich, dass sie die Person in einem Feld verorten: Es sei

> sinnlos, sich mit irgendeinem psychologischen Verhalten zu beschäftigen, ohne den soziokulturellen, biologischen und physischen Kontext zu berücksichtigen. (Perls, Hefferline & Goodman 2019 [1951], 27)

---

erklärend scheint, in Wahrheit nämlich vielschichtige und widersprüchliche Deutungsfacetten ermöglicht. Hautkontakt kann angenehm oder unangenehm sein, zart oder fest, kurz oder lang, wohltuend oder schmerzhaft, gewollt oder ungewollt, liebevoll oder feindselig, schön oder eklig, stumpf oder spitz, vorsichtig oder forsch, haltend oder ablehnend, punktuell, kleinflächig, großflächig, unschuldig oder fordernd, zurückhaltend oder übergriffig, nehmend oder gebend, ruhig oder zittrig, abwartend oder drängend, kalt, heiß, verschwitzt, rau, unsicher, fragend, beruhigend und so fort.

Ohne Orientierung zur Umwelt gibt es keine personale Selbstwahrnehmung, so Perls et al. (2019 [1951], 217). Innen- *und* Außenwahrnehmung dienen zur Orientierung im Feld (a. a. O., 217). Der Organismus mag, physiologisch gedacht, grundsätzlich in Wechselbeziehung zu einem immer schon bestehenden Feld existieren, psychologisch interessant wird das aber erst dadurch, dass sich *die Person* zur Umwelt sinnhaft verhält in Interaktion mit der Umwelt.

> Die Qualität der Beziehung zwischen dem menschlichen Wesen und seiner Umwelt bestimmt sein Verhalten. (Perls 2002 [1973], 34)

Aus dem ursprünglichen Organismusmodell wird mit diesem Zitat ein (sozial)psychologisches Modell. Das Kontaktkonzept wird bereits von Perls und Goodman auf jedwede Wechselbeziehung des Menschen zur Umwelt ausgeweitet. Kontakt wird zum „Geschehnis zwischen Leuten“, so formuliert es Resnick (2001, 102). Leider wechseln Perls et al. (1951) ständig zwischen der organismischen und der personalen Ebene, was teilweise zu Missverständnissen bzw. Unklarheiten führt. Selbstregulation wird von Perls in erster Linie als ein (quasi-)automatisches Verhalten des Organismus beschrieben. Andererseits finden sich nach Votsmeier und Wulf (2017) noch weitere Bedeutungsvarianten der Selbstregulation. Diese lassen ein handelndes Subjekt, eine Person durchscheinen, die sinnhaft Verhalten auswählt: Selbstregulation als Identitätsverwirklichung im Sinne eines schöpferischen, vitalen Aspekts, sowie Selbstregulation als Beziehungsgestaltung im Sinne einer kreativen Ausrichtung aneinander.

Kontakt ist sehr viel mehr als Selbstregulation auf organischer Ebene. Psychologisch ist Kontakt Voraussetzung und Möglichkeit für Persönlichkeitsentwicklung. Kontakt ermöglicht Wachstum durch Erfahrung des Neuen. Votsmeier-Röhr und Wulf (2017, 87) weisen darauf hin, dass die Möglichkeiten und Grenzen des Kontakts auch durch kognitive Schemata bestimmt werden. Kontaktverhalten ist grundsätzlich eingebettet in bisherige Kontakterfahrungen, erfüllte oder versagte Beziehungserfahrungen. Menschliches Verhalten ist subjektiv sinnhaftes Verhalten (= Handeln). Handeln ist ein dem eigenen Verhalten Bedeutung Geben, auch den Dingen in der Welt Deutung Verleihen: Sinn als Quelle des „Selbst in Tätigkeit“ (Perls et al. (2004 [1951], 21).

Selbst

Der Selbstbegriff hängt in der Theorie der Gestalttherapie eng mit dem Kontaktbegriff zusammen: „Self as contact, contact as self“ (Spagnuolo Lobb 2016a). „Das Selbst ist das System der Kontakte im Organismus / Umweltfeld; und diese Kontakte sind die strukturierten Erfahrungen in der gegenwärtigen realen Situation“ (Perls et al. 2019 [1951], 205). Das Selbst ist im Gestaltansatz keine Instanz, sondern ein Prozess, der sich von Moment zu Moment in der realen Kontakterfahrung kreativ ereignet: „[D]as Selbst *ist* das System der schöpferischen Anpassung“ (Perls et al. 2019 [1951], 49, Hervorh. i. O.). „Das Selbst ist die Kontaktgrenze in Aktion“, so Perls et al. (2019 [1951], 31), die Summe der Kontakterfahrungen („systems of contacts at any moment“, a. a. O., 235, vgl. Blankertz & Doubrawa 2005, 258 ff.). Das bedeutet: Das „Selbst“ des Gestaltansatzes ist ein *dialogisches Selbst*. Blankertz und Doubrawa (2005, 258) definieren das Selbst gestalttherapeutisch als „Problembewusstsein von schwierigen Kontaktsituationen“. Das Selbst ist „die Identifikation mit und die Zurückweisung von Möglichkeiten“ (Perls et al. 2019 [1951], 215). Daraus entsteht Identität, denn „nur durch Kontakt können wir unsere eigene Identität begreifen“ (Polster & Polster (2003 [1973], 106).

Das Selbst des Gestaltansatzes umfasst die Aspekte „Ich“, „Es“ und „Persönlichkeit“ (die anders gedeutet werden als in der Psychoanalyse). Das Ausrichten der Aufmerksamkeit wird als Ich-Aspekt bezeichnet (a. a. O., 219). „Die Ich-Grenze eines Menschen ist die [Grenze] der für ihn zulässigen Kontaktmöglichkeiten“ (Polster & Polster 2003 [1973], 114). Zu den Funktionen des Ich gehören auch die aggressiven Ich-Funktionen. „Das Es ist das Spüren des Materials, der Antrieb und der Hintergrund“ (Perls et al. 2019 [1951], 218). Der Persönlichkeitsaspekt besteht aus den „Annahmen darüber, wer man ist“ (a. a. O., 223). Persönlichkeit ist das „System der Haltungen“ (a. a. O., 223), die „Struktur aller aha-Erlebnisse“ (a. a. O., 225), das heißt der bedeutsamen Lebenserfahrungen, die gemeinsam eine Biografie erzeugen. Boeckh (2020) hat vorgeschlagen, die drei Funktionen des Selbst (Ich, Es, Persönlichkeit) um die soziale Funktion des Selbst zu erweitern. Eine solche Ergänzung scheint naheliegend im Rahmen der Erweiterung des Kontaktkonzepts zu einem dialogischen Modell (siehe Kapitel 6). Das dialogische Selbst entspricht dem Personsein als Summe der Erfahrungen mit sich selbst im Angesicht der*des Anderen in der Welt. An einem stabilen Selbst-Erleben sind nach Philippson (2001) drei Ebenen von Kontaktgrenzen beteiligt: die physikalische zwischen Organismus und Umwelt, die Ich-Grenze als reflexive Unterscheidung von „selbst/anderes“ (ein Erleben wird mir zu *meinem* Erleben) und die Persönlichkeitsgrenze in Unterscheidung zwischen „ich/nicht ich“ („me/not me“, a. a. O., 28). Was an den Kontaktgrenzen geschieht, wird nicht nur über die Selbstregulation des Organismus gesteuert, sondern vor allem auch über den Willen des Menschen als Person.

5.2.2 Wille, Aggression

Für Perls und Goodman gibt es neben der Selbstregulation noch einen zweiten Motor, der den Austausch an der Kontaktgrenze steuert: aggressive Antriebskräfte (Initiative, Wille). Der Doppelcharakter der menschlichen Natur (Selbstregulation und Wille) geht manchmal etwas unter, wenn im Gestaltansatz entweder nur von dem einen oder nur von dem anderen die Rede ist. Spätestens mit dem Aspekt der Aggression im Sinne von Initiative und Wille verlassen Perls et al. (1951) die organismische Ebene, was nur einmal mehr zeigt, dass es ihnen natürlich nicht darum geht, über den Menschen lediglich als physiologischen Organismus zu sprechen.

Kontakt setzt im Modell des Gestaltansatzes Initiative voraus, einen Willen, eine Bereitschaft, nach der (zugelassenen!) Bedürfniswahrnehmung und dem (zugelassenen!) Spüren eines Impulses die Umsetzung einer Handlung mit Energie auszustatten. Das nennt der Gestaltansatz „Aggression".

Bereits Otto Rank sah im *Willen* des Menschen die handlungsbestimmende Kraft beim Menschen und nicht dessen Gesteuertsein durch unbewusste Motive (vgl. Quitmann 1985, 141). Im Gegensatz zum rein deskriptiven Willensbegriff bei Kurt Lewin meinte Rank diese Aussage geradezu programmatisch (als Gegenentwurf zur Theorie Freuds). In diesem Zusammenhang von „Aggression" zu sprechen, mag aus heutiger Sicht ungünstig und missverständlich erscheinen, weil sich, seit den Tagen von Perls, ein rein auf die destruktiven Aspekte verkürzter, damit allerdings auch spezifischerer Aggressionsbegriff durchgesetzt hat.

Im Gestaltansatz steht der Aggressionsbegriff für das Herangehen (lat. ag-gredere) an etwas bzw. die Ausrichtung auf etwas. Für Handeln ist Mobilisierung von Energie und deren Umsetzung in Bewegung Voraussetzung. Bereits auf der Ebene der Nahrungsaufnahme ist Aggression nötig. Für Perls ist das Hineinbeißen in einen Apfel, eines seiner berühmtesten Beispiele, ein aggressiver Akt, ohne den keine Nahrungsaufnahme stattfinden würde. In einem vollständigen Kontaktprozess kommt in dessen Verlauf („Vorkontakt", „Kontaktaufnahme", „Kontaktvollzug" und „Nachkontakt") eine prägnante Figur zum Vorschein (Perls et al. (2019 [1951], 57), etwa am Beispiel des Essens eines Apfels: Appetit und diesen Apfel wollen, den Apfel ergreifen und hineinbeißen, kauen sowie schlucken und verdauen, satt sein.

Kontakt hat Willenscharakter: „Ich will diese Nahrung (...).[28] Es muss sich also etwas ereignen, damit die Grenze überschritten wird, und das nennen wir *Kontakt*. Wir berühren, wir kommen in Kontakt, wir erweitern unsere Grenzen in Richtung auf den betreffenden Gegenstand. Wenn wir starr sind und uns nicht bewegen können, so bleibt der Gegenstand, wo er ist" (Perls (2002 [1969], 23, Hervorh. i. O.). In der Tradition des Gestaltansatzes ist Aggression ein „Handlungsmodus" im Sinne einer *notwendigen* Manipulation der Umwelt durch den Organismus (Dreitzel 2007, 67). Kontakt ist eine *Tätigkeit* (L. Perls 1980, 258).

> Aggression als Handlungsmodus enthält drei Elemente: die Initiative des Ausschreitens und Zugreifens, das Zerlegen und Zerstückeln der vorgefundenen Gestalt und

28 Viele berühmte Beispiele bei Perls (etwa das Essen eines Apfels, Perls et al. 2019 [1951], 57), aber auch bei anderen Autor*innen, lassen Kontakt erscheinen als einen determinierten Automatismus der Bedürfnisbefriedigung (vgl. die Kritik daran bei Stemberger 1998, 302: „Primitivbeispiele des knurrenden Magens"). Der Erkenntniswert solcher Beispiele für therapeutische oder pädagogische Kontexte beschränkt sich auf ein mehr oder weniger hilfreiches Bild.

> das Beseitigen und Vernichten der unassimilierten Hindernisse. Wenn wir sagen, jemand ergreift die *Initiative*, so meinen wir: sein Organismus langt aus der Umwelt, verschiebt damit die Kontaktgrenze in Richtung auf die erregenden Berührungspunkte in der Umwelt, er geht einen Schritt voran auf das Objekt zu (...). (Dreitzel 2007, 67, Hervorh. i. O.)

Mit Aggression ist die Initiative gemeint, die es braucht, um sich mit der Umwelt ins Verhältnis zu setzen, sich gestaltend zur Umwelt zu verhalten, um in Kontakt mit ihr zu sein.

Wille oder Aggression?

Für Interaktion mit der Umwelt braucht es eine gerichtete Anfangsenergie, die zur Aktion wird: Aggression als Sichaneignen, Sichverhalten im Gegensatz zur Depression als ein Unterdrücken der auf Kontakt hin gerichteten Impulse. Unweigerlich changiert ein solches Verständnis von Aggression zwischen konstruktiven, lustvollen und destruktiven, beseitigenden Aspekten, die wiederum je nach Situation sozial positiv oder negativ bewertet werden können (Dreitzel 2007, 67), als beispielweise lustvolles Streiten, Gefahren beseitigende Notwehr oder aber Gewalt. Außer dem Gestaltansatz gibt es kaum noch psychologische Ansätze mit dem Fokus auf die positive Bedeutung einer konstruktiven, gestaltenden Aggression als ein Verhalten, „das im Wesentlichen das Gegenteil von Passivität und Zurückhaltung darstellt" (Nolting 2014, 24). Zu finden ist ein solcher Fokus unter anderen psychoanalytisch bei Alexander Mitscherlich (1969, 12, zit. n. Nolting 2014, 24), der Aggression als grundständige Energie auffasst, ohne die eine willentliche Umsetzung von Verhalten gar nicht möglich wäre: „Als Aggression gilt alles, was durch Aktivität, zunächst durch Muskelkraft, eine innere Spannung aufzulösen sucht". Dieser breite Aggressionsbegriff hat sich in der Psychologie nicht durchgesetzt (vgl. Nolting 2014, 16), findet sich aber manchmal in der Kindheitspädagogik wieder. Schäfer (2014, 16) spricht etwa im „Handbuch Aggression" von der „Wertneutralität" des Aggressionsbegriffs in Unterscheidung von explorativer und ernsthafter Aggression, und Haug-Schnabel (2011, 34, vgl. auch Haug-Schnabel 2020) betont, dass das „Trotzen" beim Kleinkind nichts anderes sei als der Versuch „zu erfahren, wo sein Wille durchsetzbar ist und wo sich unüberwindbare Grenzen befinden". Es geht um „Wille zum Bewirken" (a. a. O., 54), das trifft genau die positive Seite des Aggressionsbegriffs im Gestaltansatz.

Das Aggressionsverständnis des Gestaltansatzes mag unter anderen historische Gründe haben. Es sei in den Anfangszeiten der Gestalttherapie, so Blankertz und Doubrawa (2005, 179), um die „sozial erzwungenen Unterdrückung der Aggression" gegangen. Diese war, wir sprechen von der Kriegs- und Nachkriegszeit der 1940er Jahre, einer der Anlässe für Perls, überhaupt die Gestalttherapie zu begründen, wohl auch als eine Art Gegen-Aggression gegenüber den engen, repressiven gesellschaftlichen Verhältnissen der damaligen Zeit. Dies führte in den Anfangsjahren allerdings zu einer aus heutiger Sicht problematischen Auffassung von Therapie und Selbsterfahrung als Suche nach eventförmiger aggressiver Selbstbehauptung. Es sei in den Anfangszeiten der Gestalttherapie zu viel darum gegangen „to create a form of ‚peak' experience", kritisiert Melnick (Melnick et al. 2007, 17). Das Aggressionskonzept des Gestaltansatzes ist deshalb immer wieder stark kritisiert worden (vgl. zur theoretischen Auseinandersetzung mit dem Konzept Staemmler & Staemmler 2008).

Heute mag es vielleicht theoretisch fruchtbarer erscheinen, wieder auf den (älteren) Willensbegriff zurückzukommen, der ohnehin eine sehr viel längere und differenziertere Theoriegeschichte aufweist als der Aggressionsbegriff, sowohl aus motivationspsychologischer (vgl. Heckhausen et al. 1987) als auch aus psychotherapeutischer Perspektive (vgl. Petzold 2001, Petzold & Sieper 2004). Im Gestaltansatz ist mit „Wollen" nicht einfach irgendein Inititativwerden oder Aussichherausgehen gemeint, sondern die Anfangsenergie eines Sicheinlassens auf einen Kontakt mit sich selbst, mit anderen und den Dingen in der Welt. Es geht um ein Wollen als Beginn eines subjektiv in Bewegung gebrachten Kontaktprozesses als eines Erlebens- und Verhaltensprozesses. Schon gar nicht geht es darum, *von* anderen oder auch *von* sich selbst etwas zu „wollen" im Sinne einer Forderung, eines Anspruches. Ein Wollen ist schlichtweg die Voraussetzung für die Gestaltung von Kontakt, da „Kontakt" in der Kontakttheorie nun einmal bedeutet, sich bewusst (in welcher wie auch immer gewählten Art und Weise) mit etwas auseinanderzusetzen.

Spagnuolo Lobb (2016b, 39) hält der Kritik am Aggressionsbegriff aus klinischer Sichtweise dessen Nützlichkeit entgegen. Vor dem Hintergrund ihres feldbezogenen Ansatzes argumentiert sie, dass die Gestalttherapie aufgrund ihres Aggressionskonzepts „die ‚animalische' und die ‚soziale' Seele" vereinen könne (ebd.). „Wenn der Kontakt ein übergeordnetes Motivationssystem ist, gibt es keine Trennung zwischen dem instinktiven Überlebenstrieb und dem sozialen Wunsch nach Gemeinschaft" (ebd.). Vielleicht sollte also der Aggressionsbegriff doch nicht vorschnell ad acta gelegt werden, scheint er doch geeignet, das grundsätzliche Spannungsfeld menschlicher Existenz zwischen Selbst- und Weltbezogenheit zum Ausdruck zu bringen. Wichtig ist dabei zu bedenken, dass mit dem Konzept der Kontaktgrenze beide Aspekte eben gerade nicht als entgegengesetzte Pole gedacht werden (Ich – Gesellschaft), sondern zwei Perspektiven auf ein- und dasselbe sind: das Selbst ist immer schon sozial (vgl. Boeckh 2020). Es geht darum, sich die Prozesse an der Kontaktgrenze bewusst zu machen, also die Erfahrungen, die wir machen, wenn wir uns bewusst machen, *wie* wir uns auf *etwas* (oder jemanden) beziehen.

5.2.3 Kontakt als Erfahrung

Das gestalttherapeutische Grundlagenwerk von Perls et al. (1951) beginnt im Theorieteil mit den beiden Sätzen:

> Experience occurs at the boundary between the organism and ist environment (...). Experience is the function of this boundary, and psychologically what is real are the „wohle“ configurations of this functioning, some meaning being achieved, some action completed. (Perls et al. 1951, 227)

„Sinn wird gemacht, Handlungen werden abgeschlossen“, so interpretiert Blankertz (2012, 11) die beiden Sätze. An der Kontaktgrenze ereignet sich alles, was psychologisch von Interesse ist. Aber nicht alles, was psychologisch relevant ist, ist Kontakt, auch wenn das bei Perls et al. (1951) zunächst so klingen mag als „jede Art lebendiger Wechselbeziehung, die an der Grenze in der Interaktion zwischen Organismus und Umwelt geschieht“ (Perls et al. 2004 [1951], 24). Kontakt ist die *Erfahrung von etwas Neuem*, das sich abhebt von allem anderen:

> Ohne diese Umgrenztheit – den Eindruck, dass da *etwas anderes* ist, das ich bemerken, angehen, greifen oder genießen kann – können sich Figur und Grund nicht bilden und entwickeln, also gibt es kein Gewahrwerden, keine Erregung, keinen Kontakt!“ (Perls et al. 2004 [1951], 138)

Das meint Perls mit „Bewusstsein“: dass da etwas *anderes* ist. Es ist ein Bewusstsein im Sinne eines *Bemerkens* (in Referenz auf die phänomenologische Differenzierung von Bewusstseinsarten bei Graumann 1974, 84 ff.), ein „erlebendes Bewusstwerden“ im Sinne Otto Ranks.[29]

Perls et al. (2019 [1951], 46 f.) setzten „Kontakt“ mit bewusster, i. e. reflexiv zugängiger Erfahrung gleich. Erst dieser theoretische Schritt macht aus „Kontakt“ jenseits eines organismischen Verständnisses ein (sozial)psychologisches Konzept. „Im Kontaktprozess erleben und erfahren wir unsere Welt. (...) Nur dieser Kontaktprozess versichert uns ein sicheres *Gefühl von Realität*“ (Dreitzel 2007, 42). Mit anderen Worten: Kontakterfahrungen verbinden uns mit uns selbst und mit der Welt. Kontakt wird von Perls mit Erfahrung gleichgesetzt. Erfahrung ist umgekehrt aber nicht deckungsgleich mit Kontakt. Eine *Kontakt*erfahrung ist das bewusste und subjektiv bedeutsame Erleben (die Erfahrung) von Beziehung *als* Beziehung, als Auseinandersetzung, Austausch, Bezogenheit. Ganz ähnlich dem verstehenden Erleben bei Otto Rank (vgl. Quitmann 1985, 147).[30] Phäno-

---

29 Diesen Grundgedanke hat prominent Eugen Gendlin in seinem Focusing-Ansatz ausgearbeitet, der in vielerlei Hinsicht anschlussfähig zum Gestaltansatz ist.

30 Laut Quitmann (1985) hat neben Perls noch sehr viel stärker Carl Rogers Anleihen bei Rank genommen. Auch im personszentrierten Ansatz spielt das Kontaktkonzept als „psychologischer

menologisch ist Erfahrung ein bewusstes, sinnproduzierendes (verstehendes) Erleben, „bewusst" im Sinne von Graumann (1974) als „unterscheidend". Erfahrung ist ein Differenzphänomen: „Ohne diese Umgrenztheit (...) können sich Figur und Grund nicht bilden und entwickeln, also gibt es (...) keinen Kontakt" (Perls et al. 2004 [1951], 138). Kontakterfahrungen produzieren Bedeutung. Die situative Konstruktion von Bedeutungsbildern bildet nach Wheeler (2006, 97) den Kern des Kontaktkonzepts (vgl. auch Wheeler 2006, 295, Dreitzel 2007, 55). Kontakterfahrungen sind nicht nur kognitiver, sondern vor allem auch leiblicher und emotionaler Art.

Kontakt ist „schöpferische Anpassung", so Perls und Goodman (a. a. O., 46 f.), i. e. aktiv sinnproduzierend. „Sinn" erscheint mithin in seiner Doppelfunktion als (beobachtbare) Sinnestätigkeit und als (subjektiv herstellende) Sinntätigkeit. Schöpferische Anpassung umfasst auch die kreativ-aggressive Umgestaltung der Situation, nicht nur die assimilative Anpassung. Allerdings geht es, wenn von Kontakterfahrungen die Rede ist, um mehr als nur um das individuelle, subjektive Erleben.

> „Erfahren" meint nicht nur oder nicht vornehmlich „subjektives Erleben" oder „Empfinden". Es schließt die „objektive" Erfahrung oder Außenwahrnehmung ebenso ein wie Emotionen und anderes „subjektives" Erleben. Systematische Verhaltensbeobachtung gehört ebenso zur Phänomenologie wie die Klärung von Gefühlen. Demgemäß ist die gestalttherapeutische Betonung des beobachtbaren Verhaltens nicht „behavioristisch" sondern ein inhärenter Teil der Phänomenologie. (Yontef 1999, 95)

Gary Yontef argumentiert hier feldtheoretisch (auch wenn Lewins Fokus nicht der Erfahrung galt), dass Kontakt stets *Kontakt mit der Situation* ist, dass der Blick auf Kontakterfahrungen Selbst- und Welt-Erfahrungen vereint. Kontakt meint die Tatsache, dass sich „Erfahrung (...) an der Grenze zwischen dem Organismus und seiner Umwelt" vollzieht (Perls et al. 2019 [1951], 21). Wahrnehmen ist Unterscheiden. Erfahrung wird von Perls und Goodman als Differenzkategorie entworfen, Erfahrung zeichnet sich durch Vorliegen einer Differenz bzw. durch Differenzerleben aus. Jede Sinn(es)tätigkeit ist ein Differenzierungsakt, indem sie qua Bezugnahme auf etwas Anderes (Figurbildung) dieses Andere von anders Anderem (Hintergrund) unterscheidet. Die Beziehung des Menschen zur Welt ist dem Menschen erfahrbar im Berühren und Bewegen. Berührungserfahrungen sind gleichzeitig Differenzerfahrungen: Berührung mit etwas als einem von

---

Kontakt" eine wichtige Rolle. Alles, was psychologisch relevant ist, ergibt sich aus dem Kontakt des Menschen mit seiner Umwelt, heißt es bei Perls et al. (1951). Carl Rogers sprach vergleichbar von „organismischer Erfahrung" und meinte damit die Gesamtheit dessen, was „sich ständig innerhalb des menschlichen Organismus abspielt und potenziell der Gewahrwerdung zugänglich ist" (ebd., vgl. zur phänomenologischen Orientierung im personzentrierten Ansatz Cooper & Bohart 2013, 107 f.).

mir selbst Unterschiedenem, Unterscheidbarkeit an sich als Erfahrung. Welterfahrung ist immer auch Selbsterfahrung und umgekehrt. Die Aneignung von etwas Neuen setzt ein Sichabgrenzen voraus. Im Gestaltansatz geht es, in der Therapie wie in der Pädagogik, darum, die Bewusstheit für das In-der-Welt-Sein zu fördern, um auf dieser Grundlage die eigene Selbst- und Welt-Beziehung zu stärken. Was aber geschieht, wenn es gar nicht erst zu einer Kontakterfahrung kommt?

5.2.4 Vom Nicht-Kontakt zum Kontakt mit …

Was geschieht eigentlich, wenn *kein* Kontakt geschieht? Konfluenz ist das nicht als bedeutsam Unterschiedene. Nicht-Kontakt, die „Situation der Kontaktlosigkeit“, nennen es Perls und Goodman (Perls et al. 2019 [1951], 314). Konfluenz, auf der personalen Ebene verstanden, ist die Nicht-Abgrenzung der eigenen Identität von der Umwelt, ein Ineinanderfallen der Wahrnehmung meiner selbst und der Wahrnehmung des*der Anderen. In zwischenmenschlicher Beziehung bedeutet das, die eigenen Bedürfnisse nicht von denen einer anderen Person zu unterscheiden (gewollt oder ungewollt). Konfluenz an sich ist weder positiv noch negativ. Mit Wheeler (1993, 124) ist Konfluenz gar nicht das Gegenteil, sondern nur eine Variation von Kontakt (vgl. auch Blankertz 2012, 147). Kontaktprozesse bewegen sich in dieser Konzeption zwischen Isolation und Konfluenz (Resnick 2001, 102). Blankertz (2012, 147) wiederum betont, dass Konfluenz „keine Kontaktfunktion, sondern eine Funktion reduzierten Kontaktes“ sei. Konfluenz ist Diffusität bzw. Verschwinden der Kontaktgrenze, ein Status des *noch nicht* als sinnhaft Unterschiedenen oder der Zustand des *nicht mehr* Fokussierens einer spezifischen Figur-Hintergrund-Unterscheidung. Konfluenz kann Kontakt ermöglichen oder verhindern, das Ergebnis kann ein intensives Ineinanderaufgehen (Ekstase, Flow, Orgasmus) sein oder Verwirrung (Übergriffigkeit, Konfliktvermeidung, Identitätsverlust). Sinnbildung ist Differenzieren. Wenn keine Differenzierung vollzogen wird, erfolgt keine Bedeutungsgebung.[31] Das kann aus zwei völlig unterschiedlichen Gründen der Fall sein, entweder weil eine Unterscheidung nicht nötig ist (es keiner Deutung bedarf) oder weil keine Deutung möglich ist, obwohl sie nötig wäre (was zur Verwirrung führt). Noch einmal sei betont: Kontakt ist

---

31 In diesem Sinne verstehe ich Blankertz (2012, 146), Konfluenz als Nicht-Kontakt sei der Zustand vor dem Ausrichten auf etwas. Er folgt damit der organismischen Kontakttheorie von Perls, in dem der Organismus in Ruhe ist, bis er auf einen Reiz reagiert. Stemberger (1998) hat das als unrealistisch kritisiert, weil der Organismus pausenlos Reize verarbeite. Ich vermute jedoch, dass sowohl Perls als auch Blankertz den Blick richten auf einen bestimmten, konkreten Kontaktprozess, der im Beobachten mit einem Anfang und einem Ende beschreibbar ist. Das Bild des ruhenden Organismus ist dann einfach unglücklich gewählt.

nicht jede beliebige Beziehungssequenz. Kontakt ist der Erfahrungsaspekt der Beziehung im Sinne eines Unterscheidens im Sichbeziehen. Doch mit was kann man eigentlich in Kontakt sein?

Kontakt mit ...

Perls (2004 [1951], 15) hat betont, dass die entscheidende Frage stets sei, *womit* jemand in Kontakt ist. Kontakt als eine bedeutsame Bezugnahme zur Umwelt kann sich auf zwischenmenschliche Beziehungen ebenso beziehen wie auf Dinge.

> (...) Interaktion mit belebten wie auch mit unbelebten Gegenständen: einen Baum oder einen Sonnenuntergang zu sehen, einen Wasserfall oder die Stille einer Höhle zu hören, das ist Kontakt. Kontakt kann auch mit Erinnerungen oder Vorstellungen geschaffen werden, wobei man sie deutlich und voll erfährt. (Polster & Polster 2003 [1973], 108)

Wenn die Kontaktgrenze einen bedeutsamen Unterschied zum Ausdruck bringt, also eine Relation beschreibt, dann kann ich mir gewissermaßen auch selbst zur Umwelt werden, an mir etwas Neues erfahren im Sinne von *Kontakt mit mir selbst*. Polster und Polster (2003 [1973]) sprechen vom „Kontakt mit sich selbst", und zwar im Sinne einer inneren Achtsamkeit im Rahmen einer intersubjektiven Beziehung. Für Zinker (2001, 43 f.) ist „Kontakt mit mir selbst (...) mein eigenes differenziertes Gewahrsein von dem, was ich weiß. (...) Es gibt immer mindestens zwei Ebenen des Kontakts: Das eine ist die Ebene des Kontaktes mit einem selbst und das andere die des Kontaktes mit dem anderen. Es ist manchmal unmöglich, diese Ebenen zu trennen, obwohl es wichtig ist, sie auseinanderzuhalten". Dreitzel (2007, 47) sieht einen „Verstärkereffekt im Verhältnis von reflexiver Sinnlichkeit und Entfaltung des Selbst: Je intensiver das Selbst sich selbst erlebt, desto voller entfaltet es sich". Hingegen argumentiert Staemmler (1993, 56), die reflexive Anwendung als „Kontakt mit sich selbst" widerspreche dem Kontaktbegriff bei Perls als einem „In-Berührung-Sein mit Objekten". Das stimmt, reduziert die Kontakttheorie jedoch wieder auf ein materielles Modell („Hautberührung", „Nahrung"). In differenztheoretischer Lesart ist „Kontakt mit sich selbst" nicht einfach Gewahrsein, sondern die Unterscheidung, der ich aus der leiblich-seelischen Differenzerfahrung gewahr werde (Selbst-Bewusstsein). In diesem Sinne gibt es auch kein beständiges In-Kontakt-mit-sich-selbst-*Sein*, sondern immer nur ein In-Kontakt-Gehen mit sich selbst als ein *mögliches* Differenzerleben. Selbst-Erfahrung als Differenzerfahrung ist eine notwendige Voraussetzung für Kontakt mit Anderen/m.

Wenn es nun also Sinn macht, von einem Kontakt mit sich selbst zu sprechen, kann dann eine Person auch einseitig in Kontakt mit jemandem sein? Ohne dass die andere Person sich dessen bewusst ist? Macht es außerdem Sinn, von Kontakt mit Tieren zu sprechen? Von Kontakt mit Gegenständen (vgl. die Diskussion bei Melnick et al. 2007, 20 ff.)? Die Antwort kann eigentlich nur lauten, dass jeweils zu beschreiben wäre, welcher Art die jeweilige Erfahrung ist (die im Nachgang von Perls eine je subjektive ist) in Hinwendung beispielsweise etwa zu einem Buch (etwa als ein Hinausgreifen über mein eigenes Leben hinaus – oder eben auch nicht) oder zu einem Tier (das mir als ein Gegenüber erscheint – oder eben auch nicht). Erfahrungs- und Regulationsprozesse und damit einhergehende Erfahrungen lassen sich prinzipiell in Bezug auf jede Art von In-Beziehung-Gehen beschreiben.

Kontakt ist ein dynamischer Begriff, der stets situativ ausgerichtet ist, sodass es immer um Kontakt mit einer Situation geht (vgl. Wollants 2012), um Kontaktprozesse *in einer Situation*. Sich „Kontakt mit sich selbst" ohne Situationsbezug vorzustellen, macht begrifflich keinen Sinn, weil alles im Feld sich gegenseitig beeinflusst und alles immer in Bewegung ist. „Kontakt mit sich selbst" ist der selbstbezügliche *Aspekt* einer Situation, die auf mich selbst gerichtete Aufmerksamkeit, mein Aufmerken und Hinspüren, eingebettet in eine Situation. Die Unterscheidung von „Kontakt mit mir selbst", „Kontakt miteinander" oder „Kontakt mit etwas" ist lediglich analytischer Art, denn im In-der Situation-Sein finden sich immer alle Aspekte zugleich – mögen sie auch nicht alle im Gewahrsein oder gleichermaßen relevant sein. Es ist also sinnvoll und richtig, in vielfältiger Weise von Kontakt zu sprechen, aber all das im Rahmen *subjektiver* Kontakterfahrungen. Der *zeitliche* Ablauf solcher Kontakterfahrungen wurde in verschiedenen Prozessmodellen ausführlich beschrieben.

5.3 Kontakt als Prozess

Mit „Kontakt" werden im Gestaltansatz psychologisch nicht nur Verhaltensweisen beschrieben, sondern auch Prozesse und Phasenverläufe, die im Zeitverlauf solcher Verhaltensweise entstehen können. „Kontakt" ist ein *dynamischer* Begriff (Yontef 1999, 119). Deshalb macht es keinen Sinn, besondere Zustände als „Kontakt" zu bezeichnen, außer wenn es darum geht zu betonen, dass „Kontakt" im Sinne einer Kontakt*interaktion* (welcher Art auch immer)[32] und nicht „Nicht-Kontakt" besteht. Es käme zu Missverständnissen, wenn mit Kontakt lediglich eine einzelne Phase im Kontaktprozess benannt würde. „Kontakt" ist beispielsweise nicht gleichbedeutend mit der ersten Aufmerksamkeit für etwas Neues, sondern meint den Prozess, der mit dem Aufmerken beginnt. Mit „Kontakt" sind sonach Erfahrungs*prozesse* angesprochen. Diesen Prozessen nachzuspüren ist ein wichtiges methodisches Ziel des Gestaltansatzes.

---

32 Als Kontaktinteraktion möchte ich die simple Tatsache bezeichnen, dass zwei Menschen im sozialen Austausch sind. Das entspricht in etwa dem alltagssprachlichen Verständnis in Formulierungen wie: „Bist du mit XY noch in Kontakt?"

Das klassische Kontaktprozessmodell von Perls et al. (1951) beschreibt Verhaltensweisen des Menschen im Sichbeziehen auf etwas. Es geht um die gegebene Möglichkeit, sich auf sich selbst, auf andere und auf die Dinge in der Welt in subjektiv bedeutsamer Weise zu beziehen. In-der-Welt-Sein wird zu einem Hinausgreifen in das Neue, zur Erfahrung an Kontaktgrenzen. Jedes Sichbeziehen kann als Kontaktprozess untersucht werden. Kontaktprozesse sind Gestaltbildungsprozesse. Gestalten bleiben in vielen Fällen auch offen („unerledigte Geschäfte"), bilden sich unerwartet spontan oder trotz Bemühen gar nicht: wir setzen uns mit einem anderen Menschen auseinander, treffen uns beide mehr oder weniger, vielleicht gar nicht, dann überraschend doch; wir vertiefen uns in ein Buch und bemerken unsere Resonanz auf das, was wir lesen, spüren unser Bedürfnis, etwas zu trinken, kehren dann wieder zu unserem Buch zurück. Kontaktprozesse sind vielfältig, überschneiden sich, gehen ineinander über. In einem übertragenen Sinn kann ein ganzes Leben als Gestaltbildungsprozess im Sinne eines Kontaktprozesses aufgefasst werden (von der Geburt bis zum Tod), wie auch jedes Sich-auf-etwas-Richten von Moment zu Moment, jedes Sich-Beschäftigen-Mit, jede Kommunikationssituation als Kontaktprozess betrachtet werden kann.

Es gibt niemals nur den einen Kontaktprozess, der zuerst abzuschließen wäre, bevor der nächste beginnen kann. Die Vielfalt möglicher Kontaktgrenzen findet ihre Begrenzung lediglich im Vermögen, uns gleichzeitig *bewusst* auf sie zu beziehen. Es gibt mehrere Prozessmodelle, die Kontaktverhalten nach Phasen sequenzieren. Perls und Goodman haben ihr „Kontakt-Zyklus-Modell" (Perls et al. 1951) als ein theoretisches Modell konzipiert, um den idealtypischen Verlauf eines „vollständigen Kontakts" zu beschreiben. Viele weitere Modelle sind seitdem formuliert worden. Viele spätere Modelle sind in Praxis- und Ausbildungskontexten entstanden – weniger theoretisch motiviert, sondern letztlich die gemeinsamen Erfahrungen in den gestalttherapeutischen Ausbildungsgruppen rekonstruierend im Sinne eines verstehenden Zugangs zu den eigenen Kontakterfahrungen. Ich unterscheide im Folgenden zwischen dem klassischen theoretischen Modell bei Perls / Goodman und Modellen, die stärker auf das Erleben in Kontaktprozessen abheben.

5.3.1 Klassischer Kontaktzyklus

Perls et al. (1951) entwerfen ein Kontaktprozessmodell in theoretisch-abstrahierender Absicht. Es ist die Rede vom „Stoffwechsel" (Perls 2002 [1969], 23) und Perls überträgt die (damals noch relativ junge) Idee des Stoffwechselkreislaufs auf das Kontaktgeschehen. In späteren Jahren, mit Weiterentwicklung der Idee des Regelkreislaufs vor allem durch die Kybernetik, fasst er Kontaktprozesse als kybernetische Regelkreise auf: „Das Alternieren und Oszillieren zwischen Kontakt und Rückzug bildet für uns das Modell, von dem her wir den kybernetischen

Ansatz in der Psychotherapie in seiner Bedeutung erkennen können" (Perls 1980, 123). In kybernetischer Auffassung bedeutet für ihn beispielsweise die Möglichkeit des Rückzugs, „zwischen dem Kontakt mit der Umgebung und seinen eigenen Reserven zu alternieren" (Perls 2002 [1969], 23). Für Dreitzel (2004, 35) ist das Kontaktprozessmodell von Perls und Goodman generell „eher kybernetisches als Gleichgewichtsmodell". Perls hat Kontaktprozesse auch kognitionstheoretisch beschrieben, als Reizverarbeitung im Sinne des Reflexbogenmodells (Perls 2002 [1973], 35), sowie als „chemoelektrischer Regelkreis der Muskelkontraktion", den er auf den Gesamtorganismus überträgt (Perls 1980, 123).

Kontaktprozesse sind Regelkreise. Mit ihrem „Kontakt-Zyklus-Modell" beschreiben Perls et al. (1951) vier „Phasen" eines solchen Regelkreises (im Sinne einer Gestaltbildung): „Vorkontakt", „Kontaktaufnahme", „Kontaktvollzug" und „Nachkontakt" (a. a. O., 251 f.).

1. Vorkontakt: der Körper ist Hintergrund, das Verlangen oder der Umweltreiz ist die Figur. Dies ist das, was als „Gegebenes" oder als Es der Situation bewusst ist, das sich dann in seine Möglichkeiten diversifiziert.
2. Kontaktaufnahme: (a) Die Erregung des Verlangens wird zum Hintergrund und irgendein „Objekt" oder eine Reihe von Möglichkeiten werden zur Figur. Der Körper verblasst. (Oder im gegensätzlichen Fall bei Schmerzen wird der Körper zur Figur.) Ein Gefühl taucht auf. (b) Nun geschieht eine Auswahl oder ein Ausschluss von Möglichkeiten, bei der Annäherung und Überwindung von Hindernissen tauchen Aggressionen auf, und es gibt absichtsvolle Orientierung und Manipulation. Dies sind die Identifikationen und Abweisungen durch das Ich.
3. Kontaktvollzug: Vor einem unwichtig gewordenen Hintergrund und Körper wird das lebhafte Ziel zur Figur, und es kommt damit zur Berührung. Alle Kontrolle löst sich, Wahrnehmung, Bewegung und Gefühlsregungen wirken spontan und einheitlich zusammen. Die Bewusstheit ist am prägnantesten in der Figur des Du.
4. Nachkontakt: Es gibt nur die fließende Interaktion im Organismus/Umweltfeld ohne einen Figur/Hintergrundprozess: Das Selbst verblasst. (Perls et al. 2019 [1951], 251 f.)

Das ist das klassische Kontaktprozessmodell der Gestalttherapie. Es wurde aus vielen guten Gründen vielfach kritisiert. Wichtig ist aber, dass es sich hier nicht um ein verstehendes Modell handelt, sondern um die abstrakte Theorie einer Abfolge von Reiz, Erregung, Berührung und Abschluss in der Interaktion zwischen

Organismus und Umfeld.[33] Eine zentrale Rolle spielt dabei das Mobilisieren und Ausrichten von Energie (vgl. Perls et al. 2019 [1951], 23, 27 f., 57, 251, vor allem auch Dreitzel 2004, 37 ff.) im Sinne von Erregung (Perls et al. 2019 [1951], 30, 213, 217, auch L. Perls 1999, 110). Perls et al. haben die Phasen so verstanden, dass sich der Organismus nach einem „Anfangsreiz" auf ein Objekt ausrichtet (auf Nahrung etwa), sich dieses „einverleibt" und anschließend „verdaut" – oder nicht (vgl. die Kritik von Stemberger 1998 an dieser Metapher). „Kontakt gipfelt im Erlebnis des Kontaktvollzugs, dem Augenblick der Begegnung, wenn die Grenze zwischen dem Selbst und dem anderen verschwindet" (Kepner 1988, 261). Die Intensität eines solchen Erlebens darf laut Zinker und Nevis (1999, 345) nicht mit „Pseudokontakt" verwechselt werden, einer Verstrickung gleich einem „Anklammerungsbiss (ohne Energie)" (ebd.).

Dreitzel (2004, 2007) orientiert sich in seinem eigenen Kontaktprozessmodell sehr an Perls, macht aus dem Verhalten eines Organismus jedoch ein personales Handeln. Er fasst den Zyklus als Prozess der Bedürfnisbefriedigung auf (vgl. bereits Perls 2002 [1973], 36), wofür er anschauliche Worte findet:

> Energie wird freigesetzt und die Kontaktgrenze beginnt sich zu verfestigen. In der zweiten Phase werden die senso-motorischen Funktionen mobilisiert, d. h. wir orientieren uns in der Umwelt und ordnen und gestalten sie so, dass die Figur unseres Interesses in den Vordergrund rückt. (...) Hier kommen unsere Erfahrungen und Fähigkeiten zum Einsatz, der Energiepegel steigt weiter an und die Kontaktgrenze wird immer undurchlässiger: Hier bin ich mit meinen Kompetenzen, dort ist das Andere, Fremde, Neue, das Anziehende und das Störende. Im Vollen Kontakt wird dann aus der Begegnung und Auseinandersetzung mit dem Neuen eine Berührung und Verschmelzung: (...) es geht nun nur noch um Loslassen, Sich-Einlassen, Sich-Hingeben, Sich-Öffnen. Die Energie bleibt dabei auf einem hohen Niveau (...), während zugleich die Kontaktgrenze überraschend durchlässig wird, um das Neue aufnehmen zu können. (...) Nachkontakt: Noch ist die Begegnung nicht beendet, aber die Energie sinkt ab und der Abstand zwischen mir und der Umwelt rückt wieder ins Gewahrsein, die Kontaktgrenze wird wieder undurchlässiger. (Dreitzel 2004, 37 f.)

---

33 Das ursprüngliche Modell von Perls und Goodman wurde im Laufe der Zeit in vielfacher Weise kritisiert und modifiziert. Maragkos (2017, 63 ff.) nennt als die seiner Meinung nach vier wichtigsten Modelle des Kontaktprozesses neben dem „klassischen Kontaktkreis" von Perls und Goodman den „Erlebenszyklus" des Cleveland-Instituts von Zinker, die „Gestaltwelle" von Blankertz und Doubrawa sowie den erweiterten Kontaktkreis von Hartmann-Kottek (vgl. auch Schübel 2020). Sehr nah an Perls sind die Modelle bei Dreitzel (2004, 2007) und Smith (2001). Boeckh (2015, 47 ff.) versucht, ein Gesamtmodell zu formulieren, das allen Varianten gerecht werden soll: „Vorkontakt: Differenzierung des Organismus/Umwelt-Feldes; Kontaktnahme: Bewusstwerdung des Bedürfnisses und der relevanten Umwelt, Energie/Emotion, Handlung als Ausrichtung der Energie auf relevante Umweltobjekte; Voller Kontakt als Austausch mit der bedürfnisrelevanten Umwelt: Kontakt; Nachkontakt: Nachkontakt, Rückzug als Assimilation der Erfahrung. Zuordnung von Vermeidungsmechanismen".

Kontakterfahrungen sind – psychologisch betrachtet – immer auch leiblich-emotionale Erfahrungen. Als typische „Kontaktgefühle" hat Dreitzel (2018, 94) entlang des Kontaktzyklus zusammengefasst: „1. die Attraktions- und Aversionsgefühle des Vor-Kontaktes, 2. die ‚aggressiven' Gefühle der Kontaktnahme, 3. die Zustandsgefühle des vollen Kontakts, 4. die würdigenden Gefühle, die dem abgelaufenen Kontaktprozess nachspüren, 5. die hemmenden Gefühle, die die Kontaktprozesse in jeder seiner Phasen hemmen oder abbrechen".

Ähnlich wie Kurt Lewin ging es Fritz Perls darum, Verhalten als Ganzheiten zu betrachten. Da Fritz und Lore Perls mit dem Werk Lewins vertraut waren (Bocian 2007, 189 ff.), dürfte auch Lewins Abhandlung „Vorsatz, Wille und Bedürfnis" Inspirationsquelle für den „Kontaktzyklus" gewesen sein. Für Lewin waren Handlungen Ganzheiten, über die sich als ganzer Prozess, der die Einzelaspekte bestimmt, etwas sagen lässt, und nicht als Summe einzelner Bestandteile. Als „Gestaltprofil" von „Handlungsganzheiten" fasst Fitzek (2014, 12) vier Aspekte bei Lewin zusammen: „Eröffnung, Verlauf, Sättigung, Abschluss".

Annäherung und Rückzug

Kontakt umfasst immer Prozesse der Annäherung und des Rückzugs (Wheeler 1993). Das ist Kontakt: Beziehungsgestaltung auch und gerade durch eine Hin- und Wegbewegung im Sichbeziehen. Daher geht es nicht um Maximierung des vollen Kontakts, sondern um die Stimmigkeit des Kontaktprozesses. Kontakt ist mit Wheeler (1993, 133) die Gesamtheit von Hinwendung und Rückzug, die umfassende „Organisation der Person im Feld". Auch Widerstände sind eine Form von Kontakt (a. a. O., 141). Kontakt ist also nicht nur der Schritt der ersten Kontaktaufnahme, sondern der gesamte Prozess der Auseinandersetzung, des Bezugnehmens auf etwas oder jemanden: „ich nehme Kontakt auf, indem ich dich zur Kenntnis nehme und mich mit dir auseinandersetze (…) und indem ich uns in Aktion erlebe" (L. Perls 1999, 179). Dazu gehört auch die Vermeidung von Kontakt (a. a. O., 121). „Kontakt umfasst den gesamten Prozess, sich selbst und den anderen anzuerkennen, und zwar durch Verbindung / Verschmelzung ebenso wie durch Trennung / Rückzug. Dieser Kontakt erfordert, den Unterschied zwischen sich und dem anderen anzuerkennen" (Yontef 2003, 30). Kontakt setzt also voraus, den Unterschied zwischen sich selbst und dem Gegenüber anzuerkennen: zwei eigenständige Menschen. Erst die Wahrung der Differenz ermöglicht Beziehung. Das ist mit dem berühmten Satz der Gestalttherapie gemeint: „Kontakt findet an der Grenze statt".

Erst der Prozess von Annäherung und Rückzug im Kontakt, und ebenso der Wechsel von Kontakt und Nicht-Kontakt, macht Kontakterleben als Differenzerfahrung möglich. Auch das therapeutische und das pädagogische Handeln ist sonach im Gestaltansatz gekennzeichnet durch ein „Oszillieren zwischen Kontakt und Rückzug" (Perls 1980, 123). Diese Hin- und Her-Bewegung, die Fähigkeit zum Wechsel von einem Fokus zum anderen (Selbstwahrnehmung und Wahrnehmung des Gegenübers, Individuum und Gruppe, Annäherung und Rückzug, Handeln und Nicht-Handeln, Konstantes und Neues) macht den Kern des Gestaltansatzes aus. Weil Erfahrungsprozesse dabei die zentrale Rolle spielen, wurden im Nachgang von Perls und Goodman Kontaktprozessmodelle entwickelt, die das Erleben stärker in den Fokus rücken.

5.3.2 Kontakt als Zyklus des Erlebens

Stärker als Fritz Perls hat Lore Perls bei Kontaktprozessen den Fokus auf das Erleben von Kontakt gesetzt (L. Perls 1999). Dieser Idee folgend setzen die Modelle der Cleveland-Schule (Nevis 1988, 37 ff., Zinker 1993 [1977], Kepner 1988) den Fokus auf Aspekte von Energie und Erregung im Kontakterleben (z. B. Nevis 1988, 16 ff., siehe auch Bloom 2009, 40). Fritz Perls war es zwar von Anfang an darum gegangen, mit dem Gestaltansatz „Handlungsmöglichkeiten" zu eröffnen (vgl. Perls 2002 [1973], 84), aber das „Cleveland-Modell" (benannt nach dem dortigen Gestalt-Institut) kennzeichnet sehr viel deutlicher bewussten Kontakt als Handlungs- und Entscheidungsprozess. Nevis (1988, 44) versteht unter Kontaktvollzug jedwede „Verbindung von einem gewünschten Ziel mit dem Möglichen". Nevis (a. a. O., 15 f.) beschreibt den „Zyklus des Erlebens" des Cleveland Gestaltinstituts als „Prozess, in dem Menschen – individuell oder kollektiv – sich dessen *bewusst* werden, was in dem jeweiligen Augenblick geschieht und wie sie *Energie* aktivieren, um eine *Handlung* auszuführen, die ihnen erlaubt, sich konstruktiv mit Möglichkeiten zu befassen, die die neue Bewusstheit nahelegt. (...) Schließlich setzt das Modell voraus, dass der Prozess in einem Erleben gipfelt, der als Lernen bezeichnet werden kann oder als das, was sich aus der Bedeutung des Erlebens ergibt" (ebd.). Nevis (1988, 44) variiert den Zyklus des Erlebens, indem er sieben Phasen unterschiedet (Nevis 1988, 16): Empfindung, Bewusstheit, Aktivierung der Energie, Handlung, Kontakt, Lösung/Abschluss, Rückzug der Aufmerksamkeit. Zurecht kritisiert Stemberger (1998, 297) an diesem Modell aus gestalttheoretischer Sicht die theoretischen Unklarheiten. In seinen Ausführungen gehe es um den „Prozess der Bewusstheit und das Umsetzen dieser Bewusstheit in zweckmäßiges Handeln", so Nevis (1988, 11). Eingedenk des Kommentars von Bloom (2009, 25), dass die Modelle des Cleveland-Instituts in phänomenologischer Absicht (d. h. hier: subjektiv) und vor allem zu Ausbildungszwecken entstanden seien, muss hier berücksichtigt werden, dass es wohl nicht um theoretisch trennscharfe Begriffe ging, sondern um eine Art gefühlten sprachlichen Konsens, um das je eigene Erleben miteinander teilen zu können. Stemberger (1998) arbeitet, von seiner Kritik ausgehend, differenziert heraus, was dennoch der theoretisch relevante Kern des Cleveland-Modells ist.

> Was mit dem Modell erfasst werden soll, könnte in erster Annäherung vielmehr so formuliert werden, dass es – trotz aller irreführender Fehlbezeichnungen – nicht um das Erleben schlechthin geht, sondern um
>
> 1. die Veränderung des erlebnishaft Gegebenen unter dem Einfluss der Aufmerksamkeit und
> 2. die Gesetzmäßigkeit, nach der diese Veränderung und daran anschließende Vorgänge ablaufen können (und im Sinne eines gesunden Funktionierens des Organismus auch ungestört und vollständig ablaufen sollen), sodass es zu einer angemessenen Befriedigung der Bedürfnisse und zur Wiederherstellung eines neuen Gleichgewichtszustandes kommt. (Stemberger 1998, 298)

Für die Psychotherapie sei daran vor allem der Fokus auf das Bewusstseinskontinuum interessant, so Stemberger (a. a. O., 298). Diesen Punkt hat ähnlich auch Bloom (2009, 30) hervorgehoben („stream of experience"). Stemberger (1998, 298) betont, es gehe hier darum, die Entfremdung von den eigenen Bedürfnissen zu überwinden.

Gremmler-Fuhr (2017a, 364) ist der Auffassung, dass der „Zyklus des Erlebens" der Cleveland-Schule der Vielschichtigkeit des erlebten Geschehens gerechter würde als das Originalmodell von Perls. Für den Gestaltansatz sind beide Varianten von Bedeutung: das klassische Modell liefert eine grundsätzliche Heuristik dafür, wie Menschen mit ihrer Welt in Kontakt treten (einschließlich im Kontakt mit sich selbst, auch im Kontakt mit Themen). Der Zyklus des Erlebens hingegen legt den Fokus auf den Aspekt des Bewusstwerdens dieses Prozesses.

Ein weiteres erlebensorientiertes Kontaktprozessmodell stammt von Erving und Miriam Polster (vgl. Polster 2001).

> Die Syntax der Kontaktepisoden bewegt sich durch acht Stadien: 1. Das Auftauchen des Bedürfnisses; 2. der Versuch, das Bedürfnis auszuspielen; 3. die Aktivierung des inneren Kampfes; 4. Angabe des Themas samt Bedürfnis und Widerstand; 5. die Erreichung des Drehpunkts; 6. die sich zuspitzende Erfahrung; 7. die Erleuchtung und 8. die Anerkennung. (Polster 2001, 169)

Ein Kontaktzyklus könne eine Minute oder ein ganzes Leben dauern, die Stadien könnten sich sequenziell oder gleichzeitig ereignen (Polster & Polster, M. 2003 [1973]). Diese Sichtweise auf Kontaktverläufe macht Sinn: So sinnvoll es sein mag, Sequenzen zu formulieren, weil sie sich oft in dieser Reihenfolge ereignen, so wichtig ist es zu betonen, dass hier kein Automatismus formuliert ist. Kontaktprozesse ereignen sich nicht unbedingt, sie sind dynamisch und sprunghaft, dehnen sich räumlich aus und ziehen sich wieder zusammen, ereignen sich parallel und überlagern sich – sind also nicht einfach in ein Vorher und Nachher einzuteilen. Zudem haben sie einen Zeitaspekt, der nicht einfach nur ein Ablauf ist. Mit einer solch komplexen zeiträumlichen Vorstellung von Kontakt wird endgültig deutlich: Kontakt als Aspekt der Bezogenheit in der Welt lässt sich nicht auf Schemata reduzieren. Solche Modelle dienen lediglich zur Orientierung, um Kontaktprozesse zu erkennen und zu reflektieren.

Kontaktprozessmodelle als Übungsmodelle

Es ist zu bedenken, dass alle Kontaktprozessmodelle auf einer theoretischen Ebene nichts weiter aussagen, als dass sich im Dazwischen der Wechselbeziehung von Person und Umwelt Prozesse beobachten lassen, die einen Verlauf haben. Die Kernidee besteht meines Erachtens darin, auf Prozesse der Bezugnahme (etwa zwischen zwei Menschen oder zwischen mehreren) zu achten mit Blick auf wahrnehmbare Intensitäten in Energie und Bewegung, und zwar sowohl auf der Ebene des Empfindens als auch auf der Handlungsebene. Meines Erachtens sind die Modelle austauschbar und haben sich an der Praxis zu bewähren. Bloom (2009, 25) sieht in den zahlreich vorhandenen Variationen des ursprünglichen Kontaktprozessmodells von Perls und Goodman in erster Linie Veranschaulichungen zu Ausbildungszwecken. Vielleicht steckt hierfür ausgerechnet im viel gescholtenen Ausgangsmodell von Perls, im Modell des Organismus/Umwelt-Felds, viel Potenzial. Perls ging es vermutlich weniger um eine nachvollziehende, induktive Modellbildung, sondern um ein stipulatives, programmatisches Modell. Mit den Phasen des Kontaktprozesses hat er formuliert, wie Menschen auf ihre Umwelt Bezug nehmen können und sollen, wie sie lernen können zu wachsen: „Reifung ist ein fortwährender Prozess des Sichlösens von den Stützen der Umwelt, wobei Selbstständigkeit entwickelt wird, was bedeutet, dass Abhängigkeiten immer geringer werden" (Perls et al. 2004 [1951]. Ein Sichüben an intensiven, vollständigen Kontaktprozessen soll den Boden bereiten, um Lebendigkeit zu erreichen als Befreiung aus starren Persönlichkeitsmustern.

Kontaktprozessmodelle können als Übungsmodelle für eine Steigerung des Gewahrseins dienen. Fritz Perls hat die Theorie der Gestalttherapie aus einem therapeutischen Interesse heraus entwickelt (vgl. bereits Perls 1948, 116). Er beschreibt mit dem Kontaktmodell eine vollständige Erregungswelle im Sicheinlassen auf das eigene Erleben, ein „Durchleben" des Erlebens (Perls et al. 2004 [1951], 33). Im Gestaltansatz wurde dafür eine riesige Bandbreite an Übungen entwickelt (Perls et al. 2004 [1951], Brooks 1991, Stevens 2006, Abram & Hirzel 2007). Immer geht es darum, Gewahrsein zu üben: bewusst wahrzunehmen, was ist. Um flexibel in der Gestaltung von Kontakt zu sein, so sehe ich es, ist es eine gute Übung, Kontakt in seiner ganzen Fülle zulassen zu *können*. Der Kontaktzyklus von Perls ist, für mich, eine Übungsanweisung, ein Modell für ein vollständiges Einlassen auf eine bewusste Erfahrung, unter anderem auch eine Achtsamkeitsübung. Im Gegensatz zu vielen Meditations- und Achtsamkeitspraktiken geht es im Gestaltansatz aber nicht nur um ein Hineinversenken in sich selbst, sondern auch um ein Hinausgreifen in die Welt. Es geht um Handlungsfähigkeit, um Weltberührung im Status der Selbstberührung: um Selbst- *und* Weltzugewandtheit.

Der Kontaktzyklus ist dafür nach wie vor ein guter Übungsrahmen. Mit Bloom (2009) bin ich der Meinung, dass trotz aller berechtigter Kritik vor allem das klassische Kontaktprozessmodell von Perls et al. (1951) dazu dienen kann, unsere Aufmerksamkeit zu richten auf die dynamischen Prozesse menschlicher Beziehungserfahrungen, nämlich Prozesse von Wahrnehmung, Bewusstheit und Bewegung (Perls et al. 2019, 22). Dabei kann der Blick auf all jene Momente helfen, in denen das nicht gelingt: Kontaktstörungen.

5.3.3 Störungs- und Ressourcenmodell

Kontaktprozessmodelle sind von zentraler theoretischer wie praktischer Bedeutung im Gestaltansatz. Sie dienen zur Analyse und Reflexion von Kontakterfahrungen. Darüber hinaus haben bereits Perls et al. (1951) ihr Kontaktprozessmodell als Störungsmodell ausformuliert. Die Theorie des Kontakts beschreibt Verhaltensweisen und daraus resultierende Verhaltens- und Erfahrungsprozesse. Sie thematisiert auch unvollständige, „gestörte" Kontaktprozesse. Damit entsteht unter Umständen jedoch ein normatives, funktionalistisches Modell, das im aktuellen gestalttherapeutischen Diskurs durchaus umstritten ist.

Kontaktfunktionen (nach Polster und Polster)

Wie funktioniert eigentlich Kontakt? Kontakt bedeutet, dass wir uns geistig-seelisch-leiblich-emotional *auf etwas* beziehen. Kontaktprozesse basieren auf allen Sinnen, die dem Menschen zur Verfügung stehen. Polster und Polster (2003 [1973], 131 ff.) haben das als „Kontaktfunktionen" bezeichnet. Die taktile Berührung, die mit dem Kontaktbegriff als erste in den Sinn kommt, ist dabei nur ein Aspekt von mehreren. Auch die anderen vier Sinne – Sehen, Hören, Riechen, Schmecken – können Kontakt vermitteln. Dazu kommen noch Sprechen und Bewegung als weitere Kontaktfunktionen (a. a. O., 132). Berührung ist oftmals mit Angst verbunden, es kann zu viel davon geben (Über*griffigkeit*) oder zu wenig (Isolation). Taktile Berührung zeichnet sich durch die Unmittelbarkeit der Empfindung aus, die wir etwa durch ein Streicheln der Haut erleben, aber auch durch Schlagen oder durch Halten (a. a. O., 131). Sehen kann zweckgebunden mit der Absicht der Orientierung geschehen oder visueller „Kontakt um seiner selbst willen" sein, indem wir uns am Sehen erfreuen (a. a. O., 135). Sehen kann Gefühle auslösen, die Folge kann ein Wegblicken oder Anstarren sein, aber auch ein direkter Blick (ebd.). Wenn der Kontaktprozess im Fluss ist, dann ist auch das Auge in Bewegung als ein Sicheinlassen auf das Sehen statt einem Tunnelblick (vgl. a. a. O., 138). Zuhören ist Handeln in Beziehung: „Man kann einem anderen Menschen nicht zuhören, wenn man dabei selbst spricht" (a. a. O., 139). Zuhören bezieht sich nicht nur auf Wörter, sondern auch auf Stimmungen und Gefühle (a. a. O., 142): „Wenn der Zuhörer hört, dann weiß er, dass er guten Kontakt hat, und wenn der Sprecher weiß, dass er gehört wird, dann wird sein Kontakt ebenfalls lebendiger" (ebd.). Schmecken und Riechen werden in ihre Bedeutung oft unterschätzt (a. a. O., 163). Das Schmecken spielt allerdings im ursprünglichen Kontaktprozessmodell eine wichtige Rolle in der Metapher des Prüfens, ob uns eine (auch geistige oder emotionale) Nahrung schmeckt (vgl. a. a. O., 164), die wir uns einverleiben wollen, ob wir es kauen und herunterschlucken oder wieder ausspucken wollen (im übertragenen Sinne etwa eine bestimmte Überzeugung, ein Gebot oder Verbot). Kontaktfähigkeit bedeutet so gesehen die Entscheidung zu treffen, ob etwas stimmig ist für uns, ob es uns „schmeckt". Riechen ist beim Menschen kein besonders ausgeprägter Sinn und weist doch viele Varianten des Kontakts auf, vom Schnüffeln bis zum Einsaugen eines Dufts oder auch Nasezuhalten. Riechen kann Erinnerungen auslösen, Ekel hervorrufen oder uns locken. Wie bei allen Sinnenreizen sind auch bestimmte Gerüche mit kulturellen Tabus belegt (z. B. Körpergeruch).

Sprache und Bewegung sind die sechste und die siebte Kontaktfunktion. Sprache hat zwei Dimensionen nach Polster und Polster (a. a. O., 146): Stimme und Sprechen. Stimme sagt viel aus, hat eine expressive Funktion, hat Ausdruckskraft, Richtung, Schwungkraft, Klang und Richtung (a. a. O., 148). Die Stimme sagt aus, wie jemand etwas meint. Eine Stimme haben meint mitreden zu können. Eine Stimme kann scharf sein und weich, verhalten und laut. Stimmiger Kontakt bedeutet, jemanden mit der Stimme zu erreichen (vgl. ebd.). Stimme kann Lachen oder Winseln, Schreien oder Flüstern, angenehm oder unangenehm sein. Mit der Stimme sprechen ist eine Modifikation von Atmen (ebd.). Deshalb ist es wichtig, im Kontakt mit dem eigenen Atem zu sein, um in Kontakt zu kommen. „Die Sprache ist potenziell eines der stärksten Kontaktmittel" (a. a. O., 150). Sprache kann Kontakt herstellen, kann aber auch Kontakt vermeiden durch Weitschweifigkeit, zu viele Erklärungen, Rationalisierungen, Verwirrung (vgl. a. a. O., 152 f.). In der zwischenmenschlichen Beziehung ist es wichtig, eine gemeinsame Sprache zu finden. Für manches ist es wichtig, die Sprache wieder zu finden, die Sprachlosigkeit zu überwinden, das, was einem*einer die Sprache verschlagen hat; und auch: sich zu trauen, anderen etwas von sich mitzuteilen. Der Gestaltansatz hat hierfür viele Ideen entwickelt, etwa, per „ich" zu sprechen, Aussagen nicht mit „ja, aber" oder „wenn nur" zu relativieren und so fort. Die Kontakttheorie ist zwar sehr viel mehr als ein Kommunikationsansatz, das ist sie aber auch (vgl. Gremmler-Fuhr 2017a, 359). Es geht um Kommunikation in einem umfassenden Sinne, um ein In-Beziehung-Treten mit der eigenen Lebenswelt über die genannten Kontaktfunktionen, um eine Erweiterung der „Kontaktzone" (Perls et al. 2004 [1951], 144) zu erreichen.

Kontaktfunktionen und -störungen

Der Ausdruck „Kontaktfunktionen" hat in der Theorie des Gestaltansatzes noch eine speziellere Bedeutung als bei E. und M. Polster, und das ist ungünstig, weil hier Verwechslungsgefahr besteht. Der Begriff ist in der gestalttherapeutischen

Literatur sehr verbreitet für das, was bei Perls und Goodman „Kontaktunterbrechungen" heißt. Dieser Ausdruck wiederum ist oft kritisiert worden, weil von „Unterbrechungen" zu sprechen zu normativ bzw. schlichtweg falsch sei (vgl. Wheeler 1993, Gremmler-Fuhr 2017a, 366). Mit dem Verhaltensmodell des Kontakts haben Perls et al. (1951) ein Schema formuliert, das Phasen von Verhaltenszyklen kennzeichnet, die einen vollständigen Kontaktprozess – im Sinne eines vollständig möglichen und damit funktionalen Regelkreises – beschreiben. Perls und Goodman (Perls et al. 2019 [1951], 88) formulierten ein rein funktionalistisches Kontaktprozessmodell als Idealtyp einer vollständigen Gestaltbildung. In diesem Zusammenhang beschrieben sie bestimmte „Momente der Unterbrechung" (Perls et al. 2019 [1951], 312) im Sinne einer Hemmung der mit Kontaktprozessen einhergehenden Erregung – wobei wichtig ist, „dass die Energie für die Figurbildung von beiden Polen des Feldes kommt, vom Organismus und vom Umweltfeld" (a. a. O., 251).

> Die unterschiedlichen Typen von Unterbrechungen hängen davon ab, wo die Unterbrechung geschieht:
> 1. Vor der neuen, primären Erregung: Konfluenz
> 2. Während der Erregung: Introjektion
> 3. Bei der Konfrontation mit der Umwelt: Projektion
> 4. Während des Konflikts und der Zerstörung [Aneignung des Neuen]: Retroflexion
> 5. Beim Nachkontakt: Egotismus. (Perls et al. 2019 [1951], 313)

Kontaktunterbrechungen bedeuten die stets gegebene grundsätzliche Möglichkeit, die eigene Energie nicht in Richtung eines vollständigen Kontaktzyklus auszurichten, sondern die durch die Mobilisierung von Energie (durch ein bewusstes oder unbemerktes Bedürfnis) ausgelöste Erregung (die faktisch vorhanden ist, vielleicht auch unbemerkt) umzuleiten, zumeist aus Angst vor der Erregung (vgl. a. a. O., 259). Ein typisches Beispiel ist etwa Lampenfieber, im negativen Sinne verstanden als Angst vor der eigenen Aufregung, im positiven Sinne ein Zulassen der Aufregung, die im Vorkontakt des Bühnenauftritts genau jene Energie bereitstellt, die es für den kommenden Auftritt unbedingt braucht.[34] Perls und Goodman spezifizieren die Kontaktunterbrechungen wie folgt:

> *Konfluenz*: kein Kontakt mit der Erregung oder mit dem Reiz (...)
> *Introjektion*: kein Akzeptieren der Erregung (...)

34 Oder die *Angst vor der Angst*, bei der zunächst Angst eine konkrete Erregung (die sich auf etwas Konkretes bezieht) hemmt. Die zur Hemmung nötige Energie (denn es braucht auch für Hemmung Energie) wird dann erneut als Erregung gespürt, die aus Angst davor gehemmt wird. Allerdings bezieht sich diese zweite Angst nunmehr auf die eigene Angst und nicht mehr auf ein konkretes Objekt. Die Angst gewinnt sozusagen in dieser zweiten Schleife ein Eigenleben unabhängig von einer konkreten Situation, auf die zu reagieren ja möglich gewesen wäre. In der Folge kommt es zur Angst vor der Angst ohne greifbares Angstobjekt in der Außenwelt.

Projektion: keine Konfrontation oder Annäherung (...)
Retroflektion: Vermeidung und Vernichtung des Konflikts (...)
Egotismus: Verzögerung der Spontaneität (...) (Perls et al. 2019 [1951], 323, Hervorh. i. O.)

Dieses Schema könne „endlos weitergeführt werden", so Perls et al. (ebd.). Es handelt sich nicht um ein fixes Set, sondern um einige grundsätzliche Möglichkeiten der Hemmung von Kontakt. Zwei weitere Möglichkeiten der Kontaktunterbrechungen haben sich über die bei Perls und Goodman genannten etabliert: Deflektion (Polster & Polster 2003 [1973], 97 ff.) und Desensibilisierung (vgl. Votsmeier-Röhr & Wulf 101, 158). *Deflektion* ist nach Polster und Polster „eine Methode, sich dem direkten Kontakt mit einem anderen Menschen zu entziehen (...) durch Weitschweifigkeit erreicht, durch eine übertriebene Ausdrucksweise, dadurch, dass man stets im scherzhaften Ton spricht, dass man den Gesprächspartner nicht direkt ansieht, dass man nie zur Sache kommt" (Polster & Polster 2003 [1973], 97). Der Kontakt werde „abgebogen", und zwar entweder von derjenigen Person, die die Interaktion initiiert oder von der antwortenden Person. Die erste können sich meist nicht erklären, warum ihre Anstrengung nicht ankomme, die zweite erlebe sich oft als ungerührt oder gelangweilt (a. a. O., 98). *Desensibilisierung* (oder Desensitivierung) meint nicht das Umlenken, sondern die „Dämpfung von Erlebnissen", eine Abstumpfung gegenüber der Umwelt oder den eigenen Gefühlen (vgl. Stein 2005, 74).

Kontaktmodalitäten

Die Ausdifferenzierung verschiedener Möglichkeiten der Unterbrechung des vollen Kontakts hat immer wieder dazu geführt, dass die „Momente der Unterbrechung" als Kontakt*störungen* im Sinne einer Störung des Beziehungsverhaltens missverstanden wurden. In der Rede von „Kontaktmodalitäten" statt „Kontaktunterbrechungen" soll eine nicht-pathologisierende Sichtweise zum Ausdruck kommen. Spagnuolo Lobb (2001) bietet als Ausweg an, den Ausdruck lediglich als ungünstig formuliert anzusehen, denn es gehe ja gar nicht um die Störung von Kontakt an sich. „Nicht der Kontakt ist gestört, sondern seine Spontaneität, aus Erregung wird dann Angst und die Intention ist verzerrt. Die Kontaktmodalitäten dienen dazu, diese Angst zu vermeiden" (a. a. O., 63).

Blankertz (2012) hat darauf hingewiesen, dass die Kontaktmodalitäten nicht trennscharf formuliert sind. Ihre Stärke sei die Prozessbeschreibung, „nicht die Fixierung in Definitionen" (a. a. O., 157). Als fixe Persönlichkeitsbeschreibungen waren sie aber ohnehin in keiner Weise gemeint: „The Above is Not a Typology of Neurotic Persons", stellen Perls et al. (1951, 458) klar. Menschen richten ihre bedürfnisbezogene Erregung andauernd in unterschiedlicher Weise aus, das meint die Rede von den Kontaktmodalitäten (vgl. den Überblick bei Blankertz 2012, 147, Gremmler-Fuhr 2001a, 367): im vollen Kontakt auf das Objekt bzw. das Gegenüber als Aggression im Sinne von Aneignung, Grenzen auflösend als Konfluenz, diffus ohne klare Ausrichtung als Deflektion, umkehrend gegen sich selbst als Retroflektion, ausgelagert auf das Gegenüber als Projektion, unter Vermeidung der situativen Anpassung als Egotismus, überangepasst als Introjektion, gedämpft als Desensibilisierung. Das Schema von Perls und Goodman kann als normativ im Sinne von funktionalistisch gelesen werden, weil Perls et al. (1951) bestimmte unerwünschte Abweichungen davon (zumindest ursprünglich) als neurotische Unterbrechungen auffassen. Nicht-Vollständigkeit des Kontakts ist aber nicht an sich dysfunktional. Es kommt vielmehr darauf an, ob das Kontaktverhalten für die handelnde Person Ausdruck subjektiver, handlungsgestaltender Motive ist (und seien es auch Motive des Widerstands). Roubal, Gecele und Francessetti (2016) betonen aus Sicht einer feldtheoretischen klinischen Diagnostik, im Fokus stünden keine vermeintlich objektiv feststellbaren Kontaktstörungen, sondern die „Kontaktintentionalität" (a. a. O., 83) der jeweiligen Person als Ausgangspunkt einer dialogischen „Ko-Kreation" im therapeutischen Prozess (a. a. O., 96).

Blankertz (2012, 147) betont, dass „Kontaktunterbrechungen (...) nicht lediglich die Funktion [haben], Kontakt herzustellen, sondern dort zu begrenzen, wo dies sinnvoll oder nötig ist". Jede Modalität sichert die Möglichkeit der Wahl, sich in passender Weise anzunähern oder zurückzuziehen. Es geht im Gestaltansatz ausschließlich um solche Kontaktprozesse, die von Menschen *gewollt* werden. Das bedeutet nicht, dass jeder Kontaktprozess im Leben vollständig sein muss. So setzen zum Beispiel Regeln des Miteinanderlebens in Gesellschaft voraus, dass sich Menschen auch zurücknehmen, statt nur ihrer *eigenen* Selbstregulation zu folgen (vgl. Blankertz und Doubrawa 2005, 265 f.). Es gibt für den Gestaltansatz keinen allgemeinverbindlichen, sondern nur einen individuell sinnvollen „Kontaktstil", so Wheeler (1993, 137). In der Einschätzung eines Kontaktstils geht es ausschließlich darum, ob er für die betreffende Person situativ passend ist, im Sinne einer „Fähigkeit (...), spontan den Kontakt-Rückzug-Zyklus in der Weise zu durchlaufen, die den Beziehungen im „Organismus-Umwelt-Feld" angemessen ist" (Polster 2001, 152). Das bedeutet natürlich auch, dass nicht jeder Kontaktstil zu einem vom Individuum gewünschten Ziel führt. Im besten Fall ist es aber eine flexible, freie Entscheidung, welchen Kontaktmodus jemand wählt. Weil Kontakt auch Rückzug umfasst, ist es wichtig, den vollen Kontaktzyklus auch unterbrechen zu können. Von Modalitäten des Kontakts zu sprechen verschiebt zwar den Blick von etwaigen Defiziten zu den Ressourcen der Kontaktgestaltung im Sinne der intersubjektiven Suche nach stimmigen Beziehungserfahrungen, allerdings lässt die Rede von den Kontaktunterbrechungen oder -störungen besser ins Auge fassen, welche Kontakt*ressourcen* noch nicht genutzt werden. Das ist immer dann wichtig, wenn sich Menschen mehr Kontakt wünschen und daran (erst einmal) scheitern. Die Bezugnahme auf das funktionalistische Kontaktprozessmodell lässt nicht nur Normabweichungen interpretieren, sondern eben auch nicht genutzte Kontaktpotenziale. „Kontaktstörungen" per se sind lediglich Modalitäten des Kontakts.

Diese können als Kontakt*vermeidung* hilfreich sein. Aktuelle Vermeidungen können zusammenhängen mit überdauernden Mustern einer Person oder Störungen in der Situation. Es macht Sinn, von feldbezogenen Störungen zu sprechen, von Kontaktstörungen als eine Störung der *Ko-Regulation* unter gegebenen Bedingungen im Feld. „Wir kommen nicht zusammen", weil meine und deine Kontaktmöglichkeit nicht greifen, weil meine und deine Kontaktoffenheit nicht zusammenfinden oder nicht zueinander passen. Menschen haben massive, gute Gründe, nicht oder nur eingeschränkt kontaktoffen zu sein. Es ist ihnen jederzeit ein schützenswertes Gut zu unterstellen. Auch und gerade für das von Autonomie getragene Kontaktangebot: „Ich will nicht".

Sich zurückhalten können ist ebenso wichtig wie impulsiv zu sein, vermeiden zu können ist ebenso wichtig wie sich einlassen, desensibel zu sein hat ebenso seine Funktion wie sensibel zu sein, Konfluenz und Unterscheidung sind beide wichtig, ohne Introjekte gibt es keine Orientierung im Leben und alles zu introjizieren ist ebenso wie alles abzulehnen sinnlos, die Fähigkeit zur Selbstkontrolle ist ebenso gut wie die Fähigkeit zu Spontaneität und das Projizieren nach außen als ein unbewusstes Phantasieren über jemanden kann ebenso funktional sein wie das Zusichnehmen einer Phantasie als zu sich selbst gehörend (Joyce & Sills 2015, 153). Im Idealfall gelingt es, nicht jeweils auf einem Pol zu verharren und sich situationsangepasst flexibel verhalten zu können. Joyce und Sills haben Interventionsvorschläge gemacht zum Umgang mit den Polaritäten, um Kontakt und damit Beziehung flexibler regulieren zu können (Joyce & Sills 2015, 155 ff.). In ähnlicher Weise haben auch Blankertz und Doubrawa (2005, 183) „Kontaktstörungen" als Polaritäten beschrieben (vgl. auch die Anmerkungen von Boeckh 2006, 60 ff. zum Umgang mit „Vermeidungsmechanismen").

Kontakt als Feldeigenschaft

Alle Kontaktmodalitäten stehen nach Spagnuolo Lobb (2016b) entwicklungspsychologisch bereits früh im Leben zur Verfügung. Von Beginn an ist die kindliche Existenz ein „Being-with" (ebd., auch für das Folgende): Ausgangspunkt ist die Fähigkeit des Kindes zur Konfluenz als ein Aufgehen in der Umwelt, als Voraussetzung für Intuition und Sensibilität („verkörperte Empathie", a. a. O., 116). Die Fähigkeit zur Introjektion ist die Fähigkeit zu lernen, die Welt in sich aufzunehmen, Dingen Namen zu geben („Lernen", ebd.). Projektion wird als Fähigkeit verstanden, sich auf die Welt einzulassen („Phantasie", ebd.). Die Fähigkeit zur Retroflexion betrifft das Gefühl für die Fülle der eigenen Energie („Kreativität", a. a. O., 117). Und schließlich bezieht sich die Fähigkeit zum Egotismus darauf, auf sich selbst stolz sein zu können („Autonomie", ebd.). Aufbauend auf der Grundüberlegung, dass Kontaktmodalitäten keine individuellen, sondern Feldeigenschaften sind, hat sich inzwischen eine gestalttherapeutische Diagnostik entwickelt (Francesetti et al. 2016), deren Grundausrichtung auch für die Gestaltpädagogik immer dann relevant wird, wenn sie mit klinischen Diagnosen in Berührung kommt.

Nach dem *Wie* der Beziehungsbewegungen im Feld zu fragen, ermöglicht es, Beziehungssituationen in ihrer Komplexität als Gleichzeitigkeit von Bewegungen zu erfassen. Der Störungsbegriff bezieht sich hier nicht mehr auf eine individuelle Eigenschaft, sondern auf eine Störung im Feld (etwa als Interaktionsstörung).

Auffälligkeiten und psychische Probleme sind für den Gestaltansatz keine rein inneren Probleme, sondern sie entstehen im Feld durch Kontakthemmung und Entfremdung gegenüber den Umweltbedingungen (vgl. Blankertz 2012, 17). Nach L. Perls (1980, 259) sind „Kontaktunterbrechungen" von außen unterbrochen oder von innen blockiert. Die Möglichkeit einer „Analyse der beschädigten Wahrnehmung" (Blankertz 2000, 118) zur „Wiederbelebung des Selbst" (Perls et al. 2019 [1951], 33) ist nicht einfach nur abhängig von individuellen, sondern auch von äußeren sozialen Bedingungen (Blankertz 2000, 118). Es geht im Gestaltansatz nicht um individualisierbare (psychische) Störungen, sondern um Funktionsstörungen im Feld: „Vielmehr leidet die Beziehung zwischen dem Subjekt und der Welt", es ist ein „Leiden des Zwischen" als „Pathologie der Beziehung, der Kontaktgrenze, des Zwischen" (Perls et al. 2019 [1951], 60). Daher müssen Funktionsmuster beschrieben werden statt Menschen. „Psychopathologisches Leiden ist Folge und Ausdruck eines Mangels an signifikantem Kontakt" (Francesetti et al. 2016, 61). Die „Einengung und die Wiederherstellung von Kreativität und Wachstum durch Kontaktnahme [hängt] entscheidend von der Wiedereinführung einer bestätigenden sozialen Welt und vom Auffinden oder Wiederfinden einer stützenden Bezugsgruppe" ab (Wheeler 2006, 200). So wird seelische Gesundheit zu einer Feldeigenschaft. Wo immer Menschen die Wahl haben, werden sie sich für Kontaktprozesse entscheiden, die sie als stimmig empfinden.

5.4 Kontakt als Präferenz

Menschen werden, so sie eine Möglichkeit dafür sehen, solche Kontaktprozesse anstreben, die sie als stimmig für sich selbst empfinden. Das ist der Präferenzaspekt von Kontakt im Gestaltansatz. Das Verhaltensmodell von Perls und Goodman (Perls et al. 1951) unterstellt bereits auf der organismischen Ebene eine Selektion und damit eine Präferenz von Verhaltensweisen: Der Organismus präferiert aus der Fülle möglicher Austauschprozesse mit der Umwelt diejenigen, die zur Befriedigung seiner Bedürfnisse führen. Auf der Ebene des sinnverstehenden und sinnproduzierenden Subjekts entspricht das einer Selektion als subjektiv sinnhafter Auswahl von Verhaltensweisen. Im Übergang vom organismischen Verhaltensmodell zu einem Modell sozialen, subjektiv sinnhaften Verhaltens (wie vor allem bei Dreitzel 2007, 55) erlangt der Selektionsaspekt besondere Geltung. Das zeigt sich vor allem in den Kontaktprozessmodellen der Cleveland-Schule, die ja explizit als Handlungs- und Entscheidungsmodelle aufgefasst werden.

Perls et al. (1951) haben ihr Verhaltensmodell an der Frage ausgerichtet, wie sich Menschen aus entfremdenden gesellschaftlich-normativen Beschränkungen befreien können. Die mögliche und gleichzeitig notwendige Entfaltung menschlicher Potenziale wird auf diese Weise zum theoretischen Ausgangspunkt und praktischen Ziel des gesamten Gestaltansatzes (zu dessen bildungstheoretischer Relevanz siehe Kapitel 7). Immer wieder wurden und werden in der Literatur des Gestaltansatzes Aspekte von Präferenzhandeln im Zusammenhang mit Kontaktprozessen genannt, freilich ohne so bezeichnet zu werden. Es macht Sinn, funktionale Verhaltensaspekte von sinnhaftem Präferenzhandeln zu unterscheiden. Unter Präferenzhandeln sei ein subjektiv sinnhaft gemeintes Verhalten (= Handeln) verstanden, das in seiner Ausrichtung einer subjektiv sinnhaft gemeinten Selektion (= Präferenz) folgt (zumindest idealtypisch, also vom *meinbaren* Sinn her). Die Kontakttheorie des Gestaltansatzes geht davon aus, dass Menschen „guten“ Kontakt bevorzugen.

5.4.1 Kriterien „guten“ Kontakts

Jedwedes Sichbeziehen liefert einen Anlass für Erfahrungen. Psychologisch spielt dabei die subjektive Bewertung von Beziehungserfahrungen eine entscheidende Rolle. Kontakt in diesem Sinne ist Präferenzhandeln: „Die Fähigkeit, das Universum in das Selbst und Nichtselbst zu unterscheiden, verwandelt dieses Paradox in die erregende Erfahrung des Wählens“ (Polster & Polster 2003 [1973], 109) im Sinne von kreativen Einwänden gegen Einwirkungen von außen. Handlungsfreiheit ist nicht geschenkt (vgl. a. a. O., 109 f.). Kontaktverhalten ist Selektion von Beziehungsweisen. Der Grundgedanke der Präferenz findet sich bereits in der gestaltpsychologischen Idee der Tendenz zur Gestaltschließung.

> Dieser Drang nach Vervollständigung empirischer Einheiten ist mehr als nur ein Wahrnehmungsreflex, er ist auch ein sehr starker persönlicher Reflex, der häufig durch die sozialen Lebensumstände vereitelt wird, die die Menschen daran hindern, ihren Neigungen und Interessen konsequent nachzugehen. Diese unvollendeten Handlungen werden in den Hintergrund gedrängt, wo sie ein unbehagliches Gefühl verursachen und im Allgemeinen das Individuum von den Aufgaben ablenken, mit denen es gerade beschäftigt ist. (Polster & Polster 2003 [1973], 41 ff.).

„Guter“ Kontakt kann als Prozess der Gestaltschließung aufgefasst werden. Nach dem Verständnis des Gestaltansatzes kommt es auf diese Weise zur Stärkung der situativen Handlungsfähigkeit der Person (vgl. Crocker 2019, 168) in einer Passung zwischen Selbst und Welt, als „Kontakt mit dem Neuen im eigenen Selbstgefühl“ (Polster & Polster 2003 [1973], 107). Guter Kontakt ist Kontakt mit sich selbst in der Welt, Berührtsein durch Welt oder durch etwas oder jemanden, Vergegenwärtigung eines Innen im Angesicht eines Außen, In-Beziehung-Sein im Sinne von erfüllendem Gewahrsein meiner selbst in der Welt (vgl. Yontef 2001). Polster und Polster sprachen von „good moments“ und meinten damit vor allem zwischenmenschliche Kontakterfahrungen, die als besonders befriedigend erlebt werden (emotional, seelisch, existenziell). Sie (a. a. O., 105) gehen davon aus, dass Menschen genau dies wollen: „Ich bin allein, doch um zu leben, muss ich dich treffen“. Denn „nur durch Kontakt können wir unsere eigene Identität begreifen“ (a. a. O., 106). „Good moments“ im Sinne von stimmigen Kontakterfahrungen werden emotional erlebt als „freudige Erregung“ (ebd.). Polster und Polster betrachten zwar intersubjektive Kontaktprozesse, womit sie sich jedoch befassen, sind die *subjektiven* Kontakterfahrungen *anlässlich* zwischenmenschlicher Begegnungen. Für Miriam Polster (2001, 136) ist „guter Kontakt gleichbedeutend mit unvermittelter Begegnung. Es ist eine Begegnung mit so wenig ‚Dazwischen‘ wie möglich; eine Begegnung, bei der man bereit ist, sich von dem Ereignis ergreifen zu lassen, bei der man bereit ist, Hingabe und Teilnahme zu riskieren und gleichzeitig auf Reserviertheit und Zurückhaltung zu verzichten“. „Gelingen von Kontakt“, „intensiver Kontakt“ oder „guter Kontakt“ ist zumeist die Bewertung dessen, dass Beziehung in emotionaler Hinsicht „gelungen“ ist. Polster und Polster (2003 [1973], 113) setzen guten Kontakt mit Resonanz gleich und meinen damit, dass Menschen „die Gedanken oder Gefühle eines anderen Menschen insofern erfassen können, als wir mit unseren eigenen in Kontakt gekommen sind und uns so weit von dieser persönlichen Sicht befreit haben, dass wir uns vorstellen können, wie ein anderer Mensch in der gleichen Situation reagieren könnte“. Guter Kontakt ist ein Moment der Synchronisation, so Spagnuolo Lobb (2013, 107).

„Guter Kontakt“ kann also mehrerlei bedeuten: (1) *erfüllender* zwischenmenschlicher Kontakt (besser wäre hier von „Begegnung“ zu sprechen, siehe nächstes Kapitel), (2) *stimmiger* Kontakt in der Dynamik aus Annäherung und Rückzug oder (3) im Sinne von Perls die *Vollständigkeit* des Kontaktzyklus. Guter Kontakt setzt Resonanz voraus und äußert sich in Stimmigkeit.

5.4.2 Resonanz und Stimmigkeit

Resonanz ist Antworten auf die eigene Erfahrung (Polster & Polster 2003 [1973], 131). Erst durch Resonanz kann aus Kontakt eine unmittelbare Erfahrung werden. Resonanz ist außer bei taktiler Berührung nicht unmittelbar gegeben.

> Damit der nicht berührende Kontakt die gleiche Unmittelbarkeit wie die Berührung besitzt, muss man für Resonanz sorgen. Diese Fähigkeit bzw. Unfähigkeit, auf seine Erfahrungen zu antworten, ermöglicht dem einen, kontaktvoll zu reagieren, und dem anderen, Ereignisse von vergleichbarer Intensität abzustumpfen [sic!]. (Polster & Polster 2003 [1973], 131)

Resonanz ist nicht selbstgegeben. Kontaktfähigkeit bedeutet vor allem eines: resonanzfähig zu *werden*. Im Gestaltverständnis ist Resonanz keine unmittelbare Reaktion auf ein Außen, sondern eine bestimmte Umgangsweise mit Erfahrungen: Resonanz reagiert auf Erfahrung (oder eben nicht). Die Saiten in unserem Inneren, um in der Musikalienmetapher des Resonanzbegriffs zu bleiben, kommen nicht automatisch und durch ein Außen zum Schwingen, sondern nur dann, wenn wir das zulassen (können). Wie entsteht Resonanz? Polster und Polster (2003 [1973], 131) fassen Resonanz auf als die „Fähigkeit bzw. Unfähigkeit, auf seine [die eigenen] Erfahrungen zu antworten" (a. a. O., 131). Der*die Therapeut*in solle zum „Resonanzkörper [werden] für alles, was sich zwischen ihm und dem Patienten abspielt" (a. a. O., 31) werden. Staemmler (1993, 63) spezifiziert den Resonanzbegriff, indem er einen Resonanzprozess beschreibt: „Die persönliche Resonanz umfasst zwei Aspekte, erstens den unmittelbaren Eindruck, den der andere Mensch im gegebenen Moment in mir hinterlässt, und zweitens meine emotionale Reaktion auf diesen Eindruck" (Staemmler 1993, 63). Persönliche Resonanz ist „eine emotionale Anteilnahme an der Begegnung mit ihm und der mit ihm erlebten Situation" (Staemmler 1993, 61 f.). Resonanz ist kein mechanischer Automatismus: etwas wird durch ein anderes bewegt, oder bewegt es, oder geht in der gemeinsamen Bewegung auf. Resonanz ist nur *ein* möglicher Modus einer stattfindenden Kontaktinteraktion. Um zu verstehen, wie Resonanz (ob zwischenmenschlich oder mit anderen Aspekten in der Welt) entsteht, und wie es möglich ist, Resonanz zu fördern, bedarf es einer Vorstellung, was es eigentlich heißt (in Referenz auf Staemmler 1993, 63), einen *Eindruck* („den der andere Mensch im gegebenen Moment in mir hinterlässt") in einen *Ausdruck* („meine emotionale Reaktion auf diesen Eindruck") zu verwandeln. Mithilfe der Kontakttheorie des Gestaltansatzes können diese Prozesse beschrieben werden. Resonanz entsteht im Erleben von Vereinigung *und* Trennung.

> Die Funktion, die das Bedürfnis nach Vereinigung und Trennung verbindet, ist der Kontakt. Durch den Kontakt hat jeder Mensch die Chance, die Welt außerhalb seiner selbst gewinnbringend zu erleben. Immer und immer wieder nimmt er Kontakt auf, wobei jeder Kontakt sofort vom nächsten Kontakt abgelöst wird. Ich berühre dich, ich spreche zu dir, ich lächle dich an, ich sehe dich, ich berühre dich, ich empfange dich, ich kenn dich, ich begehre dich; all dies verleiht dem Leben Resonanz. Ich bin allein, doch um zu leben, muss ich dich treffen. (Polster & Polster 2003 [1973], 105).

Der Gestaltansatz unterstellt eine grundsätzlich gegebene (wenn auch oft blockierte) Präferenz für Resonanz gegenüber Abgestumpftsein. Mit „Resonanz" ist gemeint, auf Erfahrungen „kontaktvoll zu reagieren" (Polster & Polster (2003 [1973], 131): ein freier, spontaner, antwortender, stimmiger Kontaktprozess.

Für Perls et al. (2019 [1951], 25 f.) ist Kontakt Kreativität und Anpassung, und zwar als ein subjektiv stimmiger Passungsprozess: „Indem man an der Stimmigkeit und Unstimmigkeit der Struktur der Erfahrung im Hier und jetzt arbeitet, kann man die dynamischen Beziehungen zwischen Figur und Hintergrund wieder herstellen, bis der Kontakt intensiviert, die Bewusstheit erhöht und das Verhalten energievoller wird" (a. a. O., 28). Menschen haben eine Präferenz für Beziehungen, die sie subjektiv positiv bewerten (vgl. dazu beziehungspsychologisch Klemenz 2018). In Verknüpfung mit Polster & Polster (2003 [1973]) lässt sich als Präferenz unterstellen, dass Menschen resonante und stimmige Kontaktprozesse bevorzugen, sie zwar nicht immer konkret suchen (können), diese aber zumindest als hervorgehoben aus fortlaufenden Kontaktprozessen bemerken und würdigen können. Hinter der vorsichtigen Formulierung steckt die Prämisse, dass Wertepräferenz etwas anderes ist als Verhaltenspräferenz. Resonanz und Stimmigkeit zu bevorzugen ist etwas anderes, als das eigene Verhalten danach auszurichten. Im Gestaltansatz geht es ja gerade darum zu lernen, resonante und stimmige Selbst- und Weltbezüge erreichen zu können. Der Gestaltansatz kann dafür lediglich und immerhin Ansatzpunkte vermitteln, wie eine möglichst gute Passung zwischen Selbst und Welt erreicht werden *kann*: durch Erschließung der eigenen Kontaktfähigkeit. Resonanz ist dafür die Voraussetzung, Stimmigkeit das angestrebte Ziel.

Stimmiger Kontakt ist nicht dasselbe wie guter Kontakt, da „guter" oder „voller" Kontakt recht Unterschiedliches bezeichnen kann, wie oben gezeigt wurde. Von „stimmigem" Kontakt in der Tradition von E. Polster und M. Polster (2003 [1973]) zu sprechen, geht über eine subjektive Erlebens- und Verhaltensperspektive nicht hinaus, auch wenn die beiden Polsters Kontaktprozesse anlässlich intersubjektiver Kontaktprozesse untersucht haben. Für eine intersubjektive „Begegnung" zweier Menschen („meeting"), so wird es im nächsten Kapitel heißen, fehlt noch eine entscheidende Sache: nämlich dass beide gemeinsam den Kontakt als stimmig erleben und dass beide zulassen, dass die jeweils andere Person das merken darf. Wenn das passiert, ereignet sich ein Begegnungsmoment. Darum geht es im nächsten Kapitel.

6 Kontakt als Dialog: Begegnungsmomente

„Beziehung ist Kontakt in zeitlicher Ausdehnung", so Gary Yontef (1999, 129). Beziehung ist für die Gestaltpädagogik jedoch sehr viel mehr als eine Ansammlung von Kontaktmomenten. Beziehung ist nicht einfach nur Mittel zum Zweck, also in dem Sinne, dass es eine tragfähige pädagogische Beziehung bräuchte, um *dadurch* Pädagogik zu ermöglichen. Für die Gestaltpädagogik gilt: Die Beziehung selbst ist bereits Pädagogik. Beziehung ist gleichzeitig kein Selbstzweck. Es geht um eine *stimmige* Beziehung für alle Beteiligte, nicht um eine möglichst nahe. Stimmiger Kontakt ist der Grundbaustein für vertrauensvolle Beziehungen. Beziehung muss jedoch immer bereits als passender Beziehungsrahmen im Sinne eines Schutzraums existieren, damit guter Kontakt überhaupt möglich wird. Eine gelungene pädagogische Beziehung setzt im Verständnis der Gestaltpädagogik Anerkennung und eine dialogische Grundhaltung voraus. Die Erfahrungen, die Menschen in Beziehung mit sich selbst und der Welt machen, sind die Quelle ihres Selbst und ihrer Verankerung in der Welt. Beziehungserfahrungen sind Lebenserfahrungen.

Stimmiger Kontakt setzt einen Beziehungsrahmen voraus, der ausreichend Unterstützung (Support) bietet. Dazu braucht es aber zunächst einmal eine Vorstellung von Kontakt, die das subjektive Kontaktmodell um eine intersubjektive Perspektive erweitert (6.1). Auf dieser Basis kann die Kontakttheorie um eine dialogische Sichtweise ergänzt werden. Diese erlaubt die Formulierung einer dialogischen Grundhaltung, die darin besteht, Kontaktprozesse durch einen unhintergehbaren anerkennend-dialogischen Beziehungsrahmen abzusichern. Auf diese Weise kann in einem geschützten Rahmen stimmiger Kontakt ab und an zu einem existenziell berührenden Begegnungsmoment werden (6.2) Im Anschluss erlaube ich mir einen kurzen Exkurs in die Säuglingsforschung von Daniel Stern. Mit seinem Begriff „Gegenwartsmoment" kommt er dem sehr nahe, was im Gestaltansatz als Kontakt bezeichnet wird. Zudem betont auch er die Bedeutung von Momenten der Begegnung. Ein Blick in Sterns Begriffswelt schärft noch einmal das Kontaktverständnis des Gestaltansatzes (6.3). Es wird sich zeigen, dass die Stärke der Kontakttheorie darin besteht, ein theoretisches und zugleich alltagsnahes Sprechen über Beziehungen zu erschaffen im Sinne einer Sprache des Kontakts (6.4).

6.1 Intersubjektiver Kontakt

Kontakt ist Gewahrsein in Berührung an der „Kontaktgrenze" als der Ort, der zum Mittelpunkt zwischen mir und meinem Gegenüber wird, an dem sich das Zwischen zeigt, das Feld der gemeinsamen Beziehungsimprovisation.[35] Kontaktnahme ist immer Improvisation. Improvisation ist spontan und folgt doch ihren eigenen Regeln. Kontakt an sich ist führungslos, ist ein Sicheinschwingen in einen gemeinsamen Rhythmus, in ein Kontaktfeld. Intersubjektivität meint zunächst nichts weiter, als dass mehrere Personen miteinander Kontakterfahrungen machen.

In der gerechtfertigten Kritik an der gestalttherapeutischen Praxis der frühen Jahre wird die Kontakttheorie von Perls et al. (1951) oft als zu „individualistisch" (Staemmler 2017, 25 ff.) abgelehnt (ähnlich: Macaluso 2015, 234, Melnick et al. 2007, 36, Wheeler 2016, 251 ff.). Im Anschluss an die Kontakttheorie von Perls könne es gar keinen „mutual contact" geben, kritisiert Robine (Melnick et al. 2007, 25). Die Darstellung von Kontakt bei Perls legt eine solche Kritik durchaus nahe, vermischt sie doch eine physiologische mit einer personalen Ebene. Der Organismus nimmt sich, was er braucht: Wachstum braucht Einverleibung von „Material" aus der Umwelt zur Sättigung der Bedürfnisse (Perls et al. (2019 [1951], 25). Die Kontakttheorie kann aber auch anders gelesen werden, das „Ich" als relational aufgefasst werden (Melnick et al. 2007, 37). Nach Spagnuolo Lobb (2016a, 265) verknüpfen Perls und Goodman Subjektivität und Objektivität feldtheoretisch: „The more the individual is fully present in the ‚between', the more s/he takes part in the field, the more her/his presence contributes to creating the conditions of the field". Das ist auch meine Auffassung von Kontakt im Feld, allerdings kann die Kontakttheorie von Perls eine solche Sichtweise lediglich inspirieren, ausgearbeitet findet sich dieser Gedanke dort gewiss nicht. Wenngleich das ursprüngliche Kontaktkonzept keine intersubjektiven *Wechsel*beziehungen enthält (obwohl vom „Austausch" zwischen Organismus und Umwelt gesprochen wird), so ist das Modell jedoch in keinem Fall monadisch entworfen (als gäbe es kein Feld), sondern lediglich aus der *subjektiven Perspektive* des Individuums gedacht.

Dialogische Wende der Gestalttherapie

Der für seine egoistisch-aggressive Auffassung von Kontakt gescholtene Perls hat in seinen späten Jahren sein ursprüngliches auf individuelles Ausagieren ausgerichtetes und dafür vielfach kritisiertes „Gestaltgebet" („Ich bin ich und du bist du") folgendermaßen modifiziert: „Erst muss ich mich finden, um dir begegnen zu können. Ich und Du, das sind die Grundlagen zum Wir, und nur gemeinsam können wir das Leben in dieser Welt menschlicher machen" (vgl. Petzold 1980, 11). In seinen Aufzeichnungen („Out of the Garbage Can") resümiert Perls (1969, zitiert nach Petzold 1980, 13): „Wenn man nur mit sich selbst in Kontakt ist, verliert man die Welt. Wenn man nur mit der Welt in Kontakt ist, verliert man sein Selbst, so dass die ‚ökologische Einheit' nicht zustande kommen kann". Wenn also

35 Alfred Schütz (1951) beschrieb anschaulich Intersubjektivität am Beispiel einer Jazz-Improvisation: „Making Music Together".

eine Idee von Beziehung (und nicht nur von individuellem Verhalten) Kern des Gestaltansatzes sein soll, dann ist es nötig, die ursprüngliche Kontakttheorie in diesem Lichte zu deuten. Vor allem Gordon Wheeler, Lynne Jacobs, Peter Philippson, Malcolm Parlett, Gary Yontef und Georges Wollants gelten als Begründer*innen einer *dialogischen Gestalttherapie* (vgl. zu dieser Zusammenstellung Macaluso 2015, 234). In dieser Perspektive wird zum einen die Situativität von Kontakterfahrungen stärker betont, die bei Perls und Goodman bereits angelegt ist. Zum anderen rückt die Qualität des zwischenmenschlichen Kontakts, die Intersubjektivität, in den Vordergrund.

Eine intersubjektive Auffassung von Kontakt begreift Kontaktprozesse als einen „Vorgang wechselseitigen Regulierens" (Joyce & Sills 2015, 151). Kontakt ist stets *Ko*-Regulation und nicht nur Selbstregulation: jede Situation ist Ergebnis einer intersubjektiven Ko-Kreation. Diese Perspektive ist in der Kontakttheorie von Perls et al. (1951) nicht explizit enthalten. Allerdings lässt es sich als Verhaltensmodell in einem ersten Schritt leicht erweitern zu einem Modell wechselseitigen sinnhaften Verhaltens, zu einem Interaktionsmodell. So formuliert etwa Traverso (2011) ein „interpersonelles" Modell im Sinne „einer dialogischen interpersonalen Begegnung im Rahmen der Selbstregulation des Feldes" (a. a. O., 103).

Der „interpersonelle Zyklus"[36] von Traverso geht von den Herausforderungen der Umwelt aus, nicht vom Organismus, und endet darin, dass die „Handlung oder die Aussage (...) die Umwelt als Antwort des Selbst auf die äußere Herausforderung" verändert. Die handelnde Person steht hier also in einer echten sozialen Austauschbeziehung. Bereits Zinker und Nevis (1999, 340) hatten in einer Variante des Cleveland-Modells einen „interaktiven" Kontaktzyklus entworfen, in dem sie den Verlauf der im individuellen Zyklus des Erlebens formulierten Phasen im Schnittfeld aller in einer Kontaktsituation beteiligten Personen miteinander kombinierten. Sie betonen damit, dass im sozialen Miteinander alle Beteiligten Kontaktprozesse erleben (können) und dass sich diese überschneiden. Welcher Art diese Überschneidung ist, wie also Kontaktinteraktionen konkret aussehen, das haben sie selbst nicht formuliert. Über das Dazwischen in diesen Interaktio-

---

36 Phasen des interpersonellen Zyklus: „Die Herausforderung der Umwelt (1) berührt die Grenze, d. h. sie wird als solche vom Selbst wahrgenommen; von Seiten der Umwelt berührt der Eindruck (2) den Organismus; die primäre Emotion (3) taucht im Organismus auf (dies entspräche der ‚Empfindung' im FZ) und wird als solche durch das Selbst gekennzeichnet bei der Kontaktaufnahme mit der Grenze von der Es-Funktion her. Das Verstehen (4), welches die Ich-Funktion des Selbst ermöglicht, umfasst den Organismus und die Umwelt, da es von der Deutung der Emotion bis zum Sinnverständnis des Fremden (Umwelt) reicht. Die Figur des Sinnverständnisses entsteht aus dem Hintergrund des gesamten Feldes. Die Einnahme einer Position (5), die aus dieser Figur kommt, berührt mehr die personale Seite, das Zentrum des Selbst, das Ich als Person. Die Entscheidung (6) kommt vom Eigenen und geht in Richtung auf die Umwelt. Die Handlung oder die Aussage (7) verändert die Umwelt als Antwort des Selbst auf die äußere Herausforderung" (Traverso 2011, 102).

nen ist damit noch nichts ausgesagt, etwa phänomenologisch im Sinne einer „Intererfahrung“ wie bei Ronald D. Laing (1993) oder im Sinne eines Dialogs wie bei Martin Buber. Grundvoraussetzung, um in pädagogischen Kontexten verantwortungsvoll mit Kontaktprozessen umzugehen, ist ein dialogischer Beziehungsrahmen.

6.2 Dialogischer Beziehungsrahmen

Der Gestaltansatz wird im Rahmen dieser Einführung als ein dialogischer Ansatz verstanden (vgl. gestalttherapeutisch Jacobs & Hycner 2008, Bloom & Brownell 2011, Doubrawa & Staemmler 2003, Gremmler-Fuhr 2017b). Lore Perls (1989) hat mit ihrem Kontakt-Support-Ansatz betont, dass es eine Stütze braucht, um Kontakt zuzulassen. Damit hat sie eine dialogische Beziehung gemeint. Kontakt aufnehmen, als das aktive Sicheinlassen auf das Andere, bedarf der Unterstützung (vgl. a. a. O., 53). Denn Kontakt ist riskant, Kontakt kann überfordern, Kontakt braucht Ressourcen. Fremd-Support (in Therapie oder Pädagogik) ist die Voraussetzung für die Erlangung von Selbst-Support (a. a. O., 53 ff.). Entwicklung wird gefördert, indem die Fähigkeit zum Selbst-Support wachsen kann. Im Gestaltansatz ist die dialogische Grundhaltung Basis jedweder Unterstützung von Kindern, Jugendlichen und Erwachsenen.

Dialog

Dialogisch bedeutet: sich um Begegnung, um eine Ich-Du-Beziehung zu bemühen (Gremmler-Fuhr 2017b, 403). In diesem Sinne ist Gestaltpädagogik immer eine *dialogische Gestaltpädagogik*. Eine dialogische *Grundhaltung* begünstigt das Entstehen einer dialogischen *Begegnung* (ebd.). Yontef (1999, 107 f.) hat in Rekurs auf Martin Buber (siehe Kapitel 3) betont, wie wichtig es ist, „den anderen wie er ist zu akzeptieren und sein spontanes Wachstum zu bestätigen“ (a. a. O., 130). Es geht im Dialog darum, durch die eigene Präsenz als Mensch den*die andere*n in seiner*ihrer Existenz zu bestätigen (ebd.). Ein Dialog ist dabei immer auch eine *zwischenleibliche* Beziehung, nicht nur eine geistige: eine geistig-seelisch-leiblich-emotionale Beziehung. Der Dialog ist existenziell für die Herausbildung einer eigenen Identität. Selbst-Sein ist dialogisch strukturiert, ein „lebensgeschichtlich internalisierter Dialog“ (Boeckh 2011, 74). Der Dialog basiert auf der Wahrung von Kontaktgrenzen. Er ist Verbindung *und* Getrenntheit: „Wenn ein Klient sich selbst nicht wahrnimmt und nicht zur Autonomie fähig ist, dann kann er auch keine dialogische Beziehung (...) aufbauen“ (Wegscheider 2020, 133, mit Verweis auf ein Zitat von Polster & Polster 2003 [1973], 99).

Ein Dialog zeichnet sich phänomenologisch dadurch aus, dass er mehr als eine Antwort zulässt: eine „Situation intersubjektiver Kompossibilität, die nicht alle, aber mehrere Antworten zulässt“ (Waldenfels 1971, 295). Für Waldenfels ist Erziehung an sich „ein pädagogischer Dialog“ (a. a. O., 248): „Die Mündigkeit dokumentiert sich eben darin, dass der Mündiggewordene selbstständig antwortet und zurückfragt. In der Intention der Erziehung liegt es, den Anderen zu sich selbst zu befreien, indem sie ihn für den Dialog befreit“ (ebd.). Für Yontef (2004, o. S.) ist der Dialog jene Form des Kontakts, die „die stärkste Übereinstimmung mit den Grundkonzepten der Gestalttherapie aufweist“. Es ist die Gegenseitigkeit von Distanzierung und Annäherung, die den Dialog in seiner echtesten Form kennzeichnet (Hycner 1989, 146). Kontakt als Dialog ist ein gegenseitiges Antwortgeschehen, eine „Bewegung auf den anderen zu und von ihm fort“ (Yontef 2003, 32). Kontakt ist nicht identisch mit Dialog (Hycner 1989, 146), sondern „die phänomenologische Wahrnehmung der anderen Person mit einem starken Sinn für unsere Grenzen und Begrenzungen (...). Wir sind aufmerksam, wir denken nicht die Gedanken und fühlen nicht die Gefühle des Gegenübers. Aber wir wissen, was wir selbst fühlen, denken, sehen und hören. Wenn wir der anderen Person Aufmerksamkeit schenken, bestätigen wir (implizit), dass die andere Person eine separate Existenz hat und wir mit ihr interagieren“ (Yontef 2001, 78). Kontakt als Dialog ist „Präsenz und Lebendigkeit im Umgang mit dem Gegenüber, im Gegensatz zu zurückgezogenen oder manipulativen Umgangsweisen, um dadurch Konfluenz herzustellen“ (Yontef 2001, 76). Ein Dialog respektiert die Kontaktgrenzen: „Jeder hat eine für ihn wahre Realität, und die unterschiedlichen Wahrnehmungen der Phänomene auszutauschen, macht viel von dem aus, worum es im Kontakt geht“ (Yontef 2001, 76). Zur unmittelbaren Begegnung wird der Dialog, indem er direkte Beziehung und gemeinsames Weltverhalten vereint (a. a. O., 316). Dann heißt Dialog nicht nur Mitsein, sondern Verständigung, Wechselliebe, Lebensverbundenheit (a. a. O., 316), gestaltpädagogisch gewendet: Kontakt im Sinne einer „Verbundenheit“ (Staemmler 2017).

Begegnungsmomente

Dialog ermöglicht intersubjektiv stimmigen Kontakt. Daraus kann *Begegnung* werden. Begegnung ist eine zwischenmenschliche Form des Kontakts, das Gegenüber anerkennend, den Menschen meinend. Im Gestaltansatz gilt „Begegnung“ als intensivste Form zwischenmenschlicher Beziehung. Die je subjektive Kontaktfähigkeit (im Sinne des Person/Umwelt-Feld-Modells) ist Voraussetzung für Kontakt als Begegnung: Das individuelle Wollen (oder eben auch Nicht-Wollen) dieser Begegnung, das Sichausrichten auf *dieses* Gegenüber ist notwendige Voraussetzung für Begegnung. Unweigerlich bewegt sich dabei jedes In-Beziehung-Gehen in einem Spannungsfeld aus Möglichkeit, Risiko und Nicht-Gelingen im einander (nicht) Erreichen. Im besten Fall ereignet sich ein „Begegnungsmoment“ (Staemmler 2017, 164). Staemmler (1993, 61 f.) versteht unter einer Begegnung mit einem anderen Menschen das „Erleben einer persönlichen Resonanz, eine emotionale Anteilnahme an der Begegnung mit ihm und der mit ihm erlebten Situation“ (ebd.). Eine dialogische Beziehung zeichnet sich dadurch aus, dass sie um die Ermöglichung von Begegnungsmomenten bemüht ist (ebd.). Kontakt führt nicht zwingend zu einer wahrhaften zwischenmenschlichen Begegnung. Es ist der Dialog, im Sinne eines Beziehungsrahmens, der aus einem besonders stimmigen Kontaktmoment einen Begegnungsmoment entstehen lassen kann.

Begegnung ist für Lore Perls: Präsenz, direktes Angesprochen-Sein, Respekt (L. Perls 1999, 179), ein Hin- und Her-Schwingen zwischen Ich und Du (ebd.). Der Aspekt der Begegnung kommt in der Theorie von Perls et al. (1951) so nicht explizit vor (vgl. aber Perls 1980, 122, und vor allem L. Perls 1999). „Begegnung“ ist etwas anderes als „guter Kontakt“ bei Perls. Schack (Melnick et al. 2007, 22) erweitertet dessen Kontaktverständnis um „the experience of meeting“ (a. a. O., 23) zu einem wechselseitiges Erleben, zu „mutually satisfying experience“ (a. a. O., 24). Der volle Kontakt zwischen zwei Menschen wird zu einem bewegenden Ereignis: „final contact together, creating an experience that has a powerful impact on both of us“ (a. a. O., 24). Resnick (2001, 102) formuliert ein Kontaktverständnis, das der Begegnung recht nahekommt: „Kontakt ist die Berührung zwischen meinem unmittelbaren Gewahrsein (...) und deinem unmittelbaren Gewahrsein, während derer wir uns sowohl der Unterschiede als auch der Ähnlichkeiten zwischen uns bewusst sind und Bewegung aufrechterhalten“. Damit ist aber noch nicht angesprochen, welche Bedeutung eine solche Kontakterfahrung für mich hat, ob sie mich tief berührt. Ein Begegnungsmoment ist nicht planbar, herstellbar.

Das Primat der „Begegnung“ gelangt in die Theorie des Gestaltansatzes über die theologisch gerahmte Dialogphilosophie Martin Bubers (siehe Kapitel 3). Buber spricht von der „Du-Beziehung“ und meint damit eine Beziehung ohne instrumentellen Zweckcharakter. Das Gegenüber wird nicht instrumentalisiert, nicht zweckgebunden angesprochen, nicht als ein Um-Zu betrachtet. Begegnung im Sinne einer existenziellen Form des Kontakts wird bei Martin Buber zur spirituell-religiösen Erfahrung. Demgegenüber stehen die vielen Möglichkeiten einer Verwobenheit zwischen Ich-Du- und Ich-Es-Beziehungen. Stimmiger intersubjektiver Kontakt, in dem beiden Beziehungspartner*innen bewusst wird, dass sie miteinander die Erfahrung der Stimmigkeit teilen („meeting“), können zu Begegnungsmomenten werden. Mit Begegnung ist eine existenzielle Erfahrung gemeint, durch die Beziehungspartner*innen einander existenziell bestätigen: Ich sehe dich und du siehst mich. Aus dem Ich und Du wird im Begegnungsmoment für einen Moment ein Wir.

Solche Augenblicke sind in der pädagogischen Beziehung (und nicht nur dort) besonders kostbar. Sie lassen sich nicht herstellen, wohl lassen sie sich aber durch eine dialogische Haltung begünstigen. Eine Ich-Du-Beziehung ist kein Dauerzustand, sondern nur eine Möglichkeit (Wegscheider 2020, 134). Ich-Du ist zudem nicht alles. Es geht im Gestaltansatz um eine „Pendeln zwischen Ich-Du und Ich-Es in einem gemeinsamen Wir-Feld“, sonst würden soziale Bezüge vernachlässigt. (a. a. O., 207). Auch in der Pädagogik spielen Ich-Es-Bezüge eine zentrale Rolle als Arbeitsbündnis, Anforderungen, Absprachen, Zielsetzungen und so fort (etwa Probleme gemeinsam lösen, eine Krise bewältigen, Rechnen lernen). Zur Erziehung gehört auch die Es-Beziehung, also die instrumentelle Beziehung, die einen Zweck verfolgt. Das Ideal der Du-Beziehung bildet jedoch stets den Rahmen, damit Begegnung – und sei es für einen Moment – möglich werden kann. Das Entscheidende ist nicht, dass in der pädagogischen Situation unbedingt Begegnung stattfinden muss, sondern dass ein Beziehungs*rahmen* entsteht, der verhindert, dass aus Beziehung Manipulation und Machtmissbrauch wird. Gerade die Betonung der Bedeutung von Gemeinsamkeit *und* Andersheit (vgl. a. a. O., 215), also das Kontaktprinzip, macht die Gestaltpädagogik zu einem Ansatz, der den heutigen Anforderungen an Bildungs- und Erziehungsarbeit gewachsen ist.

Im Gestaltansatz geht es um eine dialogische Haltung, die in der Umfassung einen Dialog anbietet, der sowohl intersubjektive Beziehung als auch ein orientierungsgebender und damit begrenzender Rahmen ist. Das wichtigste Prinzip einer dialogischen Haltung lautet: „Der dialogische Beziehungsaspekt hat Vorrang vor der Intervention" (Wegscheider 2020, 178). Es geht im dialogischen Gestaltansatz (vgl. Jacobs & Hycner 2009) darum, sich „unmittelbar" (ebd.) auf die Adressat*innen zu beziehen und sich dabei stets „klarzumachen, dass jede Aussage auch beim Therapeuten eine Resonanz bewirkt" (ebd.). Durch Dialog kann ein Beziehungsrahmen entstehen, der Begegnungsmomente ermöglicht. Begegnung *hat* die Form des Dialogs (Hycner 1989, 146, Jacobs 1989, 7, Yontef 2004, o. S.). Durch die Dialogform kann Kontakt zu anerkennender Begegnung werden. Begegnung ist immer eine existenzielle Erfahrung, hat unweigerlich Bezug zum Weltganzen, sinnlich vermittelt über Gewahrwerdung meiner selbst im Angesicht des Anderen. Beziehung im Sinne einer dialoghaften Begegnung glückt nur bei Hingabe an den Kontakt, das beinhaltet ein Element des Verlustes (Wheeler 1993, 95 f.).

Begegnung ist diejenige zwischenmenschliche Form des Kontakts, die am meisten berührt. Wenn sich in diesem Sinne zwei Menschen begegnen, berühren sie sich „in ihrem Herzen", „in ihrer Seele", fühlen sie sich „gemeint", entsteht plötzlich „eine Verbindung". Menschen haben viele sprachliche Bilder gefunden, um solche besonderen Momente zu benennen, die selten und kostbar sind. Begegnung ist die Bestätigung der anderen Person als Mensch, so wie er*sie ist (vgl. Portele 2003, 19). „Jemanden annehmen", heißt es auch. Begegnung ist nicht das Wissen davon, dass ich als Mensch angenommen bin, sondern dessen Erfahrung. Die bewusst werdende Begegnung erfüllt und wird situativ als „good moment" (Polster & Polster 2003 [1973]) erlebt. In der Begegnung werden wir uns beide bewusst, dass unser Berührtsein mit dem*der Anderen zu tun hat. Schack (Melnick et al. 2007, 26) drückt diesen besonderen Moment der Begegnung so aus:

> We smiled when our eyes met. (...) I knew her experience anew, and she knew that I knew it, and I knew that I knew that she knew it. (Melnick et al. 2007, 26)

Zu merken, dass wir uns gegenseitig in dieser Weise berühren können, ist eine zutiefst menschlich bewegende Erfahrung, eine existenzielle Erfahrung, eine spirituelle gar. Es kann sich um einen kurzen Augenkontakt handeln, bei dem mir bewusst wird, dass mein Gegenüber gemerkt hat, dass ich ihn*sie mit offenem Herzen angesehen habe, und dass ich wiederum gemerkt habe, dass er*sie das gemerkt hat. Wir alle kennen solche Augenblicke, die gar nicht so leicht zu beschreiben sind, weil hier manchmal nur ein Sekundenbruchteil in Worte gefasst werden will: ein Begegnungsmoment. Die Nähe einer existenziellen Begegnung ist etwas anderes als körperliche Nähe. Die Nähe entsteht vielmehr dadurch, dass sich zwei Menschen einander öffnen (wie auch immer), etwas von sich zeigen (was auch immer). Es geht darum, einander ein klein wenig in die Seele schauen zu dürfen. Staemmler und Bock (2004, 135) sprechen vom „gegenseitigen Teilnehmenlassen" an dem, was uns gerade bewusst ist. Die Gegenseitigkeit bezieht sich in Begegnungen nicht auf die Bewusstseinsinhalte (die sich unterscheiden), sondern auf das Sich-aufeinander-Einlassen, so Robine (Melnick et al. 2007, 20). Für einen kurzen Moment wird dann aus einem Ich und einem Du ein Wir. Lichtenberg (2001, 73) formuliert vier Bedingungen, die es wahrscheinlicher machen, dass aus einem „Ich und Du" ein „Wir werden kann".

> (1) I am, (2) I react to you; (3) I want you to tell me who you are and what you want; and (4) I want you to tell me how you react to me. And we can look at what is not there in any contacting, and bring that into the connection. (Lichtenberg 2001, 73)

Ein Wir kann entstehen, wenn wir nicht nur *über* uns sprechen, sondern einander teilhaben lassen, was uns im Angesicht der anderen Person innerlich bewegt (vgl. a. a. O., 74). Die Möglichkeit von Begegnung im Sinne intensiver Kontakterfahrungen ist immer potenziell vorhanden, weil die Fähigkeit zum Kontakt dem Menschen ursprünglich mitgegeben ist: Wir werden in ein „Beziehungsfeld hineingeboren" (Wheeler 2006, 103). „Kontakt als erste Wirklichkeit", benennen es Bocian und Staemmler (2013) in Variation eines Zitats von Perls et al. (2019 [1951], 21, vgl. dazu Staemmler 2013, 21). Nicht jeder „good moment" ist eine tiefgehende, existenziell erhebende und/oder erschütternde Erfahrung – und muss es auch nicht sein. Keinen Begegnungsmoment zulassen zu wollen, ist eine der vielen Möglichkeiten, Kontakt zu gestalten. Denn zu Beziehung gehört auch Begrenzung: „Zum Zweck einer von Kontakt getragenen Beziehung müssen zwei getrennte, sich selbst bestimmende Menschen sich verbinden und gegenseitig anerkennen und zugleich ihre selbstständige Identität aufrechterhalten" (Yontef 2003, 43). Der „Prozess der Grenzziehung" macht die „individuelle Person" erst aus (Wheeler 2006, 148).

Begegnung als Beziehungsrahmen

Begegnung im Buber'schen Sinne kann kein Dauerzustand sein. Grundsätzlich müssen jedoch nicht nur Ich-Du-Momente, sondern auch Momente des Ich-Es von einer grundsätzlich gegebenen Ich-Du-Haltung gerahmt sein (vgl. Jacobs 2003, 96 f.). Erst ein dialogischer Beziehungsrahmen gibt den funktionalen Aspekten der pädagogischen Situation eine Einhegung, innerhalb deren pädagogisch verantwortlich und ethisch gehandelt werden kann. Jacobs (2003, 97) spricht von einem „Ich-Du-Prozess", der im Dialog nur *latent* die Möglichkeit eines Ich-Du-Moments bereithält. Der dialogische Beziehungsrahmen unterstützt ein Zueinanderkommen – auch und gerade durch eine gemeinsame Hin- und Wegbewegung im Kontakt. Ein solcher Rahmen bildet eine pädagogische Haltung ab, die es erlaubt, fachlich verantwortlich mit der Möglichkeit umzugehen, sich von Mensch zu Mensch existenziell zu berühren. Eine dialogische Haltung kann bestmöglich gewährleisten, mit dem grundsätzlichen Ausgeliefertsein (vor allem) von Kindern und Jugendlichen in ihrer ganzen Verletzlichkeit pädagogisch-ethisch angemessen umzugehen: Anerkennung statt Verletzung und Beschämung (siehe Kapitel 8.2.3).

Dialog setzt Anerkennung voraus. Bei Perls und Goodman heißt es, Kontakt sei gegenseitige Anerkennung (a. a. O., 2019 [1951], 84), womit sie den Dialogbegriff vorwegnehmen. Auch für Laura Perls (vermutlich wird im vorigem Zitat ihr Mitwirken am Grundlagenwerk einmal mehr deutlich) ist Kontakt „die Anerkennung des ‚Andersseins', die Bewusstheit der Unterschiedlichkeit" (L. Perls 1999, 54 f.). Begegnung ist die Form des Kontakts, die durch Anerkennung möglich wird. Das Bedürfnis nach Autonomie ist in der Begegnung immer auch *mit*zuberücksichtigen und nicht der Maßgabe gegenseitiger Anerkennung entgegenzustellen. Anerkennung kann nicht eingefordert werden, aber sie kann als professionelle Grundhaltung stimmigen Kontakt, vielleicht sogar Begegnungsmomente, begünstigen.

Wichtig für einen anerkennend-dialogischen Beziehungsrahmen, das kann die Gestaltpädagogik von der Gestalttherapie lernen, ist ein tragfähiges Arbeitsbündnis und eine beständige Kommunikation darüber, ob das Bündnis noch gilt und ob es noch eingehalten wird in den Augen der Beteiligten. Es gilt zu überprüfen, ob auch mein Gegenüber unseren Beziehungsrahmen als anerkennenden Dialog auffasst. Wenn Situationen bereits eskalieren, ist es besonders schwierig, ein dialogische Arbeitsbündnis nachträglich zu schließen, weil ein solches ja genau die Kooperation braucht, die in der Eskalation infrage gestellt ist. Die größte Chance, die in solchen Situation vorhanden ist, besteht in einem möglichst frühzeitigen Stopp der Situation, um an anderer Stelle die versäumte Vereinbarung nachzuholen. Es ist dann besonders schwer, mit dem Dialog zu starten. Andererseits ist es auch nie zu spät, mit dem Dialog (wieder) zu beginnen. Begegnungsmomente können nicht erzwungen werden, und doch ereignen sich wie von selbst immer wieder.

Praxisbeispiel: Begegnungsmomente

In einem fünftägigen Sozialkompetenztraining für Jugendliche sitzt von Beginn an Malte, 15, demonstrativ desinteressiert in der Gruppe. Genau gegenüber dem Leiter sitzt er, sein Lächeln mag als ein „was willst du denn" gedeutet werden. Das Training findet in einem Seminarhaus statt, mehrere Gruppen finden parallel statt, insgesamt Dutzende von jugendlichen Azubis desselben Arbeitgebers. In der Nach vom dritten auf den vierten Tag wird im Keller der Getränkeautomat aufgebrochen. Der ist abgesperrt, wenn Jugendliche im Haus sind, denn darin befinden sich Bierflaschen. Eine feuchtfröhliche Nacht war die Folge. Am nächsten Tag gibt es Ärger mit der Hausleitung und der Ausbildungsleitung. Es stellt sich heraus, dass Malte der Anführer war. Als die Gruppe nach der morgendlichen Aussprache wieder zusammenkommt, ist die Stimmung merklich angespannt. Wie soll der Leiter mit Malte umgehen? Noch eine Standpauke? Das will der Gruppenleiter eigentlich nicht, aber auch er ist stinksauer auf Malte. Aber wie Beziehung herstellen, denn das ist die Aufgabe im Sozialkompetenztraining, unter diesen ärgerlichen Bedingungen? Der Leiter hat Folgendes gemacht: Er hat seiner Ohnmacht und seiner Wut Ausdruck verliehen (er sprach es seitlich vorbei an Malte), die in ihm aufsteigt, wenn er sieht, wie sich Malte durch so eine Sache in ärgste Probleme bringt. Er hat beklagt, wie sehr er es bedauern würde, wenn Malte deshalb seinen Ausbildungsplatz verliert – denn das genau kann Malte passieren, wo er seinen Beruf doch so mag. Der Leiter hat sich getraut zu zeigen, wie ihn bewegt, was passiert ist. Und tatsächlich scheint es ihm gelungen zu sein, dadurch nicht vorwurfsvoll und moralisch zu werden. Hat er Malte erreicht? Für alle war spürbar, dass damit erst einmal die Anspannung verschwunden war. Malte reagierte kaum, wirkte freundlich. Es wurde ein guter Seminartag. Am nächsten Tag endete das Training. Die einzigen längeren Sätze, die Malte in der Gruppe die ganze Woche gesagt hat, sagte er jetzt. Er bedankte sich für die Woche in wenigen Sätzen mit einer ungeheuerlichen Ernsthaftigkeit. Mehr nicht. Der Leiter war sehr angerührt und wusste, dass Malte das merkte und dass dieser wusste, dass er als Leiter das sah und sehen durfte. Einen kurzen Augenblick hatte der Leiter den Eindruck einer tiefen Verbindung zwischen Malte und ihm. Er durfte etwas von Malte sehen. Begegnung ist oft kein spektakuläres Ding, aber sie trägt uns.

Daniel Stern hat in seiner Säuglingsforschung gezeigt, dass sich Begegnungsmomente bereits in der Interaktion zwischen Säugling und Bezugsperson ereignen, dass jene solche Momente aktiv herzustellen versuchen. Auf Basis seiner empirischen Studien hat er Begriffe formuliert, die den Konzepten von Kontakt und Begegnung im Gestaltansatz sehr nahekommen. Darauf möchte ich in einem kurzen Exkurs nachfolgend eingehen.

6.3 Exkurs: Der „Gegenwartsmoment"

Anknüpfend an den kurzen Diskurs zur Säuglingsforschung in Kapitel 4 möchte ich noch einmal auf die Arbeiten von Daniel Stern und Kolleg*innen zurückkommen. Stern hat sich nach seinen Studien zur Interaktion zwischen Säugling und Betreuungsperson mit Mikromomenten in psychotherapeutischen Veränderungsprozessen befasst (Stern 2012, gemeinsam mit der *Boston Change Process Study Group*). Sterns Terminologie weist erstaunliche Ähnlichkeiten mit dem Gestaltansatz auf, und zwar interessanterweise, ohne dass er zunächst mit der Gestalttherapie in Berührung gekommen wäre. Der Dialog mit der Gestalttherapie fand erst relativ spät statt. Wimmer (2014, 320 f.) sieht in den Konzepten Sterns Ähnlichkeiten unter anderen zu den gestalttherapeutischen Konzepten der Begegnung, der schöpferischen Anpassung, der Spontaneität und des Hier-und-Jetzt-Prinzips, sowie zum Modell des Kontaktzyklus. Im psychotherapeutischen Geschehen ereignen sich zwischen Therapeut*in und Klient*in immer wieder besondere Interaktionsmomente. Stern (2005) spricht vom „Gegenwartsmoment". Dieser zeichnet sich durch folgende Aspekte aus:

1. *Gewahrsein oder Bewusstsein ist eine notwendige Voraussetzung für einen Gegenwartsmoment.* (...) Der Gegenwartsmoment ist die gefühlte Erfahrung dessen, was in einer kurzen bewussten Zeitspanne geschieht.
2. Der Gegenwartsmoment ist nicht die verbale Schilderung einer Erfahrung. Er ist eine ursprünglich gelebte Erfahrung. (...)
3. *Die gefühlte Erfahrung des Gegenwartsmoments ist all das, dessen ich mir jetzt, während ich den Moment erlebe, gewahr bin.* (...) Der Gegenwartsmoment ist häufig schwer zu erfassen, weil wir immer wieder blitzschnell aus dem aktuellen Erleben herausspringen, um eine objektive Position, den Blickwinkel einer dritten Person, zu beziehen. Wir versuchen, das, was wir soeben erlebt haben, festzuhalten, indem wir es im nächsten Augenblick in Worte oder Bilder fassen. (...)
4. Gegenwartsmomente sind von kurzer Dauer. (...)
5. *Der Gegenwartsmoment hat eine psychische Funktion.* Eine subjektive Erfahrung muss genügend neu oder problematisch sein, damit sie ins Bewusstsein kann und zu einem Gegenwartsmoment werden kann. (...)
6. *Gegenwartsmomente sind holistische Geschehnisse.* Der Gegenwartsmoment ist eine Gestalt. (...) Unmittelbare Erfahrungen (...) werden als ein Ganzes empfunden.
7. Gegenwartsmomente sind zeitlich dynamisch. (...) Eine zeitlich dynamische Perspektive ist von ausschlaggebender Bedeutung für (...) Begriffe wie „Jetzt-Moment", „Begegnungsmoment" (...).
8. *Der Gegenwartsmoment ist, während er sich entfaltet, teilweise nicht vorhersagbar.* Man kann nicht genau wissen, wie er sich entwickeln wird, weil man, bildlich gesprochen, auf dem Kamm der Welle reitet und sie sich noch nicht gebrochen hat. (...)
9. *Der Gegenwartsmoment setzt ein Selbstgefühl voraus.* Während des gelebten Gegenwartsmoments sind Sie die einzige Person, der Ihre subjektiven Erfahrungen zuteil werden. (...)

10. *Das erlebende Selbst nimmt eine Haltung gegenüber dem Gegenwartsmoment ein.* „Haltung" bezieht sich auf die Distanz von der Erfahrung oder auf die Nähe zu ihr, auf den Grad der inneren Beteiligung dessen, was geschieht. (...)
11. *Unterschiedliche Gegenwartsmomente sind von unterschiedlich hoher Bedeutung.* Es gibt ein breites Spektrum an Gegenwartsmomenten, von den seltenen und herausragenden (*Kairoi*), in denen das Leben eine andere Richtung einschlagen kann, bis zu praktisch folgenlosen. (Stern 2005, 50 ff., Hervorh. i. O.)

Sterns Kennzeichnung des Gegenwartsmoments erinnert an vielen Stellen an die Kontakttheorie des Gestaltansatzes: Kontakt als Erfahrung des Neuen, als Kontakterfahrung im Gewahrwerden, als flüchtiger und ganzheitlich erlebter Moment, der oft nur schwer in Worte zu fassen ist und doch von subjektiver Bedeutung ist. Gegenwartsmomente sind empirisch nicht direkt zugänglich, sondern nur im Nachhinein als verbal erinnerter Moment (Stern 2005, 146). Ein Gegenwartsmoment ist dialogisch und entsteht durch Ko-Kreation: „Ein Gegenwartsmoment bildet eine Einheit des dialogischen Austausches, die inhaltlich relativ kohärent ist, emotional homogen und auf ein bestimmtes Ziel hin orientiert" (Stern 2006a, 35), als „Improvisieren und Ko-kreieren zwischen zwei Menschen" (a. a. O., 32). Ein Gegenwartsmoment ist ein „schrittweises Dahingleiten (moving-along)" (a. a. O., 33) als ein gemeinsames Erschaffen des Ziels im Miteinander (ebd.). Gegenwartsmomente machen sich bemerkbar als ein einander im Dialog als gegenwärtig Wahrnehmen.

Stern (2005, 158 f.) unterscheidet drei Gruppen von Gegenwartsmomenten. Der „reguläre Gegenwartsmoment" (a. a. O., 159) kann unter bestimmten Bedingungen zu einem „Jetzt-Moment" werden, „ein Gegenwartsmoment, der plötzlich auftaucht (...), er ist aufgeladen durch Gegenwärtigkeit und durch die Notwendigkeit zu handeln" (ebd.).

> Wir konzeptualisieren als „Jetzt-Momente" (...) eine besondere Art von „Gegenwartsmomenten", die subjektiv und affektiv als einschlagend erlebt werden und die Beteiligten verstärkt in die Gegenwart hineinziehen. (Stern 2005, 25)

Ein Gegenwartsmoment in Form eines Jetzt-Moments macht sich bemerkbar als „ein Bruch des Gewohnten" (a. a. O., 25), als ein Aufmerken aus dem undifferenzierten Dahingleiten.

> „Jetzt-Momente" entwickeln sich subjektiv in drei Phasen. Es beginnt mit einer Phase, die erfüllt ist von dem Gefühl, dass irgendetwas bevorsteht (...). Ihr folgt die merkwürdige oder unheimliche Phase (...), in der man realisiert, dass man einen unbekannten, nicht erwarteten intersubjektiven Raum betreten hat. Und schließlich die Entscheidungsphase, in welcher der „now moment" ergriffen wird oder aber nicht. Wird er ergriffen, mündet er, falls alles gut geht, in einen „Moment der Begegnung", wenn etwas schief läuft, ist der Moment verpasst. (Stern 2005, 36 f.)

Bereits die Interaktion zwischen Säugling und Bezugsperson ist durch „intersubjektive Verständigung über das stimmige Zueinanderpassen" gekennzeichnet (Stern 2012, 29), dasselbe gilt nach Stern auch für intersubjektive Prozesse in der gesamten Lebensspanne.

Im „Dahingleiten" der Beziehung kann sich aus dem Jetzt-Moment ab und an eine dritte Variante des Gegenwartsmoments entfalten. Es kann sich ein „Moment der Begegnung" ergeben, „der unweigerlich über einen längeren Zeitraum gut vorbereitet, aber nicht vorab festgelegt wurde" (Stern 2012, 29). Solche Momente seien in Therapiesituationen zentral für „Zustandsveränderungen und organismische Reorganisationsprozesse" (a. a. O., 26), weil sie das implizites Beziehungswissen in der Situation neu arrangieren (a. a. O., 25). Voraussetzung sei, dass Therapeut*innen nicht schon wissen, was sie sagen werden, bevor noch der*die Klientin geantwortet hat, sonst würden sie nämlich „ein Abstraktum oder eine Theorie, keine Person" behandeln (a. a. O., 33). Daniel Stern beschreibt den Zusammenhang zwischen dem Gegenwarts-, Jetzt- und Begegnungsmoment wie folgt.

> Das Schlüsselkonzept, der „Begegnungsmoment", ist jene emergente Eigenschaft des von uns als „Vorangehen" bezeichneten Prozesses, die die intersubjektive Umwelt und damit das implizite beziehungswissen verändert. Kurz, das Vorangehen besteht aus einer Aneinanderreihung von „Gegenwartsmomenten" (...), den subjektiven Einheiten, welche die kleinen Richtungsveränderungen im Prozess des Vorangehens markieren. Manchmal laden sich Gegenwartsmomente affektiv auf und werden zum Brennpunkt für den therapeutischen Prozess. Diese Augenblicke bezeichnen wir als „now moments". Wenn ein solcher „Jetzt-Moment" ergriffen wird, das heißt, wenn beide Partner mit einem authentischen, spezifischen, persönlichen Reaktion auf ihn reagieren, wird der zu einem „Moment der Begegnung". Dies ist die emergente Eigenschaft, die den subjektiven Kontext verändert. (Stern 2012, 31 f.)

Für Wimmer (2014, 319) ist das Dahingleiten als Vorkontakt deutbar (a. a. O., 320) und der Begegnungsmoment entspreche der gestalttherapeutischen Idee der Ich-Du-Beziehung (a. a. O., 320). Wäre dann der Begegnungsmoment bei Stern als „voller Kontakt" im Kontaktzyklus von Perls und der „Jetzt-Moment" als vorausgehende Phase der „Kontaktanbahnung" deutbar? Und als Nachkontakt wäre zu interpretieren, was Stern (2006a, 35) als Rückzug nach Momenten der Begegnung beschreibt? Stern hat selbst die Nähe zum Kontaktzyklus gesehen: „Wir bewegen uns auf den Kontakt zu und entfernen uns daraus" (a. a. O., 33). Es macht Sinn, nach Parallelen zwischen den Stern'schen Mikromomenten und dem Gestalt-Zyklus zu fragen. Allerdings gibt es eine Parallele in den Begriffen, die mir fruchtbarer scheint. Das Konzept des Gegenwartsmoments umfasst Aspekte, die sich letztlich auf den gesamten Kontaktprozess beziehen. Der Gegenwartsmoment ist der Anfang allen Kontakts, da in ihm die Grundvoraussetzungen formuliert sind, ohne die erst gar nicht von einem Kontaktprozess zu sprechen wäre. In diesem Rahmen können sich spezielle Gegenwartsmomente ergeben, nämlich Jetzt-Momente im Sinne von besonders stimmigen, affektiv aufgeladenen Kontaktmomenten, die zu Begegnungsmomenten führen können. Der „Gegenwartsmoment" bezeichnet somit keine einzelne Phase im Kontaktprozess, sondern ist ziemlich deckungsgleich mit dem Kontaktbegriff an sich.[37] Insgesamt erinnern die verschiedenen Momente bei Stern weniger an den Kontaktzyklus, als dass sie eine Tiefendimension von Beziehungen beschreiben, die von einer unspezifischen Kontaktinteraktion über stimmige Kontaktmomente hin zu einem Begegnungsmoment führen kann.

Die Grundideen in Sterns Forschung und im Gestaltansatz sind nicht nur mit Blick auf das Kontaktkonzept auffallend ähnlich. Stern spreche von Gewahrsein im Sinn des Gestaltansatzes, so Wimmer (a. a. O., 319), wenn er sagt (Stern 2006a, 30): „Wir sind sozusagen dazu konstruiert, im anderen zu sein, vorausgesetzt, dass wir aufmerksam sind und uns an seiner Erfahrung beteiligen". Der Gegenwartsmoment bedarf des Aufmerkens, des Gewahrwerdens. Stern betont zudem die Bedeutung des Hier-und-Jetzt, wovon alle Therapieschulen zwar grundsätzlich wüssten, aber die Gestalttherapie sei hier „den anderen Schulen schon immer um Längen voraus" (a. a. O., 35). Durch das „intersubjektive menschliche Kontaktherstellen" (Stern 2006a, 29) entstehe ein „intersubjektives Bewusstsein" (Stern 2005, 140). Physische und intersubjektive Ziele sind in einem solchen Prozess nicht zu unterscheiden (Stern 2012, 28), etwa der Hunger des Säugling und sein Beziehungsmotiv – eine wichtige Aussage angesichts des Streits in der Gestalttherapie um das klassische Kontaktmodell („Hungermodell") von Perls und Goodman.

Daniel Stern betont immer wieder, dass die von ihm beschriebenen Mikromomente der Beziehung sprachlich nicht leicht zu fassen seien, und er verweist in diesem Zusammenhang umfassend auf die phänomenologische Philosophie (Stern 2005, 107) zur vorbegrifflichen Klärung der Phänomene. Das ist interessant, denn die experimentell-empirische Forschung von Stern kommt dem am nächsten, was der Gestaltansatz unter „Kontakt" versteht. Es ist schon bemerkenswert, dass sich ausgerechnet in einem experimentellen Forschungszugang der phänomenologische Erkenntnisrahmen des Gestaltansatzes wiederfindet.

Dieser scheint hilfreich zu sein, um das in Worte zu fassen, was wir alle ja eigentlich gut zu kennen glauben, weil wir es am eigenen Leib erfahren. Aber erst der phänomenologische Blick liefert uns eine Sprache für das scheinbar Selbstverständliche: eine Sprache des Kontakts.

---

37 Allerdings unter der Einschränkung, dass es sich bei Stern explizit um ein theoretisches Konstrukt im Rahmen empirischer Forschung handelt, während der Ausdruck „Kontakt" im Gestaltansatz zumindest zusätzlich auch noch anderen Stellenwert besitzt (etwa als sprachlicher Ausdruck zur Selbstverständigung und im Dialog).

6.4 Die Sprache des Kontakts

Die Kontakttheorie des Gestaltansatzes vereint theoretisch-abstrahierende Begriffsbildung und phänomenologische Beschreibung von Kontakterfahrungen (etwa in den Cleveland-Modellen). Auf diese Weise schafft der Gestaltansatz eine komplexe Sprache für Beziehungserfahrungen: eine *Sprache des Kontakts*. Das ist hilfreich, um auch für die Feinheiten des alltäglichen Beziehungsgeschehens eine Sprache zu finden. Wichtig ist dabei lediglich, darauf hat Mehrgardt (1997) hingewiesen, „implizite Perspektivenwechsel" zwischen theoretischer und phänomenologischer Herangehensweise" (Mehrgardt 1997, 31 f., vgl. auch Mehrgardt 1994) zu vermeiden.[38] Denn im einen Fall geht es um den Versuch einer theoretischen Verallgemeinerung von Kontaktprozessen, im anderen Fall um den Versuch einer phänomenologischen, vorbegrifflichen Annäherung an die lebensweltliche Wirklichkeit von Kontakterleben.

Wir verdanken Perls mit dem Kontaktbegriff ein assoziationsstarkes Konzept, das in hohem Maße anschlussfähig ist an die phänomenologische Literatur im Ausgang von Husserl, Heidegger und Merlau-Ponty, an die Ausführungen von Levinas zum „Anderen" sowie aktuell vor allem an die umfangreichen Erörterungen von Bernhard Waldenfels zur Intersubjektivität und Responsivität des Zwischenmenschlichen. Mit „Kontakt" ist scheinbar, noch vor allem Versuch der theoretischen Spezifizierung, etwas Universelles angesprochen, das wir alle kennen und für das es viele Beispiele im Sinne von Anschauungsmöglichkeiten und Erfahrungsgelegenheiten gibt. Trotz der Allgegenwart des sprachlichen Ausdrucks „Kontakt" ist der Ausdruck aber „sprachlich nicht leicht zu fassen", konstatierte Rohr (1966, 34) in ihrer Begriffsanalyse von „Kontakt". Ihre Studie zeigt, dass auch in der wissenschaftlichen Verwendung viele Autor*innen scheinbar annehmen,

38 Dazu kommt, dass sich die Theorie des Gestaltansatzes zwar explizit als phänomenologischer Ansatz versteht, gemeint ist damit aber zumeist nicht ein Erkenntnisprogramm im Anschluss an die (europäische) phänomenologische Philosophie ausgehend von Husserl, sondern eher ein recht pragmatisches Verständnis von Phänomenologie im Sinne einer existenzialistisch-verstehenden Psychologie (siehe Kapitel 3). Es findet sich darin eher das forschungsmethodologische Programm einer phänomenologischen Psychologie als ein dezidiert philosophischer Zugang. Es ist also, zumindest aus philosophisch-phänomenologischer Perspektive durchaus missverständlich, wenn im Gestaltansatz von einem „phänomenologischen" Zugang die Rede ist. In der Theorie und Praxis des Gestaltansatzes sind viele sprachliche Ausdrücke entstanden, um die einzelnen Kontaktphasen prozessorientiert zu beschreiben, also in einer Sprache, die Bewegung und Verläufe in Worte fasst. Die theoretische Rede über Kontaktprozesse kommt allerdings schnell an ihre Grenzen, weil Erleben komplex ist und immer anders. Es braucht hier zusätzlich die Erste-Person-Perspektive der Phänomenologie. Hier geht es nicht einfach nur um eine subjektive Perspektive (vgl. zu einer solchen Fehldeutung kritisch Graumann 1991), sondern um den Versuch einer a-theoretischen Beschreibung von etwas als das Wie der Erfahrung, sodass sich dieses Etwas aus sich heraus zeigen kann, und zwar im Bewusstsein der prinzipiellen Ambivalenz eines solchen Vorhabens (vgl. Brinkmann 2014).

der Begriff müsse gar nicht geklärt werden, weil er ja unstreitbar im Alltagserleben von Bedeutung sei. Das liegt vermutlich daran, dass mit „Kontakt" immer bereits eine Erfahrung anklingt, die uns vertraut ist. Kontakt wäre dann ein unhintergehbarer Aspekt des menschlichen Daseins, ein Existenzial, wie mit einem Heidegger'schen Terminus gesagt werden könnte. Angesprochen ist das In-der-Welt-Sein als immer schon gegebene Bezogenheit meiner selbst in der Welt. Entsprechend hat der Gestaltansatz mit „Kontakt" ein Thema im Fokus, das auch in der phänomenologischen Philosophie unter demselben Stichwort immer wieder auf Interesse stößt (vgl. z. B. Lingis 2007, Macke 2011, Macke 2014). Es geht darum, dass wir immer schon „mit der Welt" in Kontakt sind bzw. dass dies, erkenntnistheoretisch, schlichtweg eine sinnvolle Annahme ist (Natsoulas 2013, 120 ff., in Referenz auf Emanuel Levinas) und dass sich davon ausgehend lebensweltlich Sinnvolles über „Kontakt" sagen lässt. Macke (2014) versteht unter Kontakt („contact") „the experience of human communication". Das entspricht genau der Idee des Gestaltansatzes, auch wenn dieser statt von Kommunikation lieber von Beziehung spricht, weil das der vielschichtigere Begriff ist.

Kontakterfahrungen

Eine Phänomenologie des Kontakts wäre eine Phänomenologie der Kontakt*erfahrung*. Erfahrung ist ein Ereignis, „das neue Einsicht aufkommen lässt und dadurch eine vorhergehende Erwartung durchkreuzt" (Tengelyi 2007, 10). Erfahrung ist ein „Differenz-Phänomen" und „Strukturmoment des lernenden In-der-Welt-seins" (Brinkmann 2015, 2, in Referenz auf Plessner und Lippitz).[39] Das erinnert an den Gestaltansatz: Jede Sinn(es)tätigkeit ist ein Differenzierungsakt, indem sie qua Bezugnahme auf etwas Anderes (Figurbildung) dieses Andere von Anderem sowie von sich selbst (Hintergrund) als neu unterscheidet. Erfahrung ist phänomenologisch betrachtet stets ein Sinn konstituierender Prozess (Tengelyi 2007, 14). Erfahrung ist etwas Anderes als Erleben im Sinne von „bewusst", mehr als lediglich „aufmerkendes Bewusstsein" (im Sinne von Graumann 1974). Erfahrung ist *überraschtes* Bewusstsein (vgl. Meyer-Drawe 2010, 8). Erfahrung ist stets in einem umfassenden Sinn auf sich selbst zurückgeworfen. Sie ist immer Antwort auf etwas Vorgängiges. Wir machen Erfahrungen, weil wir aufgrund unserer Erfahrungen neue Erfahrungen machen können (vgl. Meyer-Drawe 2003, 511). Erfahrung ist zum einen Widerfahrnis im Sinne eines Getroffenseins, zum anderen Antwort aus dem bereits Erfahrenen heraus (vgl. Waldenfels 2002). Jede Beziehungserfahrung beruht auf Vorerfahrungen.

Erfahrung ist ein das Bewusstsein *von etwas* („bewusst" als „wissend") infrage stellender Akt, in dem das Antworten auf *etwas* die bereits gemachten Erfahrungen *von etwas* herausfordert. Sinn konstituiert sich neu, für den die Sprache nicht

39 Die Auffassung des Gestaltansatzes, Kontakterfahrungen mit Differenzerfahrungen gleichzusetzen („das Neue"), findet sich hier wieder, wie auch in anderen philosophischen Denkschulen.

selbstverständlich zur Verfügung steht. Erfahrung lässt sich als „Sinnbildungsprozess bestimmen, der sich auf eine Sinngebung durch das Bewusstsein nicht zurückführen lässt“ (Tengelyi 2007, 15), „als der Ort einer unausdrücklichen Sinnbildung (...), die den Rahmen aller Sinnstiftung, die von begrifflich festgesetzten und kategorial bestimmten Ausdrucksbedeutungen ihren Ausgang nimmt, zu sprengen droht“ (a. a. O., 181). Erfahrung ist immer mehr als die zur Sprache gebrachte Erfahrung (Meyer-Drawe 2010, 512). Die „Erfahrung, die zur Sprache drängt“, wie Waldenfels (2019) es in seinem phänomenologischen Blick auf die Psychoanalyse ausdrückt, liefert das entscheidende Argument auch für den Gestaltansatz für die Frage, warum das Zursprachebringen von Beziehungserfahrungen so wichtig und schwierig ist, um Beziehung als intersubjektive Wirklichkeit greifbar – und damit gestaltbar – zu machen.

„Kontaktprozesse“ setzen den Akzent auf Bewegungen, auf Annähern und Sichzurückziehen. Zwischen den Extremen von Konfluenz und Isolation verlangt ein für Ego und Alter stimmiger Kontakt eine Austarierung von Kontakt, eine Aufrechterhaltung der „Kontaktfläche“, die ständig in Bewegung ist; eine Abstimmung von gegenseitiger Selbst-Bewegung und Fremdbewegung ist, die zu keinem Status quo finden kann, sondern sich nur als Fließgleichgewicht in jedem Moment herstellen kann. Kontakt als ein Äquilibrium interpersonaler Abstimmung (wie z. B. in der Tanzimprovisation) kann nicht *hergestellt* werden. Gleichwohl verlangt intersubjektiver Kontakt den beteiligten Personen feinste Abstimmungsprozesse ab. Kontaktfähigkeit ist die Fähigkeit des intersubjektiven „Feintuning“ (um es etwas handfest-technisch auszudrücken). Es geht jedoch nicht um die Kontrolle von Verhalten und Emotionen, sondern um einen bewussten Umgang mit Kontakt und Widerstand, Annäherung und Rückzug, um ein Vertrauen in das Potenzial von Selbstregulationsprozessen, um ein Zulassen und ein sich dazu Verhalten (Grundprinzip der Improvisation im Tanz, etwa im Tango Argentino). Mithilfe des Kontaktkonzepts lassen sich je mir gewahr werdende Erlebnisgehalte zum Ausdruck bringen. „Kontakt“ bezeichnet unsere Erfahrungen im Sichbeziehen. Der Rückgriff auf die phänomenologische Literatur hat gezeigt, wie sehr die Kontakttheorie des Gestaltansatzes phänomenologisch gedacht ist, ohne selbst Phänomenologie zu sein. Die Gestaltpädagogik könnte hier interessante Beiträge leisten im Rahmen der phänomenologischen Erziehungswissenschaft. Umgekehrt eignet sich diese dazu, die Gestaltpädagogik erziehungswissenschaftlich einzuordnen. Darum und um weitere erziehungswissenschaftliche Anschlussmöglichkeiten der Gestaltpädagogik geht es jeweils am Beginn der nächsten beiden Kapitel, im Kapitel 7 zur Einordnung der Bildungstheorie der Gestaltpädagogik und im Kapitel 8 zur Einordnung der gestaltpädagogischen Auffassung von pädagogischem Handeln.

7 Bildungstheorie des Kontakts: Selbst- und Welt-Zugewandtheit

Der Gestaltansatz unterstützt Menschen darin, entwicklungsfördernde Erfahrungen zu machen. Wie alle humanistisch fundierten Ansätze (vgl. Hutterer 1998) geht die Gestaltpädagogik davon aus, dass dem Menschen ein Streben nach Entfaltung des eigenen Potenzials innewohnt. Bildung bedeutet Bewältigung des In-der-Welt-Seins. In Bildungsprozessen spielt sowohl Selbstzugewandtheit als auch Weltzugewandtheit eine wichtige Rolle. Bildung ist „Selbstbezug im Fremdbezug“ (Witsch 2010, vgl. auch Witsch 2008). Das Bildungsideal der Gestaltpädagogik besteht darin, dass Menschen sich mündig zu sich selbst und zur Welt in Beziehen setzen können, frei in ihren Entscheidungen und solidarisch mit anderen. Es geht um Bildung im Sinne von Selbst- *und* Weltzugewandtheit.

Im Folgenden werde ich zunächst zeigen, an welchen Stellen das Bildungsverständnis der Gestaltpädagogik anschlussfähig ist an aktuelle bildungstheoretische Positionen der Erziehungswissenschaft (7.1). Daraufhin fasse ich die bildungs- und lerntheoretischen Überlegungen der Gestaltpädagogik zusammen, in denen persönlich bedeutsames Lernen eine herausragende Rolle spielt (7.2). Bildung hat immer auch eine emotionale und leibliche Seite. Um diese existenziellen Aspekte von Lernerfahrungen geht es im darauf folgenden Abschnitt (7.3).

7.1 Erziehungswissenschaftliche Einordnung des Bildungsbegriffs

Das Bildungsverständnis der Gestaltpädagogik ist anschlussfähig zu aktuellen erziehungswissenschaftlichen Auffassungen von Bildung und Lernen. Bildung ist letztlich immer Selbst-Bildung. Bildungsprozesse können nicht einfach von außen initiiert werden. In heutigen Zeiten rasanten gesellschaftlichen Wandelns kann das Thematisieren von Bildung nicht einfach in der Auflistung von Lernzielen bestehen (Prange 2006). Es geht vielmehr um „Bildung im Dienste der Ermöglichung und Kultivierung eines selbstbestimmten Lernens“ (a. a. O., 9). Wenn es im weiten Feld der pädagogischen Forschung (einschließlich der Pädagogischen Psychologie) irgendeine Aussage gibt, die mittlerweile schon seit Jahrzehnten aus unterschiedlichsten Theorie- und Forschungsrichtungen Zustimmung erhält, dann dürfte es die sein, dass Lernen dann gelingen kann, wenn eine Verknüpfung mit bereits Gelerntem geschieht. Lernen ist Konstruieren, Vernetzen, Dazu- und Umlernen, Neues Erfahren. Eine zweite Aussage dürfte ebenfalls auf wissenschaftlich sicherem Boden stehen: Lernen ist eine soziale Angelegenheit, auf Lernprozesse wirken eine Vielzahl von sozialen Faktoren ein. Lernen ist stets „Lernen in Beziehung“ (Künkler 2011). Soll Bildung für die Fähigkeit stehen, im Leben zurechtzukommen, dann müssen Lernsituationen mit dem eigenen Leben verwoben und nicht davon abgetrennt sein. Statt Büffeln geht es um Wachsen – und zwar in einem auch übertragenen Sinne. Bildung im modernen Sinne ist immer *reflexive* Bildung, also ein selbstbezüglicher Bildungsprozess; keine Wahrheitsvermittlung, sondern Befähigung zur Mündigkeit. Die Reduzierung von Bildung auf Kompetenzen und Lernziele führt zu einer Verflachung des Bildungsbegriffs (vgl. z. B. Thompson 2019). Bildung ist nicht einfach ein Lernziel, sondern die Bewältigung des Verhältnisses zwischen mir als handelndem Subjekt und der Welt (vgl. Prüwer 2009, 28). Welche sozialen Voraussetzungen brauchen Menschen heutzutage zur „Selbst-Entwicklung und Welt-Erschließung“ (Stojanov 2006), um im Leben zurechtzukommen? Mit Stojanov (2006) ist es die intersubjektive Anerkennung, die zum Kern pädagogischer Professionalität wird.

Transformative Bildungsprozesse

Lernen muss die Lebens- und Lerngeschichten der Lernenden anerkennen, muss an deren Erfahrungen ansetzen, um für die Einzelnen subjektiv bedeutsam zu sein. Wenn das so ist, kann bildungstheoretisch mit Koller (2007, 2018) und Kokemohr (2007, 2015) von transformatorischen Bildungsprozessen gesprochen werden (vgl. auch Marotzki 1990, Yazek 2017). Es geht um Lern- im Sinne von Lebenserfahrungen, die es Menschen ermöglichen, „an ihren Selbst- und Weltverhältnissen selbst mitzuwirken, d. h. in der Lage zu sein, sich selbst eine Form geben zu können“ (Göhlich & Zirfas 2007, 15). Bedeutsame Bildung ist ein Transformationsprozess, der gleichzeitig das Selbst- und das Weltverständnis verändert. Das schließt die „Veränderung Grund legender Figuren ein“ (Kokemohr 2007, 21). Betrachtungsweisen und Perspektiven verändern sich, der Fokus verschiebt sich. Transformatorische Bildung ist ein Prozess, „der, anders als ein Lernprozess, die kategorialen Figuren betrifft kraft derer sich das Verhältnis von Subjekt und Welt entwirft und modifiziert“ (a. a. O., 16)“. Bildung ist kein Vorgang, in dem jemand von jemandem gebildet wird oder sich ohne sonst jemanden selbst bildet, sondern ein wechselseitiger Prozess. Bildung ist „ein Prozess (…), der durch einen fremden Anspruch herausgefordert wird“ (Kokemohr 2007, 14). Bildung verändert „Grundfiguren meines Welt- und Selbstverhältnisses“ (ebd.). Bildung „verändert das Nachdenken über sich selbst und die Welt“ (Kokemohr 2007, 15). Iwers (2023) hat jüngst auf die in hohem Maße gegebene Anschlussfähigkeit zwischen Gestaltpädagogik und transformatorischer Bildungstheorie hingewiesen. Sie unterscheidet mit Yazek (2017) vier verschiedene Transformationsaspekte von Bildung (Konversion, Überwindung, Entwicklung, Initiation), die sie jeweils Kontaktphasen zuordnet (Iwers 2023, 166 ff.). Damit hat sie einen Grundstein gelegt, um Kontaktprozesse in ihrer biografischen Bedeutung bildungstheoretisch deuten zu können.

Transformatorische Bildung setzt transformatorische Lernprozesse voraus. Es geht um ein reflexiv-existenzielles Lernen „im Sinne der Thematisierung des Verhältnisses, das wir zu uns selbst haben“ (Ellinger & Hechler 2013, 90). Transformatorische Lernprozesse, also entwicklungsfördernde Lebenserfahrungen, stellen das bisher Selbstverständliche infrage, sind persönlich bedeutsam, emotional fordernd, interpersonell verankert und positiv deutbar. Solche gleichzeitig kognitiven und emotionalen Bildungsprozesse können mit Brown (1971) auch als „confluent education“ bezeichnet werden – Ausgangspunkt der Gestaltpädagogik (siehe Kapitel 2). In diesem Sinne lässt sich die Gestaltpädagogik als Vorreiterin einer holistischen Pädagogik auffassen (zu deren aktuellen Stand vgl. Miller et al. 2019).

Pädagogisch betrachtet macht es Sinn, unter Lernen mehr zu verstehen als einen Vorgang der Verhaltensänderung. Transformatorisches Lernen gibt es nur in Auseinandersetzung mit sich selbst in der Welt. Ein solches Lernen hat nicht nur eine kognitive Seite, sondern immer auch eine leibliche und eine soziale (Meyer-Drawe 2003). Lernen ist „ein bildungsgenerierender und bedeutungsvoller Prozess der Erschließung wie Einschränkung von Wahrnehmungs-, Denk- und Handlungsmöglichkeiten“ (Göhlich & Zirfas 2007, 48). Sinnhaftes Lernen (Göhlich & Zirfas 2007, 12) ist Selbst- und Weltverstehen. Dieses zu stärken ist das Ziel der Gestaltpädagogik. Pädagogisch geht es nicht um irgendwelche Lernvollzüge, sondern um die Entwicklung eines Menschen in das eigene Leben und in die Welt hinein. Es ist wichtig, die „mit den Vollzügen des Lernens verbundenen Auseinandersetzungen mit dem Gegenstand des Lernens in möglichst vielen Facetten und Interpretationshorizonten zu erfassen“ (a. a. O., 45). Ein rein technischer Blick auf Lernen genügt pädagogischen Ansprüchen nicht (vgl. Göhlich & Zirfas 2007, 44 f.).

> Lernen bezeichnet die Veränderungen von Selbst- und Weltverhältnissen sowie von Verhältnissen zu anderen, die nicht aufgrund von angeborenen Dispositionen, sondern aufgrund von zumindest basal reflektierten Erfahrungen erfolgen und die als dementsprechend begründbare Veränderungen von Handlungs- und Verhaltensmöglichkeiten, von Deutungs- und Interpretationsmustern und von Geschmacks- und Wertstrukturen vom Lernenden in seiner leiblichen Gesamtheit erlebbar sind; kurz gesagt: Lernen ist die erfahrungsreflexive, auf den Lernenden sich auswirkende Gesinnung von spezifischem Wissen und Können. (Göhlich & Zirfas 2007, 17)

Lernen im pädagogischen Sinne ist gleich Erfahrung (Ecarius 2003). Gleichzeitig ist Lernen ein „Absichtsbegriff“ (Göhlich & Zirfas 2007, 14), denn „Lernen lässt sich nicht erzwingen“ (a. a. O., 47), kommt „wie ein Blitz“ (Platon, zit. n. ebd.). Lernen kann gefördert werden, indem günstige Ausgangsbedingungen geschaffen werden. Lernanfänge „verweisen auf die Konfrontation mit dem Anderem und mit dem Eigenen" (Göhlich & Zirfas 2007, 46). Die Gestaltpädagogik fördert diese „Konfrontation mit dem Anderen und mit dem Eigenen" und nennt diese Abstimmung zwischen Innen und Außen „Kontakt". *Wie* bedeutungsvolle Bildungsprozesse *praktisch* gefördert werden können, ist das vorrangige Thema der Gestaltpädagogik. Der Gestaltansatz will ein Lernen ermöglichen, das Selbst- und Weltverstehen im Sinne einer *Selbst- und Weltzugewandtheit* stärkt.

Lernen führt nicht automatisch zu Bildung. Bildung, die zu Entwicklung führt, ist „ein ‚responsives' Geschehen, bei dem das Subjekt auf einen Anspruch antwortet, der von einem anderen Ort aus ergeht und dem es sich nicht oder nur um den Preis einer Verhärtung seines Welt- und Selbstverhältnisses entziehen kann" (Koller 2007, 71). Bildung braucht Lernerfahrungen, die Bedeutsamkeit erlangen. Lernen führt nur dann zu bedeutsamer Bildung im Sinne eines lebensbewältigenden Welt- und Selbstverhältnisses, wenn es *persönlich* bedeutsam ist und wenn es gleichzeitig eingebettet ist in soziale Beziehungen. Genau diese Beziehungen sind jedoch zur Herausforderungen in einer spätmodernen Gesellschaftsordnung geworden, die die einzelnen zwar aus traditionell autoritären Beziehungsstrukturen entlässt, ihnen aber nun die Aufgabe zumutet, Beziehungen selbsttätig zu gestalten. Die Gestaltung pädagogischer Beziehungen ist hierfür nur ein Anwendungsfall, für eine professionelle Pädagogik freilich ein ganz zentraler. Erziehungswissenschaftlich lässt sich Gestaltpädagogik einordnen als ein Ansatz der praktischen Pädagogik, der dazu geeignet ist, bildungstheoretische Auffassungen von Lernen (als transformatorischen Erfahrungen) umzusetzen mit der Leitidee, dass Bildungsprozesse persönlich bedeutsame Erfahrungs- bzw. Kontaktprozesse sind.

7.2 Bildungsprozesse als bedeutsame Erfahrungsprozesse

Gestaltpädagogik betrachtet Bildungsprozesse als Veränderungsprozesse in der Selbst- und Weltzugewandtheit. Vor allem geht es ihr um die Verknüpfung *beider* Aspekte. Diese Verknüpfung bezeichnet sie als Kontakt. Es kommt darauf an, das Sichbeziehen auf sich selbst, auf andere und auf die Dinge in der Welt bewusst zu erleben, das heißt sich auf Kontakterfahrungen einzulassen und sich diese zu vergegenwärtigen. Es geht um einen lebendigen Kontakt (vgl. Blankertz & Doubrawa 2005, 179) als Gegenentwurf zur „Verdinglichung des Menschen der Gesellschaft" (Petzold 1980, 13). Die Gestaltpädagogik ist ein Ansatz, der Wege sieht, Menschen aus Entfremdungsverhältnissen heraus zu persönlich bedeutsamen Bildungsprozessen zu verhelfen.

Kontakt ist grundlegend für unser aller Seinsverhältnis in der Welt. Bildung bedeutet daher, sich etwas *(wieder) anzueignen,* statt etwas vollkommen Unbekanntes *gesagt* zu bekommen. Es geht um Passungsverhältnisse zwischen Selbst und Welt, um Mündigkeit im Sinne von Theodor W. Adorno als eine Balance von Anpassung und Freiheit. Gestaltpädagogik fördert die Herausbildung einer Persönlichkeit im Sinne einer Identität, die zugleich „Kontinuität und Neubildung“ meint (Yontef 1999, 146), Konsistenz bewahrend und prozesshaft ist. Wer Annahmen über sich und die Welt nicht infrage stellt, erfährt nichts über Ähnlichkeiten und Unterschiede zwischen jetzt und früher (vgl. Polster & Polster 2003 [1973], 107). In der Terminologie des Gestaltansatzes könnte gesagt werden, dass Bildung, als Prozess verstanden, gleichbedeutend ist mit einer beständigen Erweiterung der „Kontaktzone“ (Perls): Ausweitung der Kontaktereignisse durch Nutzung und Umsetzung der bereitstehenden Kontakt*möglichkeiten*. Die Möglichkeit der Ausweitung hängt weder ausschließlich vom personalen Kontaktverhalten noch von der Welt ab. Es handelt sich um ein Potenzial, das kein ausschließlich personales Potenzial ist, sondern ein Potenzial, das dem Feld innewohnt, in dem Person und Umwelt in Kontakt sind. Persönliches Wachstum, und damit Bildung, ist eine Funktion des Feldes, nicht nur ein individueller Prozess. Gestaltpädagogik unterstützt Kinder, Jugendliche und Erwachsene im Hinblick auf Kontakt, das heißt darin, sich auseinanderzusetzen: mit sich selbst, mit Anderen, mit dem Weltganzen. Ein solcher Prozess hat kein Ziel außer sich selbst. Er stärkt Selbst- und Weltverstehen zeitgleich, fördert Mündigkeit und Miteinander in einem. Wenn Menschen sich entwickeln, dann sind sie vor die Aufgabe gestellt, neue Herausforderungen zu bewältigen, indem sie auf alte Erfahrungen zugreifen und Neues ausprobieren. Was routiniert von der Hand geht, wird einfach umgesetzt. In allen anderen Fällen bedarf es neuer Erfahrungen. Das kann dann als Lernen bezeichnet werden: „dass wir etwas erfahren, indem wir uns in der Welt umsehen“ (Koch 2011, 371). Das Ziel der Gestaltpädagogik besteht darin, dass die Lernerfahrungen, die Adressat*innen machen, für diese persönlich bedeutsam sind.

7.2.1 Persönlich bedeutsames Lernen

Jörg Bürmann hat mit seiner Konzeption des persönlich bedeutsamen Lernens (J. Bürmann 1992) die Bildungstheorie der Gestaltpädagogik mit begründet. J. Bürmann (2023, 24 ff., vgl. auch 1992) stellt in seinem gestaltpädagogischen Entwurf fünf Kernkonzepte in den Mittelpunkt: Kontakt (als Gestaltung der „Ich-Umwelt-Beziehung“), Begegnung/Beziehung/Bezogenheit (als Ausdifferenzierung von Kontaktprozessen), persönlich bedeutsames Lernen („im Schnittpunkt von individueller Lebensgeschichte und Außenwelt“), Spiel (als das Spielerische, das mehr ist als nur „Erziehung zur Kreativität“) und Aktualität (als unmittelbare, konsensuelle Erfahrung der Situation und im Finden gemeinsamer Wege). J. Bürmann versteht unter persönlich bedeutsamem Lernen Selbst- und Welterfahrung in der pädagogischen Situation. Auch wenn er dabei in erster Linie an Schule und

Hochschule dachte, ist sein theoretischer Beitrag von grundsätzlicher Art, sodass er für alle pädagogischen Handlungsfelder anschlussfähig ist.

Lernen ist ein Vorgang, der eine subjektiv bedeutsame Veränderung, eine Transformation, ermöglicht. Im Sinne eines transformativen Bildungsverständnisses (siehe oben) sind damit nicht irgendwelche von außen definierten „Lernschritte" gemeint, sondern Erfahrungen, die einen subjektiv wichtigen Unterschied machen, die als *merklich* neue Facette Selbst- und Welterschließung erweitern. Jörg Bürmanns Ausgangsfrage lautet: „Wie kann die notwendige Abstraktheit und Allgemeinheit schulischen Lehrens und Lernens in eine sinnvolle Beziehung zu den unterschiedlichen subjektiven Erfahrungsprozessen der Schüler und ihrer situativ wechselnden Bedürfnissen gebracht werden" (Jörg Bürmann 1992, 132)? Das gestaltpädagogische Konzept des „persönlich bedeutsamen Lernens" (Bürmann 1992) richtet den Fokus auf Lernerfahrungen von subjektiver Bedeutsamkeit. „Die Dinge der Welt werden zu Dingen ‚für uns' dadurch, dass wir zu ihnen in eine spezifische und jeweils unterschiedliche durch unseren Kontext und unsere Tätigkeit bestimmte Beziehung treten" (a. a. O., 25). Es geht beim Lernen um Berührtsein und In-Beziehung-Sein hinsichtlich der Erfahrung des Neuen. Mit Referenz auf Petzold und Merleau-Ponty spricht Bürmann von der „Bezogenheit" des Menschen, von seinem „Eingebundensein in natürliche und soziale Sinnzusammenhänge" (a. a. O., 135), in Beziehung „zum Leib, zum anderen und zur Welt" (a. a. O., 136, mit Referenz auf Hilarion Petzold). Persönlich bedeutsames Lernen heißt: aufgrund meiner Lebensgeschichte, meiner Erfahrungen, meines Für-möglich-Haltens eine Veränderung in Denk- und Handlungsmustern zu vollziehen. Lernen setzt Bedeutsamkeit voraus. Biologische und psychologische Lerntheorien interessieren sich nicht für den Inhalt, sondern nur für das materielle Substrat und den technischen Vollzug als Resultat, nicht für den Prozess personaler Integration von Lernerfahrungen. Hier jedoch geht es, ganz im Sinne des phänomenologischen Ansatzes von Meyer-Drawe (1978, vgl. I. Bürmann 1997, 20) um einen phänomenologischen Blick auf Lernen als Erfahrungsprozess. Explizit stellt J. Bürmann den Bezug zur phänomenologischen Pädagogik her, nämlich zum Begriff der „Stimmungen" als „Gestaltungsbereitschaften" für Erlebnisse bei Otto Bollnow (J. Bürmann 2000, 183 ff.). Er betont – ähnlich wie Ilse Bürmann (1997) – die „Doppelgesichtigkeit der Erfahrung an der Grenze von Subjekt und Welt". „Kontakt" sei „Bedingung und Grundlage von Welterfahrung wie aller Wachstumsprozesse", „ein Gefühl der Befreiung aus altem Gebundensein". Es gehe darum, ein „Gefühl des Getragenwerdens durch die Welt zu stärken und damit den (wahrgenommenen) ‚Charakter der Realität' (Bollnow) zu verändern" (a. a. O., 185). Veränderungen des Gestimmtseins von Menschen bedürften ein Leben lang der Bestätigung durch bedeutsame Andere (a. a. O., 186). Bürmann zitiert den Begriff der „Haltung" bei Bollnow als „Fähigkeit zu spontaner Beziehungsaufnahme ohne Distanzlosigkeit", als eine „innere Festigkeit" (a. a. O., 187). Es geht um eine Balance zwischen

„Offenheit für den Kontakt im Hier-und-Jetzt“ und „einer durch wertorientierte Überzeugungen stabilisierten Haltung“. Voraussetzung hierfür sind erfüllende Kontakterfahrungen.

Sein Konzept des persönlich bedeutsamen Lernens sieht J. Bürmann anschlussfähig an die Motivations- und Bedürfnistheorie von Deci und Ryan (1980). Der Wunsch nach Verbundenheit mit anderen Personen und der Wunsch nach einer Handlungsautonomie stehen nicht im Widerspruch zueinander (J. Bürmann 1992, 181). Das menschliche Motivsystem umfasst nach Deci und Ryan Kompetenzerleben, Selbstbestimmung und soziale Eingebundenheit gleichermaßen. Die innere Beteiligung von Erwachsenen (Eltern, Pädagog*innen) am Autonomiebestreben der Heranwachsenden fördert deren Lernprozesse (a. a. O., 182). Für J. Bürmann (1992, 177) ist persönlich bedeutsames Lernen stets „auf das Gewahrsein (awareness) des Selbsterlebens im ‚Kontakt‘ gerichtet“. Es geht um Berührtsein und In-Beziehung-Sein hinsichtlich der Erfahrung des Neuen. „Selbstgewahrsein und wache, sensible Umweltwahrnehmung sind für die – im Prozess der Persönlichkeitsentwicklung konstitutive – Kontakterfahrung zwei Aspekte eines einheitlichen Geschehens im Hier- und-Jetzt“ (ebd.). Als besonders wichtig kennzeichnet Bürmann das „(Sich)-Bereit-Machen“ auf eine neue Erfahrung. Die pädagogische Situation, das pädagogische Setting muss dafür ausreichend „Support“ (Lore Perls) bereitstellen. Persönlich bedeutsames Lernen ist ein riskanter Erfahrungsprozess:

> Jede Situation, die sich nicht mit Routinen oder „Vermeidungen“ durchsetzen lässt, fordert eine neuartige Lösung und setzt daher voraus, dass der einzelne sich mit seinem „bewährten“ Schatz an Erfahrungen in das Risiko des wechselseitig verändernden Erfahrungsprozesses begibt. „Erfahrung“ im Kontakt ist insofern nicht nur Erfahrung von „Objekten“, sondern immer auch Erfahrung der eigenen Veränderung im Kontaktprozess (…). (J. Bürmann 1992, 125, Hervorh. wegg.)

Bedeutsame Lernsituationen sind für Jörg Bürmann *subjektiv* wichtige, bildsame Erfahrungen, die zum Beispiel Entscheidungen, Verhaltensänderungen oder neue zukunftsorientierte Perspektiven nach sich ziehen. Im Zentrum des Interesses stehen Lernsituationen, die über das hinausgehen, was Thema kognitiver Lerntheorien ist: „Ein solches Lernen der Schüler, das in der Situation selbst mit Begeisterung und innerer Beteiligung erlebt wird – von außen beobachtet als lebhafte Aktivität oder konzentriertes Bei-der-Sache-Sein – und das vom einzelnen übersituativ als wichtige Lernerfahrung bewertet wird, nenne ich ‚persönlich bedeutsames Lernen‘, ‚mit Engagement mitgestaltet, mit Bewegtheit erlebt und – auch in der Distanz – als prägend für ihr eigenes Lernen angesehen‘, ‚von mir selbst und von anderen als wichtige, erregende Lebenserfahrung erlebt‘“ (a. a. O., 11). Wenn auch nicht jedes Lernen eine tiefgreifende Erfahrung sein kann, so kann persönliche Bedeutsamkeit immer schon bereits dann gegeben sein, wenn eine Lernerfahrung ganzheitlich und auf diese Weise integrierbar in die eigene Lebensgeschichte ist. Jörg Bürmann formuliert auf diese Weise nicht in erster Linie eine Lerntheorie, sondern eine ideale Bildungssituation als Zielrichtung didaktischen Handelns.

Ebenen persönlich bedeutsamen Lernens

J. Bürmann unterscheidet (1992, 44 ff.) vier Ebenen persönlich bedeutsamen Lernens: (1) Ganzheitliche Lernprozesse", (2) Lebensgeschichtliche Vertiefung, (3) Aktive Lebensgestaltung und Sinngebung sowie (4) Vergegenwärtigung und Reflexion der sozialen und historischen Dimension. Die vier Ebenen möchte ich nachfolgend erläutern (vgl. für den folgenden Abschnitt ebd.).

(1) Der erste Aspekt weist eine Nähe zum Konzept des lebendigen Lernens in der Themenzentrierten Interaktion (Cohn 1975) auf, denn es geht in erster Linie um „Sich-selbst-Erleben" in Interaktionen und Kreativität (Körper-Geist-Seele-Subjekt). Methodische Zugänge liefern eigenaktive, interaktionsbetonte, körperorientierte, feedbackorientierte Übungen mit allen Sinnen (z. B. mit Methoden, die Interaktion, Bewegung, Kreativität und Gewahrsein berücksichtigen). (2) Im zweiten Fall geht es um „Selbsterfahrung und Reflexion der lebensgeschichtlichen Bestimmtheit subjektiver Wahrnehmung und Weltsicht", mithin um in der Begegnung mit anderen erfahrbare Unterschiede und deren lebensgeschichtliche Einordnung („die Erfahrung des Eigenen als Spezifisches und zugleich als Variation eines allgemeinen Rahmens"). Das ermöglicht nicht nur, sich selbst besser kennen zu lernen, sondern auch andere Handlungsweisen kennenzulernen und zu erproben. Methodisch lässt sich dies fördern durch Stimulation lebensgeschichtlicher Erinnerungen an Situationen, Sätze etc., auch etwa im Rahmen von szenischem Nacherleben (z. B. mit theaterpädagogischen Methoden). (3) Drittens geht es um „aktive, selbstverantwortete Lebensgestaltung und Sinngebung". Dies geht über die biografische Reflexion hinaus und hebt ab auf die Einordnung in Wertekontexte, Lebenszeit und Lebenssinn. Zukunftsorientierung und Lebensziele spielen hier eine wichtige Rolle. Methodisch angeregt wird dies über Anregung zur Reflexion über eigene Werte, Ziele und Handlungspläne (z. B. mit Methoden des kreativen Schreibens). (4) In der vierten Variante vollzieht sich persönlich bedeutsames Lernen über ein Bewusstwerden der eigenen sozialen und historischen Existenz. Methodische Zugänge sollen hier den Bezug der eigenen Lebenssituation und -geschichte zu gesellschaftlichen Zusammenhängen ermöglichen (z. B. über kreative, reflektierende Methoden).

Bürmann formuliert Persönlichkeitsentwicklung als Ziel gestaltpädagogischen Handelns, wobei er sich auf Gordon Allports (1974 [1958]) Persönlichkeitstheorie bezieht. Dieser hatte selbst bereits von der Bedeutung biografischen Lernens und dem „engagierten Dabeisein" als Voraussetzung bedeutsamen Lernens gesprochen (zitiert nach J. Bürmann 1992, 38). Persönlichkeitsentwicklung im Sinne J. Bürmanns bedeutet die (Selbst-)Analyse der „Struktur der Verknüpftheit des einzelnen mit der Welt" (a. a. O., 143). Interessant ist Bürmanns Unterscheidung zwischen „lebendigem Lernen" und „persönlich bedeutsamem Lernen". Das Erste bezieht sich auf eine isolierte, von Aktivität und Interaktion gekennzeichnete Lernsituation, während das Zweite auf den Verweisungscharakter einer Situation zum Lebensganzen abhebt. Persönlich Bedeutsames zu lernen, bedarf nicht in jedem Falle eines bestimmten äußeren Rahmens. Es geht Bürmann eher um die Verknüpfung einer Erfahrung mit dem eigenen Lebenslauf (statt um ein Event), gleich welchen Ursprungs und gleich welchen Abstands zwischen der Lernsituation und der Erkenntnis ihrer Bedeutsamkeit. In diesem Verständnis lassen sich bedeutsame Lernerfahrungen als biografisch wichtige Erfahrungen interpretieren.

J. Bürmanns Konzept des persönlich bedeutsamen Lernens zeigt sich anschlussfähig zur biografischen Forschung in der Erziehungswissenschaft (Marotzki 1990, vgl. auch Nittel et al. 2023) sowie zu neueren Arbeiten über ein pädagogisches Verständnis von Lernen (Göhlich et al. 2014). Pädagogik ist immer Eingriff in die Lebenswelt eines Menschen und damit immer auch eine „Zumutung" (I. Bürmann 2003): Zumutung von Neuem, Zumutung von Erfahrungsmöglichkeiten, Zumutung von Zuwendung. Lebensgeschichten können als Lerngeschichten interpretiert werden (vgl. Marotzki 1990, Koller 2016). Lernen findet immer in einer bereits gedeuteten und geordneten Welt statt. Nur Erfahrungs-Lernen (Verstehen, Verarbeiten, Integrieren von Neuem) verändert Interpretationen des eigenen In-der-Welt-Seins (vgl. Giesecke 2004, 56). Ein solches Lernen spricht Sinne und Sinn gleichermaßen an.

7.2.2 Durch die Sinne zum Sinn

Menschen machen Erfahrungen. Was heißt das? Erleben ist noch keine Erfahrung. Erst das Bewusstwerden von etwas Neuem macht aus Erleben Erfahrung. Leben wird als Erleben greifbar, indem wir uns darüber bewusst werden, dass wir *etwas er*leben. Sobald wir uns dessen bewusst werden, können wir in der Beschreibung unseres Erlebens Unterscheidungen treffen, die wir für unser Erleben für wichtig erachten. Erfahrung bedeutet, das eigene Erleben zum Thema machen zu können. Ilse Bürmann (1997) weist auf den Doppelaspekt von Erleben und Erkenntnis hin. Sinnliches, intuitives Erleben ist das eine, das eigene Erleben einzuordnen in bestehende Deutungsangebote das andere. Zwischen lebensweltlich-sinnlichen und wissenschaftlich-rationalen Zugangsweisen zur Wirklichkeit bestehe ein produktiver Bruch (I. Bürmann 1997, 36 f.). Was heißt das konkret? Zwei Arten von Weltzugängen hat die Pädagogik zu berücksichtigen: erstens den unmittelbaren Zugang über das Erleben und zweitens das Bewusstwerden – die Reflexion, das Einordnen, das Verstehen – dieses Erlebens mit der möglichen Folge einer Erkenntnis. In der Gestaltpädagogik geht es darum, Erfahrung möglichst unverstellt zu ermöglichen im Sinne eines sinnenhaften, spürenden, gewahrwerdenden Erlebens.

Um beide Ebenen des Lernens zu berücksichtigen, ist, so I. Bürmann (1997, 39) ein Modus der „Mitwahrnehmung" einzunehmen (ein Konzept von C F. v. Weizsäcker). „Mitwahrnehmung" meint *Wahrnehmung des Allgemeinen im Einzelfall*, ein gleichzeitiges Achten auf spontanes Erleben und dessen Reflexion, auf lebensweltlich-sinnliche Erfahrung und rationale Reflexion, auch auf individuelle und Gruppenprozesse. Lernen wird hier als vielschichtiger Prozess formuliert, den es auf allen Ebenen zu würdigen gilt. Lebensweltliche Erfahrungen und begriffliche Abstraktion sind gleichrangig. Didaktisch besonders ergiebig sind Situationen, „in denen das Subjekt mit der Verschiedenartigkeit der Zugänge zur Wirklichkeit zugleich etwas über sich selbst und über die Wirklichkeit erfährt – und darüber hinaus über den Zusammenhang, in dem beides steht" (a. a. O., 41). Es geht Ilse Bürmann um einen „Doppelblick" auf die „mögliche wirklichkeitsaufschließende Bedeutung" einer Sache und die „mitgängige Wahrnehmungsbereitschaft für Möglichkeiten der Verknüpfung von Aspekten der ‚Sache' mit Erkenntnisbewegungen der Subjekte, die spontan entstehen können" (a. a. O., 42).

Für I. Bürmann ist die Mitwahrnehmungsfähigkeit die „zentrale Bestimmgröße pädagogischer Qualität" (a. a. O., 43). Pädagogik zeichnet sich nach diesem Verständnis dadurch aus, dass sie sich immer auf zwei Seiten gleichzeitig zu bewegen hat: auf der Seite des subjektiven Zugangs ihrer Zielgruppen zu Lern- und Veränderungssituationen und auf einer theoretisch-abstrakten Seite. Das gilt für Theorie *und* Praxis. Auch auf theoretischer Ebene genügt es nicht, Lernen in analytischer Distanz von außen wie ein Ding zu beforschen, um aus dem Allgemeinen Rückschlüsse zu ziehen. Pädagogik hat, wenn sie den ganzen Menschen im Blick haben will, seine doppelte Seinsweise in der Welt zu berücksichtigen: Erleben und Bewusstsein von diesem Erleben, mithin Erkenntnis. Ilse Bürmann weist uns darauf hin, dass Menschen erst dann in Kontakt mit sich und der Welt sind, wenn sie mit beiden Ebenen vertraut sind. Gestaltpädagogik ist ein Ansatz, um Adressat*innen mit diesen beiden Ebenen vertraut zu werden.

Lernen als Umstrukturieren

Lernen ist ein krisenhafter Umstrukturierungsprozess (a. a. O., 147). Bedingungen, die den zwischen Erfahrung und Erkenntnis vermittelnden Charakter *bildenden* Lernens unterstützen, sind nach I. Bürmann (a. a. O., 148 f.): Freiraum von Handlungszwängen, Freiheit von Angst und Druck, Zuwendung und Herausforderung, didaktische Reduktion als Teil des Lernprozesses, problemorientiertes Vorgehen und systematische Ausweitung, Spielräume für Lernwege, Individualisierung und Austausch, Dialog ohne festgelegtes Ergebnis. Übergeordnet diesen Bedingungen ist das Aushalten und Anerkennen von Spannungsfeldern und Widersprüchen, was neue Anforderungen an die Persönlichkeit von Lehrer*innen stellt (a. a. O., 150). Ilse Bürmann kritisiert, es werde im Erziehungs- und Unterrichtsgeschehen zu wenig der Prozess der Sinnkonstituierung thematisiert, auch mit seinem Konfliktpotenzial (I. Bürmann 1997, 129). Gestaltpädagogik setzt genau an diesem Punkt an. Es geht darum, Menschen darin zu unterstützen, sich sinnlich und sinnhaft zu sich und der Welt ins Verhältnis zu setzen.

Lernen ist ein Suchprozess, den es zu verstehen gilt. Aufgabe von Pädagogik ist es, die Suchbewegung der Lernenden zu begleiten (I. Bürmann 1997, 18 f.). Beim kognitiven Lernen (z. B. in der Schule) gibt es stets einen unvermeidbaren Bruch zwischen der subjektiven Erfahrung mit einem Phänomen in der eigenen Lebenswelt („lebensweltlich strukturiertes Wissen") und der analytischen, systematischen Einordnung einer Sache („wissenschaftlich strukturiertes Wissen") (a. a. O., 20). Ilse Bürmann hat hier Unterrichtssituationen vor Augen in Unterscheidung der subjektiven Zugänge von Lernenden zum Thema und der Darstellung eines Themas in Schulbüchern und Wissenschaft. Der Bruch zwischen diesen beiden Domänen könne nicht vermieden werden, aber er kann thematisiert und damit fruchtbar gemacht werden (ebd.).[40] Auf diese Weise werde im Sinne des phänomenologischen Ansatzes von Käthe Meyer-Drawe (2008) ein „Umlernen" möglich, „das geläufige Sichtweisen und Erfahrungshorizonte infrage stelle und damit durch ‚Negativität' gekennzeichnet sei" (I. Bürmann 1997, 20). Die „Negativität" im Zusammenhang von Lernprozessen ist stets gegeben, weil immer schon Erfahrungen vorhanden sind, die umgedeutet werden müssen im Zuge neuer Erfahrungen. Das trifft auf alle Lernanlässe und Lernebenen zu, ob es nun um kognitive (z. B. Fakten im Fach Geschichte) oder um lebensgeschichtliche Lernprozesse geht (etwa in Krisen).

Gestaltpädagogisch geht es nicht nur um ein kognitives Vorwissen, sondern generell um Vor-Erfahrungen. So bringen zum Beispiel Kinder in der Schule oder auch in sozialpädagogischen Einrichtungen vielfältige Erfahrungen mit: Beziehungserfahrungen (in der Familie, in der Nachbarschaft, mit anderen Kindern, auch mit Pädagog*innen), Erfahrungen mit ihren eigenen und den Emotionen von anderen, leiblich-seelische Erfahrungen, Konflikterfahrungen, Erfahrungen mit Medien, Armuts- und Wohlstandserfahrungen, kulturelle und religiöse Erfahrungen, Erfahrungen mit Lernen – auch mit dem Wort „Lernen" –, Erfahrungen aus dem Kindergarten, Schulerfahrungen, Erfahrungen über ihre Position in der Welt, über Dinge in der Welt, Politik und Gesellschaft, Lebenserfahrungen

40 Hier trifft sich die Gestaltpädagogik mit den Grundsätzen der konstruktivistisch-systemischen Pädagogik: Lernen ist immer ein Umdeutungsprozess, ein Prozess der Re-Konstruktion, in der neues Wissen auf der Grundlage des schon vorhandenen Wissens entsteht. Dabei geht es um sehr viel mehr als um die didaktisch sinnvolle Idee, am Vorwissen der Lernenden anzusetzen. Es geht darum, das Vorwissen in umfassender Weise zu berücksichtigen, sich überhaupt dafür zu interessieren. Arnold und Holzapfel (2009) haben ausführlich die Parallelen aber auch die Unterschiede zwischen beiden Ansätzen gezeigt.

und so fort. Bildungstheoretisch könnte von vielfältigen Selbst- und Welterfahrungen gesprochen werden.

Sinnenbewusstsein und Sinnenpädagogik

Dass Vorwissen bzw. Vorerfahrungen für Lernprozesse wichtig sind, dürfte in der Pädagogik heutzutage zum fachlichen Konsens gehören. Das Besondere des gestaltpädagogischen Ansatzes besteht nun aber darin, die (Vor-)Erfahrungen nicht nur *mit* zu berücksichtigen (etwa zum Unterrichtseinstieg oder als Hintergrundaspekt im sozialpädagogischen Handeln), sondern Erfahrungsorientierung zum Dreh- und Angelpunkt des ganzen pädagogischen Handelns zu machen. In diesem Zusammenhang geht es zum einen um *sinnliche* Erfahrungen, also um ein ganzheitliches Lernen, das nicht nur die kognitive Seite berücksichtigt, sondern auch die emotionale, körperliche und seelische Seite. Zum anderen geht es darum, im Lernen *Sinn* zu erfahren. Eine so verstandene Pädagogik der Sinne und des Sinns zielt darauf ab, Lernen als einen Prozess persönlichen Wachstums zu begleiten, in dem Lernerfahrungen nicht einfach nur „gemacht" werden, sondern geprägt sind von einer sinn(en)haften Vorstellungskraft der Lernenden. Lernen braucht eine Vorstellung darüber, was gerade warum passiert und wohin dieser Prozess führen kann. Lernen wird auf diese Weise zu einem sehr stark *imaginativen* Prozess, an dem die Lernenden als ganze Person beteiligt sind (vgl. Holzapfel 2002).

Die wissenschaftliche Pädagogik hat der Vorstellungskraft der Lernenden stets wenig Beachtung geschenkt, so Günther Holzapfel (2002). Was sich die Lernenden „so denken", wird letztlich stets, zumindest mehr oder weniger, der Korrekturbedürftigkeit anheimgestellt. Das Vernunftkonzept der philosophischen Aufklärung, prominent vertreten durch Immanuel Kant und ideengeschichtlich gern auch zitiert als Ausgangsidee einer modernen Pädagogik, habe zu einer einseitigen Betonung des Rationalen geführt (das stand aufklärerisch ja auch in Absicht), zu einer „Austreibung der Phantasie" durch die Aufklärung (a. a. O., 77). Der „Ausschaltung der Einbildungskraft" (Holzapfel a. a. O., 85) stellt Holzapfel (a. a. O., 105) mit Rudolf zur Lippe das Motto „Durch die Sinne zum Sinn" gegenüber: Es gehe in der Pädagogik um „Sinnenbewusstsein" und „Sinnenpädagogik" in Anschluss an ein Verständnis von Bildung als ästhetische Bildung (ebd.). In Weiterführung dieser Auffassung erscheint dann Gestaltpädagogik als ein sinn- und sinnenhafter Bildungsansatz.

Gestaltpädagogik ist eine prozessorientierte Pädagogik und darin der Natur des Lernens angemessen, denn Lernen ist prozesshafte Sinngebung (vgl. I. Bürmann 1997, 21). Die Gestaltpädagogik betont sehr viel mehr als andere pädagogische Ansätze die „Kultivierung ästhetischer Wahrnehmung" im Sinne einer „Welthingabe" im Gegensatz zu analytisch strukturierten Zugängen zur Welt (I. Bürmann 1997, 27). Es geht um den subjektiven Zugang mit allen Sinnen in der Erschließung neuer Wissens- und Erfahrungsräume. Das Besondere des gestaltpädagogischen Ansatzes besteht in der Betonung des subjektiven Zuganges zu Lern- und Veränderungsprozessen. Das heißt beispielsweise für sozialpädagogisches Handeln, konsequent an den Erfahrungen der Klient*innen anzusetzen, etwa der Kinder und Jugendlichen, aber auch der Eltern im Rahmen zum Beispiel der Hilfen zur Erziehung. Erfahrungsorientierung in der Gestaltpädagogik bezieht sich nicht nur darauf, welche Erfahrungen die Adressat*innen mitbringen (also bereits gemacht haben), sondern vor allem auch darauf, welche sie *hier und jetzt* gerade in der pädagogischen Situation machen. Von besonderer Wichtigkeit sind dabei Lernerfahrungen, die existenziell bedeutsam sind.

7.3 Die existenzielle Seite bedeutsamer Lernerfahrungen

Lernerfahrungen sind subjektive bedeutsam vor allem dann, wenn sie existenzielle Erfahrungen sind, das heißt mit der eigenen Person, Lebenssituation, Existenz in Verbindung stehen. Existenziell bedeutsame Lernerfahrungen verankern uns lernend in der Welt.

> Die Bezogenheit zur Welt wird erlebbar im Kontakt: im gleichzeitigen Erleben von Zusammengehörigkeit und Verschiedenheit, von Verbindung und Trennung. Ganzheitliches, lebendiges Lernen meint daher primär das *Erleben des eigenen Existierens im Kontakt mit der Welt*. Die erlebnismäßige Einheit der eigenen Existenz in der Leiblichkeit (…). (J. Bürmann 1992, 138, Hervorh. i. O. fett)

Existenzielle Lernerfahrungen sind sinnlich erfahrbare, *emotionale* und *leibliche* Lernerfahrungen. Beide Aspekte gilt es in Bildungszusammenhängen zu berücksichtigen.

7.3.1 Emotionalität des Lernens

Die Gestaltpädagogik war bereits vor fünfzig Jahren eine Vorreiterin in der Berücksichtigung von Emotionen in der pädagogischen Arbeit. Mittlerweile liegt eine riesige Fülle an Belegen vor, die empirisch bestätigen, dass Lernen nicht nur eine Sache des Denkens ist (Kognition), sondern auch eine Sache des Fühlens (Emotion). Versuchen aber nicht alle Pädagog*innen – ob Lehrer*innen, Sozialpädagog*innen oder Erwachsenenbildner*innen – auf die Emotionen ihrer Zielgruppen einzugehen? Mag sein, aber die Klage über schwierige pädagogische Situationen ist zumeist eine Klage über *emotional* schwierige Situationen. Die *Absicht*, auf Emotionen einzugehen, scheint also nicht zu genügen, erscheint manchmal sogar aussichtslos: „Ich habe auf der emotionalen Ebene alles versucht", heißt es dann manchmal in der Praxis etwas resigniert, oder: „Ich kann ja nicht auf alle

Emotionen eingehen". Der (gestalt)pädagogische Fokus auf emotionale *Erfahrungen* hilft dabei, emotionale Prozesse pädagogisch besser zu verstehen. Gestaltpädagogisch geht es nicht darum, auf die Emotionen der Lernenden (Schüler*innen, Klient*innen) einzugehen im Sinne einer *zusätzlichen* pädagogischen Aufgabe. Es geht auch nicht um die Idee eines „emotionalen Lernens" als Erlernen *spezieller* emotionaler Kompetenzen. Wenn etwa von „emotionaler Intelligenz" oder von „Emotionsregulation" die Rede ist, dann ist damit oft die verhaltenspsychologische Idee einer emotionalen Kompetenz im Sinne eines persönlich verfügbaren und trainierbaren Verhaltensrepertoires verbunden. Die Zusammenhänge zwischen Lernen und Emotionen sind jedoch vielfältig (vgl. Huber & Krause 2018). In der Gestaltpädagogik geht es vielmehr darum, dass Lern- und Veränderungsprozesse immer auch emotionale Prozesse *sind*. Genau deshalb machen beispielsweise Lebensveränderungen Angst, genau deshalb sind Krisen belastend, und daher können Lernanforderungen unter anderem in der Schule mit einer Vielzahl von emotionalen Belastungen verbunden sein. Die Zumutung des Lernens ist immer auch eine emotionale Bewältigungsaufgabe.

Bereits Perls und Goodman betonten die „unentbehrliche" Rolle von Emotionen in Prozessen persönlichen Wachstums, weil sie uns „(wenn auch nicht unbedingt angemessene) Erkenntnisse über die Objekte angemessener Bedürfnisse" liefern (Perls et al. 2019 [1951], 30). Erfahrung hat immer auch eine emotionale Qualität. Emotionen verbinden uns mit der Welt, sie werden situativ, das heißt *in Beziehung* wirksam, und sie werden auch in Beziehungen gelernt. Es geht darum, mit ihnen vertraut zu werden. Das geht ebenfalls wiederum nur innerhalb von Beziehungen. Emotionsregulation ist immer eine Ko-Regulation, sie vollzieht sich nicht unabhängig vom Feld (als hätten die Erziehenden nichts mit der Art und Weise zu tun, wie Kinder mit ihren Gefühlen umgehen). Lernen (auch Fühlen-Lernen) ist ein emotionales Geschehen. Prozesse des Lernens, der Entwicklung und der Veränderung *sind* emotionale Prozesse. Emotionen sind die subjektive Seite unserer Selbst- und Weltwahrnehmung. Emotionen sind „Erlebnisse von Bedeutungen" (Staemmler 2017, 31). Daher ist es zu wenig, Emotionen „hervorrufen", nur situationsweise auf Emotionen „eingehen" oder Emotionen „auch berücksichtigen" zu wollen. Denn im emotionalen Erleben drückt sich der sinnstiftende, selbst- und weltzugewandte Prozess der Erfahrung mit etwas Neuem aus. In der Gestaltpädagogik geht es genau deshalb um eine stärkere Betonung von Emotionen (vgl. Holzapfel 2002).

Emotion und Vorstellungskraft

Es geht nicht um eine Art Emotionalisierung der Pädagogik. Auch geht es nicht darum, Ratio und Emotionen gegeneinander auszuspielen, sondern um deren Verbindung (Holzapfel 2002, 12). Holzapfel (a. a. O., 13) kritisiert die „kognitivistischen Verkürzungen des Lern- und Bildungsbegriffes in (erwachsenen)pädagogischen Zusammenhängen" und betont die Notwendigkeit, „auf theoretischer

Ebene den Zusammenhang zwischen Leib, Seele und Geist zu klären". Wahrnehmen, Erleben, Denken und Handeln müssten gleichgewichtig berücksichtigt werden (ebd.). In Rückgriff auf ein Zitat von Dietmar Kamper kritisiert Holzapfel (a. a. O., 29) die in der kapitalistischen Erlebniswelt vorherrschenden „Pseudogestalten der Phantasie" als manipulative „Bilderwelten, die auf besondere Erlebnisse setzen". Dem müsse die „Einbildungskraft" entgegengesetzt werden – also die Vorstellungskraft, die Macht der Phantasie, die Fähigkeit zur Imagination – als Vermittlerin („intermediäre Potenz") zwischen Emotionalität, Körperlichkeit, Sinnlichkeit und Vernunft zu verknüpfen (a. a. O., 47). Nun könnte gesagt werden, gerade die digitale, mediale Welt würde den heutigen Menschen in seiner Phantasie beflügeln wie nie zuvor. Wir alle sind ja von Bilderwelten, Textwelten und Sprachwelten eingenommen – seit dem Erscheinen von Holzapfels Schrift noch durch die digitalen Potenzierungen um ein Vielfaches gesteigert. Holzapfel geißelt jedoch die mediale „Trennung von Zeichen und Sinn" als Entzauberung der Welt (a. a. O., 49), denn die vielen Zeichenwelten seien erfüllt von Zeichen, die letztlich keinen Sinn machen, zumindest keinen existenziellen. Es seien „Surrogat-Bilder", die bei uns das „Ergebnis lediglich eines schlechten Gewissens bzw. eines Unberührtbleibens" hinterlassen (a. a. O., 52).

> Die Surrogat-Bilder aus der inszenierten und ästhetisierten Lebenswelt fördern früh und nachhaltig diesen Verschmelzungsvorgang. Wenn die Emotionalität der Menschen erst einmal in diesen Surrogat-Bildern eingefangen ist, kann man eben dagegen nicht nur mit einem rationalistischen Aufklärungsmodell arbeiten, weil dieses dann die Menschen nur einer Fokussierung ihrer Emotionalität beraubt, das heißt die Emotionalität wird richtungslos. Ein anderer Aspekt der gleichen Medaille der phantasielosen Pädagogik wäre der moralistische oder appellative Zeigefinger. (Holzapfel 2002, 52)

Emotionen und Phantasien sind beim Menschen immer schon miteinander verknüpft, so Holzapfel (2002, 52): Emotionen drücken sich in Phantasien aus und Emotionen werden von Phantasien beeinflusst; Einbildungskräfte geben Energie für Denken und Handeln. Die „Pseudogestalten" (Kamper) etwa der Werbewelt und der sogenannten „sozialen" Medien, so könnte gesagt werden, besetzen somit unsere Emotionen und unsere Phantasie, aber mit nichts Existenziellem. Wir bleiben mit einem unbefriedigtem, schalen Geschmack zurück. Genau deshalb ergreift manche Menschen eine Leere, sobald sie die digitalen Kanäle abschalten, statt dass sie eine Fülle spüren könnten, die sie eine Weile trägt. Das ist der Suchtfaktor der digitalen Zeichenwelten: Es ist nie genug.

Die von Holzapfel angesprochenen Zeichenwelten bescheren uns nicht wirklich Kontakt mit uns und der Welt, sie sind eine Art von Pseudo-Kontakt, ein verbissenes „Anklammern" jenseits unserer wirklich existenziellen Bedürfnisse zum Beispiel nach anderen Menschen oder nach Wertschätzung. Holzapfels (a. a. O.,

53) Vorschlag: Nicht gegen die Phantasie arbeiten (die immer schon da ist), sondern mit ihr: „Das bedeutet die Bewusstwerdung von Gefühlen und Phantasien durch Vergegenwärtigung" (a. a. O., 53). Durch Vergegenwärtigen und Ausdrücken kann deutlich werden,

> dass in vielen Bildern und Geschichten aus der modernen Produkt- und Life-Style-Welt existentielle Gefühle angesprochen werden, deren sich die Menschen nicht mehr bewusst sind und die sie glauben, mit den Erzählungen aus der inszenierten Welt befriedigen zu können. (...) Sehnsüchte nach Freiheit, Glück, Liebe und sinnvollem und erfülltem Leben und als Pendants dazu die Ängste vor Versagen, Ausschluss aus der Gemeinschaft, Lieblosigkeit, Krankheit, Sinnlosigkeit des Lebens, Verlassensein. Ohnmacht und Tod. (ebd.)

Gewiss sind derartige Gesellschaftsanalysen wissenschaftlich betrachtet immer eine Gratwanderung zwischen Analyse und Spekulation. Mit Blick auf die Praxis könnte argumentiert werden, dass für eine praktische Pädagogik vor allem zählt, ob sich daraus lohnenswerte Beobachtungs- und Handlungskriterien ableiten lassen. Zumindest erschiene die allgegenwärtige Klage über ein „zu viel an Phantasie" oder ein zu sehr „in der eigenen Welt" zu sein (heutzutage etwa in Internetwelten) in einem anderen Licht. Denn als Ausgleich bräuchte es dann nicht weniger Phantasie und mehr „Disziplin", „Vernunft" oder „Struktur", sondern Angebote, die Formen von Phantasien und Emotionen erlauben, die *tatsächlich* in Verbindung stehen mit existenziellen Bedürfnissen: Eine Phantasie der Fülle und nicht die Pseudo-Fülle, die in Wahrheit Sinnenleere ist und sich in Pseudogestalten verliert. Kontakttheoretisch: Es braucht Phantasie und Emotion im Kontakt mit sich und der Welt statt Pseudokontakt, der lediglich zu Verwirrung und Leere führt.

Gesellschaftliche Bedingungen emotionaler Erfahrungen

Emotionen entstehen nicht unabhängig von unseren Beziehungen zur Welt, sind nicht einfach weltlose Empfindung. Holzapfel (2008) zeigt am Beispiel der Erwachsenenbildung, wie sich in den 1990er Jahren der pädagogische Fokus von den gesellschaftlichen Rahmenbedingungen zu den sozial-emotionalen Dynamiken des Lernens verschob. Ursache seien „tiefgreifende soziale, ökonomische, politische und kulturelle Umbrüche mit vehementen psychischen Verunsicherungen bei Individuen und deren primären lebenstragenden Gruppenbeziehungen" (Holzapfel 2002, 146 f.) gewesen. Diese spiegelten sich nun auch in den Angeboten der Erwachsenenbildung wider, in denen es seitdem „verstärkt um Fragen der Subjektivität, Identität und Emotionalität" geht. (a. a. O., 147). Indem Lernen als subjektiver, identitätsbildender Prozess zur Geltung kommt, ergeben sich automatisch Fragen nach der Emotionalität des Lernens. Eindeutig trifft sonach Holzapfels Analyse nicht nur auf die Erwachsenenbildung zu.

So wichtig es ist, die emotionale Seite des Lernens in den Blick zu nehmen, so wenig darf das heißen, deshalb die gesellschaftlichen Bedingungen von Bildungsprozessen zu vernachlässigen. „Gesellschaft darf in den theoretischen Analysen der Pädagogik nicht zur Randbedingung werden, aus der jedes Subjekt sich seine eigene Außen- und Innenwelt konstruieren kann", kritisiert Holzapfel (2002, 153) unter anderen auch konstruktivistische Ansätze (vgl. a. a. O., 158 ff.). Holzapfel (a. a. O., 151) bezieht sich stattdessen auf die Kritische Psychologie, nach der „Emotionen als Bewertungen der objektiven Realität im Maßstab subjektiver Befindlichkeit bzw. am Maßstab der Handlungsmöglichkeiten gegenüber relevanten Lebensbedingungen aufgefasst" werden. Denn gesellschaftliche Bedingungen schlagen sich in den Emotionen der Gesellschaftsmitglieder wieder (a. a. O., 151). Emotionen werden nicht beliebig gesellschaftsfern konstruiert, wiewohl sie kontingent sind. Es gilt also, die „soziologischen, ökonomischen, sozialphilosophischen und kultursoziologischen Analyseebenen" zu beachten, wenn es um die Bedeutung von Emotionen für Lernen geht (a. a. O., 153). Sonst wird aus Emotionsorientierung Selbstoptimierung im Sinne einer individualistisch verkürzten „Emotionsregulation". Mit Lernen wäre dann nicht nur Entfremdung auf der Sinnebene verbunden, sondern zusätzlich auch noch emotionaler Stress. Von den Lernenden würde dann unter Umständen gefordert, sich emotional mit dem zu identifizieren, worin sie gar keinen Sinn sehen. So ist also Vorsicht geboten, wenn in bester Absicht in pädagogischen Einrichtungen „psychologisch" vorgegangen wird. Pädagogik ist kein Verhaltenstraining, sondern ein Dialog, der an den eigenmächtigen Erfahrungen der Lernenden ansetzt.

Das explizite Eingehen auf die Emotionen von Lernenden ist keine generelle Maxime, sondern muss im pädagogischen Sinne (bei Holzapfel: didaktisch) begründet werden (a. a. O., 167). Allerdings braucht es stets „ein Mindestmaß eines guten Kontaktes und einer adäquaten Lernatmosphäre zwischen Lehrenden und Lernenden und den Lernenden untereinander" als „wesentliche Voraussetzung für Lernen" (a. a. O., 158). Diese Maxime lässt sich auf alle pädagogischen Handlungsfelder übertragen: Es geht in der Pädagogik darum, Beziehung so anzubieten und mitzugestalten, dass sie fachlich verantwortbar und sinnvoll ist. Gerade weil die Beziehungsebene das Potenzial für tiefe, existenziell berührende Erfahrungen (und Verletzungen) hat, muss damit fein abgestimmt umgegangen werden. Das betrifft nicht nur die emotionale Seite des Lernens, sondern auch die leibliche, das heißt die den ganzen Menschen erfassende Dimension von Lernerfahrungen.

7.3.2 Leiblichkeit des Lernens

Unsere Beziehung zur Welt ist phänomenologisch immer ein Affiziertsein. Was immer uns gefühlsmäßig *bewegt* oder *berührt*, spüren wir *an uns* im Angesicht *von etwas*. Silke Leonhard (2006) weist im Rahmen ihres gestaltpädagogisch gerahmten (religions)didaktischen Konzepts darauf hin, dass ein „leibliches Lehren und Lernen" phänomenologisch bereits im Ausgang von Edmund Husserl aufgrund der Doppelkonstitution des Leibes als Materie und Lokalisation von Empfindungen begründet sei (a. a. O. 47). Der Leib erfährt Bedeutung für den Aufbau der räumlichen Welt (ebd.), ist mit Gabriel Marcel „Körper-Haben" und „Leib-Sein" (a. a. O. 48) und mit Maurice Merleau-Ponty „Medium zur Welt, zu den Anderen und zu sich selbst" (a. a. O., 51). Wenn Leiblichkeit die grundlegende Weise des Erlebens ist (a. a. O., 35), dann ist auch jede Lernerfahrung zwingend nicht nur eine emotionale, sondern eine leibliche Erfahrung.[41] Leiblicher Ausdruck und Bewegung fördern sowohl Empathie als auch kognitive Differenzierung. „Der Leib und die in ihm inkorporierten Gefühle stellen eine Erkenntnisinstanz per se dar" (Holzapfel 2002, 156). Die leibliche Seite des Lernens ernst zu nehmen, meint etwas anderes als bloß Motivierung und Auflockerung des pädagogischen Geschehens (vgl. a. a. O., 156). Es geht nicht um Leiborientierung an sich oder gar um eine Abwertung des Geistigen, sondern um die „Berücksichtigung der eigenständigen ‚Natur' des Geistigen, Seelischen und Körperlichen. Konkret: Das Geistige (Begriffe, Theorien) braucht in Lern- und Bildungsprozessen nicht immer die Rückführung auf Emotionales, und Körperliches kann auch nicht auf die anderen Ebenen immer zurückgeführt werden" (ebd.).

Leibbegriff im Gestaltansatz

Holzapfel kritisiert den fehlenden Leibbegriff im Ausgang von Perls und setzt hier den Leibbegriff der Integrativen Therapie von Hilarion Petzold entgegen. Daran anknüpfend unterstreicht Holzapfel (2002, 185) die Bedeutung von „Zeit, Raum und Körperlichkeit als Schlüsselkategorien für aktuelle Bildungsprozesse" gerade auch durch das Infragegestelltsein unserer leibhaftigen Existenz unter den Bedingungen der „westlichen Zivilisation". „Körper- und Leibarbeit als Bildungsarbeit" (a. a. O., 186) werden an dieser Stelle zur ökologischen Frage (vgl. ebd.), die aktueller in Zeiten des Klimawandels nicht sein könnte. Holzapfels Verweis auf Fragen des Tierwohls und der Interkulturalität (a. a. O., 186 f.) zeigen, dass aus der von Holzapfel konstatierten Fokusverschiebung von Bildungsarbeit auf das Subjektive längst eine gesellschaftliche Frage von globaler Bedeutung geworden ist. Umso wichtiger ist ein Zusammendenken der einzelnen Leibaspekte im Sinne eines neuen ganzheitlichen Denkens, wie es etwa Petzold (2022) in seinem Konzept der „Oikeiosis" formuliert. Der Leib ist Gestalt- und Ausdrucksmittel des Gefühlten, aber auch kreativer Leib und erträumter Leib, gleichzeitig rollenspezifisch funktionalisierter, produzierender Leib. In diesem Sinne ist Leiblichkeit nicht nur der Schnittpunkt zwischen Innen und Außen, Ich und Welt, Geist und

41 Für gestaltpädagogische Erfahrungen mit leiblicher Nicht-Präsenz im Falle der Online-Lehre vgl. Becker (2023).

Natur, sondern der Kulminationspunkt unseres In-der-Welt-Sein. Alles, was uns wirklich ist, erfahren wir als Wirklichkeit über unser Leib-Sein. Darin manifestiert sich zugleich Selbst-Sein und Welt-Sein. Daher sind Wahrnehmungsübungen Übungen des sich selbst und des die Welt Wahrnehmens (vgl. Dauber 2009, 104 f.).[42] Die Gestaltpädagogik geht davon aus, dass Leiblichkeit nicht einfach nur ein Aspekt von Lernen ist, sondern dass Körperlernen eine eigenständige Ebene des Lernens ist. Einzelne Ebenen der Erfahrung (leiblich, emotional, kognitiv) befruchten sich gegenseitig. Wenn wir wirklich etwas erfahren, dann erfahren wir immer etwas Ganzes, das heißt auch etwas Leibliches.

Ganzheitliches pädagogisches Handelns setzt auf unterschiedlichen Ebenen an. So lässt sich möglicherweise eine emotionale Krise (als Erfahrung des Stillstands) leichter bewältigen, wenn auf einer anderen, etwa der körperlichen Ebene etwas in Bewegung kommt. Eine Lernkrise auf kognitiver Ebene mag aus der Sackgasse kommen, wenn es zu einer emotionalen Veränderung kommt. Das ist die Grundidee kontaktorientierter Pädagogik: Menschen darin zu unterstützen, mit sich selbst, mit anderen und den Dingen in der Welt bewusst in Beziehung zu treten, statt sich auf Blockaden zu fixieren. Es geht im pädagogischen Handeln darum, Kontaktprozesse dort zu unterstützen, wo sie möglich sind. Allein die leiblichen Aspekte bieten hier unzählige Möglichkeiten, wieder Bewegung in das Feld zu bringen. Absicht gestaltpädagogischen Handelns ist es, Beweglichkeit auf geistiger, emotionaler, körperliche und seelischer Ebene in den Beziehungen zu sich selbst und zur Welt zu ermöglichen: Kontakt.

---

42 Solche Übungen sollten allerdings nicht auf etwas anderes reduziert werden, beispielsweise Achtsamkeitsübungen als bloße Stillhaltetrainings.

8 Gestaltpädagogisches Handeln: Kontakt ermöglichen

Gestaltpädagogik ist eine „Pädagogik vom Menschen aus“ (Burow 1988, 78). Gestaltpädagogisches Handeln ist die anerkennend-dialogische Hinwendung zu einem Gegenüber in der Absicht, persönlich bedeutsames Lernen zu fördern. Die Grundidee der Gestaltpädagogik besteht darin, nicht „objektives“ Wissen leistungsorientiert „vermitteln“ zu wollen, sondern den Kindern, Jugendlichen und Erwachsenen eigene bedeutsame Erfahrungen mittels einer unterstützenden Umgebung zu ermöglichen. Die Herausbildung von Selbst- und Weltzugewandtheit sowie deren Verknüpfung lässt sich unterstützen durch die Berücksichtigung der je eigenen Erfahrungen, die Lernende in der Auseinandersetzung mit Themen und Herausforderungen, die für sie persönlich relevant sind, machen. Eine die je subjektiven Relevanzen berücksichtigende pädagogische Vorgehensweise ermöglicht die aktive Auseinandersetzung mit sich und der Welt und fördert auf diese Weise mündiges Handeln in Lebenswelt und Gesellschaft. Kontakt- und Beziehungsorientierung bilden zu diesem Zwecke das Fundament der Gestaltpädagogik. Daraus lassen sich weitreichende Schlussfolgerungen für pädagogisches Handeln ableiten.

Handlungsfelder

Die Gestaltpädagogik kommt ursprünglich aus der Praxis schulischen Unterrichtens. Dort war sie jedoch stets mehr als nur Didaktik. Viele ihrer Prinzipien lassen sich übertragen auf alle anderen pädagogischen Handlungsfelder. Das sieht seit langem schon vor allem die Heilpädagogik so, die ja zum einen mit Unterrichten, zum anderen aber auch mit erzieherischen Aufgaben befasst ist. In Zeiten von Inklusionsklassen ergeben sich längst zwischen beiden Bereichen Überschneidungen. Während die Gestaltpädagogik in den Regelschulen vor allem lebendige Unterrichtskonzepte hat entstehen lassen, hat der Gestaltansatz in der Heilpädagogik Expertise im Umgang mit herausfordernden pädagogischen Situationen entstehen lassen. Auch in der Sozialen Arbeit stößt Gestaltpädagogik seit geraumer Zeit auf Interesse, auch wenn die praxisbezogenen Konzepte hier eher noch rar sind und der weiteren Ausarbeitung harren. Schließlich sei noch die Kindheitspädagogik erwähnt, wo die Gestaltpädagogik erzieherisch Früchte trägt, auch wenn die Anzahl der Publikationen in den Feldern der Kindestagesbetreuung noch sehr übersichtlich ist.

Jedes gestaltpädagogische Handlungsfeld (vgl. dazu auch Schübel 2023) kann meines Erachtens von allen anderen Handlungsfeldern lernen. In diesem Kapitel zeige ich, was gestaltpädagogisches Handeln ausmacht anhand der vier pädagogischen Handlungsfelder Kindheitspädagogik, Schulpädagogik, Heilpädagogik und Soziale Arbeit. Damit sind vier wichtige pädagogische Handlungsfelder abgedeckt, in denen die Gestaltpädagogik recht lange schon in der Praxis etabliert ist. Ich weise den vier Handlungsfeldern jeweils typische pädagogische Handlungstypen zu. Das ist aber nicht so misszuverstehen, dass es sich hier um eine exklusive Zuordnung handelt. Zum Teil ist diese Klassifizierung Ausdruck des aktuellen Standes gestaltpädagogischer Literatur. Gleichzeitig ergeben sich damit Grundaspekte (gestalt)pädagogischen Handelns, die zu unterscheiden lohnt, weil sie in unterschiedlicher Gewichtung wohl in jedem pädagogischen Handlungsfeld mehr oder weniger anzutreffen sind (wenn auch manchmal ein Streit darüber besteht, welche Berufsgruppe jeweils zuständig ist).

Im Folgenden ordne ich zunächst gestaltpädagogisches Handeln erziehungswissenschaftlich ein, indem ich die Frage stelle: Was ist eigentlich *pädagogisches* Handeln? Pädagogik ist nicht Therapie, wie aber ist die Abgrenzung konkret markierbar? Ich werde in diesem Zusammenhang unter anderen den Anschluss an die Allgemeine Pädagogik sowie an die phänomenologische Pädagogik herstellen (8.1). Danach erläutere ich vier Grundaspekte gestaltpädagogischen Handelns. Den ersten von ihnen bezeichne ich als dialogorientiertes pädagogisches Handeln. Dieser Handlungsaspekt bildet die Basis für die anderen drei Aspekte. Im dialogischen Handlungsaspekt geht es um eine dialogische Grundhaltung, die den Adressat*innen Anerkennung zusichert sowie Nähe und Distanz gleichermaßen wahrt. Der Vorrang der dialogischen Beziehung ist das wichtigste Prinzip der Gestaltpädagogik. Das hat auch Folgen für ihr professionelles Rollenverständnis, wie deutlich werden wird. Der dialogische Handlungsaspekt wird exemplarisch veranschaulicht am Beispiel der Kindheitspädagogik (8.2). Anschließend fasse ich zusammen, was die Gestaltpädagogik an didaktischem Know-how über bildungsorientiertes pädagogisches Handeln entwickelt hat, illustriert an der Schulpädagogik. An Kontaktprozessen und am Dialog ausgerichtete Bildungsprinzipien und didaktische Methoden werden erläutert (8.3). Im darauf folgenden Abschnitt geht es um den störungsorientierten Aspekt gestaltpädagogischen Handelns. Ausgehend von einem gestaltpädagogischen Störungsverständnis werden Umgangsweisen mit Unterrichts- und Verhaltensstörungen erläutert, veranschaulicht anhand der Heilpädagogik (8.4). Zum Schluss stelle ich die Frage, wie pädagogisch mit der emotional-seelischen Verletzbarkeit der Adressat*innen umgegangen werden kann. Der pädagogisch-therapeutische Handlungsaspekt zielt auf Kontaktangebote ab, die eine heilsame Wirkung entfalten können, aufgezeigt an der Sozialen Arbeit. In diesem Zusammenhang gehe ich auch auf das enge Verhältnis zwischen Gestaltpädagogik und Traumapädagogik ein (8.5).

8.1 Erziehungswissenschaftliche Einordnung pädagogischen Handelns

Die Grundvoraussetzung für Gestaltpädagogik als dialogischer Ansatz ist ein verantwortlicher Umgang mit der pädagogischen Aufgabe. Es braucht Orientierungspunkte, die es ermöglichen, pädagogische Absichten in konkrete Handlungsweisen umzusetzen. Dazu ist es nötig, in einem ersten Schritt erziehungswissenschaftlich zu klären, was denn eigentlich genau das *Pädagogische* am pädagogischen Handeln darstellt.

8.1.1 Pädagogisches Handeln und pädagogischer Takt

Wenn das Gemeinsame aller pädagogischen Handlungen die Veränderungsabsicht ist, wie Spies und Stecklina (2015, 19) behaupten, dann wird in einer liberalen Gesellschaft, die unter Pädagogik mehr und etwas anderes versteht als Disziplinierung (vgl. zum „Missbrauch der Disziplin" Brumlik 2007), pädagogisches Handeln zu einer spezifischen, auf Verständigung ausgerichteten, kommunikativen Beziehungs- und Handlungsform.

Pädagogische Beziehung und pädagogischer Takt

Hermann Giesecke (2015) versteht unter pädagogischem Handeln eine Form des sozialen Handelns, die auf die Ermöglichung von Lernen ausgerichtet ist. Pädagogisches Handeln (1) begleitet in alltäglichen Interaktionsprozessen, (2) ermöglicht (systematisch) Lernen und Entwicklung, (3) ist keine Technologie, sondern durch die pädagogische Beziehung gekennzeichnet, (4) ist immer eine persönliche Beziehung von Mensch zu Mensch, partikular und gleichrangig (vgl. Giesecke 2015, 105 ff.). Das Persönliche an einer solchen Beziehung ist das Menschliche, das jedoch im Rahmen professioneller Pädagogik immer ein Ausschnitt des Insgesamts an Beziehungsmöglichkeit bleibt. Im Gegensatz zu familiären Beziehungen muss sich die pädagogisch-professionelle Beziehung stets rechtfertigen lassen über ihren professionellen Auftrag. Sie ist keine universale Beziehung. „Gleichrangig" ist die pädagogische Beziehung, weil sie die Adressat*innen der Pädagogik in eine gleichberechtigte Position setzt im Sinne einer kooperativen Beziehung. Der Beziehungsaspekt bei Giesecke ist ein rein analytisches Konzept, von dem dieser nicht sagt, wie es zwischenmenschlich umzusetzen sei. Von einer *Ethik* des Beziehungshandelns ist hier nicht die Rede. Das gestaltpädagogische Kontaktmodell kann dieses Konzept erheblich um eine praktikable emotional-seelisch-körperliche und gleichzeitig ethisch verantwortbare Dimension erweitern. Aus dem autoritär gedachten „pädagogischen Bezug" im Sinne von Herman Nohl bzw. aus der sehr aus dem Blickwinkel der Pädagog*innen gedachten „pädagogischen Beziehung" bei Hermann Giesecke (vgl. für beide Konzepte Giesecke 1997) kann in der Gestaltpädagogik ein Dialog im Sinne Bubers (1964) werden (vgl. für eine andere „Beziehungspädagogik“ in Rekurs auf Buber Liegle 2017, vgl. auch Muth 2014).

Kontaktorientierung im Sinne der Gestaltpädagogik ist eine mögliche, praktikable Antwort auf die Frage nach dem „pädagogischen Takt“ (Burghardt et al. 2015, Burghardt & Zirfas 2019). Bereits Johann Friedrich Herbart, Pionier der modernen (Schul-)Pädagogik zu Beginn des 19. Jahrhunderts (vgl. Benner 1993, vgl. gestalttheoretisch Guss 1975, 59), hatte über die Frage des Taktgefühls im Unterricht nachgedacht. Aus Sicht einer zeitgemäßen Allgemeinen Pädagogik geht es dabei um Folgendes:

> Dabei markiert der Terminus pädagogischer Takt eine zentrale Perspektive des Spannungsfeldes von Bestimmtheit und Unbestimmtheit in Erziehung, Bildung und Unterricht, das zwar nicht in „Bestimmtheit“ und empirische „Eindeutigkeit“ überführbar ist, aber in theoretischer und empirischer Hinsicht unter wechselnden kulturellen und historischen Bedingungen der Auslegung bedarf. (Burghardt & Zirfas 2019, 8)

Burghardt und Zirfas (2019, 278, Hervorh. wegg.) unterscheiden vier elementare pädagogische Probleme, die mit dem Begriff greifbar werden. Zum einen ist mit „pädagogischer Takt“ ein „Vermittlungsprinzip“ angesprochen, mithin der unhintergehbare Hiatus „zwischen Theorie und Praxis, Ego und Alter, Emotionalität und Rationalität, Wahrnehmung und Urteil etc.“ Zum zweiten ist das Konzept des pädagogischen Takts als „Anomiekonzept“ lesbar, das daran erinnert, die Widersprüche pädagogischer Arbeit – „Selbstständigkeit und Zwang, Individualität und Gemeinschaftlichkeit, Heterogenität und Homogenität etc.“ – auszuhalten. Zum dritten definiert es als „normativ-reflexives Modell“ „die Grenzen des pädagogischen Handelns“ und fragt danach, „wie groß die Nähe“ zwischen Lehrer*innen und Schüler*innen sein darf, „ob und wie sich Kritik schonend äußern lässt, oder wie sich die Instrumentalisierung des Kindes vermeiden lässt“. Zum vierten ist der Ausdruck auch als „kreativ-responsiver Begriff“ deutbar, mit der Blickrichtung, situativ und nicht ritualisiert in pädagogischen Situationen vorzugehen. Taktgefühl in diesem Sinne heißt also *auch* sensible Feinabstimmung im Umgang mit den pädagogisch Angesprochenen. Gleichzeitig geht es insgesamt um eine pädagogisch konstruktive Umgangsweisen mit den notwendigen Widersprüchen im pädagogischen Feld. Genau darum geht es in der Gestaltpädagogik: um eine pädagogische Arbeit mit dem Feld in all seiner Komplexität.

In einer konsequenten Perspektive auf Beziehung wird der pädagogische Takt zum Kontakt und zum Dialog. Der Dialog als ein Antwortgeschehen (Waldenfels 2007, 320 ff.) bietet ein neuartiges Fundament für eine zeitgenössische Pädagogik (vgl. Woo 2007, 189 f.). Phänomenologische Herangehensweisen an die Erfahrungswelten der in der pädagogischen Situation Beteiligten ermöglichen eine *Sprache der Erfahrung*, die ein Aufeinander-Antworten im Sinne von Waldenfels (2007) erleichtert. Der Dialog ist ein gangbarer Weg zum Umgang mit den Kontingenzen (vgl. Ricken 1999) und Ambivalenzen pädagogischer Herausforderungen, auch und gerade angesichts gesellschaftlicher Widersprüche und Ambivalenzen.

Pädagogisches Handeln

Erziehen geht nicht ohne Kooperation, ohne Kooperation bleibt es bei der *Absicht*. Mikhail (2016) hat in besonders prägnanter Weise herausgestellt, was es bedeutet, wenn pädagogisches Handeln als Kooperation zu entwerfen ist: Eine Absicht allein wäre dann noch kein pädagogisches Handeln, es erlangte erst Geltung durch den pädagogischen Dialog (Mikhail 2008). Es kommt darauf an, in welcher Weise die pädagogischen Adressat*innen einer pädagogischen Handlung Geltung verschaffen. Pädagogisches Handeln komme nicht umhin, Aufforderung zur „Prüfung des Geltungsanspruchs einer konkreten Zielsetzung durch das Gegenüber" zu sein (Mikhail 2016, 172). Das heißt: Erst die Antwort der Adressat*innen macht aus einer pädagogischen Vorgehensweise eine pädagogische Handlung. Professionelles pädagogisches Handeln ist die anerkennende Hinwendung zu einem Gegenüber. Wie Mikhail (2016) es ausdrückt: Pädagog*innen sind Anerkennungsspezialist*innen. Was hilfreich ist, kann nur der*die Andere wissen. Pädagogisches Handeln ist Kommunikation.

Welche Art von Tätigkeitsform nimmt nun aber pädagogisches Handeln an? Woran ist diese eindeutig zu erkennen, etwa in Abgrenzung zur Therapie? Für Prange und Strobel-Eisele (2014) ist der operative Ursprung, sozusagen die exklusive Grundoperation der Pädagogik, die nur dieser zukommt, das *Zeigen*. Eine pädagogische Situation entsteht allein durch Zeigen, Zeigen ist die „Urgebärde" der Erziehung: „Ohne Zeigen keine Erziehung" (Ellinger & Hechler 2013, 78). So wie der Eingriff die ärztliche Handlung und das Urteil die rechtliche Handlung hervorbringt, bringt das Zeigen eine pädagogische Handlung hervor (für diesen Vergleich Ellinger & Hechler 2013, 94). Lernen findet auch ohne Zeigen statt, aber Erziehung (bzw. pädagogisches Handeln) nicht ohne Zeigen (Ellinger & Hechler 2013, 93). Prange spricht von der „pädagogischen Differenz" zwischen Zeigen und Lernen und einer „Moral des Zeigens" (Prange 2013, 132 ff.): Pädagogisches Handeln im Sinne eines Zeigens müsse stets verständlich, zumutbar und anschlussfähig sein. Es weist stets Sachbezug, Sozialbezug und Selbstbezug auf (Prange 2013, 138). Ellinger & Hechler (2013, 78 ff.) haben die von Prange formulierten Zeigeformen in Verbindung gebracht mit vier Dimensionen des Lernens: Können-Lernen (als Erlernen von Fertigkeiten), Wissen-Lernen (mit dem Ziel der Erlangung von Kenntnissen), Leben-Lernen (Erlernen von Haltungen und Einstellungen, die über einen engen Verwendungszweck hinausreichen) und Lernen-Lernen (Erlangung von Lernfähigkeit und Krisenfähigkeit). Das Besondere pädagogischen Handelns liegt darin, dass sich wünschenswerte pädagogische Ziele (z. B. ein selbstständiges Leben führen) jeweils auf das Erleben und Handeln von anderen Menschen beziehen. Pädagog*innen können aber nicht die Lebensziele anderer Menschen erfüllen, sie können lediglich Absichten verfolgen, die hoffentlich anderen Menschen nützlich sind, was nur diese wiederum entscheiden können. Alles andere wäre Zwang, der – von Seiten professioneller Pädagogik – nur in Ausnahmen gerechtfertigt ist und stets umstritten sein muss.

Vor allem mit Blick auf sozialpädagogische Handlungsfelder müssen die pädagogischen Leitprinzipien Erziehung und Bildung ergänzt werden um „Hilfe" und „Beratung". Hilfe ist Unterstützung, um einer anderen Person, die zu „einer für sie und ihre relevante soziale Umwelt befriedigenden Lebensführung nicht oder nur eingeschränkt in der Lage ist, zu einer subjektiv möglichst befriedigenderen, selbstgestalteten und selbstbestimmteren Lebensführung zu verhelfen" (Fromm 2015, 36). Hilfe ist stets ein interaktiver Prozess, in dem mehrere Akteur*innen ihre Interessen und Sinndeutungen einbringen, so Schefold (2011, 15), der in Hilfe die Kernaufgabe der Sozialen Arbeit sieht. Gerade im Rahmen einer Pädagogik, die sich auch an Erwachsene wendet, aber auch im Rahmen einer Pädagogik, welche in der Zuwendung zu Kindern und Jugendlichen eine interaktive Beziehung sieht, in der nicht einfach die Erwachsenen bestimmen, was für die Minderjährigen gut und richtig ist, gewinnt der Hilfebegriff an Attraktivität. Mit ihm geraten verstärkt pädagogische Ziele der Teilhabe und Beteiligung in den Fokus. Pädagogische Zuwendung wird zur „Koproduktion" von Autonomie (vgl. Schefold 2011, 17). Aus ähnlichen Überlegungen heraus hat sich der Beratungsbegriff in der pädagogischen Fachdiskussion etabliert (vgl. zur Bedeutung der Gestaltberatung in der Gestaltpädagogik Häfelein 2023). Für Hechler (2010) ist pädagogische Beratung Entscheidungs- und Orientierungshilfe, und zwar sowohl im Rahmen formaler Beratungssettings als auch informell, etwa als „Gespräch am Kicker" (Hechler 2010, 77). Beratung transformiert Lebens- in Lerngeschichten (Hechler 2010), indem sie Erzählungen (das, was sich Menschen über sich selbst erzählen) verändern kann (a. a. O., 121). Pädagogische Beratung zeichnet sich aus durch eine spezifisch pädagogische Problemsicht (Lernproblem) und durch die Hervorhebung von Lernprozessen. Beratung zielt immer darauf ab, dass der Pädagoge oder die Pädagogin zwar auf ein Problem hinweist, nicht jedoch sich für dessen Lösung zuständig zeigt. Der bzw. die Beratene entscheidet über die Lösung. In diesem Sinne ist Pädagogik, wenn sie nicht autoritär sein will, immer auch beraterisches Handeln im Rahmen von Hilfeprozessen. Längst ist Beratung deshalb (eigentlich!) auch zur Aufgabe im Kontext Schule geworden (und zwar nicht nur in Zuständigkeit der Sozialen Arbeit).

Pädagogische Aufgabe

Was aber kann das Gemeinsame sein einer Pädagogik, deren Handlungsfelder so unterschiedlich sind, von Bildungs- bis zu sozialpädagogischen Einrichtungen? Erziehung ist ein sorgendes Verhältnis zwischen Generationen, die „Abwehr von existentieller Gefährdung durch notwendige Lernprozesse" (vgl. Vogel 2019,

67), nicht nur durch Handeln, sondern auch durch sorgende Arrangements zum Beispiel im Kinderschutz. Generell kann das Pädagogische bestimmt werden im Kontext von Anthropologien der Sorge (Dietrich et al. 2020), „Sorge" verstanden als eine antwortende Verantwortung für den*die Andere*n. In Erweiterung auf erwachsene Adressat*innen wird daraus eine Form pädagogisch-administrativer Lebensbegleitung. Pädagogisches Handeln sucht bei alle dem nicht nach Krankheiten, Störungen oder Fehlern, sondern danach, was ein Mensch braucht, um einen weiteren Schritt in seinem Leben gehen zu können. Pädagogisches Handeln bezieht stets das Umfeld mit ein und sieht nicht einfach im einzelnen Menschen „das Problem". Paul Moor, einer der Begründer der Heilpädagogik, hat Prinzipien formuliert, die auch als Grundlage für gestaltpädagogisches Handeln Gültigkeit haben.

> Wir müssen das Kind verstehen, bevor wir es erziehen ... Wo immer ein Kind versagt, haben wir nicht nur zu fragen: Was tut man dagegen? Pädagogisch wichtiger ist die Frage: Was tut man dafür? Nämlich für das, was werden sollte und werden könnte ... Wir haben nie nur das entwicklungsgehemmte Kind als solches zu erziehen, sondern immer auch seine Umgebung ... Alle die keinen inneren Halt besitzen, brauchen Menschen, die ihrerseits einen inneren Halt besitzen, als äußeren Halt. Dieser kann aus Strukturen, Lebensfreude, Hilfe bei der Lebensgestaltung und Alltagsbewältigung bestehen. (Moor 1965, 259)

Pädagogisches Handeln soll „für das Fehlende" eintreten, nicht gegen einen vordefinierten Fehler, so Paul Moor (1965). Besser lässt sich das Selbstverständnis der Gestaltpädagogik nicht zum Ausdruck bringen. Gestaltpädagogik kann einen grundlegenden Beitrag dazu leisten zu konkretisieren, wie sich eine solche Haltung umsetzen lässt. Wenn mit Hermann Giesecke (1997) unter pädagogischem Handeln ein stets beziehungsorientiertes Handeln verstanden werden soll, und wenn Konsens besteht, dass sich pädagogisches Handeln nicht in der Anwendung einzelner Methoden erschöpft, dann braucht es Kriterien, die grundsätzlicher Art und Weise sind, die sich aber in jeder Sekunde anwenden lassen. Die Grundvoraussetzung für eine solche Prozesspädagogik „im Hier-und-Jetzt" ist ein aufmerksamer Umgang mit der pädagogischen Aufgabe: mit den Situationen und Personen im pädagogischen Alltag. Es braucht anwendbare Kriterien, die es ermöglichen, pädagogische Absichten wie die Förderung von Mündigkeit beziehungsorientiert in konkrete Handlungsweisen umzusetzen. Es sollten Kriterien sein, bei denen möglichst sicher ist, dass sie Menschen förderlich sind im Sinne einer begründbaren pädagogischen Absicht. Mit anderen Worten: Es braucht eine theoretisch differenzierte, empirisch belastbare und professionell verantwortbare Theorie der (pädagogischen) Handlung und Beziehung.

An pädagogischen Orten sind nicht nur pädagogische Handlungsweisen im engeren Sinne von Belang – im Gegenteil. Die Präsenz in der Lebenswelt der Adressat*innen (im Gegensatz etwa zu einer Therapiestunde) ist für viele pädagogische Handlungsfelder typisch und eher die Regel als die Ausnahme. Vor allem Familie ist in erster Linie ein Ort des Miteinanderlebens, ein Ort der Versorgung in Form von Pflege und Fürsorge (Mikhail 2016, 260 f.). So muss denn auch in professionellen Settings sehr genau bestimmt werden, was eigentlich das spezifisch Pädagogische ist und was eher ein Miteinanderleben ist, eine Interaktionsweise anderer als pädagogischer Art. Jedwedes Interaktionsgeschehen an einem pädagogischen Ort hat sich allerdings pädagogisch in fachlicher und ethischer Hinsicht zu rechtfertigen. Eine anerkennend-dialogische Grundhaltung im Sinne einer beständigen Beziehungspräsenz ist die Basis eines solchen Rahmens. In diesem Sinne wäre dann wiederum jedes Handeln an einem pädagogischen Ort, das von Pädagog*innen ausgehend, in einem weiten Sinne pädagogisches Handeln.

Woher können Fachkräfte wissen, welche Anforderung die Situation gerade an sie stellt, um demgemäß fachliches Wissen zur Geltung zu bringen? Woher können sie wissen, ob sie gerade etwas tun sollen oder ob es nicht viel besser ist, nichts zu tun? Sollen sie sich zum Beispiel in einen Streit zwischen Jugendlichen einmischen oder nicht? Sollen sie einem Kind eine Anregung geben oder lassen sie es lieber in Ruhe? Sollen sie auf eine Provokation reagieren oder nicht? Ist es überhaupt eine Provokation? Antworten auf solche und ähnliche Fragen stehen in keinem Lehrbuch. Hier kommt das theoretisch-abstrakte Denken an seine Grenzen. Es kann Schemata liefern, die als Vergleichs- und Deutungsfolie über die Praxissituation gelegt werden kann. Aber es wird immer eine Lücke bleiben, die durch noch so intensives Nachdenken nicht gefüllt werden kann. Pädagogik ist eine Kunst, und das bedeutet, es geht dabei nicht nur um pädagogische Urteilskraft, sondern auch um Intuition (vgl. erziehungswissenschaftlich Hopfner 2007, für die Sozialpädagogik vgl. Ader 2021). Von allen Ansätzen der praktischen Pädagogik dürfte die Gestaltpädagogik derjenige sein, bei dem die Intuition die größte Rolle spielt – eine professionelle, fachlich ausgebildete Form der Intuition. Pädagogik (auch) als Beziehungskunst zu verstehen bedeutet phänomenologisch nicht nur, „den Fall“ anhand theoretischer Schemata zu analysieren, sondern sich auch von der Situation, vom Kontaktgeschehen ansprechen zu lassen.[43] Es kommt darauf an, pädagogisch relevante Momente zu erspüren. Mit dieser Sichtweise ist

43 In der Diktion von Kurt Lewin (1926) geht es darum, eine pädagogische Situation nicht nur aus der Ich-Perspektive zu betrachten, sondern den „Aufforderungscharakter“ einer Situation im Zusammenwirken von Ich- und Feldperspektive zu erfassen (vgl. gestalttheoretisch-pädagogisch Soff 2017, 46, Soff 2023). Mit Lewin ist das Verhalten eines Menschen ein Produkt aus Person und Feld. Weder Außen- noch Innenfaktoren allein bewirken Verhalten. In jeder (Beziehungs-)Situation werden nicht einfach nur subjektive Motive wirksam, sondern auch Feldaspekte: der Aufforderungscharakter der Situation gilt für alle im Feld Anwesenden. Ein einfaches Beispiel: Durch ein bestimmtes kindliches Verhalten (z. B. Herumlaufen) sieht sich die Pädagogin in der einen Situation aufgefordert zu handeln (z. B. Überqueren einer Straße), in

die Gestaltpädagogik in besonderer Weise anschlussfähig an phänomenologische Ansätze in der Erziehungswissenschaft.

8.1.2 Der pädagogische Moment und der pädagogische Kontakt

Die Gestaltpädagogik ist in besonderer Weise anschlussfähig (vgl. Schübel 2020) an die phänomenologische Erziehungswissenschaft. Phänomenologische Erziehungswissenschaft bzw. Pädagogik (Woo 2007, Schneider 2010, Brinkmann 2019) ist eine Theorie- und Forschungstradition mit einer langen Geschichte (u. a. Bollnow, Fink, Schütz, Loch, Lippitz, Meyer-Drawe). Darüber hinaus gibt es aktuell eine ganze Reihe phänomenologisch *inspirierter* erziehungswissenschaftlicher Autor*innen (u. a. Prange, Göhlich, Zirfas), die die Grundphänomene (Aporien) des pädagogischen Feldes zu beschreiben suchen (siehe Kapitel 7.1). Besonders die Arbeiten von van Manen (2016) zum pädagogischen Moment sowie zum pädagogischen Takt und Kontakt (vgl. auch die Kritik daran bei Zahavi 2019) sind aus gestaltpädagogischer Perspektive interessant.

Pädagogischer Moment

Ein *pädagogischer Moment* zeichnet sich phänomenologisch nach van Manen (2016) dadurch aus, dass es einen pädagogisch relevanten Unterschied macht, *wie* ich mich in diesem Moment verhalte (auch indem ich nichts tue). Ein pädagogischer Moment ist ein Moment im Kontaktprozess, der einen relevanten Unterschied für die pädagogische Beziehung macht: „A pedagogical moment takes the form of personal responsiveness" (2016). Ein pädagogischer Moment zeichnet sich dadurch aus, dass ich als Pädagog*in das, was gerade geschieht, pädagogisch verantworte bzw. beantworte („response-ability", a. a. O., 19).

> Usually pedagogical moments happen in ordinary situations when an adult is required to act pedagogically. It is a matter of acting pedagogically responsibly and appropriately in everyday situations. (van Manen 2016, 18)

Ein pädagogischer Moment zeichnet sich durch die Unmittelbarkeit der Antwort aus, und sei es, dass mein Handeln im Nicht-Handeln besteht (vgl. a. a. O., 18). Die zentrale pädagogische Aufgabe besteht darin, die „pedagogical significance" eines Moments zu erkennen, das heißt die Bedeutsamkeit der Situation für das Kind, auf die es zu reagieren gilt, zum Beispiel „having lost touch with the lessons, not being noticed, not being understood, and not being worried about (a. a. O., 25).

---

der anderen Situation nicht (z. B. Bewegungsspiel in der Gruppe). Und auch die pädagogischen Adressat*innen verhalten sich in verschiedenen Situationen unterschiedlich.

> Pedagogy is the ability to actively distinguish what is good or appropriate from what is less suited or inappropriate for children or young people in a particular moment: a pedogical moment. The pedagogical moment is that exact instant of a pedagogical situation or relation when a pedagogical action is required. (van Manen 2016, 35)

Dafür gibt es keine Rezepte, manche treffen den Ton scheinbar wie von selbst:

> Tactful educators have developed a caring attentiveness to the unique: the uniqueness of each child, the uniqueness of each situation, and the uniqueness of each individual life. (van Manen 2016, 35)

„Children are not there for us – we are there for them", fasst van Manen (2016, 35) seine Position zusammen. Hier wird deutlich: Pädagogik ist etwas anderes als bloße Wissensvermittlung. Es geht darum, Kinder im Aufwachsen zu begleiten (und Erwachsene im Erwachsensein). Dazu braucht es Pädagog*innen, die sich der Größe dieser Aufgabe.

> Parents and teachers act pedogically when they consciously show the child possible ways of being. They can do this if they realize that adulthood itself is never a finished project. (van Manen 2016, 36)

Es ist nicht möglich, als Erwachsene*r kein Beispiel zu sein. Oder wie es einmal der Gestalttherapeut Albrecht Boeckh im Gespräch formulierte: Kinder kann man nicht erziehen, sie machen eh alles nach. Wir verkörpern als Pädagog*innen Möglichkeiten, auf der Welt zu sein, mit dem Leben umzugehen: „As an adult I embody possible ways of being for the child" (van Manen 2016, 36). Die Verantwortung für den pädagogischen Moment, so van Manen (a. a. O., 33), macht das *Pädagogische* im Umgang mit Kindern aus:

> (…) pedagogy can be generally described as distinguishing what is good or right and what is bad or wrong (not good or inappropriate) in our ways of acting and interacting with the children. (van Manen 2016, 33)

Fragen und Zweifel gehören dazu aufgrund der „profoundly ethical nature of pedagogical thinking and acting" (ebd.).

> And so pedagogy is both the tactful ethical practice of our actions as well as the doubting, questioning, and reflecting on our actions and practices. (van Manen 2016, 33)

Die phänomenologische Herangehensweise an den pädagogischen Takt als Kernaspekt der pädagogischen Beziehung sucht nicht nach einer verallgemeinerbaren Zugangsweise zu Kindern, Jugendlichen und Erwachsenen, sondern sie bewahrt „a fascination with the uniqueness, the particularity of an experience or phenomenon" (a. a. O., 40). Ein solcher Zugang setzt nicht nur die Einzigartigkeit jedes Menschen voraus, er versucht, sie in pädagogisches Handeln zu übersetzen.

Pädagogischer Kontakt

Für van Manen ist „contact" ein wesentlicher Aspekt gelungener pädagogischer Beziehungen. Pädagogischer Takt ermöglicht Kontakt. Kontakterfahrung ist „a soul touching a soul" (a. a. O., 109), also im Sinne der Kontakttheorie im Gestaltansatz ein Begegnungsmoment. Kontakt im Sinne einer Berührung gehört zum Leben („To live is to touch and to be touched", a. a. O., 103), solche Kontakte fördern die persönliche Entwicklung.

> Contact with a person who matters to us has consequences for the way we see ourselves. (...) Contact happens when I touch something or I am being touched by something that matters to this person, this friend, this teacher. Therefore, making contact or experiencing contact with someone or something that matters is always a meaningful action or an ethical response. (van Manen 2016, 109)

Van Manen unterscheidet fünf Modi des Kontakts (a. a. O., 111 ff.): familiär-sorgend („familial), respektierend-fair („deferential"), wertschätzend-achtend („valuing"), ansprechbar-persönlich („responsive", „experience of being a ‚who', not just a ‚what'") und gezielt-zugewandt („ellective", „feeling elected"). Kontakterfahrungen im Sinne von Begegnungsmomente sind elementar für Entwicklungs- und Lernprozesse. Nur in einer kontaktvollen Atmosphäre können Kinder bedeutsame Lernerfahrungen machen (ebd.). In diesem Sinne hat die pädagogische Beziehung als Kontaktatmosphäre immer auch eine ethische Dimension (ebd.).

Van Manens Auffassung vom pädagogischen Takt liest sich wie ein theoretischer Rahmen für die Gestaltpädagogik. „Tact is the touch of contact" schreibt van Manen (2016, 104 f.). Taktgefühl erlangt seine Geltung immer erst durch eine Widerspiegelung im Gegenüber: „The sensitive eye of tact mirrors back ist caring glance" (a. a. O., 82). In sehr ähnlicher Weise hat es die Gestalttherapeutin Mary-Lou Schack (Melnick et al. 2007, 26) formuliert: „We smiled when our eyes met". Das ist *eine* Form von Kontakt nach gestaltpädagogischem Verständnis: ein kurzer Moment, in der eine zwischenmenschliche Verbindung entsteht, die wir beide bemerken – und wir wissen, dass wir das gerade beide bemerken. Das lässt uns lächeln. Für diese kleinen, scheinbar selbstverständlichen, oft unbemerkten (Mikro-)Begegnungsmomente sensibel zu sein, hilft, auch unter schwierigen Bedingungen leichter miteinander in Kontakt zu kommen. Gerade der Augenkontakt hat Phänomenolog*innen immer wieder fasziniert (z. B. Yin 2013). Handelt es sich doch um etwas, das leicht übersehen werden kann und gleichzeitig so essenziell ist für das menschliche Miteinander. Das geht so weit, dass „jemanden sehen" mit „wertschätzen" gleichgesetzt wird, „jemanden übersehen" als dessen

Gegenteil. Menschen wollen „gesehen" werden, und zwar so, „wie ich bin". Der Augenkontakt ist allerdings nur eine Form der *Berührung der Seele*. Überhaupt: die „Berührung" als Metapher dafür, dass Menschen miteinander in eine Verbindung kommen, die sie „berührt": „To live is to touch and to be touched", so van Manen (2016, 103). Der Gestaltansatz könnte es nicht besser sagen: „touch, touching something", heißt es bei Perls et al. (1951, 373): in Verbindung kommen in einer Weise, die *mich* betrifft. Wenn aus dem pädagogischen Takt ein *Kontakt* wird, dann kann ein *berührender* Moment entstehen.

Van Manens Phänomenologie und die Gestaltpädagogik

Van Manen entwickelt seinen phänomenologischen Zugang zum taktvollen pädagogischen Handeln, einem Ur-Thema der Erziehungswissenschaft, als hätte er den Gestaltansatz gekannt (worüber mir nichts bekannt wäre). Seine Phänomenologie des pädagogischen Takts kennt eine der Kernideen des Gestaltansatzes, nämlich dass Kontakt immer auch ein Unterscheidungsakt ist. Kontakt ist nicht einfach nur Verbindung („connection"): „simultaneously a touching of the other and the untouchability of the other" (a. a. O., 116). Kinder, die keinen bedeutsamen pädagogischen Kontakt erleben, sind gar nicht wirklich vorhanden, sie werden unsichtbar.

> Children who are not have meaningful pedagogical contact with a caring adult are in reality invisible. (van Manen 2016,117)

Ebenso wie die Gestaltpädagogik betont van Manen neben der pädagogischen Beziehung die Bedeutung des bedeutsamen Lernens („meaningful learning", a. a. O., 117) und den Aspekt der Leiblichkeit (a. a. O., 119), dass also Lernen und Veränderung immer ganzheitliche, körperliche Erfahrungen sind. Sonach kann der Phänomenologe van Manen gelesen werden als ein theoretischer Nachbar der Gestaltpädagogik, die sich genau mit dem befasst, worum es dem Autor geht: Kontakt als Ausdruck einer gelungenen pädagogischen Beziehung. Für Max van Manen (2016) ist es in pädagogisch besonders relevanten Momenten wichtig, als Pädagog*in auf den Aufforderungscharakter der Situation zu achten, sich davon ansprechen zu lassen. Der Phänomenologe van Manen nennt das „The call of Pedagogy", der nichts anderes sei als „the Call of Contact" (2012, 8) in einem „pedagocial moment" (a. a. O., 11).

Die Gestaltpädagogik hat ihr Augenmerk auf der Tatsache, dass Leben heißt, in Berührung zu kommen mit der Welt, in der wir leben, einschließlich unserer inneren Welt der Gefühle und Gedanken. Die Relationalität des Menschen ist seine Natur. Diese Relationalität lässt sich erziehungswissenschaftlich mit einer Idee von Bildung verknüpfen, die anerkennt, dass (vor allem) der moderne Mensch stets vor zwei zentralen Bildungsaufgaben steht: in einer individualisierten, enttraditionalisierten Gesellschaft mit sich selbst zurechtzukommen und mit anderen Menschen umgehen zu können, ja insgesamt die Anforderungen der Lebensführung zu bewältigen. Pädagogik kann keine Bedeutsamkeit herstellen, aber sie kann Deutungsangebote anbieten. Selbst wenn es in pädagogischen Situationen um „hard facts" geht (z. B. Bruchrechnen, Ausbildungsplatzsuche etc.) bleibt es immer noch in der Verfügung der pädagogisch Angesprochenen, was sie für sich als bedeutsam einschätzen. Das gilt erst recht für sehr viel komplexere Lebensaufgaben. Die Bedeutungsgebungen, die in diesem Zusammenhang eine Rolle spielen, sind naturgemäß von komplexer Art. Immerhin geht es um Deutungszusammenhänge im Selbst-Welt-Verhältnis. Das Bildungsideal der Gestaltpädagogik ist eine mündige Selbst- und Weltzugewandtheit.

8.1.3 Mündige Selbst- und Weltzugewandtheit als Bildungsziel

Bildung ist Selbst- und Weltverstehen. Die (gestalt)pädagogische Herausforderung besteht darin, dass Interesse und Bedeutsamkeit in Lernprozessen nicht hergestellt werden können, sondern sich auf Seiten der Lernenden einstellen müssen. Es geht nicht lediglich darum, Kinder, Jugendlichen oder Erwachsenen etwas „schmackhaft" zu machen. Ob in Kindergarten, Schule oder Jugendeinrichtung: die persönlichen Relevanzen der pädagogisch Angesprochenen machen den entscheidenden Unterschied, ob Erlebens- und Verhaltensweisen tatsächlich zu bedeutsamen Erfahrungen werden oder lediglich „abgehakt" werden (was vermutlich auch ab und zu zum Leben gehört). Gleichzeitig haben Pädagog*innen in entsprechenden Einrichtungen stets etwas zu wollen von ihren Adressat*innen. Ilse Bürmann (2003) hat sehr richtig darauf hingewiesen, dass Pädagogik von ihren Adressat*innen sehr viel mehr zu wollen hat als Therapie. Eine Pädagogik, die ihre Adressat*innen in ihrer eigenen Lebenswelt unterstützen will, bewegt sich stets auf einem schmalen Grat zwischen lästiger Einmischung und hilfreicher Unterstützung. Es ist eine genuin pädagogische Aufgabe, mehr anzubieten, als der*die Adressat*in selbst überblicken kann. Das trifft für den Alltag kindlicher Entwicklung ebenso zu wie für Entwicklungskrisen. Je größer die Herausforderung, je seelisch belastender eine Situation für jemanden ist, je ausweg- und hoffnungsloser eine Lage, desto wichtiger ist es, etwas *Neues* kennenzulernen. Denn einzig die Erfahrung mit dem Neuen erlaubt Kontakterfahrungen. Das gilt für eine Krise im Sinne eines unerwarteten, kritischen Lebensereignisses (vgl. Filipp & Aymanns 2018) ebenso wie für erwartbare (was ihr Eintreffen anbelangt) Krisen in den Übergängen der Entwicklung und der Lebensführung (zur Pädagogik der Übergänge vgl. Hof et al. 2014, Hof & Bernhard 2022). Stets ist es die Erfahrung mit etwas Neuem im Umgang mit sich selbst, mit anderen und mit den Dingen in der Welt (etwa die Zumutungen einer Krise), die neue Kontaktfähigkeiten und damit Lernen im Sinne eines Bewältigungshandelns möglich macht. Das Bildungsziel der Gestaltpädagogik ist die Zugewandtheit zur eigenen

Lebendigkeit in der Welt, ein aktives und bewusstes Sich-ins-Verhältnis-Setzen zu sich selbst und zur Welt: eine mündige Selbst- und Welt-Zugewandtheit.

Gestaltpädagogik macht im Grunde nichts anderes, als anzuerkennen, wie das Leben nun einmal ist in all seinen Höhen und Tiefen ist, in all seiner Unergründlichkeit und Wechselhaftigkeit. Es setzt dem im Grunde etwas sehr Einfaches entgegen – „einfach" im Sinne dessen, dass wir alle wissen, um was es da geht: Kontakt, und zwar als Auseinandersetzung mit dem Neuen in der Hoffnung auf dessen Bewältigbarkeit. Der pädagogischen Beziehung zwischen Adressat*in und Pädagog*in kommt hier eine wichtige Rolle zu, weil sie sozusagen als Modell dafür gelten kann, was die pädagogisch Angesprochenen über die Welt der Beziehungen lernen. Der Gestaltansatz setzt der manchmal unüberschaubar wirkenden Komplexität des menschlichen Beziehungsgeschehens die Idee des „impliziten Beziehungswissens" (Daniel Stern) als allgegenwärtige Ressource sowohl auf Seite der Adressat*innen als auch auf Seite der Pädagog*innen entgegen. Das Gewahrwerden, das sich Vergegenwärtigen der eigenen Beziehungserfahrungen auf Seite der Pädagog*innen ist der erste Schritt. Wenn diese im gewahrsamen Kontakt mit der pädagogischen Situation sind, kann es zu einer Art Spiegelphänomen kommen, durch das auch die pädagogisch Angesprochenen leichter in Kontakt mit der Situation kommen. Das ist umso bedeutender, wenn Menschen negative Beziehungserfahrungen gemacht haben, weil es verhindern kann, dass sich diese negativen Erfahrungen in pädagogischen Einrichtungen wiederholen. Auch beispielsweise sogenannte bindungsgestörte Kinder verfügen über implizites Beziehungswissen. Der krasse Widerspruch dessen, was sie real an Beziehung erfahren mussten, im Vergleich zu ihrem subjektiven Beziehungsstreben führt ja gerade zur Verstörung dieser Kinder.

Beziehungsarbeit unter schwierigen Bedingungen

In der Gestaltpädagogik geht es um fein abgestimmte Beziehungsarbeit – auch unter schwierigen Bedingungen. Die Gestaltpädagogik hat eine Sprache entwickelt für das *Feintuning* im Zwischenmenschlichen der Pädagogik. Gestaltpädagogik konzentriert sich nicht auf Defizite und Fehler in Bildungs- und Erziehungsprozessen, sondern will Kindern, Jugendlichen und Erwachsenen das anbieten, was in ihrem Leben zur Abstimmung zwischen sich selbst und der Welt fehlt. Was das heißen kann, haben Baulig und Baulig (2002, 6) für die Gestaltarbeit mit Kindern so formuliert:

- dem beziehungsgestörten Kind das kontinuierliche Dasein anbieten
- dem wahrnehmungsgestörten Kind einen gemeinsamen Fokus eröffnen
- dem hyperaktiven Kind das gerichtete Tun anbieten
- dem aggressiven Kind die gezielte Auseinandersetzung eröffnen
- dem regressiven Kind den Blick aufs Hier-und-Jetzt richten helfen

- dem haltlosen Kind den Rücken stärken
- dem traumatisierten Kind seine Wunden heilen helfen
- dem traurigen Kind sich als Trost anbieten
- dem depressiven Kind die Lust aufs Leben finden helfen
- dem vernachlässigten Kind Zuwendung geben (Baulig & Baulig 2002, 6)

Die Gestaltpädagogik geht davon aus, dass ein stimmiger Kontakt immer dann eine Chance für Entwicklung sein kann, wenn in das Feld der angesprochenen Person von dem etwas hineinkommt, was in diesem Feld fehlt. Dabei ist es letztlich austauschbar, an welcher Stelle die Ressource Eingang findet, ob nun etwa als Selbst-Support oder als Fremd-Support, ob als zwischenmenschliche Ressource oder als Ressource im Feld außerhalb der pädagogischen Beziehung (durch Dritte, durch Institutionen). Wenn zum Beispiel ein Kind zu wenig an verbindlicher Beziehung erlebt hat, dann ist die Verbindlichkeit der pädagogischen Beziehung von großer Bedeutung, ebenso aber auch Verbindlichkeit vermittels einer geringen Personalfluktuation in der Einrichtung und die Gestaltung des pädagogischen Orts in einer Weise, dass er ein verbindliches und schützendes Miteinander gewährt.

Pädagogische Professionalität zeichnet sich aus Sicht der Gestaltpädagogik dadurch aus, die Bedeutsamkeit von Erfahrungen im Kontext von Bildung, Lernen und Entwicklung anzuerkennen. Damit sind nicht nur Erfahrungen gemeint, die in Bildungszusammenhängen gemacht werden. Denn zum pädagogisch relevanten Feld gehören auch diejenigen Erfahrungen, welche die Kinder, Jugendlichen und Erwachsenen bereits mitbringen oder gerade außerhalb machen (z. B. Erfahrungen von Ablehnung). Wenn etwa im Kontext Schule Unterricht an seine Grenzen stößt, dann kann das auch damit zusammenhängen, dass es heutzutage zwar eine gewisse Sensibilität für die psychischen und psychosozialen Belastungslagen von Schüler*innen und ihren Familien gibt, allerdings kaum eine pädagogische Praxis im Umgang mit Realitäten, die von außerhalb in den Schulkontext hineinwirken (z. B. soziale Benachteiligung, ethnische Konflikte etc.). Während noch diskutiert wird, ob Schule „dafür" überhaupt zuständig ist, ist es nun einmal eine Tatsache, dass zum Beispiel Fluchterfahrungen, Ängste und Traumata Teil des pädagogischen Feldes Schule sind. Es sind pädagogische Antworten gefragt (nicht nur therapeutische). Dabei sind nicht nur individuelle Befindlichkeiten, sondern auch Gruppendynamiken zu berücksichtigen, weil *sozialen* Erfahrungen (negativen wie positiven) grundsätzlich ein besonderer Stellenwert zukommt.

8.1.4 Selbst- und Welterfahrung in sozialen Gruppen

Pädagogisches Arbeiten ist in den allermeisten Fällen ein Arbeiten in bzw. mit Gruppen. Die Gruppe ist dennoch viel zu oft ein eher vernachlässigter Aspekt. Wenn Schulpädagogik auf Unterrichten reduziert wird, spielt die Gruppe meistens nur didaktisch als Lerngruppe (Kleingruppe, Projektgruppe) eine Rolle. Dass Schulpädagogik ein *Arbeiten mit Gruppen* ist (im Schulkontext auch noch unter verpflichtender Anwesenheit), kommt weder in der Ausbildung noch in der Literatur zur Schulpädagogik angemessen vor. Für die Sozialpädagogik ist die Gruppenarbeit zwar eine unter mehreren zentralen Handlungsmethoden. Aber auch hier bleibt im Hintertreffen, dass das pädagogische Tagesgeschehen – vom Kindergarten bis zur stationären Einrichtung – auch ohne explizit benannte Gruppenarbeit zu großen Teilen in Gruppen stattfindet. Situationen, die es erfordern, gleichzeitig mit mehreren Kindern, Jugendlichen und/oder Erwachsenen umzugehen, gibt es unzählige in den einzelnen pädagogischen Handlungsfeldern: von der Spielsituation oder dem gemeinsamen Essen im Kindergarten, über das Miteinander im Jugendzentrum bis zum Wohnzimmergespräch im Betreuten Wohnen. Klassenunterricht, soziale Gruppenarbeit, Gruppendiskussionen, Gruppenspiele und andere Methodensettings sind lediglich formalisierte Varianten davon. In Gruppen (bereits in der familiären Primärgruppe) machen Menschen ihre wichtigsten Selbst- und Welt-Erfahrungen. Und es sind immer auch Gruppen, in denen Menschen schlechte Beziehungserfahrungen machen können (z. B. ausgeschlossen zu werden). Deshalb ist es wichtig, die Gruppenebene pädagogisch stets mit im Blick zu haben. Denn eine Gruppe ist mehr als die Summe der anwesenden Personen. Die Gruppe ist eine der wichtigsten Ressourcen, um *positive Beziehungserfahrungen* machen zu können. Positive Beziehungserfahrungen verbinden uns gleichzeitig mit uns selbst und mit der Welt. Im Gestaltansatz spielt der Gruppenaspekt schon immer eine wichtige Rolle, um im Miteinander hilfreiche persönliche und soziale Erfahrungen zu machen (Feder & Frew 2008, Polster 2009, Bernstädt & Hahn 2010).

Themenzentrierte Interaktion

Ruth Cohn (1975) hat mit ihrem Ansatz „Themenzentrierte Interaktion (TZI)“ einen Grundstein für die erfahrungsorientierte Arbeit mit Gruppen in der gesamten modernen Pädagogik gelegt. Die TZI ist nach wie vor eine der wichtigsten gruppenpädagogischen Ansätze in sämtlichen pädagogischen Handlungsfeldern (vgl. exemplarisch für die Schulpädagogik Cohn & Terfurth 2018, zur Wirksamkeit Ewert 2008, für die Soziale Arbeit Simon & Wendt 2019, 126 ff.). Ruth Cohn war eine Schülerin von Fritz Perls, sie verstand die TZI jedoch nicht als Abkömmling der Gestalttherapie (Farau & Kohn 1984, 586). Dennoch galt die TZI einigen als Variante der Gestaltpädagogik (z. B. Petzold 1977). Aus Sicht der Gestaltpädagogik mag das dahingehend stimmen, dass sie für diese von großer Bedeutung ist hinsichtlich der Arbeit mit Gruppen (vgl. etwa Bürmann 1997, 202). Für die Leitung einer Gruppe gilt es, vier Aspekte miteinander in eine Balance zu bringen: die jeweils individuellen Bedürfnissen der Teilnehmenden („Ich"), den Inhalt oder die Aufgabe („Es"), die Gruppeninteraktion („Wir") und das Umfeld der Gruppe („Globe"). Unter einer arbeitsfähigen Gruppe, beispielweise eine Schulklasse oder eine Heimgruppe, versteht Cohn eine Gruppe, die über einen Inhalt in einem verantwortlichen Miteinander in Austausch gelangen kann (z. B. Wie erlebe ich das Zusammenleben in der Wohngruppe? Wie nehme ich die Stimmung in der Klasse wahr? Was interessiert mich am Thema Literatur?). Dabei müssen die Bedürfnisse der einzelnen Gruppenmitglieder und die gemeinsamen Gruppenprozesse berücksichtigt werden, und zwar ohne dass dies zu Lasten des Inhalts oder der Bedürfnisse der einzelnen geht. Der Ansatz berücksichtigt zudem, dass Gruppenprozesse nicht unabhängig von ihrer Umwelt gedacht werden können. Es spielt eine Rolle, dass eine Gruppe an einem bestimmten Ort unter spezifischen Bedingungen zusammengefunden hat. Eine Gruppe in einer Schule ist etwas anderes als eine Gruppe in einer sozialpädagogischen Einrichtung, eine Gruppe an diesem Ort zu dieser Zeit unter diesen gesellschaftlichen Bedingungen ist eine andere Gruppe als eine, die unter völlig anderen Voraussetzungen stattfindet. Der „Globe" steht für das Feld, von dem diese Gruppe und alles, was dort passiert, ein Teilaspekt ist.

Es ist nicht möglich, im Rahmen dieses Buches eine Einführung in die TZI zu geben (vgl. stattdessen Langmaack 2017). Die Grundsätze der TZI finden sich längst überall in der Fachliteratur, wo es um das Arbeiten mit Gruppen geht, von Unterrichtsmethoden bis hin zur Gruppenarbeit in der Sozialen Arbeit, von der Gruppentherapie bis zur Personalentwicklung. Ein wichtiger Punkt in der TZI ist das gemeinsame *Arbeitsbündnis*, das vor allem bedeutet zu klären, wofür die einzelnen Gruppenmitglieder jeweils Verantwortung übernehmen. Dafür hat Cohn ihre berühmten Axiome und Postulate formuliert (Cohn 1975, 120 ff.), die alle darauf hinauslaufen, in Selbstverantwortung und gleichzeitig in Verantwortung für das Ganze einen konstruktiven Gruppenprozess zu fördern, auch unter Berücksichtigung von Störungen (innere oder äußere) im Prozess, wie sie in Gruppen völlig normal sind.

Ressourcen für Kontakterfahrungen in Gruppen

Um dialogisches Arbeiten zu ermöglichen und um allen Adressat*innen (auch sich selbst als Pädagog*in und dem Feld) gerecht zu werden, braucht es mindestens zwei wichtige Ressourcen, die immer wieder in der Gestaltpädagogik (in der humanistischen Pädagogik insgesamt und darüber hinaus) herausgestellt werden: Raum und Zeit. Was keinen Raum erhält, wirkt dennoch unterschwellig weiter. Wofür keine Zeit ist, geht deshalb auch nicht schneller. Ausdehnung und Tempo, und das auch noch in der mannigfaltigen Bedürftigkeit einer ganzen Gruppe, zu vernachlässigen, mag scheinbar dabei helfen, curriculare oder andere vorgegebene Punkte abzuhaken. Kontakt entsteht aber auf diese Weise kaum. Es mag gute Gründe geben, Kontaktaspekte auch einmal hintanzustellen – solange die anerkennende, dialogische Beziehung dabei nicht geopfert wird. Wenn jedoch Pädagogik Begleitung sein soll statt bloßer Belehrung, dann bleibt gar nichts anderes übrig, als den Prozessen in ihrer Entwicklung Raum und Zeit zu lassen. Wo immer das zu wenig möglich ist, genügt es nicht mehr, den Blick lediglich auf die zwischenmenschliche Ebene zu richten, dann müssen Rahmenbedingungen verändert werden. Professionelle Pädagogik ist stets mehr als das Umgehen mit Einzelnen oder Gruppen. Nur unter pädagogisch verantwortbaren Rahmenbedingungen (nicht perfekt, aber tauglich), gibt es Raum und Zeit dafür, jemanden da „abzuholen", wo er*sie ist. Das ist mehr als eine Floskel. Gestaltpädagogik braucht wie jede gute Pädagogik für alle Beteiligten Luft zum Atmen. Eine solche Pädagogik braucht Rahmenbedingungen, die sie stützt. Denn wer als Pädagog*in anderen Support geben will, hat auch selbst von außen Support verdient.

Pädagogische Arbeit in und mit Gruppen bedeutet, mit Vielfalt anerkennend umzugehen: mit den Bedürfnissen der einzelnen und den Bedürfnissen, die „die Gruppe" hat. Das sind diejenigen Bedürfnissen, die erst durch das in der Gruppe Zusammensein bei den einzelnen entstehen, zum Beispiel Bedürfnisse nach Schutz, nach nicht verletzt werden in der Gruppe, gesehen zu werden, gehört zu werden, berücksichtigt zu werden. Miteinander in einer Gruppe zu sein, betrifft niemals nur eine inhaltliche Ebene, sondern immer auch die Beziehungsebene. Wenn dort etwas nicht stimmt (eine Störung auftritt), dann kann auch auf der inhaltlichen Ebene die Kooperation nicht funktionieren. Wenn negative Beziehungserfahrungen, die pädagogische Adressat*innen in einer Gruppe bzw. in einer Institution machen (z. B. in der Schule), zu lange ignoriert werden, kann es zu einer negativen, eskalierenden Gruppendynamik kommen, beispielweise Mobbing. Die beste Prävention gegen (Cyber-)Mobbing innerhalb pädagogischer Gruppen und Institutionen ist das Arbeiten mit Gruppen (z. B. Schulklassen) *als* sozialen Gruppen, und zwar in einer institutionellen Kultur der Anerkennung. Mobbing passiert nicht einfach. Mobbing in pädagogischen Einrichtungen ist Ausdruck einer fehlenden Anerkennungskultur im Feld. Mobbingvorfälle werden oft zum Anlass genommen, mit einer Schulklasse über Anerkennung und Respekt zu sprechen, es kommt aber darauf an, und zwar tagtäglich, mit Schulklassen und allen anderen pädagogischen Gruppen Anerkennung und Respekt gemeinsam zu *leben*. Vor allem im Schulkontext ist zu bedenken, dass es dort auch deshalb zu Zuspitzungen des Problems kommen kann, weil die Betroffenen (fast) nicht flüchten können. Leistungsdruck, fehlende Anerkennungskultur sowie fehlende Freiwilligkeit (Zwang, Gruppendruck) bereiten einen Nährboden für eine Kultur gegenseitiger Auf- und Abwertung. Dass einzelne Kinder und Jugendliche dabei dann unterschiedliche Rollen einnehmen („Täter", „Opfer", „Mitläufer") ist letztlich – so tragisch das alles unbestreitbar ist – sehr viel mehr Ausdruck des Scheiterns im pädagogischen Feld (getragen von einem gesellschaftlichen Scheitern an einer Anerkennungskultur), als dass es hier tatsächlich auf die persönlich identifizierbaren Eigenheiten der Beteiligten ankäme. Wenn es in Gruppen eng wird, werden alle zum Opfer, und alle reagieren unter Aufruf dessen, was sie lebensgeschichtlich gelernt (d. h.: selbst erlitten) haben. Das effektivste Mittel gegen Mobbing ist eine Kultur der Anerkennung in der pädagogischen Einrichtung. Anerkennung ist das Fundament dialogorientieren pädagogischen Handelns in der Gestaltpädagogik.

8.2 Dialogorientiertes pädagogisches Handeln

Das Grundprinzip gestaltpädagogischen Handelns ist das *dialogische Handeln.* Durch eine anerkennend-dialogische Hinwendung zu Kindern, Jugendlichen und Erwachsenen im Rahmen pädagogischer Arbeit kann aus Selbst- und Welt*verstehen* Selbst- und *Weltzugewandtheit* erwachsen, in deren Verknüpfung Lebensbewältigung gelingt. Grundbedingung dialogischen Handelns ist die unbedingte Anerkennung des Gegenübers als Person.

8.2.1 Anerkennung statt Beschämung

Wie können Kinder und Jugendliche pädagogisch erreicht werden? Klagen über „Respektlosigkeit“ und „Unhöflichkeit“ sind vor allem im Schulkontext an der Tagesordnung. Konflikteskalation, Mobbing, Gewalt und Rassismus sind Phänomene, die viele Schulen an den Rand der Funktionsfähigkeit bringen. Wie ist es möglich, dass sogar „Schulen in herausfordernden Lagen“ (van Ackeren et al. 2021) pädagogisch arbeitsfähig bleiben (vgl. für das Folgende Schübel & Winklhofer 2021)? Pädagogische Einrichtungen, Kindergärten und Schulen allemal, sind soziale Orte, an denen sich individuelle und soziale Probleme von Schüler*innen (sowie ihren Familien und dem Sozialraum an sich) aufsummieren. Eine wertschätzende pädagogische Beziehung ist in solchen Einrichtungen gleichzeitig besonders notwendig und besonders schwer herzustellen. In pädagogischen Einrichtungen ist es von besonderer Bedeutung, wie die Kinder und Jugendlichen die Pädagog*innen wahrnehmen. Für den Schulkontext ist gut belegt, dass die Beziehung zwischen Lehrer*innen und Schüler*innen der wichtigste Faktor für gelingenden Unterricht ist (vgl. die Meta-Studie von Hattie 2009). Die soziale Wahrnehmung der Lehrpersonen, das heißt ihre unterschiedlichen (negativen wie positiven) Einstellungen und Erwartungen gegenüber den Schüler*innen, erweist sich empirisch als zentraler Einflussfaktor auf die Leistungserfolge der Schüler*innen (Wysujack 2021) sowie auf deren Wohlbefinden (Fischer & Richey 2021, 25 ff.) Die Beziehungsqualität hat sowohl für die Leistungs- als auch für die Persönlichkeitsentwicklung der Schüler*innen eine erhebliche Bedeutung

(Überblick u. a. bei Rutter et al. 2021, 278 ff.). Die Qualität der pädagogischen Beziehungen spielt auch für das Wohlbefinden, die berufliche Zufriedenheit und die Gesundheit der Lehrpersonen eine wesentliche Rolle (Fischer & Richey 2021), im Gelingensfall empfinden diese mehr Freude an ihrer Arbeit (Klusmann 2020). Gleichzeitig gehören bei Lehrkräften misslingende pädagogische Beziehungen zu den größten Belastungsfaktoren (Krause et al. 2011). Schulen, denen selbst unter schwierigen Bedingungen gute pädagogische Arbeit gelingt, zeichnen sich durch eine Kultur der Anerkennung aus. Empirisch lässt sich belegen, dass beispielweise Schulen in sozial benachteiligten Lagen, in denen positive Bildungslaufbahnen ermöglicht werden, „neben klassischen Merkmalen der Schul- und Unterrichtsqualität" durch „eine anerkennende und wertschätzende Beziehung zu Schüler*innen", „einen freundlichen Umgang miteinander" sowie durch „hohe Erwartungen an die Leistungsfähigkeit" der Schüler*innen gekennzeichnet sind (Rutter et al. 2021, 279).

„INTAKT"-Studie (Soziale INTerAKTionen in pädagogischen Arbeitsfeldern)
Annedore Prengel (2019), gelernte Gestaltpädagogin, hat in einer umfassenden Studie gezeigt, wie oft es nach wie vor in Schulen von pädagogischer Seite zu seelischer Verletzung und Beschämung von Kindern und Jugendlichen kommt statt zu einer von Anerkennung und Respekt getragenen Umgangsweise (vgl. ähnlich zur Situation in der Kindertagesbetreuung Laewen & Andres 2022). In 15-jähriger Kooperation entstand eine umfassende Datenbank mit mehr als 12.000 Feldvignetten von Interaktionsszenen in Schulen und Kindertageseinrichtungen (Prengel 2013). Als Interaktionsformen der Anerkennung galten unter anderem Lob, freundlicher Kommentar, Ermutigung zu Leistungen, Trost bei Kummer, Förderung von Kooperation und konstruktives Grenzensetzen. Als Interaktionsformen der Verletzung wurden unter anderem eingeordnet: Fehler oder Fehlverhalten böse kritisieren, destruktiver Kommentar, Kinder ignorieren, Kummer nicht beachten, lächerlich machen oder beschämen. Die Auswertung kommt zu folgendem Ergebnis: Fast dreiviertel der beobachteten Szenen zeigen leicht oder sehr anerkennende und neutrale Handlungsweisen, während über 20 Prozent der Interaktionen als leicht oder sehr verletzend eingestuft wurden. Darüber hinaus wurden fast sechs Prozent der Interaktionen als sehr ambivalent kategorisiert, das heißt, dass auch diese Szenen verletzende Aspekte für einzelne Schüler*innen beinhalten könnten (Wysujack 2021, 109). Lehrkräfte, die verletzendes Verhalten an den Tag legten, seien zumeist davon überzeugt gewesen, richtig zu handeln (Prengel 2013, 117). An Schulen und Einrichtungen, in deren Konzeption oder Leitbild eine anerkennende Beziehungsqualität betont wird, fallen die Durchschnittswerte deutlich besser aus, aber auch hier gibt es einzelne Lehrkräfte, die stark dazu neigen, Kinder und Jugendliche zu beschämen. Beschämung ist nicht einzige Form seelischer Verletzung, leider ist sie in pädagogischen Einrichtungen, nicht nur in Schulen, die alltäglichste.

Scham

Scham ist in gestaltpädagogischer Sicht ein „Konglomerat an Empfindungen, Gefühlen und Impulsen" als „Signal einer Irritation oder Störung des Zusammenspiels von Organismus / Umwelt-Feld" (Fuhr & Gremmler-Fuhr 1996, 47). Im Kern geht es im Schamerleben um einen Rückzugimpuls angesichts eines Konflikts mit sozialen Erwartungen (vgl. ebd.). Scham ist nicht an sich negativ, er kann funktional oder dysfunktional sein (a. a. O., 48). Dysfunktional ist Scham vor allem dann, wenn wir uns schämen, obwohl wir die Werte und Normen, die uns in Konflikt mit der sozialen Ordnung bringen, ablehnen (ebd.). Pädagogische Anforderungen an Lernende, die mit Bewerten und Überprüfen einhergehen, führen zu dysfunktionalem Schamerleben in der pädagogischen Beziehung und darüber hinaus auch zwischen den Lernenden (a. a. O., 49 ff.). Fuhr und Fuhr (1996, 57) kommen ähnlich wie Prengel (2013, 89) zu dem Schluss, dass es vor allem wichtig ist, dass Leistungsbewertungen (so sie überhaupt sein müssen) von den Lernenden nicht als persönliche Bewertungen aufgefasst werden. Das liegt jedoch weniger an diesen, sondern kann nur durch eine pädagogisch anerkennenden Umgangsweise mit den Lernenden verhindert werden, durch eine entsprechende „Lernatmosphäre" (ebd.).

Auch Manfred Schnee (2023, 271 ff.) weist auf die strukturellen Ursachen für Beschämung in der Schule hin (Schulsystem, Notensystem) und auch auf eine gesellschaftliche Scham-Kultur, von der Schule ein Teil ist (mit einer Ethik des Erfolgs, der Unabhängigkeit und Autonomie, der Popularität und Konformität). Scham ist also mehr als ein Gefühl: Scham wird gesellschaftlich produziert. Es braucht daher die Auseinandersetzung mit Werten, wenn es um Scham geht. Für das Praxisfeld Schule empfiehlt Schnee (a. a. O., 274 ff.) vor allem eine wertschätzende Schulkultur und eine Arbeitsbeziehung der Selbstachtung im Schulalltag, in der auch Pädagog*innen auf ihr eigenes Beschämtwerden achten: „Wenn ich mich selbst beschämen lasse, kann ich nicht wirksam Beschämung Anderer Einhalt gebieten" (a. a. O., 275). Manfred Schnee scheint mir hier den besten Ansatz zu beschreiben, um Kulturen des Hasses und des Machtkampfes sowie Mobbing in Schulen zu verhindern.

Stöhr und Schulze fassen verschiedene Klassifizierungen von Schamformen zusammen. Unter anderen verweisen sie (Stöhr & Schulze 2023, 81) auf Marks (2021, 16) hin, die danach unterscheidet, welches Grundbedürfnis verletzt ist: Anerkennung (Missachtungs-Scham), Schutz (Intimitäts-Scham), Zugehörigkeit (Ausgrenzungs-Scham) oder Integrität (Gewissens-Scham). Ungeachtet einer Einteilbarkeit von Schamgefühlen zeigt sich in den Klassifizierungsversuchen, dass Scham ein vielgestaltiges Phänomen im Interaktionsgeschehen zwischen Person und Umwelt darstellt. Es gibt nicht nur die eine Scham. Ebenso vielfältig sind die möglichen Reaktionsweisen von Menschen, die sich schämen. Sie reichen von Rückzug bis Angriff (Stör & Schulze 2023, 81). Die Herausforderung im Umgang mit Scham ist, dass es besonders schwer ist, die damit verbundene

Befindlichkeit zum Ausdruck zu bringen (a. a. O., 80), das ist aber die Voraussetzung, um aus ihr herauszufinden (a. a. O., 81). Die pädagogische Aufgabe besteht darin, die Vorgeschichte der Schamgefühle kennenzulernen und das ganze Feld in den Blick zu nehmen (Schule, Familie, Peers usf.), Stöhr und Schulze (ebd.) sprechen von blockierten „Wirkungsräumen", in die es für die betreffende Person zurückzukehren gilt (a. a. O., 83). Der Ausweg aus der Scham ist die Wiedererlangung stimmiger Kontakterfahrungen im Person/Umwelt-Feld (vgl. zur Anwendung einer „Person-Umwelt-Analyse" Alber et al. 2018).

Manfred Schnee (2014, 2023) hat in feinfühliger Weise differenziert beschrieben, wie sich Praktiken der Beschämung im Schulkontext in negativer Weise auswirken, wenn eine Lernatmosphäre der Anerkennung fehlt. Sowohl Lehrer*innen auch als Schüler*innen können einander beschämen, regelrechte Machtkämpfe gegenseitiger Beschämung können entstehen (Schnee 2023, 269).

Praxisbeispiel: Mit Scham umgehen (Schnee 2023, 269 f.)

Ein Beispiel aus meiner Praxis als Klassenleiter mag verdeutlichen, wie eng Beschämung auch mit der Scham des Beschämenden verknüpft ist. Tom, ein Erstklässler, hatte schon im Kindergarten eine ADHS-Diagnose und bekam täglich Ritalin. Er konnte trotz der Medikation nicht stillsitzen, konzentriert an einer Aufgabe arbeiten, mit anderen Kindern in einer Tischgruppe sein. Häufig nässte er in der Schule ein, was als solches schon beschämend ist. Oft verweigerte er die Mitarbeit im Unterricht, verließ seinen Platz, machte laute Geräusche, ärgerte andere. In diesen Situationen war seine freundliche, hilfsbereite, charmante Seite für mich nicht mehr sichtbar. Er brachte mich an meine Grenzen. Des Öfteren griff ich dann zu dem Mittel, ihn in eine andere Klasse zu bringen, um die Situation in meiner Klasse zu entspannen, vor allem mich selbst. Wenn ich gar nicht mehr weiter wusste, brachte ich ihn auch schon mal zum Schulleiter, wo er dann den Rest der Stunde sitzen musste. Wie hätte ich in solchen Situationen die Beschämung reduzieren können? In ruhigen Situationen außerhalb des Unterrichts, in denen ein Gespräch mit Tom möglich war, hätte ich mit ihm ein Vorgehen vereinbaren können, das es ihm ermöglicht, aktiv die Krisensituation zu beeinflussen, sie als weniger beschämend zu erleben. Beim Nachdenken über diesen Schüler wurde mir noch einmal deutlich, wie präsent Schamgefühle hier nicht nur auf Seiten des Schülers waren, sondern wie ich selbst in Schamgefühle verstrickt war, die meine Handlungsmöglichkeiten einschränkten. Ich schämte mich, dass ich mit dieser Unterrichtssituation nicht souverän umgehen konnte. Deshalb behielt ich vieles für mich, suchte nicht genug die kollegiale Unterstützung, die zu meiner Entlastung beigetragen hätte.

Im Gewahrsein der Möglichkeit von Scham lassen sich pädagogische Situationen sensibler handhaben. Das Gegenteil von Beschämung ist Anerkennung.

Anerkennung

Eine „Pädagogik der Vielfalt" ist für Prengel eine „Pädagogik der intersubjektiven Anerkennung zwischen gleichberechtigten Verschiedenen" (Prengel 1993, 62). Es geht ihr um die Anerkennung von Gleichheit, aber auch von Verschiedenheit. Anerkennendes Verhalten ermöglicht die Durchsetzung der Rechte sozial benachteiligter Gruppen, wie Migrant*innen, Frauen, geflüchtete oder behinderte Menschen (Prengel 1993, 133 f, 158 f.). Es weist immer über die unmittelbare Beziehungssituation in die Gesellschaft hinaus. Besonders deutlich wird das im Falle der Aberkennung von Anerkennung in Form von Missachtung. Missachtung kann fatale Folgen haben: Gesamtgesellschaftlich kann sie ein Auseinanderfallen von Gesellschaft zur Folge haben, individuell kann sie unter anderem Gewalt als Ausdruck negativer „Anerkennungsbilanzen" (Prengel 2013, 31) begründen. Schäfer und Thompson (2010, 18) stellen aus erziehungswissenschaftlicher Perspektive fest, dass Anerkennung „unverzichtbar ist, damit Individuen in ein positives Verhältnis zu sich selbst gelangen". Formen der Missachtung in pädagogischen Einrichtungen zeichnen sich dadurch aus, dass sie zwangsweise immer auch gesellschaftliche Missverständnisse ansprechen. Anerkennungsprobleme in pädagogischen Einrichtungen sind immer auch gesellschaftliche Anerkennungsprobleme. Eine anerkennende Grundhaltung hilft dabei, das Verbindende statt das Trennende in den Fokus zu rücken (vgl. gestalttherapeutisch Wulf & Boeckh 2013).

Eine anerkennende pädagogische Grundhaltung braucht Support von außen, um Selbst- und Fremdanerkennung als pädagogische Haltung zu stützen. Anerkennung ist nämlich sehr viel mehr als Bestätigung und Lob, sondern „ebenfalls in der Konfrontation mit Problemen, konstruktiver Kritik oder Grenzsetzungen zu finden" (Wysujack 2021, 49), und nicht als falsche Harmonisierung misszuverstehen. Wenn Kontakt ein Sichauseinandersetzen mit der anderen Person meinen soll, dann sichert Anerkennung den dialogischen Rahmen eines solchen sich mit der anderen Person in Würde Auseinandersetzens.

Anerkennung statt Beschämung, darum geht es in der Gestaltpädagogik. Der frühen Gestalttherapie ging es vor allem darum, Menschen von ihren Hemmungen zu befreien. In der Enge der 1950er Jahre erwachte eine nie gekannte Sehnsucht nach einer Befreiung der Gefühle. Umso wichtiger ist es, im Rahmen von Kontaktprozessen auch Schamprozesse zu berücksichtigen. Es ist zumeist keine gute Idee, explosionsartig alle Hemmungen von sich werfen zu wollen. Denn, was dabei übersehen wird, ist die Scham (Yontef 1999, 353, Lee & Wheeler 2013). In der Praxis hat es sich als hilfreich herausgestellt, gerade dann, wenn sich pädagogische Adressat*innen gegenüber Fachkräften zu öffnen beginnen, einen sicheren Rahmen anzubieten, das Tempo zu drosseln, immer wieder darauf hinzuweisen, dass es nicht darum geht, „den Deckel vom Kochtopf zu nehmen" (wie das einmal ein Klient formuliert hat). Gerade gehemmte oder verschlossene Menschen haben manchmal die Phantasie, der Ausweg aus der Scham bestünde in einem plötzlichen „alles Rauslassen". Pädagogisch ist es meist sinnvoller, hier eher zu bremsen („Du allein entscheidest, was du von dir zeigst. Das ist in Ordnung so"). Diesen Punkt hat Fritz Perls vermutlich vollkommen übersehen. Umso begrüßenswerter ist es, dass mit Annedore Prengel ausgerechnet eine gelernte Gestaltpädagogin wesentlich dazu beigetragen hat, das Anerkennungsthema in der Erziehungswissenschaft zu verankern. So hat sich das Thema unter anderen im wichtigen Diskurs über Kinderrechte etabliert (Prengel & Winklhofer 2014a, 2014b).

Praxisbeispiel: Stimmiger Kontakt

Jana P., 21 Jahre alt, wird im Rahmen eines Betreuten Einzelwohnens seit vier Jahren betreut. Es liegen uneinheitliche psychiatrische Diagnosen vor (Borderline, Depression), eine rechtliche Betreuung ist eingerichtet (Vermögenssorge), der sozialpädagogische Hilfebedarf ist festgestellt vor allem für die Bereiche Alltagsbewältigung und Ausbildungssuche. Es ist gar nicht so leicht, Jana zu unterstützen, weil der Wahrheitsgehalt in ihren Schilderungen oftmals nicht deutlich wird. Sie behauptet, Groupie einer bekannten Band zu sein, nennt sich Sarah statt Jana, erzählt von Verwandten und Freunden, von denen nicht recht klar wird, ob es sie gibt. Auch im Alltag gibt es immer wieder Diskussionen, ob sie bestimmte Vereinbarungen eingehalten hat, ob sie zum Beispiel tatsächlich beim Zahnarzt war oder nicht, ob sie tatsächlich ihren rechtlichen Betreuer angerufen hat oder nicht. Eigentlich könnte ihre Betreuerin den ganzen Tag hinter ihr her telefonieren und wie eine Detektivin nach Indizien für die Wahrheit ihrer Aussagen suchen. Eine Atmosphäre des Misstrauens macht sich gegenüber Jana/Sarah breit. Wie kann auf dieser Basis eine Beziehung hergestellt werden? Die Betreuerin machte Folgendes: Sie nahm ernst, dass Beziehung ein dynamischer Prozess des Sichannäherns und des Sichzurückziehens ist, und nahm sich vor, darauf zu achten, die noch so kleinen Momente des Zusammenfindens überhaupt zu bemerken. Sie hangelte sich an noch so kleinen Momenten der Begegnung entlang. Beziehungsarbeit ist pädagogisches Feintuning. Es ging ihr darum, die kleinen Momente zu würdigen, in denen gegenseitige Aufrichtigkeit spürbar wurde. Und gleichzeitig ging es ihr darum, auch das Trennende zu würdigen. Die Betreuerin akzeptierte das Zusammenkommen ebenso wie die Begrenzung der Beziehung mit Jana. Jana konnte dadurch ihr Sichverstecken ein Stück aufgeben, diese irgendwann in ihrem Leben aus der Not geborene, kreative, aber von anderen trennende Form von Schutz. Sie achtete sehr sensibel auf Schamgefühle bei Jana. Denn wenn sich Menschen aus der sicheren Deckung wagen, können Unsicherheit und Scham entstehen. Als Jana eines Tages, scheinbar einfach so, davon erzählte, wie sehr sie sich für ihren Namen schäme, war das ein sehr berührender Moment. Seitdem hat sich die Beziehung zu ihr verändert.

Das Schamthema ist deshalb pädagogisch so relevant, weil hier deutlich wird, wie verletzlich Menschen in der Beziehung mit anderen Menschen sind. Die Erkenntnisse der schulbezogenen Forschung sind gut übertragbar auf andere pädagogische Handlungsfelder. Dort mag es nicht um Noten und Zeugnisse gehen, aber dann eben um andere Anforderungen des Gelingens, dem stets die Gefahr des Scheiterns innewohnt. Wo Lob ist, da ist auch Tadel. Wo es Belohnung gibt, gibt es auch Bestrafung (und sei es in Form versagter Belohnung). Leider verwechseln immer noch zu viele Menschen Belohnen und Betrafen mit Erziehung. Wo Beschämung ist, kann kein guter Kontakt entstehen. Scham lässt sich nicht vermeiden, gehört zum menschlichen Grundgefühl, das immer auftauchen kann, wenn Menschen etwas von sich zeigen und darin unsicher sind. Feinfühlig mit Scham umzugehen ist eine Chance für Kontakt. Um Beschämung zu vermeiden bzw. gut mit Scham umgehen zu können, ist es vor allem wichtig, gegenüber den Beziehungsaspekten Nähe und Distanz sensibel zu sein.

8.2.2 Nähe und Distanz als dialogische Bestimmung der Kontaktgrenzen

Mit den Worten „Nähe" und „Distanz" steht ein Begriffspaar zur Debatte, welches metaphorisch auf Bewegung im Raum (und in der Zeit) verweist. Prozesse der Annäherung an oder Distanzierung von andere(n) Menschen sind bildhafte Vorstellungen, die sich auf gelingende oder auch misslingende Interaktionsprozesse beziehen. Es geht nicht um Nähe und Distanz an sich, sondern um ein jeweils als „richtig" empfundenes Maß von Nähe und Distanz. Beide Aspekte sind als subjektive und intersubjektive Raum- und Zeiterfahrung, nicht als objektiv berechenbare Kategorien zu verstehen, sie sind interpretierbar, veränderbar. In Austarierung von Nähe und Distanz geht es um Kontaktprozesse, das heißt um Annäherung und Rückzug im Rahmen gemeinsamer Erfahrungen. Im Lichte des Gestaltansatzes wird das Austarieren von Nähe und Distanz greifbar als eine *gemeinsame* Bewegung aufeinander zu und voneinander weg. Nähe und Distanz sind eine vielschichtige *Kontaktdynamik*. Es geht nicht nur um die eine Position und die eine Grenze, von der aus Nähe und Distanz richtig erscheinen mögen, sondern um vielschichtige ko-regulative Abstimmungsprozesse entlang dynamischer Kontaktgrenzen. Es geht um die Realisierung einer dialogisch-anerkennenden Beziehung, die in jedem einzelnen Moment beidseitig als stimmig empfunden wird. Es geht sowohl bei den Pädagog*innen als auch bei den Klient*innen darum, die eigenen Kontaktgrenzen zu achten und im Rahmen eines sicheren Beziehungsrahmens Kontaktprozesse von Moment zu Moment in ihrer Stimmigkeit zu beurteilen. Allein Aufgabe der Pädagog*innen ist es in diesem Zusammenhang, dafür Sorge zu tragen, dass für die Klient*innen ein Austarieren ihrer Kontaktgrenzen überhaupt möglich ist, und zwar durch Gewährleistung eines dialogisch-anerkennenden Beziehungsrahmens.

Alle Menschen brauchen sowohl Nähe als auch Distanz, Sicherheit und Integrität. Es geht darum, Menschen in respektvoller Weise emotional zu erreichen und gleichzeitig die Grenzen zu wahren; Kinder und Jugendliche zu schützen und gleichzeitig sie selbst sein zu lassen. Die Beziehung zwischen Pädagog*innen und Adressat*innen ist kein Selbstzweck, sondern sie hat sich als *pädagogische* Beziehung zu rechtfertigen. Es ist mehr als Kooperation, was eine pädagogische Beziehung im Sinne einer dialogisch anerkennenden Beziehung ausmacht. Im gestaltpädagogischen Sinne sind Nähe und Distanz dann in Balance, wenn Kontaktprozesse von Pädagog*in und Adressat*in beidseitig als stimmig erlebt werden. Als

Pädagog*in kann ich nicht wissen, ob das für mein Gegenüber der Fall ist, also muss ich fragen. Ein dialogisch-anerkennender Beziehungsrahmen ist die spezifische professionelle Voraussetzung, um auf meine Frage auch eine ehrliche Antwort zu erhalten. Sowohl Nähe als auch Distanz sind Aspekte des Bezugnehmens. Selbst das *einander* Ignorieren ist eine Form der Bezugnahme. Gestaltpädagogik würdigt die Kontaktbedürfnisse der pädagogisch Angesprochenen mit Blick auf Bedürfnisse der Annäherung *und* des Rückzugs.

Missbrauch von Beziehungen

So erfüllend Begegnungen für Menschen sein können: gerade wenn ihre Biografie Beziehungszerrüttungen aufweist, kann es in pädagogischen Settings keinesfalls darum gehen, Kontakt forcieren oder intensivieren zu wollen. Die pädagogische Beziehung hat stets eine zu sein, für die die pädagogisch Tätigen Verantwortung übernehmen nach den Richtlinien pädagogischer Ethik (vgl. Prange 2010, Brumlik 2017). Dazu ist es vor allem wichtig, in pädagogischen Einrichtungen über Beziehungen zu reden: über deren Stimmigkeit und über deren Nicht-Stimmigkeit. Der Stand der Forschung zur Aufarbeitung der Missbrauchsskandale in Erziehungseinrichtungen besagt eindeutig: Der beste Nährboden für Missbrauch ist das Nicht-Thematisieren von Beziehung (Keupp et al. 2019). Das reformpädagogische Pochen auf Beziehung ist oft missbraucht worden für Übergriffigkeit und Missbrauch (vgl. Miller & Oelkers 2014, vgl. in diesem Zusammenhang auch die Kritik an Paul Goodman, Oelkers 2014, 62 ff.). Missbrauch von „Beziehung" meint nicht nur Gewalt, sondern auch beispielsweise Gurubildung und jede andere Form des Machtmissbrauchs. Pädagogik muss immer auch Pädagogikkritik sein (siehe Kapitel 9). Deshalb ist die Beziehungsklärung, die Reflexion der Beziehung, die Auseinandersetzung freier Subjekte im intersubjektiven Dialog wesentliches Element der Gestaltpädagogik. Ich muss als Pädagog*in bereit sein, mich ständig selbst infrage zu stellen und stellen zu lassen; ich muss die Beziehung thematisieren, wenn mein*e Klient* das nicht tut.

Pädagogische Beziehungsarbeit ist eine von Grund auf unsichere Sache wegen der typisch pädagogischen Mischung aus sowohl rollenspezifischen als auch persönlichen Anteilen (Oevermann 1996, 109). Viele Erziehungslehren des lange vergangenen 20. Jahrhunderts haben versucht, statt diese Unsicherheit auszuhalten, Eindeutigkeiten zu verkünden, haben mehr Disziplin gefordert *oder* die Antipädagogik ausgerufen. Die heutigen gesellschaftlichen Verwerfungen führen uns jedoch klar die Grenzen vermeintlicher Eindeutigkeiten vor Augen. Statt nach neuen Eindeutigkeiten zu suchen, muss es darum gehen, pädagogisch mit den „Antinomien der Moderne" (Helsper 2006), das heißt mit den gesellschaftlichen Widersprüchen und Meinungsverschiedenheiten adäquat umzugehen. Was es dazu braucht, ist die Kompetenz, mit Ambivalenzen umzugehen, ein Sichzurechtfinden in den Widersprüchen der komplexen modernen Welt. Die Stärke der Gestaltpädagogik besteht darin, dass sie mit Ambivalenzen umgehen kann, mit dem Risiko des Kontakts, mit den Unsicherheiten von Beziehung, mit ambivalenten Gefühlen, mit dem Sowohl-als-auch an den Kontaktgrenzen. Ambivalenzen in pädagogischen Beziehungen zu ignorieren, verschärft die Gefahr der Übergriffigkeit – und auch die Gefahr der Beziehungslosigkeit aus lauter Angst davor.

Praxisbeispiel: Mit Ambivalenzen umgehen

Kamal, 14 Jahre alt, ist seit zwei Jahren in einer Wohngruppe für traumatisierte Kinder. Sein Bezugsbetreuer Mirko hat nur schwer eine vertrauensvolle Beziehung zu Kamal aufbauen können, nimmt ihn als sehr verschlossen wahr. Was der Junge erlebt hat, ist nur bruchstückhaft bekannt. Misshandlungen durch gleich mehrere Familienmitglieder sind bei ihm ab einem Alter von vier Jahren belegt. Er selbst schweigt dazu. Kamal hat gelernt misstrauisch zu sein, aus gutem Grund. Eines Nachmittags kommt es in der wöchentlichen Gruppensitzung, bei der über das Zusammenleben in der Heimgruppe gesprochen wird, zu einer schwierigen Situation. Mirko und seine Kollegin haben im Zimmer von Kamal mehrere leere Bierflaschen gefunden. Das ist nicht erlaubt und kann sogar zum Rauswurf aus der Einrichtung führen. Kamal beteuert, es handle sich um Flaschen, die er leer auf der Straße gefunden habe und die er zum Supermarkt bringen wolle, um das Pfand zu kassieren. Bekannt ist allerdings, dass Kamal früher bereits schon einmal eine volle Bierflasche in die Wohngruppe hineingeschmuggelt hat. Mirko und seine Kollegin wissen nicht, ob sie Kamals Geschichte mit den Pfandflaschen glauben sollen. Wie umgehen mit dem Misstrauen? Folgendes haben die beiden gemacht: Ihnen war klar, dass Misstrauen ein besonders heikles Themas ist in der Beziehung zu jemandem, der selbst sehr misstrauisch ist. So jemand braucht Menschen, die ihm Vertrauen vorschießen statt ebenfalls misstrauisch zu sein. Nach dem Kontaktprozessmodell wäre Misstrauen mit einem Kontaktprozess verbunden, der die intersubjektive Dynamik von Annäherung und Rückzug sehr hemmt. Wie kann ich empathisch auf jemanden antworten, dem ich nicht glaube? Mirko und seine Kollegin spürten im Kontakt mit sich selbst eine große Ambivalenz, ob sie ihm glauben wollten oder nicht, und berichteten Kamal von ihrer Ambivalenz. Kamals Antwort: Er könne nachvollziehen, dass sie ihm das nicht glaubten. Mirko und seine Kollegin schlugen ihm vor, gemeinsam in der Gruppe zu überlegen, wie man ganz grundsätzlich mit so einem Problem umgehen könne (denn es war wahrlich nicht das erste Mal). Kamal schien mit dieser Idee sehr zufrieden. Nach der Gruppe, im Hinausgehen, sagte er kurz und knapp zu Mirko: „War gute heute", und weg war er.

Umgehen mit Ambivalenzen wird gestaltpädagogisch möglich durch ein Hin und Her zwischen Selbst- und Fremdbezug, zwischen mir und dem Gegenüber, zwischen dem Vertrauten und dem Unvertrauten. Damit Kontakt entstehen kann, braucht es eine pädagogische Beziehung, die ein sicheres Fundament darstellt, die Kontaktversuche sicher halten kann, die wie ein Gefäß ist (ein „Container" im Sinne von Wilfred Bion), die auffangen kann und die belastbar ist, die nie infrage steht. Eine solche pädagogische Beziehung mutet einiges zu, aber sie tut das unhintergehbar in anerkennender, nicht-verletzender Weise. Dafür ist es wichtig, dass Pädagog*innen in der Beziehung *präsent* sind. *Beziehungspräsenz* bedeutet, dass das Fundament der pädagogischen Beziehung unter keinen Umständen infrage gestellt wird durch die Pädagog*innen (Primat der Beziehung). Ein solcher Grundsatz verpflichtet Pädagog*innen nicht zu Schonhaltung und Harmonie. Um es deutlich zu sagen: Es geht nicht um Sympathie oder Nähe.

Michael Winkler (2022) hat jüngst erziehungswissenschaftlich zurecht die gewiss provokative These aufgestellt, für Pädagogik brauche es keine Beziehung. Recht hat er, allerdings nur unter der Maßgabe, dass unter Beziehung eine persönliche Nähe verstanden werden würde, die in professionellen pädagogischen Settings unter allen Umständen herzustellen sei. Vielmehr geht es im Gestaltansatz um Auseinandersetzung auf Augenhöhe, um eine *stimmige* Beziehung, einen sicheren Beziehungsrahmen. Nähe, mit all ihren Kontaktgrenzen und stets in einer dem pädagogischen Auftrag professionell gemäßen Weise, kann in pädagogischen Institutionen immer nur ein Angebot sein. Beziehungspräsenz bedeutet nicht, nahe zu sein, sondern *da zu sein*. Dieses Da-Sein ist so elementar, dass es sogar im Rahmen der Traumapädagogik eine herausragende Stellung einnimmt (vgl. Jäckle 2017). Monika Jäckle (2017) hat differenziert gezeigt, dass die Sensibilität der Gestaltpädagogik für Beziehungen eine fachlich angemessene Basis darstellt für die Traumapädagogik (siehe Kapitel 8.5.2). Denn in der Traumapädagogik geht es ja genau darum, der Verstörung einen sicheren Boden entgegenzusetzen. Die pädagogische Beziehung ist hierfür die wichtigste Ressource. Sie ist es aber erst einmal nur potenziell, denn es kommt auf ihre Ausgestaltung an. Es geht um Klarheit, nicht um erzwungene Vertraulichkeit, nicht um „Nett-Sein", sondern um eine Auseinandersetzung, die die andere Person als Gegenüber ernst nimmt und in der auch die Pädagog*innen als ein zuverlässiges Gegenüber greifbar werden, beziehungsorientiert und klar in den Grenzen.

8.2.3 Vorrang der Beziehung, Klarheit der Grenzen

Gestaltpädagogische Beziehungsgestaltung besteht im Speziellen darin, mit dem intersubjektiven Kontaktprozess *mitzugehen*, und einen (möglichen) Begegnungsmoment im Beziehungsgeschehen zu erkennen, im Allgemeinen aber darin, allen Kontaktprozessen des*der Klient*in zu folgen und im richtigen Moment einen Impuls zu geben. Ein richtiger Moment (ein pädagogischer Moment, siehe oben) zeichnet sich dadurch aus, dass sich die Form des Kontaktprozesses ändert, ob als Annäherung oder als Rückzug, ob emotional intensiver oder weniger intensiv. Der gestaltpädagogische Blick richtet sich auf die Dynamiken im Feld, auf Energien und Bewegungen; auf das, was sich von Moment zu Moment als Figur zeigt, indem es Energie, Erregung, Aufmerksamkeit bindet und diese in Form von Bewegung, Initiative, Verhalten umsetzt. Es macht keinen Sinn, über das hinwegzugehen, was gerade passiert. Um aber zu bemerken, was gerade passiert, müssen Pädagog*innen in Kontakt sein mit der pädagogischen Situation und sich vergegenwärtigen, was im Kontakt gerade geschieht. Kinder und Jugendliche sollen darin unterstützt werden, Kontakterfahrungen zu machen, die sie in ihrem Leben, in der Welt brauchen können. Aus diesem Ziel ergibt sich das wichtigste gestaltpädagogische Prinzip: Was immer auch geschieht, soll eine Kontakterfahrung sein, die als stimmig erlebt wird und die Grenzen wahrt.

Beziehungen aktualisieren sich in jedem neuen Aufeinandertreffen, und das nicht nur in Face-to-face-Situation. Jede Bezugnahme ist eine neue Chance. Im Alltag ist es in Routinesituationen oft so: Kommunikation ist geduldig, Menschen sind einigermaßen kooperativ, es wird viel aneinander vorbeigeredet – aber irgendwie macht das auch nichts, zumindest sind die Folgen überschaubar (auch wenn diese manchmal unterschätzt werden). Wie oft ärgert sich jemand im Alltag über das, was eine andere Person gesagt hat (das wird aber ignoriert), oder ist irritiert von etwas, das jemand tut (denkt darüber aber nicht mehr nach), hört einen Vorwurf heraus und möchte eigentlich gern etwas klarstellen (tut es aber nicht), findet eine Gesprächssituation seltsam oder auch nur langweilig (stört sich aber nicht weiter daran). Was macht Menschen so geduldig miteinander? Es ist wohl die Gewissheit, dass das, was gerade nicht passt, nicht so wichtig ist: nicht für eine*n selbst, nicht für die Beziehung miteinander. Was aber, wenn jemanden etwas wirklich trifft, was eine andere Person sagt (z. B. ich)? Wenn sich wirklich jemand sehr ärgert über eine andere Person (z. B. über mich)? Wenn jemand dadurch gar keine Lust mehr hat, mit diesem Menschen zu reden (z. B. mit mir)? Und was ist, wenn ich diejenige Person bin, die die Beziehung am liebsten abbrechen würde vor lauter Ärger oder Unlust? Dann spätestens handelt es sich um eine schwierige Situation im Miteinander, die im Privaten grundsätzlich keine anderen Entstehungsgründe hat als in einem professionellen pädagogischen Setting. Ausgehend vom Primat der Beziehung in der Gestaltpädagogik muss es vor allem in solchen Situationen wieder möglich sein, ein Gespräch miteinander zu führen, sich wieder zu treffen – im Kontakt zu bleiben im Sinne einer von einem dialogischen Beziehungsrahmen getragenen Auseinandersetzung. Begegnung als Haltung (nicht als realisierter Begegnungsmoment) erlaubt es, mit der Idee des Dialogs auf das Gegenüber zuzugehen. Es geht darum, das *Verbindende* statt das Trennende zu suchen. Eingedenk der pädagogischen Aufgabe bleibt gar nichts anderes übrig als davon auszugehen, dass Beziehung immer möglich ist, möglich sein muss – im Sinne eines gewaltfreien Sich-aufeinander-Beziehens. Das ist die Aufgabe.

Anerkennende Beziehungen unter schwierigen Bedingungen

Wie aber kann es gelingen, eine anerkennende Beziehung auch unter schwierigen Bedingungen zu knüpfen? Es ist in vielen Situationen unmöglich vorauszusehen, was für einen anderen Menschen von Bedeutung ist, was der heikle Punkt, das Fettnäpfchen, der rote Knopf, die empfindliche Stelle bei jemanden ist, was jemandem zu nahe geht oder über die Hutschnur, was jemanden trifft, angreift, in die Enge treibt, beschämt oder triggert. Bei aller Empathie, bei allem Fachwissen, bei aller Erfahrung und bei aller Kenntnis der Lebensgeschichte des Gegenübers: Niemand kann das wissen. Was hilft da? Hilfreich wäre es, wenn uns das Gegenüber das einfach sagen würde. Und tatsächlich ist es erstrebenswert, darüber miteinander ins Gespräch zu kommen (die Sprache des Kontakts mag hier helfen). Was aber, wenn die andere Person es nicht sagen will oder kann, es vielleicht selbst gar nicht weiß? In der Gestalt*therapie* wäre es dann ein Angebot, sich diesem Unbekannten zu nähern. Therapie bedeutet, sich selbst zu entdecken. Pädagogik ist aber keine Therapie, und Pädagog*innen haben nicht die Aufgabe (weder in der Schule noch sonst irgendwo), *aufdeckend* zu arbeiten. Es macht auch keinen Sinn, das Kind (als Beispiel) erst einmal „in Psychotherapie zu schicken" (wie es manchmal in der Praxis unschön heißt), um sich *danach* wieder dem Kind zuzuwenden. Das Kind ist ja da: in der Schulklasse, in der Wohngruppe und so fort. In der Herangehensweise einer *phänomenologischen Offenheit* gilt es, das Offensichtliche im Kontaktgeschehen zu sehen. Dabei ist die Gestaltpädagogik gleichzeitig lösungsorientiert optimistisch: „Wenn in der Organisation des Feldes Dysfunktionen und Probleme auftreten, sind in der Dynamik des Feldes auch die Lösungen präsent", so Yontef (1999, 155). Es geht in der Gestaltpädagogik darum, dem eigenen Beziehungswissen vertrauen zu lernen. Dazu ist es nötig, die eigenen Beziehungserfahrungen kollegial zur Sprache zu bringen (etwa im Rahmen von Supervision). Dann kann aus reflektierter Erfahrung professionelle Intuition werden.

Praxisbeispiel: Das Offensichtliche sehen

Sal, 15 Jahre alt, 7. Klasse, und seine Mathe-Lehrerin geraten immer wieder aneinander. Der Lehrerin ist nicht klar, worum es eigentlich geht. Sie fühlt sich, wie so oft, provoziert von ihm. Sie vermutet, dass er sie nicht akzeptiert, weil sie eine Frau ist. Er hat sich immer wieder über die Stellung der Frau geäußert, die dieser laut Religion zukomme. Die Lehrerin hat bislang Gespräche darüber vermieden, weil sie eine solche Meinung ablehnt und gleichzeitig nicht möchte, dass er denkt, sie würde seine Religion, seine Familie, seinen kulturellen Hintergrund, ihn als Person abwerten. Anerkennung und Beziehung sind der Lehrerin sehr wichtig. Was soll sie tun? Als sie das Thema einmal im Kolleg*innenkreis anspricht, sagt eine Kollegin, dass es wirklich anstrengend sei, mit „so jemandem immer wieder zu diskutieren". Da holt die Lehrerin tief Luft und es platzt aus ihr heraus: „Diskutieren? Ja genau, der will diskutieren!" Die Lehrerin nahm sich vor, mit Sal zukünftig zu diskutieren, das heißt sich mit ihm auf Augenhöhe hinsichtlich seiner Anliegen auseinanderzusetzen, weil es ihm – offensichtlich! – genau darum ging. Und sie beschloss, nicht gerade mit dem für sie schwierigsten Thema (Männer/Frauen) anzufangen. Sie machte die Erfahrung, dass Sal zwar seine eigenen Ansichten über Frauen haben mochte, dass er sich aber auch bei anderen Themen, als sie ihm welche anbot, mächtig ins Zeug legte, als Gesprächspartner ernstgenommen zu werden.

Die pädagogische Aufgabe besteht darin, ein Gegenüber zu sein. Das ist wichtiger als jedes inhaltliche Thema. Im obigen Praxisbeispiel, das wäre eine mögliche Deutung, kam es bei der Lehrerin zu einem „Aha"-Effekt durch den Blick von außen durch die Kollegin. Diese beschrieb die Situation als ein Diskutieren. Da wurde der Lehrerin klar, dass genau das Gegenteil passiert: Sal will diskutieren, sie aber nicht. Sie konnte die Situation als Fordern und Verweigern, als Zugehen und Weggehen, als Bewegung und Stoppen sehen. Das Thema, um das es immer ging, rückte in den Hintergrund. Eine zweite Ebene wurde sichtbar, auf der sie noch nie versucht hatte, das Problem zu lösen: auf der Ebene des Kontakts. Denn, so könnte gestaltpädagogisch gesagt werden, so menschlich verständlich die Themenverweigerung vielleicht sein mag, sie ging auch einher mit einer Kontaktverweigerung im Sinne einer Verweigerung der Auseinandersetzung. Verallgemeinert bedeutet das: Das, was Beziehungen oftmals so kompliziert und anstrengend macht, ist eigentlich nicht die Beziehung, sondern die Verweigerung der Beziehung. Selbst in Fällen höchster Eskalation ist das Einzige, was eine Chance hat, die Aufrechterhaltung von Beziehung. Daher geht es auch in jedem professionellen Deeskalationsansatz (egal ob bei der Polizei, in der Psychiatrie oder in der Pädagogik) darum, wie wir auch unter Bedingungen verschärfter Konfrontation, ja: Feindseligkeit, trotzdem bzw. gerade dann eine anerkennende Beziehung anbieten können. Wenn in eskalierenden Situationen keine anerkennend-dialogische Beziehung gelingt, besteht die Gefahr der weiteren Eskalation. Es macht immer Sinn zu unterstellen, dass Beziehung eine Chance hat. Eine dialogische Grundhaltung wirkt deeskalierend, weil sie Grenzen respektiert und genau dadurch Verbindung ermöglicht. Der Fokus auf die Beziehungskompetenzen der Pädagog*innen zeigt sich im Gestaltansatz auch im Selbstverständnis der pädagogischen Rolle.

8.2.4 Rolle des*der Gestaltpädagog*in

Die Rolle des*der Pädagog*in ist die eines*einer „Facilitator", also einer Person, die Lernen und Entwicklung nicht forciert, sondern erleichtert („Lern-Erleichterer" nannte das bereits Carl Rogers, später auch die konstruktivistische Didaktik). Roland Stein umschreibt die gestaltpädagogische Rolle so (vgl. für das Folgende Stein 2005, 98 f.): „Facilitator" (eigentätiges Lernen und förderliche Lernatmosphäre), „Awareness und Gewahrsein" (offene Aufmerksamkeit und gleichzeitig gezieltes Beobachten des Lerngeschehens), „Rahmen geben und erhalten" (Strukturierung des Rahmens für Eigentätigkeit und unterschiedliche Zugänge), „Hüter der Balancen" (Ich-Es-Wir, Emotion-Kognition-Körperlichkeit), „Rückmeldungen" (selektiv authentisch, hilfreich, nicht verletzend), „Verständigung und Aushandlung" (gemeinsam in der Gruppe), „Lehrer und Lerner" (Lehrende als Mitlernende), „Wohlfühlen" (Wohlfühlen aller Beteiligten, aber keine Scheu vor verunsichernden Gefühlen) sowie „Verantwortung" (Verantwortung für sich selbst und als Pädagog*in für das Setting). Es zeichnet sich sonach eine professionelle Rolle ab, bei der es darum geht, in Reflexion der eigenen Haltung Lernen zu ermöglichen durch Struktur- und Prozessorientierung, durch Vertrauen in die Lernenden und Verantwortung für das Lernsetting, durch gezieltes Handeln und ein Offensein für vielfältige Lernwege.

Die pädagogische Beziehung ist das Herzstück gestaltpädagogischen Handelns, weil sie die Voraussetzung schaffen kann, Zugang zu erhalten zu den Lebenswelten und Lernweisen der Adressat*innen. Wenn Beziehung zum Kern pädagogischen Handelns wird, dann rückt die Persönlichkeit der Pädagog*innen unweigerlich in den Fokus – nicht nur aus gestaltpädagogischer Sicht (vgl. erziehungswissenschaftlich Krautz & Schieren 2013). Längst ist das Beziehungsthema nicht mehr nur Thema der humanistischen Pädagogik. Erziehungswissenschaftlich wird ein Spagat problematisiert zwischen einer fachkraftfixierten Sicht auf die pädagogische Beziehung (vgl. zur Kritik am pädagogischen Bezug Oelkers 2014) und der scheinbaren Tilgung pädagogischer Verantwortung bei einseitiger Betonung der Selbstgesteuertheit von Lernen (vgl. dazu kritisch Burchardt 2017), der nur durch den Fokus auf eine *zweiseitige* Beziehung zu bewältigen ist (vgl. zu deren Widersprüchlichkeit die Einleitung in Krautz und Schieren 2013). Die pädagogische Beziehung ist eine *Inter*aktion.

Selbsterfahrung und Selbstreflexion

Wenn Burow (1988, 18) Gestaltpädagogik als eine „Pädagogik vom Lehrer aus" bezeichnet (zur „Lehrerpersönlichkeit" vgl. auch Burow 1988, 126 ff., Svoboda 2012), dann meint er damit keine Engführung auf Bedürfnisse und Verhaltensweisen der pädagogischen Fachkräfte, sondern ein Rollenverständnis, sich als Person (in der pädagogischen Rolle) einzubringen in die pädagogische Beziehung, verknüpft mit einer hohen Bereitschaft zur Selbsterfahrung und Selbstreflexion. So hat etwa Baulig (2016) eine Systematik gestaltpädagogischer Selbstreflexion für schwierige pädagogische Situationen („schwierige" Kinder)[44] anhand von sechs Dimensionen (die ich hier etwas verkürzt darstelle) entwickelt:

1. Befindlichkeit (z. B. „Was ist gerade?", „Wie und womit bin ich gerade selbst in Kontakt?"),
2. Förderung des Ich (z. B. „Was ist mir wichtig?", „Wie kann ich meine Erfahrungen einbringen, ohne den Kindern damit die Chance auf eigenes Erleben zu nehmen?"),
3. Beachtung eigener Grenzen („Wie fühlt sich mein Körper gerade an?", „Wie kann ich mir im Unterricht ein Gefühl für mich selbst bewahren?"),

44 Ich setze hier Anführungszeichen, weil ich feldbezogen davon ausgehe, dass nicht Kinder schwierig sind, sondern Situationen, in denen es sowohl Kinder als auch Pädagog*innen im Umgang miteinander schwer haben.

4. Gesetz des Handelns (z. B. „Habe ich mich durch Überaktivität an meine Grenze gebracht oder waren es schwierige Kinder?“, „Wie kann mehr Distanz entweder von meinen Emotionen oder von schwierigen Kindern erreicht werden?“),
5. System (z. B. „Welche pädagogischen Leitbilder entwirft diese Institution?“, „Inwieweit verkörpere ich analoge Vorstellungen?“) sowie
6. Vermeidung von Nicht-Ich-Sein (z. B. „Gibt es einen Machtkampf (...)?“, „Habe ich das permanente Gefühl, den Kindern eigentlich nicht gerecht werden zu können?“).

Anspruchsvolle Fragen, bei denen es heißen könnte: zu anspruchsvoll für den pädagogischen Alltag. Aber sind solche und ähnliche Fragen (dann eher als Grübeln) nicht genau diejenigen, die Pädagog*innen belasten? Die Gestaltpädagogik erfindet diese Fragen nicht neu. Nach ihrem Motto „Was sein darf, verändert sich“ anerkennt sie lediglich deren Relevanz und macht sie auf diese Weise konkret greifbar und bearbeitbar, statt dass solche Fragen im Hintergrund ihr zermürbendes Unwesen treiben.

In der Gestaltpädagogik stehen die Erfahrungen der Lernenden im Mittelpunkt, zu diesen setze ich mich jedoch als Pädagog*in, als Mensch in Beziehung und mache auf diese Weise auch selbst Erfahrungen, die ebenfalls ein wichtiger Teil der Wechselwirkungen im pädagogischen Feld sind. Auf diese Weise wird es möglich, mit Machtverhältnissen im Sinne von Machtasymmetrien im Feld verantwortlich umzugehen. Ulrich Schmermund gibt im Vorwort von Heinel (2015) die Devise aus: „Macht abgeben – kreative Prozesse freigeben und begleiten“. Jürgen Heinels gestaltpädagogische „Szenen“ sind Ausdruck der Selbstreflexion eines gestaltpädagogisch inspirierten Lehrers und bringen damit einen entscheidenden Aspekt auf den Punkt, in dem sich Gestaltpädagogik neben Didaktik und Methodik vor allem unterscheidet: So wie in der Gestalt*therapie* das Selbstgewahrsein des*der Therapeut*in als wichtiges Handlungsinstrument gilt, so ist auch in pädagogischen Zusammenhängen die Selbstaufmerksamkeit der pädagogischen Fachkraft zentral: Selbstgewahrsein, Resonanz, Im-Fluss-Sein als Seismograf für (mehr oder weniger) gelingendes Miteinander in der pädagogischen Beziehung. Das ist die Zumutung der Gestaltpädagogik an Pädagog*innen: Mitschwingen können in der pädagogischen Situation unter Achtung auch der eigenen Kontaktgrenzen.

Pädagogik von den Pädagog*innen aus zu denken, lenkt den Blick auf die fachlichen und persönlichen Voraussetzungen für die Ermöglichung von Kontakt und Beziehung. Eine solche Sichtweise nimmt den Feldcharakter der pädagogischen Situation ernst. Es macht keinen Sinn, auf das Erleben und Verhalten von Adressat*innen zu schauen, ohne auch die anderen Personen ihm Feld zu berücksichtigen, vor allem: ohne sich selbst als Pädagog*in zu beachten. Was auch immer im pädagogischen Feld geschieht, ist Ausdruck von Wechselwirkungen im Feld. Die Rolle des*der Pädagog*in als macht- und selbstkritische*r Interaktionspartner*in, in Verantwortung für das Setting und für die eigene Person, spielt in der Gestaltpädagogik eine entscheidende Rolle. In einem solchen Verständnis wird aus einem technischen Verständnis der pädagogischen Rolle eine Haltungsfrage und davon ausgehend eine Frage der Professionalität: weg von der Frage nach „Unterrichtsstörungen", „Verhaltensstörungen" und „psychischen Störungen", „Verweigerung" und „Nicht-Mitmachen", hin zum Blick auf Bedingungen gelingenden Kontakts und dessen Hemmungen.

Mit dem Konzept der „Introvision" hat Telse Iwers (2021) einen Ansatz vorgelegt, mit dem Pädagog*innen ihren eigenen Kontaktunterbrechungen in der pädagogischen Beziehung auf die Spur kommen können. In diesem Zusammenhang geht es vor allem um ein Gewahrwerden der eigenen unhinterfragten Normen und der impliziten Wissensformationen, die das eigene Handeln leiten. Es geht darum, den eigenen „subjektiven Imperativen" (Iwers-Stelljes 2014) und „inneren Blockaden" (Iwers-Stelljes 2015) als Pädagog*in nachzuspüren. Es geht darum, in der Reflexion der pädagogischen Beziehung an den eigenen Kontakterfahrungen anzusetzen statt an der Analyse des Gegenübers. Auf diese Weise kann (etwa im Lehramtsstudium) aus praxisorientierter Fallreflexion eine gestaltpädagogisch orientiertes Verstehen werden, das auch die Reflexion der eigenen Berufsbiografie mit einschließt und auf dieser Grundlage in der Praxis achtsamere Interaktionen ermöglicht (Iwers 2019).

Professionalisierung

Im gestaltpädagogischen Selbstverständnis (auch in entsprechenden Fortbildungen) stand stets eine Form der Professionalisierung im Mittelpunkt, die Pädagog*innen *entlastet*, statt dem anstrengenden Beruf noch mehr an Belastungen aufzubürden (z. B. noch mehr bedenken, noch mehr leisten, noch mehr erreichen). Vielmehr geht es darum, Blockaden abzubauen und die eigene Kontaktfähigkeit zu verbessern durch ein gesteigertes Vertrauen in die eigene Intuition. Gestaltpädagogik wartet für Pädagog*innen mit der guten Nachricht auf, dass die pädagogische Arbeit davon profitiert, wenn Pädagog*innen *für sich selbst* etwas tun. Sich selbst in Ganzheit zur Verfügung zu haben, in Kontakt zu kommen mit sich selbst, ist für Pädagog*innen in allen Berufsfeldern eine riesige Quelle, um mit anderen Menschen in Beziehung zu treten. Selbst-Support ist die beste „Technik", um anderen Menschen Support geben zu können (zum Support siehe Kapitel 6). Dafür brauchen Pädagog*innen genügend Fremd-Support, beispielsweise Supervision und weitere stützende Rahmenbedingungen im pädagogischen Feld (siehe Kapitel 9).

Die Gestaltpädagogik richtet ihren Blick auf die Person des*der Pädagog*in als Ressource: „Persönlichkeitsentwicklung als Aspekt pädagogischer Professionalisierung" (J. Bürmann et al. 2014). Die zentrale Idee der Gestaltpädagogik besteht darin, den Lernenden einen subjektiv bedeutsamen Zugang zum Lernen zu ermöglichen. Dasselbe Prinzip gilt für Pädagog*innen in ihrer Auseinandersetzung mit ihrer professionellen Rolle: Warum bin ich Lehrer*in, Erzieher*in, Sozialpädagog*in, Erwachsenenbildner*in, Personaltrainer*in geworden; welche Art von Pädagog*in möchte ich sein (vgl. Eichhorn 2007, 29 f.)? Eine der vielen methodischen Zugänge, die in gestaltpädagogischen Ausbildungen zur Anwendung kommen ist die Reflexion der eigenen Lernbiografie, zum Beispiel in Form eines „Pädagogischen Selbstkonzepts" (Eichhorn & Kremers 2007, Eichhorn 2007, darin weitere Quellen). Es geht darum, sich selbst als Pädagog*in zu reflektieren, zu entwerfen, abzusichern in den eigenen Werten, Ideen, Haltungen und Zielen; über biografische Einflüsse auf die Berufswahl nachzudenken, ein eigenständiges professionelles Selbstbild zu entwerfen, Ziele zu formulieren, das eigene Bild über die pädagogischen Adressat*innen zu reflektieren und Vorstellungen von „guter" pädagogischer Arbeit zu formulieren (vgl. Eichhorn 2007, 30). Gemäß einem ganzheitlichen Zugang geht es in diesem Zusammenhang nicht nur um die kognitive Ebene der Selbstvergewisserung, sondern vor allem auch um kreative und körperliche Zugänge, etwa über eine körperorientierte Annäherung (vgl. exemplarisch a. a. O., 31). Prengel (2023) hat über viele Jahre mit sogenannten „Ich-Geschichten" gearbeitet, in denen Studierende in der Arbeitsform der „Erinnernden Introspektion und Empathie" ihre subjektiven Erlebnisse zu fachlichem Wissen in Verbindung zu bringen lernen.

Die wichtigste Ressource der pädagogischen Fachkräfte ist nach gestaltpädagogischem Verständnis die Fähigkeit zum Kontakt mit sich selbst. Diese ist die Voraussetzung für das Sich-einlassen-Können auf erfüllenden Kontakt mit anderen. In diesem Verständnis wird Gestaltpädagogik seit vielen Jahrzehnten in Ausbildungen vermittelt (vgl. exemplarisch Rabenstein 2023, Tschötschel-Gänger 2023 und die Erasmus-Module bei Bürmann & Bürmann 2014).[45] Burow (1993) hat bereits vor dreißig Jahren empirisch gezeigt, dass Gestaltpädagogik lernbar ist, dass sie auf einer tiefgehenden Ebene Pädagog*innen zufriedener werden lässt mit ihrer schwierigen Aufgabe und dass davon die berufliche Tätigkeit und damit auch die pädagogischen Adressat*innen profitieren. Alles, was Pädagog*innen stärkt, festigt sie in ihrer pädagogischen Rolle. Haltung gibt Halt. Haltung meint, präsent zu sein in pädagogischen Situationen, um auf diesem Fundament dialogorientiert pädagogisch handeln zu können. Der dialogische Basisaspekt gestaltpädagogischen Handelns wird je nach pädagogischer Aufgabe mehr oder weniger ergänzt um bildungsorientierte, störungsorientierte und pädagogisch-therapeutische Handlungsaspekte. Um diese drei weiteren Aspekte geht es in den folgenden Unterkapiteln. Zuvor ein Beispiel aus der Kindheitspädagogik, um am

---

45 Siehe auch die Weiterbildungsmodule der Gestaltpädagogischen Vereinigung: https://gpv-ev.de. Für Anleitungen zur Selbstreflexion siehe www.agb-seminare. at/fach-bereiche/gestalt-paedagogik.html. Im bayerischen Raum ist ab 2025 ein neuer Ausbildungsgang am Lore Perls Institut geplant (www.lore-perls-institut.de).

Ende dieses Abschnitts noch einmal die Grundzüge dialogorientierten Arbeitens zu veranschaulichen.

8.2.5 Praxisbeispiel Kindheitspädagogik

(Gestalt-)Pädagogik ist nicht nur Bildung und Erziehung in der Altersgruppe der Kinder. Gleichwohl lassen sich im Umgang mit dieser Altersgruppe Prinzipien aufzeigen, die weit über diese Altersgruppe hinausgehen. Das Bildungs- und Erziehungsverständnis der Gestaltpädagogik lässt sich am Beispiel der Kindheitspädagogik gut zeigen. Im Gestaltansatz gibt es eine lange Tradition in der Arbeit mit Kindern, vor allem im Bereich der Kinder- und Jugendtherapie (Lederman 1969, Oaklander 1981, Oaklander 2009, Baulig & Baulig 2002, Lampert 2003, Mortola 2011, Anger & Schön 2012, Spagnuolo Lobb et al. 2016). Der gestaltpädagogische Blick auf Kinder richtet sich auf ihre Erfahrungen, die sie in der Welt machen. Erzieherisches Arbeiten mit Kindern bedarf eines guten Kontakts, damit sich Kinder öffnen – auch und gerade in schwierigen Situationen (vgl. Schön 2012, 110). Erste Voraussetzung dafür ist, die Welt aus den Augen der Kinder („a child's eye view", Lampert 2003) zu betrachten. Dazu sei daran erinnert, dass der Gestaltansatz Kontaktverhalten als schöpferische Anpassungsleistung interpretiert. Ein Beispiel von Nicola Eschweiler-Trutzenberg zeigt, was damit gemeint ist:

> Ein fünfjähriger Junge bepinkelt ein anderes Kind. Die Erzieher*innen sind ratlos und informieren die Eltern darüber, dass ihr Sohn abgeholt werden muss. Dieser Junge hat Glück: seine beiden Eltern nehmen sich frei und holen ihn ab. Sie gehen mit ihrem Jungen in eine Eisdiele, und als das Eis gegessen ist, fragen sie ihn, was denn in der Kita passiert sei. Darauf erzählt der Junge, dass sein Mitspieler ihn fortwährend geärgert habe. Auf seine Bitte, ihn in Ruhe zu lassen, auf sein „Stopp" und sein Weggehen habe er nicht reagiert, sondern ihn immer weiterverfolgt und gepiesackt. Der Junge wusste, dass er nicht hauen, schubsen, kratzen und beißen darf. Da ist ihm das Pinkeln eingefallen. Ein begeisterndes Beispiel für organismische Selbstregulation! (Eschweiler-Trutzenberg 2023, 336)

Das Ausrufezeichen am Ende des Beispiels versprüht gestaltpädagogischen Optimismus. Die Autorin kann sich regelrecht dafür begeistern, aus der Perspektive des Kindes zu begreifen, dass es sich bei seinem Verhalten um eine kreative Anpassungsleistung handelt. Ihre Deutung, mag sie auch zunächst der Validierung im Kontakt mit dem Kind bedürfen, lässt erzieherische Handlungsmöglichkeiten entstehen, statt lediglich einen klinischen Fall von Enuresis zu vermuten. Und selbst wenn es einer wäre: Mit einer *pädagogischen* Deutung gerät das Verhalten des Kindes als Selbst-Welt-Bezug in den Blick: die Erfahrungen, die der Junge im

Beispiel damit macht, wie er sich gegenüber anderen – bepinkelnd – zum Ausdruck bringt. Damit der Junge aber über seine etwaigen Nöte sprechen kann (sei es eine grundsätzliche seelische Not oder eine situative Verhaltensnot/wendigkeit), bedarf es mehr als einer bestimmten pädagogischen Sichtweise und Reaktion *in der Situation*. Es bedarf einer kontaktfördernden Atmosphäre in der pädagogischen Einrichtung, in der Kindergartengruppe.

Marlies Gluske-Martini (2023) zeigt eindrucksvoll, wie in einem Kindergarten gestaltpädagogisch gearbeitet wird. Sie orientiert sich an den sieben Elementen der Gestaltpädagogik von Reichel & Scala (1999): Wahrnehmung, Selbstverantwortung, Wertschätzung, Bezogenheit, Kontakt, Prozess und Kreativität (vgl. Gluske-Martini (2023, 346 ff.). Gluske-Martini (a. a. O., 342) gewährt Einblick in das gestaltpädagogische Konzept ihrer Einrichtung, das gestaltbezogenes und systemisches Denken verknüpft:

> Unser Bild vom Kind:
> - Jedes Kind ist ein Geschenk. Es ist, wie es ist, wundervoll.
> - Unser Auftrag liegt in der Entfaltung des Wachstumspotenzials.
> - Das natürliche Streben nach Autonomie und Selbstverwirklichung des einzelnen Kindes und der Gemeinschaft hat besonderen Stellenwert.
> - Reichhaltige soziale, emotionale, kognitive und kreative Erfahrungen lassen uns im Feld des Gestaltpädagogischen Kindergarten miteinander wachsen.
> - Akzeptanz, Empathie und Authentizität bilden die Vertrauensbasis. (...)
>
> Gestaltpädagogisches Konzept mit systemischem Gedankengut:
> - Im Zentrum stehen Entwicklungsbegleiter*in und Kind im gleichwertigen Verhältnis zueinander.
> - Der Gestaltpädagogische Ansatz ist lösungs- und ressourcenorientiert, der Blick wird primär auf die Entwicklung der Stärken gerichtet.
> - Gestaltpädagoge*innen betrachten in selbstkritischer und liebevoller Weise die Kinder als Spiegel des eigenen pädagogischen Handelns. Sie sind sich bewusst, dass Kinder immer aufgrund erfüllter oder unerfüllter Bedürfnisse agieren und reagieren.
> - Dialogische Beziehung und Begegnungskultur ist uns wichtig.
> - Würdevoller, achtsamer Umgang miteinander und Konfliktkompetenz im Sinne von Friedfertigkeit sind uns wichtig: Behandle dein Gegenüber mit dem Respekt, den du für dich in Anspruch nehmen möchtest.
> - Strafen und Schuldzuweisungen sind unnötig, Wiedergutmachung jederzeit möglich.
> - Jede Form von Bewertung und Vergleich ist unerwünscht.
> - Es gibt keine Fehler, nur jede Menge Möglichkeiten. (Gluske-Martini 2023, 342 f.)

Gluske-Martini nennt vier Punkte, die aus diesem Grundverständnis in die Konzeption eingeflossen sind:

1. Im Hier und Jetzt wird das Kind als Individuum mit seinen Bedürfnissen als ganzheitlich wahr und ernst genommen. Das umschließt auch den Lebensplan des Kindes mit Vergangenheit, Gegenwart und Zukunft. Es ist Teil eines Systems innerhalb mehrerer Systeme.
2. Die Themenfindung basiert auf wahrgenommenen Einzel- und Gruppenprozessen. Diese bestimmen die Tagesstruktur und Projektarbeit, deren Ablauf durch die Partizipation der Kinder gestaltet wird. Gespräche mit den Kindern, Beobachtungen, Selbstreflexion und Reflexion im Betreuungsteam bilden die Grundlage weiterer Arbeitsschritte. Geplantes tritt vorläufig in den Hintergrund. Aktuelles, Einzel- und Gruppenprozesse haben Priorität.
3. Die Kinder werden ermutigt, sich ihrer eigenen Ziele bewusst zu werden:
4. Was will ich wirklich? (Entscheidungskompetenz) Wie kann ich mein Ziel erreichen, ohne dabei die Interessen der anderen zu stören? (Soz. Kompetenz: Durch das Erleben von Absicht und Wirkung entsteht das natürliche Gefühl für Selbstverantwortung.)
5. Die Zusammenarbeit mit den Eltern ist uns wichtig, und im Sinne einer umfassenden Entwicklungsbegleitung und Wertschätzung notwendig. (Gluske-Martini 2023, 343)

Die Autorin demonstriert das gestaltpädagogische Vorgehen an einem Beispiel aus ihrer eigenen Praxis:

„Marlies, spielst du mit uns Löwe?" Dieser Einladung konnte ich nicht widerstehen, daher sagte ich: „Unbedingt, das klingt interessant! Max, welche Idee hast du dazu?" Max: „Du bist unsere Löwenmama und wir sind deine Babys!" In mir lief ein Film ab – nach kurzem Nachdenken sagte Max: „Als Mama musst du uns aber auch auf die Welt bringen!" Seine Augen leuchteten, seine Aufregung war an seiner gespannten Haltung zu erkennen. „Jetzt wird's spannend!" sagte meine Kollegin, schmunzelte belustigt und beobachtete unser Spiel. Max grinste übers ganze Gesicht. Er wusste ganz genau, dass dies eine Herausforderung war. Gespannt wartete er meine Reaktion ab. Ich freute mich über diese Einladung. „Ja, wenn das Spiel mit diesem Teil beginnen soll ...", sagte ich und überlegte mir blitzschnell meine Möglichkeiten. Jetzt gesellten sich Max' Freunde zu uns. Einige der Kinder näherten sich, lauschten gespannt und waren bereit, ins Spiel einzusteigen. Besonders interessant wurde die Geburtsszene – für alle! Ich hatte immer eine Zweitkleidung im Kindergarten parat. Dabei war ein weiter, ockerfarbener Pulli, der sich hervorragend für diese Rolle eignete. Neben den Kindern schlüpft e ich in dieses Kleidungsstück, sie sahen zu, wie ich mich langsam in eine Löwenmama verwandelte. Spannung und Erwartung waren in der Gruppenatmosphäre deutlich spürbar (...). Das gemeinsame Eintauchen und Wahrnehmen der Gruppe war ansteckend. Nun kam Schwung ins Spiel: Aufgeregt wurde gemeinsam überlegt und beraten, was wir für unser Spiel alles brauchten. Wir bereiteten eine Löwenwohnung vor, damit die Mama ihre Kinder zur Welt bringen konnte. Decken, Polster, Unterlagen – alles, was sich eignete, um eine Höhle gemütlich auszustatten, wurde angeschleppt. Die Kinder brachten mich zur Unterlage und betteten mich darauf gemütlich ein: „Ich bin der erste!", rief Max und wartete, was ich jetzt machen würde. Meine Einladung erfolgte prompt: „Na dann komm mal!", sagte ich, nahm Max zu mir und ließ ihn unter meinen weiten Pulli schlüpfen. Mit großen Augen schauten unsere Spielgefährtinnen und Gefährten – großes Staunen! „Und jetzt musst du drücken!", sagten die Kinder. Das machte ich, mit dem entsprechenden Geräusch, und – schwupps – schlüpfte Max mit hörbarer und sichtbarer Anstrengung unter meinem Pulli hervor. Max rollte sich ganz zusammen, er lag in der Embryostellung vor mir, ich streichelte ihn, und mit meinem Kopf berührte ich den seinen – ein sehr berührender Augenblick, für mich, für Max, für alle. Imaginär durchtrennte ich die Nabelschnur, damit mein Löwenkind frei in die Welt spazieren konnte. Ein intensiver Moment der Stille gab uns Raum zum Staunen. Das war sehr beeindruckend, denn nun wollten alle neugeboren werden! Am dringendsten war es für unsere großen Buben, was mich sehr erstaunt hat. Eine Zwillingsgeburt gab es auch, die zwei Jüngsten unserer Gruppe schafften dieses Abenteuer gemeinsam. An diesem Tag wurden 25 Löwenbabys auf die Welt gebracht. Wer jetzt denkt, das Spiel hätte hier sein Ende gefunden, der irrt! Unser Gruppenraum wurde löwengerecht umgestaltet, indem Tische zusammengeschoben und mit Decken verkleidet wurden. So entstanden Löwenhügel und Höhlen, in denen sich die hungrigen Löwenkinder, samt Mama zurückziehen konnten, um ihre Löwenjause einzunehmen. Geschnurre, Geknurre, Gekuschel zwischendurch, manchmal ein leises Fauchen – so, wie sich eben Löwen benehmen, wenn sie sich miteinander so richtig gut verstehen! Meine Kollegin hat uns bestens mit allem versorgt, was für uns wichtig war, und wurde von den Kindern selbstverständlich in das Spiel integriert. Dieses beeindruckende Erlebnis hat uns alle miteinander sehr verbunden. Ein Spiel, geprägt von Vertrauen, Achtsamkeit, tiefer Freude und Zufriedenheit hat hier Gestalt angenommen. Wir fanden in den kommenden Wochen immer wieder Zeit und Raum für Fortsetzungen. Allerdings ohne Geburtsszene, denn öfter als einmal war es seitens der Kinder nicht notwendig: „Wir sind ja schon auf der WELT!" erklärten sie sich gegenseitig. (Gluske-Martini 2023, 344 ff.)[46]

Entlang der sieben Elemente von Reichel und Scala reflektiert Marlies Gluske-Martini (2023, 346 ff.) ihre Fallgeschichte. Sie hebt vor allem den achtsamen Umgang mit der durchaus heiklen Situation hervor, der ihr Selbstgewahrsein ebenso einschließt wie das Eintauchen in das Geschehen. Dazu kommt ein offenes und gleichzeitig die Verantwortung für das Ganze berücksichtigendes Vorgehen sowie ein kreativer Umgang mit der Situation, etwa im Erfinden situationsangepasster Spielregeln für dieses Thema. „Es gibt keinen Fehler, nur jede Menge Möglichkeiten!" umschreibt Gluske-Martini (a. a. O., 341) ihr Motto. In der Reflexion der gestaltpädagogischen Konzeption des Kindergartens betont sie, dass die Förderung der Individualität der Kinder kein Selbstzweck sei, sondern unter dem Fo-

46

kus erfolge, „die Individualität als Beitrag und als Geschenk jedes Einzelnen für die Gemeinschaft zu sehen“ (a. a. O. 352). Schöner kann man es kaum sagen, was es bedeutet, Gestaltpädagogik als Förderung von Selbst- und Weltbezug zu verstehen: als eine Pädagogik, die in Zuwendung zu den Einzelnen das Miteinander zu stärken sucht.

8.3 Bildungsorientiertes pädagogisches Handeln

Bildungsorientiertes pädagogisches Handeln ist immer dann gegeben, wenn es darum geht, systematisch ein Setting dafür zu arrangieren, um Lernen unter Berücksichtigung von Bildungszielen zu ermöglichen. Didaktisches Handeln ist eine Teilmenge davon und bezeichnet eine an konkreten Bildungsinhalten ausgerichtete pädagogische Vorgehensweise. Bildungsarbeit ist allerdings mehr als nur Didaktik im engeren Sinne. Didaktik ist etwas anderes als *Be*lehren, vor allem in der Gestaltpädagogik. Lernen wird gestaltpädagogisch aufgefasst als Entwicklung und Wachstum. Eine progressive Didaktik schafft *systematisch* Bedingungen für förderliche Erfahrungen in diesem Lernverständnis. Gestaltpädagogische Überlegungen zur Didaktik sind stets eingebettet in eine dialogische Haltung und in das Vorhaben, pädagogische Einrichtungen zu menschenfreundlichen Orten zu machen (siehe zur Verantwortung für pädagogische Rahmenbedingungen Kapitel 9). In der Gestaltpädagogik geht es um ein lebendiges, kreatives und vor allem ein anerkennendes Miteinander. Eingebunden in einen dialogischen Beziehungsrahmen zeichnet sich das didaktische Vorgehen in der Gestaltpädagogik vor allem dadurch aus, dass es an den Erfahrungen der Lernenden ansetzt. Das didaktische Prinzip der Gestaltpädagogik besteht darin, Lern- und Veränderungsprozesse so zu begleiten, dass sich die Lernenden zu den Lernherausforderungen als eigenständige Personen mit ihrer eigenen Persönlichkeit und Lebensgeschichte verhalten können, und zwar im Dialog miteinander.

Die gestaltpädagogische Literatur bezieht sich mit Blick auf ihre didaktische Grundlegung vor allem auf die Schulpädagogik und auf das Lehramtsstudium. Zur Anwendung der Gestaltpädagogik im Kontext Schule sind viele Beispiele veröffentlicht worden (z. B. Burow et al. 1987, Burow & Kaufmann 1991, Burow & Gudjons 1998, Bürmann & Heinel 1997, Bürmann & Heinel 2000, Svoboda et al. 2012, Heinel 2015). Damit verknüpft ist eine ebenso lange Tradition der Gestaltpädagogik im Rahmen innovativer, praxisreflektierender Lehramtsausbildung (vgl. zu deren Wirksamkeit Dauber et al. 2009, für ein Beispiel vgl. Prengel 2023). Die didaktisch-methodische Palette gestaltpädagogischer Herangehensweise reicht von Selbsterfahrungseinheiten, die sich sehr an gestalttherapeutischen Methoden orientieren, bis hin zu eigenständigen didaktischen Konzepten.

8.3.1 Lehren und Lernen als Kontaktprozess

Die Didaktik der Gestaltpädagogik beruht auf der Kernidee, sowohl Lernen als auch Lehren als Kontaktprozesse aufzufassen. Lehren und Lernen sind in der Gestaltpädagogik komplementäre Prozesse. Im Lehren geht es nicht um Vermittlung, sondern darum, einen Erfahrungsraum zu gestalten:

> Lernen ist nichts anderes als die Entdeckung, dass etwas möglich ist. Lehren bedeutet, einem Menschen zeigen, dass etwas möglich ist. (Perls 2002 [1969], 44)

Lernprozesse sind Wachstumsprozesse und in diesem Sinne Kontaktprozesse. Es geht darum, etwas subjektiv bedeutsam Neues zu entdecken. Lernen war für Perls et al. (1951) kein wichtiger Begriff in ihrer Theorie, und doch geht es immer wieder *implizit* um Lernen, und zwar als einen Erfahrungs- bzw. Kontaktprozess:

> Was neu ist, muss die Aufmerksamkeit dadurch auf sich ziehen, dass es anders ist als das, was man schon weiß, und es muss Interesse wecken als etwas, das man annehmen oder abweisen oder teils annehmen, teils abweisen kann. Es ist eine Erweiterung dessen, was man schon weiß, oder es tritt an die Stelle von etwas anderem, das man bisher geglaubt hat. Um das Neue zu assimilieren, muss man es genau ansehen, probieren, ob es passt, Änderungen daran vornehmen und in gewissem Maße Änderungen an sich selber vornehmen. So werden das schon Gewusste und das neue Wissen einander assimiliert. (…) Der Mensch und sein Wissen sind in einem gesunden Sinne miteinander „verschmolzen". (Perls et al. 2004 [1951], 139)

Perls et al. (2004 [1951], 251) fragen explizit danach, woher die Energie beim Lernen eigentlich kommt:

> Beim Lernen kommt die Energie beispielweise vom Bedürfnis, etwas zu lernen, vom sozialen Umfeld und der Lehrsituation, aber auch von der Kraft, die im Lerngegenstand selbst steckt: Es ist zwar weit verbreitet, aber (…) irreführend zu glauben, dass das „Interesse" am Lerngegenstand vollständig aus dem Lernenden und seiner sozialen Rolle heraus kommt. Kontaktsuche mit dem Neuen im Sinne eines Lernanlasses ist also nicht nur eine Eigenschaft des Organismus, sondern auch eine Zumutung von außen. (Perls et al. (2004 [1951], 251)

Das Kontaktprozessmodell von Perls und Goodman kann (unter anderen Möglichkeiten) als Ausgangspunkt für eine gestaltpädagogisch akzentuierte Didaktik dienen, da es viele interessante Anregungen für didaktisches Vorgehen bereithält. Es bietet einen Handlungsrahmen für einen atmenden Unterricht, in dem weder Schüler*innen noch Lehrer*innen die Luft weg bleibt. Mit dem Kontaktprozessmodell wird Unterricht (und nicht nur der) zu einem lebendigen Prozess mit einem Anfang (Einatmen), aufeinander aufbauenden Schritten (in fließendem Atmen) und einem Ende (Ausatmen). Es geht dabei nicht darum, jedes Thema und jede Herausforderung zu einem biografisch bedeutsamen Thema „zu machen“ (was ohnehin nicht möglich wäre). Das bleibt den Schüler*innen und Klient*innen überlassen. Pädagogik würde zu einer unvertretbaren Zumutung, wenn sie mit einer *Forderung* nach innerer Beteiligung der Lernenden einherginge. Mithilfe des Kontaktprozessmodells geht es vielmehr um didaktische Ideen, wie aus Lernsituationen persönlich bedeutsame Erfahrungen werden *können*. Es geht darum, Lernangebote im Sinne von Kontaktangeboten zu machen.

Den Kontaktbegriff hat Burow (1988) für die Gestaltpädagogik theoretisch fruchtbar gemacht. Eine kontaktorientierte Pädagogik sei prozessorientiert und dialogisch, so Burow (1998), die persönlichen Prozesse der Lernenden stehen im Vordergrund. Übertragen auf Lernprozesse bedeutet der Kontaktzyklus:

1. *Vorkontakt*: Ankommen in der Lernsituation, Abklären von Bedürfnissen, Einstimmung auf das Thema;
2. *Kontaktnahme*: Bedeutsamkeit, Vorwissen, Bezug, Partizipation bei der Planung;
3. *Kontaktvollzug*: Innere Beteiligung, Freiraum;
4. *Nachkontakt*: Reflexion der Erfahrungen.

Lernen ist ein Kontaktprozess, bei dem gleich mehrere Kontaktdimensionen gleichzeitig eine Rolle spielen: Kontakt mit sich selbst, zu anderen, zum Thema, zur Welt (Burow 1993). Das Ziel ist Lernen zu lernen durch Kontakterleben als Gewahrseinsprozess:

> Indem der Lernende seine eigenen Muster des Lernens *erfährt*, seine Vorlieben, Widerstände, Begrenzungen u. ä. *spürt*, kann er ein Bewusstsein entwickeln über seine Art des Kontakts. Er kann frei dafür werden, bewusste Entscheidungen über die Weiterentwicklung seines Lernpotentials zu treffen. (Burow 1988, 84, Hervorh. i. O.)

Bei Burows Konzeption ist zu beachten, dass sich seine Studie auf Lernprozesse in gestaltpädagogischen Fortbildungsgruppen bezieht (Burow 1993). Das Prinzip einer am Kontaktprozess orientierten Begleitung von Lernprozessen ist jedoch auch auf andere Lernsituationen übertragbar. Ähnlich wie Burow bezieht sich Svoboda (2012) auf Kontakt als „das zentrale Prinzip der Gestaltpädagogik“ und sieht darin zum einen eine Haltung, zum anderen im Kontaktkonzept eine Heuristik zur Förderungen von Lernprozessen als Kontakterfahrung mit einem Thema. Reinhard Fuhr und Martina Gremmler-Fuhr (1988) haben ausführlich Lernprozesse als Kontaktprozesse entworfen, und zwar im Sinne einer „Bewusstseinsbildung“. Fuhr und Gremmler-Fuhr sprechen im Rahmen ihrer transformativen Lerntheorie von der Wichtigkeit, statt Reaktivität (Widerstand) Kontaktprozesse zu ermöglichen, Lernen sei immer auch ein zwischenmenschliches Geschehen (a. a. O., 279). Als „transformative Lernprozesse“ bezeichnen sie Prozesse der Bewusstseinsentwicklung (a. a. O., 127 ff.). Damit meinen sie nicht wie J. Bürmann (1992) jedwede persönlich bedeutsamen Erfahrungen und auch nicht jedes transformative, weil subjektiv bedeutsames Lernen, sondern *transzendente* Erfahrungen im Sinne der „Transzendenz der Selbst- und Weltbilder" (Fuhr & Fuhr 1988, 21). Sie meinen damit, und auch hier wird der Entstehungskontext ihrer Theorie in Selbsterfahrungssettings deutlich, Lernen als „Schritte zur Befreiung" (a. a. O., 226). In solchen frühen gestaltpädagogischen Ansätzen ist das Urmotiv der frühen Gestalttherapie noch sehr zu spüren: die emotionale Befreiung aus rigiden gesellschaftlichen und persönlichen Verhältnissen. Das muss berücksichtigt werden, wenn nach dem Potenzial der Kontakttheorie für die Pädagogik zu suchen ist. Denn Selbstbefreiung ist auch heute noch ein essenzieller Aspekt von Mündigkeit, die Fähigkeit zum Miteinander ist damit jedoch noch nicht berücksichtigt.

Lernen und Lehren als Kontaktprozesse

Lernen *und* Lehren können als miteinander verschränkte Kontaktprozesse, als intersubjektiver Kontakt, verstanden werden. *Lernen* umfasst (Burow 188, 84 ff.):

1. Kontakt zu mir selbst (bei Mustern der Kontaktunterbrechung, bei besonders intensivem Kontakt, bei der vertieften Erfahrung meiner Existenz;
2. Kontakt zu anderen (Abgrenzung und Offenheit statt Wahrnehmungsverzerrungen, ermöglicht Identität und Sozialität);
3. Kontakt zum Thema (eigene Themen finden können, persönliche Bedeutsamkeit, in Kontakt mit den eigenen Interessen);
4. Kontakt zur Umwelt (existenzielle Verbundenheit mit der Welt).

Lehren ist ebenfalls ein Kontaktprozess (vgl. für das Folgende Burow 1988, 90 ff.):

1. Kontakt zu mir selbst (Selbstakzeptanz als Voraussetzung für Akzeptanz durch die Schüler*innen);
2. Kontakt zu anderen (Wahrnehmung, Haltung, Gruppenorientierung);
3. Kontakt zum Thema (Motivation suchen statt motivieren, Engagement im Thema);
4. Kontakt zur Umwelt (eigene engagierte Haltung und Ermöglichung von Erfahrungen mit der Umwelt).

Lehren und Lernen ist ein Prozess, der einen Verlauf hat, der *atmen* muss, damit niemand außer Atem kommt (Pädagog*innen, Adressat*innen, Eltern etc.). Lernen als ein ganzheitlicher Gewahrseinsprozess braucht neben Kontakt (als Erfahrung des Neuen), Sinneswahrnehmung (mit allen Sinnen), Erregung (im Sinne von Energie) und Gestaltbildung (als Differenzierung). Für die Sequenzierung von Unterrichtsphasen gibt es viele theoretische Modelle und das Kontaktprozessmodell ist hier vergleichsweise undifferenziert (vgl. Holzapfel 2002). Ilse Bürmann weist darauf hin, dass es eher als Heuristik, das heißt als grober Orientierungsrahmen dienen kann denn als Vorlage konkreter Unterrichtsplanung. Jörg Bürmann (1992, 128) hat kritisiert, dass im Kontaktprozessmodell die Reflexion, also die Einordnung von Erfahrungen, zu kurz komme. Die Sequenzierung didaktischen Vorgehens nach Kontaktprinzipien dient vielmehr der Berücksichtigung von Erfahrungsprozessen. Bildungsarbeit kann eine neue Qualität erhalten, indem Erfahrungsaspekte des Sichbeziehens stärker ins Bewusstsein gelangen. Pädagog*innen können sich fragen: Komme ich noch mit? Kommen die Adressat*innen mit? Habe ich den Eindruck, dass ich mit den Adressat*innen in Kontakt bin? Setzen wir uns gerade mit uns und mit dem Thema auseinander? Ist der Kontakt gerade stimmig? Der kontaktorientierte Blick öffnet einen Raum voll von Fragen, die eigentlich immer schon formulierbar wären, die aber erst durch den Fokus auf Kontakt ins Bewusstsein und damit in den eigenen Handlungsspielraum gelangen.

Bildungsprinzipien

Burow (1988) sah im gestaltpädagogischen Ansatz vor allem das Ziel der Förderung sozialer Kompetenzen von Lehrer*innen. Er verwies auf den „Strukturplan für das Bildungswesen" des bundesdeutschen Bildungsrates, in dem bereits 1970 die „Sozialkompetenz" erstmalig neben „Sachkompetenz" gestellt worden war in Stärkung des Erziehungsaspekts: Hilfe zu „persönlicher Entfaltung und Selbstbestimmung", Eingehen auf die „persönlichen Lernbedürfnisse", Fähigkeit und Bereitschaft zum persönlichen Kontakt". Burow sprach sich allerdings dagegen aus, dass der sozial kompetente Lehrer „zum omnipotenten Spezialisten stilisiert [wird], der mit Hilfe der Einsichten der fortgeschrittenen Wissenschaften sich selbst und andere idealiter zu tendenziell optimaler Selbstverwirklichung und Interessenvertretung befähigen kann" (a. a. O., 34). Er kritisierte am Konzept der sozialen Kompetenz, dass „naturwüchsig ablaufende Lernprozesse (…) nicht ausreichend thematisiert" würden, sondern soziales Lernen lediglich kompensatorisch bei gleichbleibender Funktion mittelschichtsgeprägter Institutionen mit dem Ziel der Selektion umgesetzt würde (a. a. O., 35). Das erinnert an die heutige Hervorhebung sozial-emotionaler Kompetenzen und auch an Achtsamkeitsunterricht in den Schulen. Das sind gute Ideen, aber gibt auch jemand darauf acht, dass Schulen insgesamt zu Orten der gegenseitigen Achtung werden? Gestaltpädagogisch geht es nicht einfach nur um mehr Emotionalität und stattdessen weniger kognitives Lernen, sondern um die Kritik an einer Separierung sozialen Lernens von den vermeintlich „eigentlichen" pädagogischen Aufgaben (etwa abgeschoben auf die Schulsozialarbeit). Was könnte eine wichtigere pädagogische Aufgabe sein als soziales Lernen zu fördern? Sozialerziehung muss sich, so damals bereits Burow (1988, 37), auf echte Erfahrungen beziehen, gemäß dem „Ernstcharakter der Situation": „die Erfahrung tatsächlich folgenreichen Handelns sowie das Ernstnehmen der Motive und Interessen der Schüler anstelle der curricular festgelegten Eintrichterungen von lernzielorientierten Inhalten" (ebd.). Gestaltpädagogische Bildungsarbeit beruht in der Folge auf Prinzipien, die echte Kontaktprozesse ermöglichen statt Entfremdungserleben. Olaf-Axel Burow hat als die Bildungsprinzipien der Gestaltpädagogik formuliert (vgl. für das Folgende Burow 1988, 97 ff.): Konzentration auf den Kontakt (Konzentration, Wahrnehmung), Hier-und-Jetzt (gegenwärtige Erfahrung), Personenzentrierung (mitmenschliche Begegnung), Bewusstheit (Awareness, Fähigkeit zum vollen Kontakt), Lernen durch Erfahrung (Erleben und Handeln), Self-Support (akzeptierende Selbstwahrnehmung), geschlossene Gestalt (Prägnanz ermöglichen, Störungen berücksichtigen); Integration (Leib / Seele / Geist), Verantwortlichkeit (Übernahme von Verantwortung für das eigene Verhalten), dialogisches Lernen und Lehren (Begegnung, Freiräume schaffen), Synergie (vernetztes Denken und einfühlendes Verständnis), Freiwilligkeit (Zwang vermeiden, Würde und Integrität im Zwang, Unausweichlichkeit von Zwang). Burows Prinzipien lassen sich zumeist entweder dem Kontaktaspekt oder dem Bedeutsamkeitsaspekt zuordnen.

Lernen ist für Burow (a. a. O., 139) ein voraussetzungsvoller Prozess: „Wir lernen nur im Hier-und-Jetzt", „Wir lernen nur, wenn wir an unsere Kontaktgrenze gehen", „Lernen kann stattfinden, wenn wir uns bewusst für etwas entscheiden". Für „lebendige" Lernprozesse braucht es nach Gremmler-Fuhr (2017a, 350 ff., vgl. auch Fuhr & Gremmler-Fuhr 1988) folgende Bedingungen:

1. „Gestalten schließen" (d. h. berücksichtigen, was zur Thematisierung drängt, z. B. eine wichtige, unbeantwortet gebliebene Frage);
2. „‚Verstören' erstarrter Gestalten" (durch „Bewusstheit im Dialog und existentielle Bestätigung");
3. „Offene Lernergebnisse" (als „Spannungsfeld zwischen Zielorientierung und (…) Entwicklungsdynamik") und
4. „Risiken der Gestalttransformation" (d. h. Ungewissheit und Komplexität aushalten).

Gerhard Fatzer (2011, 169 ff.) weist in seiner „Checkliste zur Planung einer gestaltpädagogischen Einheit", die „ganzheitliches Lernen" ermöglicht, auf die Wichtigkeit hin, unterschiedliche Lernstile zu berücksichtigen. Es gehe keineswegs in der Gestaltpädagogik darum, kognitives durch affektives Lernen zu ersetzen. Reichel und Scala (1999) haben „7 Elemente der Gestaltpädagogik" als Bildungs- und Unterrichtsprinzipien formuliert, zu denen auch Kontakt gehört: Wahrnehmung, Selbstverantwortung, Wertschätzung, Bezogenheit, Kontakt, Prozess und Kreativität.

Burow, Quitmann und Rubeau (1987, 26 ff.) haben mit Blick auf Schule eine gestaltpädagogische Vorgehensweise gefordert, die neben der fachlichen eine gesellschaftspolitischen und eine psychologische Ebene umfassen solle. Deren methodische Grundprinzipien sind (a. a. O., 32 ff.): Identifikation (mit dem Thema, im Sinne einer affektiven Aufladung), Phantasieübungen (gelenkte Phantasiereisen), Selbst- und Fremdwahrnehmungen, Körperkontakt und Bewegung, kreative Methoden, Kommunikation in der Gruppe, Steigerung der Bewusstheit und Kontakt mit der Schule des Lebens (Bezugnahme zur Welt außerhalb der Schule, Infragestellung der Schule). Ihre Vorstellung von gelungener Didaktik illustrieren die Autoren an zahlreichen Unterrichtsbeispielen.

Methoden kontaktorientierter Bildungsarbeit

Die meisten in der Literatur auffindbaren bildungsorientierten Methoden finden sowohl im Rahmen gestaltpädagogischen Fortbildungen als auch im Unterrichtsgeschehen und darüber hinaus statt. Immer geht es um die Förderung von Kontakt und Gewahrsein. Roland Stein (2005) hat die klassischen gestaltpädagogischen Methoden auf das heilpädagogische Unterrichtsgeschehen in einer Weise übertragen, die auch für eine Anwendung im Regelschulkontext geeignet ist. Der vollständige Kontaktzyklus bildet für Roland Stein (2005, 96) die Maßgabe pädagogischen Handelns zur didaktischen Förderung von Lernprozessen: Vorkontakt (Einführung, Bedürfnisse, Wünsche statt Motivieren), Kontaktnahme (Entscheidung für ein Thema), Kontaktvollzug (Sicheinlassen), Nachkontakt (Verarbeitung). Stein (a. a. O., 101) hat auf dieser Grundlage eine Checkliste für die Gestaltung von Lernprozessen formuliert, die in jeder Phase eines Lernprozesses Kontakt mit dem Thema zu fördern versucht unter ganzheitlicher Berücksichtigung („Balance") der Bedürfnisse von Person und Gruppe (entsprechend der Idee Themenzentrierter Interaktion nach Ruth Cohn). Mangelnde Balance kann zu Störungen führen (ebd.). Im Zentrum stehen variable sowohl kognitive als auch emotionale Lernzugänge, in denen die Lernenden ein Thema als relevant erleben können, mit einem besonderen Fokus auf Unterstützung der Lernenden sowie Phasen der „Selbstvergessenheit" möglichst ohne „Auszeiten", abgeschlossen durch einen „Nachkontakt" (Stein 2005, 101). Stein (2020, 140, in Referenz auf Burow 1988, 175 ff. und Burow et al. 1987, 32 ff.) fasst zentrale gestaltpädagogische Methoden wie folgt zusammen:

- Identifikation / Projektion: mit realen Personen, fiktiven Personen oder Objekten;
- Phantasiereisen: im Sinne einer „affektiven Aufladung" von Inhalten, des Einbezugs multipler Sinneskanäle, der Verdeutlichung von Inhalten sowie der Förderung von Kreativität, Phantasie und Entspannung;
- Rollenübernahmen: im Sinne konkreter Rollenspiele sowie auch verstanden als offen gemachter interner „Dialog zweier Seiten" einer Person einschließlich dessen Auswertung zur Klärung;
- feed-back-Phasen: als Verbindung zu Unterrichtsinhalten, wie etwa gegenseitiges feed-back zwischen Schülern unter Verwendung von englischsprachigen Adjektiven; als Einbezug des „Hier-und-Jetzt" der Unterrichtssituation sowie wiederum als „affektive Aufladung" von Inhalten;

- Übungen zum Selbst- und Fremdbild: im Sinne der Aktivierung selbstunterstützender Tendenzen und Kräfte („self-support"), des akzeptierenden Umganges mit sich und auch mit anderen; bei Vernetzung mit Inhalten;
- Übungen zu Körperkontakt und Bewegung: im Sinne eines „ganzheitlichen" Lernens; unter Einbezug kathartischer Effekte; zugunsten des Kontaktes mit sich selbst und mit anderen. (Stein 2020, 140, Hervorh. wegg.)

Die dargestellten Methoden sind eng an der Gestalttherapie orientiert, vor allem auch aus der Arbeit mit Gestalt-Ausbildungs-Gruppen entlehnt (vgl. Burow 1988). Das ist nur konsequent, weil die Gestaltpädagogik immer davon ausgegangen ist, dass Gestaltpädagogik auf beiden Seiten der pädagogischen Beziehung Kontaktprozesse fördern will. Gestaltpädagogische Methoden gehen aber weit über diejenigen der Gestalttherapie hinaus (und umfassen diese natürlich andererseits auch nicht vollständig). Alle erfahrungsorientierten Methoden der Pädagogik (nicht nur der Gestaltpädagogik), die Körper, Bewegung und Interaktion berücksichtigen, von der Atem- und Achtsamkeitsübung bis zu Rollenspielen und theaterpädagogischen Elementen sowie jedes über sich Sprechen und Mitteilen vor anderen kann hilfreich sein, um zu lernen, sich selbst wahrzunehmen *und* mit anderen in Beziehung zu treten. Die vielen experimentellen und erlebnisaktivierenden Methoden der Pädagogik können hilfreich sein. Um ein Erleben als Event geht es allerdings nicht. Voraussetzung ist, dass bei allem ein dialogischer Beziehungsrahmen geschaffen wird, in dem alle Beteiligten darauf vertrauen können, nicht beschämt zu werden (siehe Kapitel 8.2.3). Es kommt darauf an, dass sich die an der pädagogischen Situation Beteiligten, Adressat*innen wie Pädagog*innen, trauen können, sich einander zuzumuten, so wie sie sind. Auch hier gilt: Es können lediglich Angebote gemacht werden. Es geht darum, die pädagogische Situation für Authentizität und Impulsivität im Rahmen stimmigen Kontakts zu öffnen, nicht darum, Offenheit oder emotionale Beteiligung zu „fordern" („Never push a river", Fritz Perls). Es geht um dialogisch-pädagogisches Handeln auch im Rahmen didaktischen Vorgehens. Das gilt auch für den Umgang mit sogenannten „Unterrichtsstörungen" (siehe Kapitel 8.4.2). Hilfreich für didaktische Planungen ist eine am Kontaktprozessmodell orientierte Didaktik.

8.3.2 Kontaktprozessorientierte Didaktik

Jörg Bürmann (1983) hat ein Modell der Unterrichtsgestaltung entwickelt, das von der Kontakttheorie des Gestaltansatzes ausgeht. Lernen ist Wachstum durch Kontakt als Umstrukturierung der Person-Umwelt-Beziehung (J. Bürmann 1983, 130 f.). Entsprechende Lernprozesse setzen Risikobereitschaft, Ganzheitlichkeit und Eigendynamik voraus (a. a. O., 131). Es gehe um die Arbeit der Schüler*innen an ihrer eigenen Identität als Maßgabe für didaktisch-methodische Entscheidungen: „Wichtig ist, dass der Lernprozess so strukturiert wird, dass die Ebene der intrapersonalen Integration beständig verknüpft wird mit der Persönlichkeitserweiterung durch Assimilation neuer Lernerfahrungen" (a. a. O., 140 f.). In der gestaltpädagogischen Didaktik geht es darum, das Ich und die eigene Lebensgeschichte immer wieder zum Thema zu machen, und zwar hinreichend komplex, „damit das Lernen in die Tiefe gehen kann", soziale und historische Zusammenhänge Erfahrungszusammenhänge deutlich werden können; Mittel der Wahl ist projektförmiger Unterricht, in jedem Fall geht es aber um die Bedeutung des Lernklimas, der Lehrer*in-Schüler*in-Beziehung und des selbstgesteuerten Lernens (a. a. O., 141 f.).

Phasen einer gestaltpädagogischen Lehreinheit

J. Bürmann benennt vier Phasen einer gestaltpädagogischen Lehreinheit (a. a. O., 143 ff.), um ein „Verknüpfungserlebnis der Person mit der Welt" (J. Bürmann 1992, 125, Hervorh. wegg.) zu ermöglichen:

1. Reaktivierung der vorfindlichen Lernerfahrungen und deren subjektive Reflexion: gelenkte Phantasien, Rückerinnerungen, Leitbegriffe, Medien; danach schriftliche Selbstverständigung;
2. Intersubjektiver Austausch und Vergleich der subjektiven Erfahrungswelten, eigene Identität in Abgrenzung und Übereinstimmung, in Kleingruppen und im Plenum;
3. Ausweitung und Kontrastierung der subjektiven Erfahrungen und Vorverständnisse durch Informationen und Theorie, Verfolgen interessierender Fragestellungen, Individualisierung des Lernvorgangs, erlebnisaktivierende, szenische und dialogische Methoden;
4. Reflexion und Bilanzierung von Lernerfahrungen, Bedeutung der Gestaltung von Abrundungen und Abschlüssen, offene Fragen, Resümee.

Bürmann betont die Notwendigkeit fachdidaktischer Differenzierung sowie die kreative und situative Anpassung, und auch die Bedeutung der Differenzierung etwa nach sozialem Milieu („Diversity", a. a. O., 146). Jörg Bürmann betont immer wieder, dass es nicht darum gehe, aus Lernsituationen Erlebnisse zu machen. Es geht nicht in erster Linie um das Erleben neuer Erfahrungen,

> sondern um die subjektiv bedeutsame Verknüpfung von gespeicherter Erfahrung des einzelnen Schülers mit symbolisch vermittelter Erfahrung von einem gewissen allgemeinen Geltungsanspruch (Bücherwissen). Dabei wird davon ausgegangen, dass diese Verknüpfung häufig konflikthaft ist und mit Spannungen, Widersprüchen und Widerständen einhergeht, an denen gearbeitet werden muss. (J. Bürmann 1992, 147)

Lernen ist für Jörg Bürmann grundsätzlich kein widerspruchsfreies Geschehen, sondern an sich konflikthaft. Gerade wenn es um Erfahrungen geht, die für

Lernende bedeutsam sind. In der gestaltpädagogischen Didaktik geht es nicht lediglich darum, ganzheitliche, komplexe Erfahrungen zu ermöglichen, sondern Prozesse der Persönlichkeitsintegration und kreativen Umweltbewältigung (J. Bürmann 1992, 148). Es geht um ein Ausgreifen „in den Gesamtzusammenhang der Entwicklung der Persönlichkeit im menschlichen Lebenslauf, ihrer inneren Struktur und ihrer Beziehungen zur sozialen und ökologischen Umwelt". Es geht nicht nur um „die innere Seite des Lernens", denn „Erfahrung ist immer Erfahrung von etwas". Sache, Person und Situation gehören „untrennbar zur Erfahrung dazu". „In diesem Sinne verweist persönlich bedeutsames Lernen immer auf eine Veränderung in der Struktur der (...) Person-Umwelt-Beziehungen" (a. a. O., 15). Die „Beziehung des Menschen zur Welt" sieht er zwischen Abhängigkeit und Freiheit aufgespannt (a. a. O., 19). Den Petzold'schen Begriff der Bezogenheit versteht J. Bürmann als Gegenbegriff zu Entfremdung als

> Zusammenschau sowohl der vielfältigen ‚Wirkungstendenzen' der biologischen, sozialen und ökologischen Umwelt – bzw. der Interaktion mit ihr (...) – als auch der spezifischen Weise des einzelnen, sich (...) in einer aktiven, mitgestaltenden und selbstverantwortlichen Beziehung zur Umwelt (zu anderen Menschen, zu der Gesellschaft, zur Ökologie, zur Geschichte und zum Kosmos) zu „verankern" (...). (J. Bürmann 1992, 21)

Persönlich bedeutsames Lernen entspricht nach J. Bürmann (a. a. O., 34) „einer erlebten Verknüpfung des Menschen mit der Welt". Es braucht dazu Lehrer*innen, die auf der Basis von Beziehung und Achtung in der Lage sind, solche Lernprozesse zu fördern, den dafür notwendigen Rahmen strukturieren und Lernprozesse beobachten können, und zwar in einer Balance aus Fachlichkeit und Prozessorientierung. Sie müssen beziehungsorientiert und gleichzeitig steuernd agieren können und offen umgehen mit Konflikten zwischen Person und institutionellen Interessen (J. Bürmann 1992, 148 ff.).

J. Bürmann (1997) hat Abschlussarbeiten mehrjähriger gestaltpädagogischer Fortbildungen ausgewertet und untersucht, was in den Schilderungen das spezifisch Gestaltpädagogische sei. Methodisch, so sein Resümee, sei fast alles aus anderen reformpädagogischen Ansätzen bekannt, viele Methoden „in den Fachdidaktiken weit verbreitete Vorschläge" (J. Bürmann 2000, 166). Dort kommen sie unter anderem als kreative Übungen (mit verschiedenen Medien), Interaktionsübungen (z. B. Gruppenspiele), Ausdrucksübungen (z. B. Theaterpädagogik) oder Achtsamkeitsübungen (es gibt bereits ein Schulfach Achtsamkeit) vor (als Vorschläge, die gelebte Schulpraxis scheint eine andere Sprache zu sprechen). Gestaltpädagogik sei aber mehr als die Arbeit mit kreativen Medien oder Rollenspielen (J. Bürmann 1997, 198). Gestaltpädagogisch sei vielmehr das *Wie* des Methodeneinsatzes: „die Vielfalt, die Sequenzbildung, die ‚passende' Adaption, die Stimmigkeit der Basis (Beziehungen, Klassenklima), die Freiheit der Wahl, die gemeinsame Gestaltung, der Umgang mit ‚Schwellen' und ‚Widerständen', die Akzeptanz von Andersartigkeit und Nicht-Wollen, der Gefühle – auch der ‚negativen' (Wut, Angst, Trauer, Scham)". Alles sei wohl eher eine Frage der rechten „Mischung", des rechten „Maßes" und des passenden „Augenblicks" (a. a. O., 199). Die Stärke der Gestaltpädagogik besteht also nicht in erster Linie in der Exklusivität ihrer Methoden (obwohl sie als Vorreiterin von Methodenvielfalt gelten kann), sondern darin, Methoden prozessorientiert anzuwenden: im Rhythmus der Beteiligten, in Achtung der Bedürfnisse. Gestaltpädagogik ist eine Pädagogik im Kontakt mit dem Geschehen. Es geht um eine *atmende* Pädagogik, die in Kooperation mit den Lernenden einen Rhythmus findet, der für alle stimmt, die in Resonanz geht, sich einlässt, die mitschwingt. Pädagogik als eine gemeinsame Bewegung aller Beteiligten. Viel wichtiger als einzelne Methoden ist der persönliche Lehrstil. Denn Gestaltpädagogik besteht

> nicht in der Anwendung von Methoden, in der Erweiterung eines Methodenrepertoires oder in der Übernahme eines bestimmten Planungsverhaltens oder Regelwerks, sondern in der je eigenen Entwicklung eines Lehrstils. Dieser ist darauf gerichtet, Schüler für den Unterricht zu gewinnen und Lernen als Erleben von Kompetenzgewinn zu gestalten. (J. Bürmann 2000, 166)

Der persönliche Lehrstil ist ein Aspekt unter anderen, um mit schwierigen, verunsichernden Unterrichts- und anderen Situation gut umgehen zu können.

Umgehen mit der eigenen Unsicherheit

Gestaltpädagogischer Unterricht entwirft einen „Möglichkeitsraum" (J. Bürmann 2000). Unterricht soll ein „offener Prozess" sein, Inhalte „anbieten" und zu Experimenten „einladen". Die „atmosphärische Freiheit" des Möglichkeitsraums bedarf der gegenseitigen Anerkennung von Leistungen, auch der Würdigung der eigenen Leistung (a. a. O., 169). Es geht in der Gestaltpädagogik nach J. Bürmann (a. a. O., 170) um „Lerngeschehen freigeben" statt die Klasse „im Griff" haben, um „Sich-Einlassen" auf offene Prozesse und Eigendynamiken, um „Macht abgeben" und „gelebte Demokratie". Im pädagogischen Handeln geht es um „Abstand zum Geschehen, Chance zu Beobachtung und Reflexion" statt „nutzloser Kämpfe", die zu viel Kraft kosten, mithin um die „Chance, Störungen als Appelle zu erkennen (...) und aus Verweigerung und Ablehnung wichtige Anstöße für Veränderung der Planung zu entnehmen" (a. a. O., 170 f.). In der Folge seien Pädagog*innen „weniger von Durchsetzungs- und Kontrollanstrengungen absorbiert", das wiederum ermögliche Gewahrsein auf sich selbst, auf die eigenen Gefühle und die eigene Beteiligung an der Störung. Es geht darum, sich auf die Situation einzulassen, „zu sehen, was ist", liebevoll und schonungslos. Das bedarf persönlicher Reifungsprozesse, die in Fortbildungen gefördert werden können (a. a. O., 171).

> Sich selbst und seine Möglichkeiten und Schwächen realistisch einzuordnen und dazu offen (vor Schülern und Kollegen) stehen zu können, ist nicht nur Selbstschutz im Wagnis, sondern führt auch zu mehr Klarheit nach außen. (J. Bürmann 2000, 172)

Sich selbst einschätzen zu können, auch in der eigenen Unsicherheit, gibt Lehrer*innen eine „innere Sicherheit" und macht sie sensibler, gelassener und „wahrnehmungsoffen für vergleichbares Erleben bei ihren Schülern" (a. a. O., 172).

> Diese Fähigkeit zu (relativer) Gelassenheit, zur Distanznahme und selbstkritischer Reflexion ist wohl eine notwendige Voraussetzung dafür, ohne permanente Verteidigungshaltung in die Situation eintreten und sich auf offene Prozesse einlassen zu können. (J. Bürmann 2000, 172)

J. Bürmann nennt das: „In die Situation eintreten", den Aufforderungscharakter der Situation annehmen „ohne Vorbehalte, Vermeidungen und Fluchttendenzen; „wahrzunehmen was ist, und das erforderliche als mir gestellte Aufgabe anzunehmen und zu verantworten", sich selbst als Teil der Prozesse wahrzunehmen, „frei von Schuldvorwürfen". Es geht darum, die Bedeutsamkeit der eigenen Gefühle für das Unterrichtsgeschehen zu erkennen und sich selbst als Person einzubringen, die Bedeutsamkeit der Unterrichtsthemen für sich selbst einzuschätzen. Das ist die Voraussetzung dafür, auch die Gefühle der Schüler*innen ernstzunehmen (a. a. O., 173). Ein bestimmter Umgang mit der Zeit sei dazu nötig: „Zeit haben, Zeit geben, sich Zeit nehmen, schafft Raum für die Einnahme einer reflexiven Distanzposition" (a. a. O., 172).

Gestaltpädagogik wird hier deutlich als ein Ansatz, der konkretisiert, was Carl Rogers als „Echtheit" bezeichnet hat und Ruth Cohn als „selektive Authentizität". Es geht pädagogisch darum, den Lernenden als authentische Person gegenüberzutreten, ohne sich in grenzüberschreitenden Konflikten zu verstricken. Es geht hier also nicht nur um eine Haltung, sondern um Handlungskompetenzen: sich authentisch mit den Lernenden (z. B. mit einer ganzen Schulklasse) auseinanderzusetzen. Das erfordert ein Höchstmaß an Kommunikations- und Interaktionskompetenz, die niemand einfach so hat. Die Theorie des Gestaltansatzes, vor allem die Kontakttheorie, erleichtert hier maßgeblich die Orientierung, hilft sie doch, Beziehung und Begrenzung gleichzeitig umzusetzen. Dazu ist es notwendig, Kontaktprozesse dialogisch zu rahmen.

8.3.3 Dialogische Didaktik

Ilse Bürmann (2003) hat eine „Dialogische Didaktik" entwickelt. Darin geht um drei Ebenen des didaktischen Dialogs (a. a. O., 115): zwischen Lehrer*in und Kind, zwischen Lehrer*in und Gegenstand und zwischen Kind und Gegenstand.

Diese drei dialogischen Beziehungen können unabhängig voneinander bestehen. Wenn sie spontan, momenthaft und fragil als ein „übersummatives Phänomen" zusammenkommen, kann ein Begegnungsmoment entstehen. Der spontane Charakter verlangt allerdings „didaktischen Machtverzicht" und mündet in einer „kooperativen Grundhaltung". „Er bedarf der Offenheit und Bereitschaft zur Responsivität auf beiden Seiten". Entscheidend im didaktischen Vorgehen ist das „Wechselspiel von Initiative und Resonanz" (I. Bürmann 2003, 115), das heißt ein mittlerer Modus zwischen Agieren und Reagieren im Unterrichtshandeln.

Dialoge mit Kindern sind nach Ilse Bürmann anspruchsvoll (das trifft wohl auch für andere Zielgruppen zu), entsprechen eher einem Philosophieren mit Kindern (a. a. O., 116) im Sinne eines gemeinsamen Gesprächs, eines gemeinsamen Lernens. Es gehe nicht um Vermittlung, sondern um „Verstehen lehren" (im Sinne der Didaktik Wagenscheins) (a. a. O., 118). Für I. Bürmann steht im Zentrum guter Didaktik, den Schritt von der Erfahrung zum begrifflichen Verständnis zur Sprache zu bringen. Als methodischen Rahmen formuliert sie „die Grundhaltung der awareness, der phänomenologischen Wahrnehmungsoffenheit für innere und äußere Prozesse, das aus der Tiefenpsychologie stammende Konzept des Widerstandes (...), die Arbeit mit Projektionen, Identifikationen, Phantasien sowie mit kreativen, nicht nur sprachlichen Symbolisierungen" (a. a. O., 121). Awareness sei eine „wache, aber nicht zielgerichtete Bereitschaft, die spontan ablaufenden Figur-Grund-Prozesse, die unsere Wahrnehmung strukturieren, zuzulassen und dem Bewusstsein zugänglich zu machen" (a. a. O., 121). Lehrende sollen „den Anspruch auf Wirkungsmächtigkeit loslassen" und ein „Zulassen von Andersheit, Fremdheit, Unerwartetem und auch Unerwünschtem" praktizieren (a. a. O., 122). „Anerkennen dessen, was ist" erfordert ein ständiges Umplanen, „ohne dabei das übergeordnete Ziel aus den Augen zu verlieren oder auf Interventionen zu verzichten. Auch die Schüler*innen sind gefordert, sich mit Fremdem und Schwierigen auseinanderzusetzen. „Ohne eine solche Herausforderung durch ‚fremde Wirklichkeiten' kann Bildung nicht stattfinden" (I. Bürmann 2003, 122). Es geht darum, „herauszufordern, ohne sich zu bemächtigen" (a. a. O., 122) als Modell gegen eine „gesellschaftlich so hoch prämierte egozentrische und zielorientiert-bemächtigende Grundhaltung": von der Dominanz zum Dialog (a. a. O., 123).

Berufsrolle und Arbeitsbündnis

In Rekurs auf Oevermann (1996) betont I. Bürmann (2010, 13) die hierfür nötige Professionalität der pädagogischen Beziehung: „Professionell ist nicht die kompetente Handhabung der Berufsrolle mit ihrer spezifischen Aufgabenstruktur, sondern die kunstvolle Balance zwischen zwischenmenschlich-offenen, persönlichen Beziehungsanteilen und rollenförmigen und aufgabenbezogenen Beziehungsanteilen in situationsspezifisch unterschiedlicher Gewichtung". Pädagogisches Handeln sei deshalb immer fehleranfällig (a. a. O., 15), weshalb es ein

„Arbeitsbündnis“ braucht, das der ständigen Erneuerung bedürfe (a. a. O., 15, vgl. ähnlich Fuhr & Gremmler-Fuhr 1988, 279).

Die Notwendigkeit eines pädagogischen Arbeitsbündnisses scheint im Kontext Schule immer noch ein recht fremder Gedanke zu sein (im Gegensatz etwa zur Sozialen Arbeit). Doch gerade aufgrund der Unfreiwilligkeit (Schulpflicht), des Gruppendrucks (zu große Klassen) und des Leistungsdrucks (Noten) ist es unverzichtbar, mit einer Klasse eine Vereinbarung zu treffen, wie eigentlich zusammengearbeitet werden soll (gruppenpädagogisch eigentlich selbstverständlich). Auf was sollen sich Pädagog*innen im Konfliktfall sonst berufen? Gestaltpädagogik betrachtet die pädagogische Situation als Ko-Kreation. Damit daraus eine lernförderliche Situation werden kann, braucht es auf pädagogischer Seite ein „Sich-Einlassen auf die konkrete Situation, ein Sich-Lösen von den Fixierungen auf (mitgebrachte) Pläne und Zielvorstellungen“ (J. Bürmann 2023, 31), wodurch sich institutionelle Vorgaben und Zwänge wenigsten partiell aufheben können (vgl. ebd.). Im Falle struktureller Einengungen des pädagogischen Möglichkeitsraums von außen gilt es erst recht, pädagogische Spielräume aktiv zu suchen und auszufüllen. Gestaltpädagogik bedeutet, miteinander und voneinander zu lernen, statt nur anderen etwas „beibringen“ zu wollen (vgl. den „mitlernenden Leiter“ bei Fuhr & Gremmler-Fuhr 1988, 282). Dazu bedarf es einer Haltung der Offenheit bei gleichzeitiger Verantwortung für die Rahmenbedingungen der pädagogischen Situation.

Praxisbeispiel: Arbeitsbündnis

Herr K. ist seit fünfzehn Jahren Lehrer an einer Mittelschule. In seiner langjährigen Erfahrung ist ihm immer wieder aufgefallen, dass er meist am Anfang des Schuljahres schon ungefähr weiß, wie sich die Zusammenarbeit mit einer Klasse entwickeln wird. Manches Mal lief es besser und auch mal schlechter als erwartet. Aber auf sein gutes oder schlechtes Gefühl konnte er sich meistens verlassen. Stets suchte er das, was gut begann, noch mehr zu fördern, und das, was mit einem mulmigen Gefühl begann, in eine gute Bahn zu lenken. Vor allem Letzteres war oft sehr anspruchsvoll. Im Laufe der Jahre versuchte er, einfach abzuwarten, „bis es knallt“, um dann nach einem gemeinsamen Ausweg zu suchen. Zurzeit hat er wieder mal eine Klasse, mit der es schwierig lief, in der es ständige Konflikte unter den Schüler*innen gab, und in der es Endlosdiskussionen um Hausaufgaben und andere Themen gab. Aufgrund seiner Erfahrung war es ihm möglich, mit der Klasse in mehreren Stunden Vereinbarungen zu treffen. Diese betrafen vor allem die Umgangsweisen unter den Schüler*innen, Absprachen über die Form von Hausaufgaben (die Schüler*innen kritisierten die Menge und den Inhalt) sowie Wünsche an ihn als Lehrer, wie er mit den Schüler*innen umgehen solle. Herr K. ist eben ein Profi. So mit einer Gruppe umzugehen, hatte er allerdings im Studium und im Referendariat niemals gelernt. Am Abend kam er völlig erschöpft nach Hause, wie nach einem Kampf. In der nächsten Stunde vergewisserte er sich noch einmal, dass alle nun zufrieden waren mit den getroffenen Vereinbarungen. Da sagte Tim, und der sagt normalerweise nicht viel: „Das hätten wir aber auch schon in der ersten Stunde machen können". Bingo!

Das Praxisbeispiel zeigt, wie äußere Bedingungen pädagogisches Handeln stützen können, etwa ein Arbeitsbündnis. Letztlich sollte die ganze Schule, jedwede pädagogische Institution, ein gemeinsames Arbeitsbündnis sein, eine demokratische Einrichtung in klarer Trennung zwischen Vorgaben (wo sie sich nicht vermeiden lassen) und Handlungsspielräumen für Vereinbarungen (wo immer es möglich ist). Erstaunlicherweise wurden nur relativ wenige explizite „Gestalt"-Schulen gegründet (vgl. aber zur „Projektschule Graz" Kienzl 2023b, Svoboda 2023b). Gleichwohl gibt es nach wie vor viele engagierte Gestaltpädagog*innen, die in unterschiedlichen Schultypen und anderen pädagogischen Einrichtungen tagtäglich Gestaltpädagogik umsetzen. Gestaltpädagogische Prinzipien und Methoden sind ein Fundus für pädagogisches Handeln. Das sei abschließend an der Schulpädagogik praktisch verdeutlicht.

8.3.4 Praxisbeispiel Schulpädagogik

Im Folgenden geht es darum, beispielhaft zu zeigen, was es heißen kann, dialogisch und erfahrungsorientiert zu unterrichten. Gestaltpädagogischer Unterricht lebt von der Ermöglichung bedeutsamer Erfahrungen mit Themen im Unterricht, was mehr meint als Lebendigkeit oder Methodenvielfalt. Ausgangspunkt ist eine Haltung, die Kindern und Jugendlichen zugesteht, lernen zu wollen. Dieser „gestaltpädagogische Optimismus" (Svoboda 2023a, 141) nährt sich von den Begegnungserfahrungen mit Kindern und Jugendlichen, was allerdings den Mut voraussetzt, sich auf solche Erfahrungen einzulassen (so manches Curriculum macht das ja gar nicht so leicht). Was auf Seiten der Lernenden herauskommen kann, beschreibt Christa Bald (2015) am Beispiel des Mathematikunterrichts. Dazu hat sie ihre Schüler*innen nach ihren Erfahrungen im Unterricht gefragt:

> Mein schönstes Erlebnis mit der Mathematik bis heute ist die Unendlichkeit der Zahlen, weil die Unendlichkeit über unsere Vorstellung hinausgeht. Sei es die Zahlenreihenfolge, die Vielfalt, die Möglichkeiten an Formel und das Universum, mit dem ich die Unendlichkeit am Nähesten verbinde, dass das Universum voller Geheimnisse steckt und noch weiter hinaus ragt als unser Horizont – genau wie die Mathematik. (Bald 2015, 35)

Wiewohl sich solch eine Mathematikbegeisterung vermutlich nicht bei allen Schüler*innen entwickeln wird, ist es für ein gemeinsames Lernen wichtig, als Lehrperson kreativ mit den oft einengenden Vorgaben umzugehen. Bald (2015, 39 ff.) demonstriert das am Beispiel ihres Projekts „Spurensuche Mathematik".

Sie berichtet, wie sie mit den Schüler*innen darüber diskutiert, warum es so wenige berühmte Mathematikerinnen gibt, und Plakate mit den Profilen von Mathematiker*innen malt; wie sie sich in der Klasse mit dem Bruchrechnen im alten Ägypten beschäftigten, mathematische Filme entdecken und mathematische Lieder singen. Ungewöhnliche Ideen, die dazu noch Zeit kosten. Was die Autorin hier allerdings über ihr Projekt hinaus anschaulich zeigt, ist, dass subjektiv bedeutsames Lernen nicht nur der Sache selbst, hier etwa: den Rechenschritten, entspringen kann. Erst die Einordnung eines Themas erlaubt es, dass Lernende in vielfältiger Weise Anschluss finden können, auch wenn sie sich nicht für Rechenschritte oder die Unendlichkeit des mathematischen Universums begeistern können. Selbst etwas beizutragen, eigene Erfahrungen einzubringen, ist mehr als experimenteller Unterricht. Es geht darum, dass Kinder und Jugendliche ihre Sinn- und Lebensfragen mit einbringen können und neugierig sein dürfen – nicht nur auf das, was sich andere vorher für sie ausgedacht haben. Warum nicht den Physikunterricht zum Thema Astronomie mit einer meditativen „Fantasiereise zur Astrophysik" (Kienzl 2015) einleiten?

So wichtig kleinteilige didaktische Überlegungen sein mögen (wie sie längst jede Fachdidaktik ausführlich entwickelt hat): Die große Stärke der Gestaltpädagogik liegt darin, das Ganze im Blick zu haben, also auch und gerade die Beziehungssituation (zum Beispiel in der Klasse). Denn „Störungen" sind oft Beziehungsstörungen, und deren Klärung sollte Vorrang haben (weil Störungen zu eskalieren drohen oder schlichtweg anstrengend sind). Herma Brand-Rinne (2000, 36 ff.) zeigt das an einem Beispiel:

Ich war völlig entnervt und resigniert über meinen Mathematikunterricht in einer 7. Realschulklasse. Die Schüler waren mir nun schon seit mehr als zwei Jahren vertraut, und ich kam im Großen und Ganzen mit ihnen klar, doch in letzter Zeit verhielten sie sich unkonzentriert, laut, chaotisch. Manchmal wusste ich nicht mehr, was überhaupt ablief, war unzufrieden, hatte aber auch keine Lust, „da etwas" zu investieren. Und doch reichte meine Motivation noch so weit, dies Problem in die Supervisionsgruppe zu tragen.

Auf Nachfragen wusste ich gar nicht, wie es eigentlich den Schülern in den Stunden ging, ich hatte nur zunehmend meine Unlust gespürt. Wir suchten nun gemeinsam eine Idee, wie ich mit den Schülern ins Gespräch kommen könnte. In der nächsten Unterrichtsstunde nach der Supervisionssitzung probiere ich Folgendes: Ich teile der Klasse meine Befindlichkeit mit, dass ich mich oft hilflos und entmutigt fühle, ich mir vorkomme wie eine Lokomotive, die einen viel zu schweren Zug zieht. Einige Wagen sind besetzt mit zufriedenen Schülern, auf anderen Wagen können einige SchülerInnen gerade noch aufspringen, doch viele bleiben auf dem Bahnsteig zurück.

Ich schlage den Kindern vor, einmal bei sich nachzuspüren, wie es ihnen mit der Mathematik und dem Unterricht geht, zu welchen der geschilderten Schüler sie sich zugehörig fühlen, und bitte sie, das Wort Mathematik auf ein Blatt Papier zu schreiben und so zu gestalten, dass ihr Gefühl deutlich wird. Keiner lacht, keiner verweigert die Aufgabe, es herrscht eher Betroffenheit. Zuerst sind sie etwas ratlos wegen der ungewohnten Aufgabenstellung, doch entstehen beeindruckende Bilder, über die es zum gemeinsamen Gespräch kommt.

Dabei wird deutlich, dass einige Schüler große Lücken haben, sich aber nicht trauen, es zuzugeben. Sie verstanden – ähnlich wie ich – oft nicht mehr, was da ablief, und hatten es aufgegeben, etwas zu investieren, weil sie glaubten, sowieso den „Anschluss" verpasst zu haben. Ich versuchte aufgrund der Erkenntnisse dieser Stunde, den Unterricht eine Zeitlang so umzustrukturieren, dass durch innere Differenzierung und Förderstunden den Nachzüglern die Möglichkeit blieb, ihre Lücken zu schließen.

Indem ich die Störungen und die Unruhe nicht mehr weiter nur kritisierte und sanktionierte, sondern zum gemeinsamen Thema machte, gab ich uns die Chance, uns gegenseitig wahrzunehmen. Daraus ergaben sich neue Handlungsperspektiven. Der gestaltpädagogische Ansatz bezog sich in dieser Situation zwar nur auf die Gestaltung des Rahmens, nämlich Lernklima und Lehrer-Schüler-Beziehung bzw. Schüler-Stoff-Beziehung; doch zeigt dieses Beispiel deutlich, dass der Lehrer/die Lehrerin auch in einer Mathematikstunde gestaltpädagogisch aktiv werden kann. Es war ein intersubjektiver Austausch möglich, indem die Schüler sich ihre affektiven Besetzungen zum Thema Mathematik gegenseitig mitteilten. Damit war schon ein erster Schritt auf dem Wege zur Veränderung des Lernklimas getan. (Brand-Rinne 2000, 36 ff.)[47]

Wer noch niemals so gearbeitet hat, braucht bestimmt etwas Mut, um wie Brand-Rinne die pädagogische Situation an sich und damit auch sich selbst infrage zu stellen. Aber ist es nicht auch anstrengend, dies über viele Jahre *nicht* zu tun? Eine Supervisionsgruppe kann hier immens hilfreich sein. Leider sieht unser Schulsystem dies nicht systematisch vor. Aber in vielen Städten gibt es freie Supervisionsgruppen für psychosoziale Berufe, auch gelegentliche Einzelsupervision ist eine Alternative. Eine Nachfrage bei gestalttherapeutischen und -pädagogischen Ausbildungsinstituten lohnt sich.

8.4 Störungsorientiertes pädagogisches Handeln

Störungsorientiertes pädagogisches Handeln liegt dann vor, wenn pädagogisches Handeln seinen Anlass findet in der Feststellung einer „Störung". Das ist beispielsweise dann der Fall, wenn die Bewilligung einer pädagogischen Maßnahme von einer klinischen Diagnose abhängt, etwa in der Heilpädagogik oder in der Sozialpädagogik. Klinische Diagnosen kommen in das pädagogische Feld von außen. Sie sagen noch nichts darüber aus, was *pädagogisch* der Fall ist. Der Störungsbegriff ist, psychiatrisch-klinisch gefasst, keine pädagogische Kategorie. Pädagogisches Handeln ist grundsätzlich nicht störungsorientiert ausgerichtet, sondern entwicklungsorientiert. In der pädagogischen Eigenterminologie ist

47 Mit freundlicher Genehmigung des Klinkhardt-Verlags.

daher nur an ganz wenigen Stellen überhaupt von „Störungen" die Rede. Der Ausdruck taucht vor allem in der Schulpädagogik auf („Unterrichtsstörungen") und in der Heilpädagogik („Verhaltensstörungen"). In beiden Fällen kann meines Erachtens die Schulpädagogik von der Heilpädagogik viel lernen. Eine „Störung" ist in gestaltpädagogischer Perspektive stets eine Störung der *Interaktion*, eine Störung des Kontakts im Feld (vgl. Stein 2020), und keine individuelle. Diese Auffassung hat der Gestaltansatz auch mit Blick auf klinisch definierte Störungen.

Die Heilpädagogik (einschließlich Gestalttherapie mit geistig behinderten Menschen) ist ein pädagogisches Handlungsfeld mit einer relativ langen gestalttherapeutischen und gestaltpädagogischen Tradition (Besems & van Vugt 1988, Hansen & Hansberg-Schröder 1990, Hansen 1992, Stein 2005, Stein 2020, Stein 2023, Bertholet-Roth 2023). Stein (2023, 294, f.) sieht eine große Nähe zwischen Gestalttherapie-/pädagogik und Heilpädagogik in beider ganzheitlicher, ressourcenorientierter Blickweise auf den Menschen. Heilpädagogik ist Pädagogik unter erschwerten Bedingungen, ihre Zielgruppe reicht von schwer geistig behinderten Menschen bis hin zu Menschen mit psychischen Beeinträchtigungen auf. In Überschneidung mit der Sonderpädagogik stellt sie, aber nur unter anderen, einen eigenständigen didaktischen Ansatz im schulischen Förderbereich dar (auch im Rahmen von schulischer Inklusion). Eine wichtige Stärke des heilpädagogischen Ansatzes besteht darin, eine dialogische Haltung auch unter schwierigen Bedingungen beizubehalten, weil hier Störungen als Ausgangspunkt des Handelns betrachtet werden und nicht als Ausnahmesituation.

8.4.1 Dialogische Haltung – gerade unter schwierigen Bedingungen

Nach Roland Stein sind alle Störungen nur im situativen Kontext verstehbar, und zwar als *Interaktionsstörungen* (Stein 2023, 295). Stein (a. a. O., 34 ff.) hat auf Grundlage eines solchen Störungsverständnisses Leitlinien für das (heil)pädagogische Arbeiten formuliert. Kontakt und persönlich bedeutsames Lernen sind für ihn in diesem Zusammenhang die wichtigsten Konzepte (a. a. O., 29). Seine Ausführungen zu Haltung („Blick auf den Menschen"), Methode („dialogische Arbeit") sowie Grundverständnis („Lernkultur und Welt") können meines Erachtens als richtungsweisend gelten für eine konstruktive, menschenfreundliche Sicht- und Umgangsweise mit „Störungen". Ich stelle seine Ausführungen daher im Folgenden recht ausführlich dar:

I „Konzepte mit Blick auf den Menschen" (vgl. Stein 2005, 34 ff.):

1. Gestalt: „Ich versuche in meiner pädagogischen Absicht immer zu berücksichtigen, dass Organismen und Abläufe von ‚Gestalten' geprägt sind: von Prin-

zipien der dynamischen, fließenden ‚Ganzheit'. Ich bemühe mich, auf diese Ganzheiten ebenso Rücksicht zu nehmen wie auf den Wandel von Gestalten" (a. a. O., 35).

2. Holismus: „Ich versuche, Menschen als ‚Ganzheiten' zu betrachten. Diese Sichtweise beziehe ich aber auch auf soziale Gebilde" (a. a. O., 36).
3. Figur und Grund: „Ich versuche stets wachsam zu erleben, was als Figur im Feld auftaucht, welche Dynamik zwischen Figur und Grund besteht und wie sich die Figuren im zeitlichen Fluss verändern und wechseln" (ebd.).
4. Hier-und-Jetzt: „Ich versuche stets, mein Erleben im Hier-und-Jetzt zu verankern. Ich achte darauf, wann ich in das ‚Dort' und das ‚Dann' wechsle. Ich versuche mich stets darauf hinzuorientieren, welche konkrete Bedeutung Vergangenheit, Zukunft sowie auch andere Orte du Situationen im Hier-und-Jetzt haben" (a. a. O., 37).
5. Organismische Selbstregulation: „Ich strebe danach, grundsätzlich auf meine eigene organismische Selbstregulation und die anderer Personen zu vertrauen. Ich versuche dabei kritisch festzustellen, wann und wo organismische Selbstregulation bei mir oder anderen blockiert ist. Ich ziele in meiner pädagogischen Arbeit darauf ab, organismische Selbstregulation zu gewährleisten oder wieder zu befreien" (a. a. O., 38).
6. Awareness und Gewahrsein: „Ich versuche, wachsam im Augenblick zu registrieren, was in mir und um mich herum vor sich geht. Ich greife dabei auf die beiden Strategien der gezielten Konzentration sowie der frei schwebenden Aufmerksamkeit für alles zurück" (a. a. O., 39).
7. Organismus-Umwelt-Feld und Kontaktgrenze: „Ich versuche stets, die Dynamik meiner Kontaktnahme im Organismus-Umwelt-Feld zu registrieren; meine Aufnahme von Kontakt und meinen Kontaktrückzug. Ich strebe es an, die Kontaktgrenzen anderer Personen wahrzunehmen sowie zu versuchen, auf diese Kontaktgrenzen jeweils aktuell zu reagieren und Rücksicht zu nehmen" (a. a. O., 40).

II „Konzepte der ‚dialogischen Arbeit'" (vgl. Stein 2005, 40 ff.):

1. Kontakt: „Ich strebe es an, den vollständigen Kontaktzyklus immer wieder konsequent in meine pädagogische Arbeit zu integrieren: Ich versuche zu erkennen, wo im Zyklus Lernende jeweils stehen. Ich berücksichtige Situationen, in denen ein Zyklus nicht zu Ende gebracht werden konnte – und mögliche Konsequenzen, die sich daraus ergeben. Ich versuche den Gedanken des vollständigen Kontaktzyklus in meine pädagogischen Planungen und Umsetzungen zu integrieren" (a. a. O., 41).
2. Persönlich bedeutsames Lernen: „Ich versuche Lernprozesse so zu gestalten, dass diese für alle Beteiligten zu einem ‚persönlich bedeutsamen Lernen' führen. Ich achte dabei auf die Merkmale der Konzentration und der ‚Selbstver-

gessenheit' bei den anderen sowie auch bei mir selbst – als Gradmesser, wann ich mit meiner Arbeit auf einem guten Weg bin" (a. a. O., 42).

3. Personenzentrierung (im Sinne Carl Rogers: Echtheit, Achtung, Einfühlung): „Ich versuche im Kontakt mit anderen Menschen echt zu sein und diese anderen als Personen zu akzeptieren – so, wie sie sind. Ich bemühe mich darum, das innere Erleben meiner Kontaktpartner, also deren Gefühle und Gedanken und ihre Art des Wahrnehmens, nachzuvollziehen, um zu einem möglichst weitreichenden Verständnis zu gelangen" (a. a. O., 43).
4. Verantwortlichkeit: „Ich übernehme Verantwortlichkeit für meine Überzeugungen, Pläne und Handlungen. Ich versuche darauf zu achten, an welchen Stellen und in welchen Momenten ich zum Vermeiden von Verantwortlichkeit neige, und ich versuche zu ergründen, warum dies so ist. Ich sorge für ‚freundliche Frustrationen' der Lernenden und beziehe diese weitestmöglich verantwortlich in die Gestaltung pädagogischer Situationen mit ein. Ich konfrontiere Lernende (und andere Personen im beruflichen Kontext) mit deren Verantwortlichkeit für sich selbst" (a. a. O., 44).
5. Unterstützung: „Ich achte darauf, die Lernenden darin zu unterstützen, ihre Potenziale zu erkennen du Möglichkeiten zu finden, diese Potenziale auch gewinnbringend für sich und die Gemeinschaft einzusetzen. Ich unterstütze aber auch mich selbst in Momenten, in denen ich mich zum ‚Opfer' mache" (a. a. O., 45).
6. Freiwilligkeit: „Ich versuche, in meiner pädagogischen Arbeit so weit wie möglich Freiwilligkeit aller Beteiligten anzustreben. Ich bemühe mich um Bewusstheit hinsichtlich der institutionellen (und persönlichen) Grenzen von Freiwilligkeit in meinen Arbeitskontexten. Ich reflektiere aber auch, inwiefern hier vielleicht Selbstbeschränkungen, Zwänge und (gegenseitige) Manipulationen Freiwilligkeit mehr als notwendig einschränken. Ich verhandle eine möglichst optimale Freiwilligkeit mit den Lernenden sowie mit meinen Kollegen und Arbeitspartnern" (a. a. O., 46).

III „Konzepte im Hinblick auf Lernkultur und Welt" (vgl. Stein 2005, 46 ff.):

1. Organismus-Umwelt-Feld: „Ich trachte danach, in meinem pädagogischen Handeln zu berücksichtigen, dass ich in komplexe Felder eingebunden bin. Dies gilt ebenso auch für die Lernenden und für die Kollegen, mit denen ich arbeite. Die Bedingungen dieser Felder wirken auf mich und die lernende Gruppe ein – aber ich wirke mit meiner (gemeinsamen) Arbeit auch auf die Feldbedingungen zurück" (a. a. O., 47).
2. Prinzip der Verantwortlichkeit: „Ich bemühe mich darum, Verantwortung für meine Überzeugungen, Pläne und Handlungen zu übernehmen – auch im Hinblick auf meine Einbindung in systemische Kontexte, als Bestandteil von institutionellen und gesellschaftlichen Bedingungen" (ebd.).

3. Prinzip der Synergie: „Ich versuche meinem eigenen Eingebundensein in komplexe Zusammenhänge des Lebens und der Welt nachzuspüren. Ich eröffne den Lernenden, mit denen ich arbeite, Zugänge zu einem entsprechenden eigenen Erleben. Ich versteh mich – gemeinsam mit den Lernenden – aus dem Erleben systemischer Eingebundenheit heraus als aktiver Teil solcher Zusammenhänge, indem ich konstruktiv auf mein Umfeld einzuwirken versuche" (a. a. O., 48).

Die Leitlinien von Stein können als Orientierung für alle pädagogischen Handlungsfelder dienen, indem sie zeigen, wie eng die theoretischen Annahmen in der Gestaltpädagogik mit *Haltungs*fragen zusammenhängen. Eine kontaktorientierte Grundhaltung verändert den Blick auf Störungen.

8.4.2 Kontaktorientierter Umgang mit „Störungen"

Eine „Unterrichtsstörung" ist etwas anderes als eine „Störung" im Sinne eines auffälligen Verhaltens („Verhaltensauffälligkeiten") oder einer „klinischen Störung". Gestörte Unterrichtssituationen erweisen sich bei näherer Betrachtung als komplexe Prozesse, die mehr sind als störendes Verhalten Einzelner. Wenn Unterricht nicht funktioniert, dann gibt es dafür viele entscheidende Faktoren auf Seiten aller Beteiligter. Ähnlich verhält es sich bei manifestierten „Störungen" des Erlebens und Verhaltens Einzelner. Auch auffälliges Verhalten ist gestaltpädagogisch nur als Beziehungsstörung (im Beziehungsgeflecht aller Beteiligter) sinnvoll deutbar, sowohl in der Entstehung als auch in der aktuellen Situation.

Unterrichtsstörungen

Roland Stein (a. a. O., 99 ff.) hat auf Basis seiner Überlegungen zum dialogischen Arbeiten Leitfragen für den Umgang mit Störungen im Unterricht formuliert:

Leitfragen für Pädagogen bei Störungen des Unterrichts:

- Welche Störung erlebe ich? Warum erlebe ich dies als Störung – was ist daran „gestört" oder „störend"?
- Wie erlebe ich mich selbst in dieser gestörten Unterrichtssituation? Die Situation wird ja immerhin von mir ganz persönlich als störend erlebt. (...)
- Entspricht dies meinem Erleben allgemein in solchen Situationen? Was daran? Was ist Gemeinsame dieser und aus meiner Sicht ähnlicher Situationen, in denen ich dann auch ähnlich (gestört) reagiere?
- Wie bin ich als Person in diese Störung verwickelt? Ist dies etwas Besonderes oder geschieht Ähnliches häufiger?
- Wie fällt meine spontane Reaktion auf diese Störung aus – und warum? Inwiefern handelt es sich hierbei um eine „stereotype" Reaktion mit eingefahrenem Muster?

Reaktionen sind zum einen durch die Situation bedingt, entsprechen jedoch zugleich auch eigenen Gewohnheiten und Standards. (...)

- Welche Reaktionsmöglichkeiten gibt es noch – mit welchen möglichen Ausgängen? Hier ist ein Potenzial von Ideen gefragt, welches zu kreativen Lösungen hinführen könnte – mit der Möglichkeit, Neues zu erproben (immer mit der Gefahr des Scheiterns) und auf diese Weise an den Störungen zu wachsen.
- Welche im Grunde möglichen Reaktionen erzeugen in mir Befürchtungen und warum?
- Ist mir angesichts des aufgetretenen Problems irgendetwas unangenehm? Welcher Aspekt von mir wird dadurch (unangenehm) berührt?
- Auf welche Weise könnte ich zum Experimentieren mit anderen Sichtweisen und Reaktionen kommen?
- Inwiefern ist die Störung funktional für einzelne Lernende? Was an der Störung kann ich persönlich auch wirklich als „funktional" akzeptieren? (Stein 2005, 99, Hervorh. wegg.)

Roland Stein entwirft hier ein Konzept für den Umgang mit Unterrichtsstörungen, in dem deutlich wird, dass er unter einer „Unterrichtsstörung" nicht einfach versteht, dass der Unterricht (was meint: der Plan, den sich die Lehrperson davon gemacht hat) von einer einzelnen Person (der*dem „Störer*in") aufgehalten wird. Vielmehr fasst Stein Störungen gruppenpädagogisch auf, sieht sich selbst mit ihm Feld der gestörten Situation, fragt nach Störungen in Interaktionen und nicht in Personen. Damit schafft er einen Rahmen, der einen pädagogisch informierten Umgang mit schwierigen Unterrichtssituationen ermöglicht, der es nicht dabei bewenden lässt, lediglich jemanden die Schuld zuzuweisen für das Verhindern geplanter Abläufe. „Störungen haben Vorrang", heißt es in der Themenzentrierten Interaktion. Damit ist beispielsweise gemeint, dass es keinen Sinn macht, mit Unterrichtsthemen in der Schulklasse fortzufahren oder einen sozialpädagogischen Hilfeplan zu verfolgen, wenn der Kontakt nicht passend ist, um ein solches Vorgehen zu stützen. Hier zeigt sich: Unterrichten, ob nun heilpädagogisch oder nicht, ist niemals nur Didaktik, sondern immer auch Erziehung (Müller & Stein 2018). Erziehung ist aber nun wiederum nicht das, was im Alltag darunter manchmal verstanden wird („Belehrung", „Disziplinierung"). Erziehung verfolgt den Zweck, Autonomie und gleichzeitig den Respekt vor anderen zu fördern (Stein 2023, 300). Eine solche Auffassung von Erziehung ist für den gesamten Handlungsbereich professioneller Pädagogik grundlegend.

Verhaltensstörungen

„Unterrichtsstörungen" und „Verhaltensstörungen" sind gestaltpädagogisch nicht einfach nur Störungen individuellen Verhaltens. Für Stein (2005, 63) entwickeln sich Störungen im Organismus-Umwelt-Feld: „Sie repräsentieren also die Auseinandersetzung der Person mit dem jeweiligen Feld, mit der Situation – im Hinblick auf Wahrnehmen sowie Handeln". Die Rede von „Störungen" meint „Störungen der Selbstregulation und des Kontakts" (ebd.). Stein (2005, 63) unterscheidet zwei Formen der Kontaktstörungen. (1) „Störungen der Awareness, also des Gewahrseins eigener sensorischer und emotionaler Regungen, und (2) Störungen des aggressiven Kontakts mit der Umwelt, die sich in Form von muskulär-motorischen Störungen sowie in Form von Abwehr aggressiver Regungen nach außen hin äußern". Kontaktstörungen werden nicht als Störungen im Sinne eines persönlichen Defizits oder eines Persönlichkeitsmerkmals aufgefasst, sondern prozesshaft. Es macht Sinn, mit Stein (2005, 64) Kontaktstörungen nicht nur auf Seite der Lernenden, sondern auch im Feld, und damit auch bei den Pädagog*innen zu verorten. Folgende beiden Störungen der Selbstregulation und des Kontakts unterscheidet Roland Stein in enger Anlehnung an das Kontaktmodell der Gestalttherapie:

(A) Störungen im Kontaktprozess (a. a. O., 65 ff.) gehören zum pädagogischen Alltag (nicht nur zum Unterrichtsgeschehen) und sind als gestörte Lernprozesse interpretierbar: (1) im Vorkontakt: eigene Impulse oder die anderer nicht wahrnehmen, (2) im Kontaktnehmen: Angst oder fehlende Kompetenz der Umsetzung des Impulses, (3) im Kontaktvollzug: Schwierigkeiten des Sicheinlassens, des die Aufmerksamkeit Fokussierens oder zu starke Verschmelzung, (4) im Nachkontakt: kein klarer Abschluss, keine Integration der Erfahrung, Integration ohne Bezug zur eigenen Person (Introjektion).

(B) Davon zu unterscheiden sind Störungen an der Kontaktgrenze (a. a. O., 67 ff.), die eher als Ausdruck einer Lerngeschichte gedeutet werden können, als eine kreative Anpassungsleistung mit einer subjektiven Bedeutung jenseits des Unterrichtsgeschehens. Stein nimmt hier die Kontaktstörungen der Gestalttherapie in den Fokus (siehe Kapitel 5.3.3): Introjektion, Projektion, Konfluenz, Retroflektion, Deflektion, Desensitivierung und Egotismus. Stein nennt jeweils einige Beispiele. Die inspirierenden Ausführungen von Roland Stein zu möglichen kontaktorientierten Sichtweisen auf Verhaltensauffälligkeiten werden mit Blick auf Störungen als gestörten Interaktionen zur hilfreichen Ideenquelle für den Umgang mit schwierigen pädagogischen Situationen. Es macht stets Sinn zu unterscheiden zwischen Störungen im Hier-und-Jetzt und überdauernden Kontaktmustern (sowohl die eigenen der Fachkraft als auch diejenigen der Adressat*innen und auch des ganzen Feldes).

Gestaltpädagogische Diagnostik

Für eine auf Kontaktprozessen basierende gestalt*pädagogische* Diagnostik hat Stein (2005, 78) folgende drei Leitlinien vorgeschlagen: (1) Personen als Ganzheiten erkennen, (2) Einbettung der Person in ein Person-Umwelt-Feld, sowie (3) eher *aktuelle* Störungen untersuchen und die Beteiligung der Person am

Feld berücksichtigen. Gestaltpädagogische Diagnostik befasst sich nach Stein (a. a. O., 76 ff.) mit Störungen und Auffälligkeiten des Lernens, Erlebens und Verhaltens im Sinne einer beiläufigen (im Prozess) oder spezifischen Diagnostik. Es geht darum, Verhaltens- und Erscheinungsweisen zu kategorisieren und nicht Menschen (a. a. O., 81). Auf diese Weise können Ressourcen für mehr *Kontakt im Feld* entdeckt werden. Wichtig ist hier zu betonen: Es handelt sich um ein *heilpädagogisches* Diagnostikmodell. Das ist deshalb wichtig zu betonen, weil die Heilpädagogik einen speziellen diagnostischen Auftrag hat, der zum Teil sehr an klinischen Kriterien orientiert ist. Er umfasst sowohl eine pädagogische Diagnostik mit Blick auf Lernschwierigkeiten als auch eine an klinischen Kriterien ausgerichtete Diagnostik von Erlebens- und Verhaltensweisen. Dem hingegen hat etwa die Sozialpädagogik einen Auftrag zur sozialen Diagnostik und die Schulpädagogik einen ausschließlich lern- und leistungsbezogenen „diagnostischen" Auftrag. Eine Vermischung unter dem Sammelbegriff „Diagnostik" führt unter Umständen dazu, dass unter dem Stichwort zumindest immer auch oder vielleicht sogar zentral eine psychologisch-klinische Diagnostik verstanden wird (weshalb der Diagnosebegriff außerhalb der klinischen Verwendung meines Erachtens sowieso zwiespältig ist). Eine psychiatrisch-psychologisch-klinische Diagnostik fällt in keinem Fall in den Zuständigkeitsbereich der Pädagogik, auch nicht der Heilpädagogik. Die heilpädagogische Diagnostik bezieht sich auf auffälliges Verhalten in *pädagogischer* Relevanzsetzung, nicht auf psychische Störungen in klinischer Relevanzsetzung. Stein (2020) hat immer wieder betont, dass sogenannte „Verhaltensstörungen" keine Störungen individuellen Verhaltens in einem unbeteiligten Feld sind, sondern als Interaktionsstörungen aufzufassen sind (vgl. auch Stein 2023, 295). Damit trägt er die Idee einer feldbezogenen Kontaktdiagnostik in die Heilpädagogik. Auch alle anderen pädagogischen Aufgabenbereiche könnten davon profitieren, Störungen (ob schlechte Noten in der Schule oder „Systemsprenger*innen" in sozialpädagogischen Einrichtungen) als Feldproblem zu begreifen, statt sie lediglich als personale Störungen einzelner Individuen aufzufassen.

„Kontaktstörungen" sind zunächst einmal lediglich Modalitäten des Kontakts. Diese können lebensgeschichtlich und situativ sinnvolle Vermeidungen von Kontakt darstellen. Das Problem pädagogischer Verhaltensdiagnostik ist, dass die damit verbundenen Bewertungen und darauf basierenden Entscheidungen oftmals zu unspezifisch sind (Baulig 2019, 16). Baulig (2016, vgl. auch Baulig & Baulig 2002) entwirft vor diesem Hintergrund eine Gestaltdiagnostik mit Kindern, die vermeiden will, eine „Raster- und Defizitdiagnostik" (a. a. O., 17) zu sein. Sie basiert auf sieben diagnostischen Ebenen: „Auf Systemisches achten" („Involviertsein" reflektieren: In welchem Zusammenhang fällt das Verhalten wem auf? Was sagt die Deutung über das pädagogische Feld?), „Kontakt herstellen" („Kontaktanalyse"), „Auf das Wie achten" (das „subjektive Erleben" des Kindes), „Das Polare im Blick haben" („Polaritätsgestaltung eines Kindes" im Verhältnis von Innen und Außen),

„Auf den Handlungsvollzug achten" (entlang des Kontakt- als eines Erlebensprozesses), „Inhalte beachten" (Themen und Phantasien) sowie „Ressourcen aufspüren" (Quellen und Blockaden). Das kindliche Spiel, das gemeinsame mit dem Kind spielen, ist für Baulig ein wichtiger Ansatzpunkt, um die kindliche Lebenswelt zu verstehen (zum „Kinderwelttest" vgl. Baulig 2006).

Auffälliges Verhalten ist asynchroner Kontakt im Feld, ist im Sinne von „Verhaltensauffälligkeit" oder „Verhaltensstörung" stets und zuerst einmal ein Verhalten, das jemandem auffällt – aus welchen (vielleicht auch eigenen) Motiven auch immer. Der gestaltpädagogische Blick richtet sich nicht nur auf eine gestellte Diagnose, sondern auch auf die Diagnosekonstruktion im Feld. Es ist wichtig, dass Eltern und pädagogische Fachkräfte anerkennen, dass sie Teil des Feldes sind, in dem sich ein auffälliges Erleben und Verhalten zeigt. Es gibt keine objektiven Diagnosen (vgl. feldtheoretisch Bogner 2017). Im Prozess von Vorkontakt, Kontaktaufnahme, Kontaktvollzug und Nachkontakt gibt es jeweils spezifische Gründe, warum es nicht zur vollen Entfaltung von Kontakt kommt – freiwillig oder unfreiwillig, stimmig mit den eigenen Bedürfnissen oder auch nicht. Diese Faktoren zu kennen ist nützlich, um Kontakt und damit Beziehung regulieren zu können, indem neue Kontaktmöglichkeiten ausprobiert und im zwischenmenschlichen Kontakt neue *Kontaktangebote* gemacht werden. Es geht um ein Modifizieren-Können und -Wollen des Kontakts auf Seite der Pädagog*innen: „das Regulieren aggressiver Impulse; das Empfangen von Reizen; der Umgang mit Gebundenheit und Getrenntheit; die Notwendigkeit, der Welt Sinn abzugewinnen, authentisch zu sein und auf die Anforderungen in der Beziehung zu anderen zu reagieren" (Joyce & Sills 2015, 152). Schlichtweg geht es um die pädagogische Kernkompetenz, die pädagogische Beziehung im Dialog gestalten zu können und die pädagogisch Angesprochenen in ihrer Beziehungsaufnahme zu sich, zu anderen und zu den Dingen in der Welt zu unterstützen. Ein *feldbezogener* Blick auf Kontaktstörungen kann hilfreich sein, um mehr Kontaktmöglichkeiten und damit Kontaktressourcen zu sehen.

In schwierigen pädagogischen Situationen, beispielsweise im Unterricht, geht es nicht im landläufigen Sinne darum, „Grenzen aufzuzeigen" (dieser Ausdruck fällt oft, wenn es schon zu spät ist), sondern darum, als ein Gegenüber stets Kontakt *und* Grenze anzubieten (was natürlich *auch* einschließen muss, „Stopp!" sagen zu können). Nur beides zusammen hilft Adressat*innen. Pädagog*innen können diese nicht „einfangen", aber sie können ein Gegenüber sein, auf das sich jene beziehen können. Diese können auf diese Weise mit der Zeit lernen, sich auf jemanden zu beziehen. Dazu ist es pädagogisch hilfreich, ein Gespür dafür zu entwickeln, wo der Fokus der Kinder, Jugendlichen und Erwachsenen im Kontakt liegt (wobei die eigene Fokussierung, der Kontakt des*der Pädagog*in mit sich selbst, hilft). Kontaktvermeidung im Sinne einer Defokussierung der Auseinandersetzung kann in der Gestaltpädagogik nicht als individuelle Eigenschaft, sondern nur als Feldeigenschaft verstanden werden. Dasselbe Kind, das in der

Gruppe „durchdreht", ist im Einzelgespräch gut ansprechbar, vielleicht aber auch nicht für jede*n Pädagog*in oder jeden Elternteil, vielleicht nicht bei jedem Thema. Es ist nicht Anspruch der Gestaltpädagogik, und sollte es in der Pädagogik generell nicht sein, dass Kinder, Jugendliche und Erwachsene handsam werden. Sie dürfen mindestens so eigenwillig sein, wie Erwachsene das für sich selbst auch in Anspruch nehmen (unfreundlichen Menschen ausweichen, uninteressante Aufgaben vermeiden, langweilige Veranstaltungen nicht besuchen und so fort).

Klinische Störungen

Roland Stein (2005, 29) hat meines Erachtens einen konstruktiven Umgang mit „Kontaktstörungen" für die (Heil-)Pädagogik gefunden. Stein (2005, 2) plädiert für eine „Störungssicht unter Berücksichtigung von Interaktion und Kontext". Der Ansatz von Roland Stein ist anschlussfähig an neuere Ansätze der klinischen Gestalttherapie, die psychische Beeinträchtigungen („klinische Störungen") als Feldstörungen betrachten und nicht als individuelle Störungen (vgl. Roubal et al. 2016). Psychiatrische Diagnosen sind weder für die Gestalttherapie noch für die Gestaltpädagogik einfach nur klinisch festschreibbare Störungsbilder. Vielmehr geht es darum, diejenigen Kontaktprozesse zu verstehen, die zu seelischem Leid führen. Seelisches Leiden ist immer auch ein Leiden an der Situation. Hans-Peter Dreitzel (2004) hat für die wichtigsten Diagnosegruppen des ICD-10-F Grunderfahrungen formuliert, die psychischen Problemen zugrunde liegen. Es sind existenzielle Themen, um die es hier geht. Es braucht Zeit, bis sich Menschen in einer pädagogischen Beziehung einem anderen Menschen anvertrauen, beispielsweise ihre wirklichen Bedürfnisse zeigen. Vorher muss ausgehalten werden, dass beispielsweise das anlehnungsbedürftigste Kind am unnahbarsten wirkt, der unsicherste Jugendliche am angeberischsten, die zarteste Klientin am lautesten. Psychische Probleme gelten im Gestaltansatz nicht als Eigenschaften, sondern als Prozesse. Dies sei exemplarisch an depressiven Prozessen veranschaulicht (vgl. für das Folgende Dreitzel 2004, Schaubild 10).

Als depressive Grunderfahrung kann nach Dreitzel formuliert werden: „Was immer ich erlebe, tue oder zum Ausdruck bringe – es macht keinen Unterschied". Depressive Prozesse (situativ oder länger anhaltend) des Sichzurückziehens, der Energielosigkeit und des Sich-nicht-Entscheidens können bei Pädagog*innen Ohnmacht auslösen und in der Folge auch Aggression (als Reaktion auf die Ohnmacht), was wiederum zu Schuldgefühlen seitens der Pädagog*innen führen kann. Je stärker der depressive Prozess, umso stärker die Retroflektion, also das Zurückhalten der Energie. Bei mäßigen depressiven Prozessen mag pädagogisch jedes Angebot helfen, das jemand zunächst einmal mit sich selbst wieder in Kontakt bringt. Bei starken depressiven Prozessen hilft vor allem das Da-Sein und das Miteinander-Teilen der schweren Situation. Solche und ähnliche Überlegungen können keine erschöpfende Antwort liefern für die Frage, welches Kontaktangebot funktioniert, wenn depressive Prozesse im Spiel sind. Es kann hier nur exemplarisch darum gehen zu zeigen, dass es möglich ist, aus einem klinischen Label („Depression“) ein gestaltpädagogisches Denken in Kontaktprozessen zu machen. Ganze Gruppen können für eine Zeit lang in einem depressiven Prozess feststecken, auch Schulen, Träger, Einrichtungen, Gesellschaften. Immer lautet die Frage: Wie kann – als Gegenmodus zur Retroflektion – Energie in die Auseinandersetzung mit sich selbst, mit anderen und mit der Welt kommen; wie kommt wieder Energie ins Feld? Hier und jetzt? Wenn Menschen unter längerfristigen depressiven Belastungen leiden, dann reichen oft die Möglichkeiten der pädagogischen Zuwendung nicht aus. Gleichzeitig gilt weiterhin: Mit dem betreffenden Menschen ist auch im pädagogischen Kontext eine angemessene Umgangsweise zu finden (z. B. in der Wohngruppe). Es braucht pädagogische Kontaktangebote immer auch noch zusätzlich zu eventueller Psychotherapie. Ein Blick auf Kontaktstörungen als Feldeigenschaft zeigt Kontakt*möglichkeiten* und damit Kontakt*ressourcen*. Die Kontakttheorie ist nicht dazu geeignet, Verhalten (das eigene und das der Adressat*innen) normativ zu bewerten. Die Abwertung als „richtig“ und „falsch“ von Kontaktverhaltensweisen bei Adressat*innen ist unangebracht. Selbst die Einteilung in psychisch „krank“ und „gesund“ ist *pädagogisch* wenig hilfreich. Gestaltpädagogik muss im Falle seelischen Leidens passende Kontaktangebote machen. Ein respektvolles Sich-in-Ruhe-Lassen mag dazu je nach Situation ebenso gehören wie ein emotional intensiver Kontakt.

Theoretische Vorstellungen über Kontaktprozesse und deren mögliche Störungen sind dann gute Theorie, wenn sie dabei helfen, die unverwechselbaren Erfahrungen von Menschen so zu beschreiben, dass sie in der Praxis Anregungen für hilfreiches pädagogisches Handeln liefern. Es gilt bei allen pädagogisch Angesprochenen verantwortungsvoll herauszufinden, wie jemand Kontakt gestalten möchte bzw. kann, der*die das in vielen Fällen noch nicht einmal selbst zu sagen weiß. Solch eine Grundhaltung ist vor allem dann von Vorteil, wenn Dialoge entgleisen.

8.4.3 Mit entgleisten Dialogen umgehen

Aufgabe der Gestaltpädagogik ist es nicht, nach Störungen zu suchen (das ist Aufgabe der Medizin), sondern nach Potenzialen, nach Handlungsspielräumen, nach Entwicklungs- und Lernchancen – gerade unter schwierigen Bedingungen. Es geht es um das *Wie* des Erlebens, also um die Kontakterfahrungen im Feld statt um Störungen des Verhaltens. Interessanterweise lassen sich gerade mit dem Fokus auf Kontakt neue Handlungsspielräume für komplexe Problemsituationen ableiten, und zwar immer dann, wenn Kontakt nicht gelingt, sondern der Dialog entgleist. In Rekurs auf einen Ausdruck von René Spitz versteht von Lüpke (2006) unter einem entgleisten Dialog, wenn „dem Kind keine Chance zur Wirksamkeit eigener Botschaften und Initiativen" gelassen wird. Die Folge könne „entweder ein von Umweltbezügen (zumindest scheinbar) abgekoppeltes Verhalten wie bei autistischen Stereotypien oder die aus der Borderline-Struktur bekannte Wut als Resultat der enttäuschten Erwartung" sein. Zum Ausdruck kommt hier jeweils in sehr unterschiedlicher Weise die „Angst, im offenen Spiel des Dialogs nicht genügend Sicherheit zu finden" (von Lüpke 2006). Dialoge entgleisen nicht nur aufgrund persönlicher Aspekte auf Seiten von Bezugspersonen, sondern aufgrund ganz spezieller Feldeigenschaften: Dynamiken. Kurt Lewin hat als erster von Felddynamiken und Gruppendynamiken gesprochen. Es gilt in der pädagogischen Arbeit stets, diese Dynamiken im Sinne von *Beziehungsdynamiken* im Blick zu haben. Sie lassen sich nicht beherrschen, aber sie lassen sich verstehen (manchmal auch erst im Nachhinein). Aber wie stets bewahrt auch hier der Blick auf das Feld vor dem Missverständnis, ein Verhalten, ein Ereignis, ein Konflikt, ein Problem hätte genau eine Ursache, die es herauszufinden gilt, was in vielen Fällen zu sinnlosen Diskussionen darüber führt, wer Schuld hat bzw. bei entsprechender Macht dazu führt, die Schuld einfach jemandem zuzuweisen oder auf etwas (z. B. „die Krankheit") zu schieben. So entlastend es sein mag, zum Beispiel bestimmte Verhaltensweisen von Kindern mit dem Vorliegen einer Störung zu „erklären", so wenig trifft das die Komplexität von Interaktionsgeschehnissen. Wenn dann noch diejenigen die „Symptome" feststellen, die selbst Teil des Feldes sind, in denen die Verhaltensweisen auftauchen (Eltern, Lehrer*innen), dann macht das – zumindest feldtheoretisch – keinen Sinn (vgl. zu diesem diagnostischen Problem feldtheoretisch Bogner 2017).

Übertragungen und Projektionen

Es geht in entgleisenden Dialogen darum, die psychischen Dynamiken sowohl seitens von Pädagog*innen als auch von Klient*innen zu verstehen. Ansonsten besteht die Gefahr, dass gerade in eskalierenden Situationen nicht angemessen pädagogisch gehandelt werden kann. Sowohl Pädagog*innen als auch Adressat*innen bringen in die pädagogische Beziehung ihre eigenen Erfahrungsgeschichten im Sinne von Lebensgeschichten mit ein. In der Folge kommt es fast zwangsweise zu Übertragungsphänomenen. Unter „Übertragung" wird in der Psychoanalyse und auch in der Gestalttherapie verstanden, dass frühere Erfahrungen mit einer damaligen Person auf eine aktuelle Situation und eine vollkommen andere Person übertragen werden. Etwas salopp ausgedrückt: In einer „Vaterübertragung" verwechseln wir unser Gegenüber mit unserem Vater, das heißt zum Beispiel wir deuten Erleben und Verhalten des Gegenübers in Abhängigkeit davon, welche Erfahrungen wir mit unserem Vater gemacht haben. Je nachdem, welcher Art diese früheren Erfahrungen waren, wird es sich um eine positive (z. B. wir fühlen uns sicher und geborgen) oder um eine negative Übertragung (z. B. wir werden wütend) handeln. Entsprechende Übertragungen werden in erster Linie aus familiären Erfahrungen in der Kindheit relevant (z. B. eine „Mutterübertragung": eine

Klientin erwartet von der Pädagogin Schutz oder sie unterstellt ihr abwertendes Verhalten; „Schwesterübertragung: ein Klient unterstellt der Pädagogin Solidarität oder Rivalität, je nach familiärer Erfahrung). Wichtig ist: Übertragungen sind an kein Geschlecht gebunden und an kein Alter. Das bedeutet, eine Vaterübertragung kann sich auch auf eine junge Frau beziehen.

Beziehungen sind bestimmt durch wechselseitige Wahrnehmung und Verzerrung. Auch Pädagog*innen und Adressat*innen bauen innere Bilder vom jeweiligen Gegenüber mit den dazu gehörenden Gefühlen auf. Es kommt zu Phantasien, Übertragungen und Projektionen. Mit Projektion ist (siehe oben bei den Kontaktstörungen) gemeint, im Gegenüber die eigenen Bedürfnisse und Gefühle zu sehen, ohne zu bemerken („Abspaltung"), dass es sich nur um die eigene Phantasie über diese andere Person handelt. Im Beziehungsgeschehen kommt es vor, dass dieses phantasierte Bild vom Gegenüber bei dieser Person tatsächlich ein damit zusammenhängendes Verhalten hervorruft, das heißt das Gegenüber identifiziert sich mit dieser Projektion („Projektive Identifikation") und handelt danach. Zum Beispiel könnte jemand, in Abspaltung der eigenen Aggression, davon überzeugt sein, dass eine andere Person feindselig gestimmt ist, was vielleicht zu einer unbemerkt unterwürfigen Umgangsweise mit dieser Person führt. Diese identifiziert sich unbemerkt mit der Unterstellung und reagiert tatsächlich gereizt. Beziehungsdynamiken können auch einen „Widerstand" auslösen, das heißt die Abwehr einer bestimmten Erlebens- oder Verhaltensweise. Im Gegensatz zu manchen anderen Ansätzen gilt im Gestaltansatz das Prinzip, nicht gegen, sondern *mit dem Widerstand* zu arbeiten. Es geht darum herauszufinden, welcher Art die Widerstandserfahrung ist und wofür sie gut ist, und zwar in der aktuellen Beziehungserfahrung im Hier-und-Jetzt.

In der Praxis kommt es immer wieder vor, dass unbewusste Übertragungsprozesse zu Beziehungsdynamiken führen, die dann als „Kommunikationsstörungen", „Konflikte" oder „Eskalationen" gedeutet werden. Oft wird dann nach den „Schuldigen" gesucht und angesichts der pädagogischen Asymmetrie „der Schuldige" auf Klient*innenseite ausgemacht – mit viel Verständnis für die „Krankheit" natürlich. Oder, was auch nicht besser ist, die Fachkräfte machen sich Vorwürfe oder erleiden eine psychische Krise (z. B. „Burnout"). Wichtig ist die Verantwortung der Pädagog*innen, ihre eigenen Anteile an der entstandenen Dynamik reflektieren zu lernen. Es geht in diesem Zusammenhang um Verantwortung, nicht um Schuld. Starke Beziehungsdynamiken entstehen durch ein Aufschaukeln von Prozessen mehrerer Personen, zu denen auch der*die Pädagog*in gehört. Das zu bedenken ist umso wichtiger, als es in vielen Handlungsfeldern der Pädagogik zur beruflichen Aufgabe gehört, gerade mit Menschen Umgang zu haben, die teils verheerende Beziehungserfahrungen machen mussten. Was als Herausforderungen einst in heil- und sozialpädagogische Angebote ausgelagert war, ist längst in jeder Schule Alltag geworden ist. Hier wie dort lautet im Falle einer Eskalation die entscheidende pädagogische Frage: Gab es jemals (und zwar konsequent) ein Beziehungsangebot, dass tatsächlich (fachlich begründbar) als *Kontakt*angebot eine Chance hatte, den Teufelskreis unstimmiger Beziehungserfahrungen zu durchbrechen? Wegscheider (2020, 115) fasst meines Erachtens kurz und knapp zusammen, was dialogisches Vorgehen konkret bedeutet: „In Kontakt treten und den anderen direkt ansprechen". Ist das im Einzelfall geschehen oder sind eigentlich alle schon sehr lange ratlos?[48] Bei einem Vorgehen, dass seinen Anlass im Feststellen einer „Störung" findet (das ist nicht nur in der Heilpädagogik der Fall), kommt es vor allem darauf an, sich nicht auf die Störung zu fixieren, sondern die Kinder und Jugendlichen als Ganzheiten in einem Feld zu sehen. Denn gestört ist immer nur ein Ausschnitt des Beziehungsgeschehens im Feld, niemals ein Mensch in der Fülle seines Seins. Die folgenden Beispiele zeigen deutlich, was damit gemeint ist.

8.4.4 Praxisbeispiel Heilpädagogik

Kathrin Bertholet-Roth (2023), in eigener heilpädagogischer Praxis tätig, erläutert, was heilpädagogisches Vorgehen in der Einzelbegleitung von Kindern und Jugendlichen, die Krisen erleben, ausmacht. Sie reflektiert dazu ihre eigene Lernbiografie und nennt unter anderen Paul Moor und Martin Buber als wichtige Inspirationsquellen ihrer eigenen Arbeit (a. a. O., 308 ff.). Die Autorin stellt in ihrer Vorgehensweise drei Aspekte in den Mittelpunkt:

- Beziehungsaufnahme und Beziehungsgestaltung, durch meine rückhaltlose Präsenz und meine dialogische Gestalt-Haltung.
- Wechselseitig wachsende Übernahme von Verantwortung unter den Bezugspersonen, durch mein Angebot, ein glaubwürdiges Gegenüber zu sein und zu bleiben.
- Konkrete Interventionen und Realisierung von Wirkfaktoren. Defizitanalysen und Reparaturpläne haben bei meiner Arbeit mit den Kindern keinen Raum. (Bertholet-Roth 2023, 314)

Kathrin Bertholet-Roth (2023, 314 ff.) lässt uns teilhaben an ihrer Arbeit mit Kindern und Jugendlichen. Sie beschreibt, mit achtsamen Worten, wie mit dem 14-jährigen Benjamin Kontakt entstehen konnte:

Benjamin, 14-jährig, kam an einem Freitag im Dezember erstmals in meine Praxis. In zusammengesunkener Haltung betrat er den Raum. Sprechen wolle er bestimmt nicht mit mir. Es sei alles gesagt, sein Ausgeschlossen- und Ausgegrenztwerden von Freund*innen und

48 Zum Umgang mit Ratlosigkeit bei Erziehungsfragen vgl. gestaltpädagogisch Eschweiler-Trutzenberg (2023).

Kolleg*innen sei unwiderruflich und auf ewig bestimmt. Fragen dazu werde er keine beantworten. Etwas Malen wäre möglich, weil die Zeit dabei rasch vergehe.

Ich drückte aus, bei einer möglichen Zusammenarbeit mit ihm seien mir seine Interessen und Bedürfnisse sehr wichtig, zum Beispiel, was er gut könne und gerne tue. Fixe Vorstellungen oder Absichten seien keine in meinem Kopf. Es folgte eine Pause. Meiner Unsicherheit beim Sprechen war ich gewahr!

Was dann geschah, werde ich niemals vergessen. Benjamin richtete sich auf, malte mit entschlossener Stiftführung einen genähten Ball aus Leder. Gleichzeitig sprach er folgende Worte: „Dann werden wir uns also den Ball zuspielen! Übrigens, ich mag Judo, Klettern und Forschen".

Besonders den Ausdruck „zuspielen", nahm ich überrascht und freudig zugleich zur Kenntnis. Die Qualität, welche das Spiel in sich trägt, manifestierte sich in unseren Begegnungen immer wieder und wurde gleichsam zu einer Ressource für Benjamin. (Bertholet-Roth 2023, 314)[49]

Im Fallbeispiel wird deutlich, wie die Autorin Benjamin einen Dialog anbietet, indem sie betont, sie habe keine fixen Vorstellungen darüber im Kopf, was passieren solle. Sie hat die Unsicherheit zugelassen, die sich durch ihre Offenheit in der Situation eingestellt hat. Benjamin, der doch vorgeblich keinen Kontakt wollte (vermutlich auf eine Art, die er ständig erleben musste), zeigt sich plötzlich erstaunlich kontaktoffen. An einem zweiten Fall, Lisa, zeigt Bertholet-Roth typische Aspekte eines nicht defizitorientierten Umgangs mit „Störungen" in der Pädagogik:

Lisa, achtjährig, zeigte in der Schule „renitentes" Verhalten. Ein Ausschluss aus der Klasse war im Interesse der Klasse und der Lehrpersonen vorgesehen. Die alleinerziehende Mutter stand unter enormem Druck und befürchtete, dass ihr das Kind weggenommen und fremdplatziert werden könnte.

„Wie kann Lisa emotional zur Ruhe finden, statt durch impulsive oder destruktive Kurzschlusshandlungen sich und andere Kinder zu irritieren?" Diese Ausrichtung auf das Fehlende setzte ich ins Zentrum meiner pädagogisch-therapeutischen Begleitung. Damit ich die Mutter in den Prozess einbeziehen konnte, beschrieb ich ihr, wie ich mit Lisa arbeiten möchte. Ich erklärte ihr, wie ich mich am Resilienzkonzept orientiere, welche Entwicklungsaufgaben und Anforderungen ich für ihre Tochter zur Bewältigung der aktuellen Krise in den Vordergrund stelle. Dazu legte ich ihr nicht die verwirrenden Begriffe der Resilienzfaktoren vor, sondern daraus abgeleitete Fragen, verstanden als Impulse für meine möglichen Interventionen. So zum Beispiel: Was Lisa gut kann? Wie Lisa stopp sagen lernt? Was Lisa braucht, um sich sicher zu fühlen? Wie Lisa sich Mut zusprechen kann? Was Lisa stark macht? Auf wen sich Lisa in jedem Fall verlassen kann? Ich übergab ihr ein Exemplar dieses Fragenkatalogs,

---

49 Ebenfalls mit freundlicher Genehmigung von Kathrin Bertholet-Roth (www.bertholet-beratung.ch).

welches meinem Konzept zugrunde lag. Lisa selbst hatte die Idee, bei mir ein Leporello aus Bildern zu gestalten. In jeder Therapiestunde machte sie eine Zeichnung und hielt auf die ihr eigene Weise fest, welche Stärken und Fähigkeiten wir bei ihr bereits entdeckten oder entwickeln wollten. So entstand zum Beispiel ein Selbstbild mit dem Titel „Meine Kraft und mein Mut". Bei der gemeinsamen Vorbereitung auf das vorgesehene Netzgespräch mit der Schule und der Kinderschutzbehörde, bestand Lisa darauf, dass ich ihr Leporello mitnahm. Trotz der überdimensionierten Vertretung durch die Schule, legte die Mutter zum richtigen Zeitpunkt selbstbewusst „unser" Konzept in die Mitte des Besprechungstisches. Von ihrem und besonders von Lisas Mut angesteckt, berichtete ich ausführlich von der Arbeit der zwölfwöchigen Begleitung. Wie das die Anwesenden zu einem neuen Blick auf das kleine Mädchen führte, wie ihrer Mutter nun sogar Respekt entgegengebracht wurde, erfüllte mich mit tiefster Freude! (Bertholet-Roth 2023, 317)[50]

Bertholet-Roth (2023, 314 ff.) betont, wie wichtig es ist, unvoreingenommen auf die Kinder und Jugendlichen zuzugehen und ruhig auch einmal die eigene Ratlosigkeit zeitweilig „im Raum zu lassen", sich der „schöpferischen Kraft im Raum des Zwischen" anzuvertrauen. Sie betont die Bedeutung von Glaubwürdigkeit, Vertrauen und achtsamer Kommunikation (a. a. O., 316), zudem den hohen Stellenwert eines sicheren Beziehungsangebots (a. a. O., 318). Es gehe nicht darum, lediglich eine gewollte Wirkung zu verfolgen, sondern auch Kreativität und Inspiration wirken zu lassen (ebd.): „Die passgenauen Interventionen sind es, welche die Wiederentdeckung der kindlichen Gestaltungslust und Gestaltungskraft unterstützen und gleichzeitig Selbstakzeptanz ermöglichen" (ebd.). Mit diesem Satz beschreibt Bertholet-Roth das Herz der Gestaltpädagogik: Kontakt nach innen wie nach außen ermöglichen.

8.5 Pädagogisch-therapeutisches Handeln

Pädagogisch-*therapeutisches* Handeln ist pädagogisches Handeln, das, ohne selbst Therapie zu sein, für verletzte Seelen heilsam wirken kann. Ein solches Handeln ist nicht deckungsgleich mit störungsorientiertem Handeln (siehe Kapitel 8.4). Pädagogik ist keine klinische Profession. Vor allem im Kontext der Sozialen Arbeit und in der Heilpädagogik findet pädagogisches Handeln in vielen Fällen zwar ihren Anlass in der Feststellung einer klinischen Diagnose. Die klinische Diagnose kommt allerdings von außen an die pädagogischen Handlungsfelder heran. Sie bildet den Anlass beispielsweise für sozialpädagogischen Handeln,

50 Ebenfalls mit freundlicher Genehmigung von Kathrin Bertholet-Roth (www.bertholet-beratung.ch).

nicht jedoch dessen professionellen Handlungsrahmen. Pädagogisch geht es nicht um Heilbehandlung, sondern um pädagogische Umgangsweisen mit seelisch verletzbaren und verletzten Menschen. Gute Pädagogik muss grundsätzlich mit menschlicher Vulnerabilität gut umzugehen wissen. Pädagogisches Handeln sollte daher immer auch pädagogisch-therapeutisches Handeln sein (vgl. J. Bürmann 2014). Ein solches Handeln zeichnet sich durch die Absicht aus, mittels pädagogischer Vorgehensweisen auch und gerade vulnerablen Zielgruppen förderliche Entwicklungsbedingungen zu ermöglichen. Eine solche Sichtweise macht bei weitem nicht nur im sozialpädagogischen Kontext Sinn, hat dort aber gewiss die längste Tradition. Achim Schachameier (2021, 2023) hat unlängst den Gestaltansatz als zentral für das Studium der Sozialen Arbeit hervorgehoben. Die Anwendung von Gestalttherapie und Gestaltpädagogik in der Sozialen Arbeit weist, auch international, eine lange Geschichte auf.[51] Insbesondere ist der Gestaltansatz eng verknüpft mit dem methodischen Ansatz des „case work" (vgl. historisch Heekerens 2016), vor allem in der US-amerikanischen Tradition Sozialer Arbeit (vgl. Felton 1978, Congress 2017). Vor allem in der Suchtarbeit (vgl. zur Integrativen Suchtarbeit Petzold et al. 2006) und in der Klinischen Sozialarbeit (Pauls 2016, 171 ff.) gibt es immer wieder zentrale Bezüge auf den Gestaltansatz, darüber hinaus ist er auch in der Jugendarbeit immer wieder rezipiert worden (z. B. Gut 2012, Walter 2015, zur Elternarbeit vgl. z. B. Hansen & Heindl-Opitz 2005). Zudem spielt der Gestaltansatz in der Traumapädagogik eine wichtige Rolle, die in der Sozialen Arbeit längst von zentraler Bedeutung ist. Pädagogisches Handeln kann vor allem dann therapeutische (tiefgreifende, korrigierende, heilsame) Wirkungen entfalten, wenn es sich als ein vulnerabilitätssensibles Handeln erweist.

8.5.1 Vulnerabilitätssensibles Handeln

Was können wir darüber wissen, was es Eltern bedeutet, dass sie einer pädagogischen Maßnahme zugestimmt haben? Wie sehr sie die Tatsache trifft, dass eine fremde Person mitreden darf, wie die Kinder zu erziehen sind? Wie kommt ein Satz an, der in diesem Zusammenhang fällt, vielleicht gut gemeint, aber verletzend aufgenommen? Was können wir darüber wissen, wovon Schüler*innen gerade betroffen sind, welcher Kommentar sie gerade trifft? Je höher die ohnehin bereits bestehende Vulnerabilität eines Menschen ist, umso eher kann es passieren, dass verletzende Erfahrungen in pädagogischen Kontexten gemacht werden – auf beiden Seiten der pädagogischen Beziehung. Pädagog*innen werden von

51 vgl. ergänzend zu Gestalttheorie und Sozialarbeit: Guss 1979.

mancher Vulnerabilität bei ihren Adressat*innen wissen, einige erahnen und die meisten nicht kennen.

Gestaltpädagogik beruht auf einer professionellen Haltung, die Vulnerabilität nicht als Besonderheit besonders „vulnerabler Zielgruppen" betrachtet, sondern als grundsätzliche Wesenseigenschaft des Menschen. In der Erziehungswissenschaft ist das Thema Vulnerabilität erst allmählich zum Thema geworden (vgl. Burghardt et al. 2017). Die Rezeption des Vulnerabilitätskonzepts steht interessanterweise in keinem zahlenmäßigen Verhältnis zur Dauerpräsenz des Schlagwortes „Resilienz". Ehr und Link (2016) haben gestaltpädagogisch an der Thematisierung von Resilienz sehr richtig kritisiert, dass auf diese Weise allein den Subjekten die Verantwortung für ihre eigene psychische Widerstandskraft zugeschoben wird, wodurch gesellschaftliche Rahmenbedingungen ausgeklammert werden im Sinne einer neoliberalen Ideologie der Selbstoptimierung (ebd.). In der Tat scheint es auf den ersten Blick, als wären Vulnerabilität und Resilienz Gegenbegriffe, als wäre Resilienz eine Lösung für Vulnerabilität. Das wäre aber eine sehr verkürzte Sichtweise. Die Idee trainierbarer Resilienz ist ein falsches Versprechen, so tröstlich und richtig es sein mag, dass Menschen Widerstandskräfte besitzen. Das theoretische Konzept der Resilienz ist, wissenschaftlich besehen, zudem kein Fähigkeitskonzept, sondern letztlich nur ein empirisches Konzept (vgl. kritisch zum Resilienzbegriff Stamm & Halberkann 2015): der Beweis der Nicht-Determiniertheit menschlicher Entwicklung durch negative Lebenserfahrungen.

Sorgende Präsenz

Monika Jäckle (2023) formuliert mit ihrem Konzept „Sorgende Präsenz" gestaltpädagogische Prinzipien zur Umsetzung einer anerkennenden, vulnerabilitätssensiblen und gleichzeitig gesellschaftskritischen Pädagogik. Sie zeigt, dass Resonanz in diesem Zusammenhang ein wichtiger Aspekt ist, dass aber erst ein stabiler, sicherer Rahmen ermöglicht, Resonanzen auszuhalten, die entstehen, wenn sich die Beteiligten tatsächlich aufeinander einlassen. Jäckle verortet Sorge innerhalb gesellschaftlicher Dimensionen. Ähnlich wie das Geben und Verwehren von Anerkennung Ausdruck sozialer Machtverhältnisse ist, so ist auch Vulnerabilität sehr viel mehr als eine individuelle Disposition. „Vulnerabilität" meint die existenziell grundsätzliche Verletzbarkeit des Menschen an sich, „Vulneration" die vollzogene Verletzung (a. a. O., 219 ff.), die sich stets „in der Relation zwischen Ich und Anderem in gesellschaftlichen Zusammenhängen einer soziosymbolischen Ordnung, einer Vulnerabilitätsordnung" vollzieht (a. a. O., 221). Vulnerabilitätserfahrungen sind spezifische Erfahrungen mit Kontaktgrenzen (a. a. O., 221 f.), Erfahrungen mit Macht und Gewalt, die in gesellschaftlichen Verhältnissen gründen (vgl. ebd.). Jäckle sieht die Pädagogik herausgefordert, angesichts existenzieller Fragen besser mit einem „Lassen" statt mit einem „Machen und Verfügen" zu antworten (vgl. a. a. O., 224 f.). Die Haltung der „Sorgenden Präsenz" kennzeichnet Jäckle (a. a. O., 226 f.), in Rekurs auf die Phänomenologie von Hermann Schmitz, durch drei Aspekte:

1. „Prinzip der existenziellen Anerkennung“ als existenzieller Aspekt des Lernens: ein anerkennendes Sehen von Verletzungen, getragen von der Idee des Supports (Lore Perls), in einer Balance von Betroffensein und Stärkung.
2. „Prinzip der leiblichen Vergegenwärtigung“ als leiblicher Aspekt des Lernens: ein Ergriffensein in relationaler Rückbindung „vom Pol des Entsetzens an den Gegenpol des Staunens“, um im Ergriffensein die Orientierung zu behalten.
3. „Prinzip der dialogischen Gelassenheit“ als bedürfnisorientierter Aspekt des Lernens: ein „bedingungsloses sich Einlassen“, das weder Veranlassen noch Geschehenlassen ist.

Jäckle fasst pädagogisches Handeln mit Prange als ein Zeigen auf (siehe Kapitel 8.1.1). Vulnerabilitätssensibles Handeln ist Da-Sein im Sinne eines Präsenz-Zeigens:

> Pädagogisches Zeigen im Umgang mit verletzten Kindern und Jugendlichen ist in erster Linie kein Behandeln oder Machen, sondern mehr ein Sehen und ein Wahrnehmen geteilter Atmosphäre mit einer je individuellen affektiven Antworthaltung: ein Da-Sein im Mit-Sein. Denn junge verletzte Menschen brauchen ein dialogisches Gegenüber, das sich vor gewaltsamen Eindrücken, verwirrenden Atmosphären und ambivalenten Beziehungen nicht erschrickt oder sich darin verliert, sondern der entsprechenden Resonanzflut als haltgebendes, bejahendes und orientierendes Gegenüber standhält und Zeit und Raum bietet für individuell bedeutsame, leibhafte Sinnbezüge. (Jäckle 2023, 227)

Was Jäckle hier entwirft, ist eine pädagogische Haltung, die mit der in pädagogischen Einrichtungen faktisch gegebenen Anwesenheit von seelisch verletzten Kindern, Jugendlichen und Erwachsenen Schritt halten kann (auch beispielsweise in Schulen), ohne dass dadurch Pädagogik zur Therapie würde. Das pädagogische Angebot ist ein anderes als das therapeutische. Es geht hier schlichtweg darum, einen pädagogischen Umgang damit zu finden, dass in jeder Schulklasse Kinder und Jugendliche anwesend sind, die seelisch tief verletzt sind, die aufgrund von Gewalterfahrungen aller Art betroffen sind – von ganzen Klassen, in denen sich all dies aufsummiert, gar nicht zu sprechen. Das Gesagte trifft natürlich nicht nur für Schulen zu, sondern für sämtliche Bildungseinrichtungen. Erst recht trifft es für alle heil- und sozialpädagogischen Einrichtungen zu, und zwar nicht nur für jene, die ein entsprechendes Label tragen (z. B. „heilpädagogisch“).

Pädagogische Atmosphären

In der Gesamtschau der deutschsprachigen gestaltpädagogischen Literatur (Schübel 2019, Schübel 2020) erweisen sich Bedeutsamkeit, Dialog und Gesellschaftskritik (Machtkritik) als diejenigen drei Aspekte, um die es in der Gestaltpädagogik vor allem geht. Diese finden sich in den gesellschaftskritisch verstandenen Prinzipien der Sorgenden Präsenz bei Jäckle (2023) wieder: existenzielle Anerkennung, leibliche Vergegenwärtigung und dialogische Gelassenheit. In Formulierung einer handlungsfeldübergreifen Haltung formuliert Jäckle einen pädagogischen Beziehungsrahmen, der stimmigen Kontakt und Begegnungsmomente auch unter schwierigen Bedingungen ermöglicht. Mit der Idee der Sorgenden Präsenz ist die Idee verbunden, für jede pädagogische Situation einen sicheren Rahmen zu schaffen, der Belastungen standhält. Es geht in der Pädagogik nicht um therapeutisches Handeln, aber es geht darum zu berücksichtigen, dass bedeutsames Lernen eine Kontakterfahrung ist. In die Kontakterfahrungen fließen die Lebensgeschichten (auch die traumatischen Erlebnisse) der Anwesenden mit ein. Dadurch können sehr dichte *pädagogische Atmosphären* (im Sinne von Bollnow 2001 [1968]) entstehen, die im Feld ihre konkrete (und manchmal auch verunsichernde) Wirkung entfalten.

Welche Atmosphäre entsteht beispielsweise in einer Schulklasse mit vielen Kindern, die aus Kriegsgebieten geflüchtet sind? Oder mit Jugendlichen, die tagtäglich Ausgrenzungserfahrungen erleben? Welche Atmosphäre entsteht durch Verletzung, Ängste, Ohnmacht, Wut, die als affektive Schwingungen im Raum sind? Wie damit umgehen? In jedem Fall braucht es eine Pädagogik, die Konzepte für feinfühlige Vorgehensweisen hat. Ein zentrales pädagogisches Konzept aus der Sozialen Arbeit besteht darin, dass in pädagogischen Einrichtungen ein Milieu geschaffen werden muss, das gut ist für die Seele, ein pädagogisch-therapeutisches Milieu (vgl. Gahleitner 2020). Es geht um ein Klima, das in jedem Fall weitere Verletzungen verhindert, den bestehenden Verletzungen etwas entgegenzuhalten hat, und das im besten Fall sogar heilsam wirkt (weil positive Erfahrungen alten Wunden gut tun). Da sein dürfen, auch mit alten Wunden und keine neue Wunde zugefügt bekommen: das ist im Kern das, was ein (gestalt)pädagogisch-therapeutisches Milieu ausmacht. Dazu ist es nicht nötig, therapeutisch zu handeln, allerdings stellt ein solches Handeln durchaus eine pädagogische Herausforderung dar. Die Zumutung besteht jedoch ohnehin und ein Ignorieren trägt nur dazu bei, dass das, was sowieso da ist und wirkt, sich in destruktiven Dynamiken und Eskalationen verselbstständigt. Diese Dynamiken werden manchmal umso chaotischer, je weniger sie beachtet werden, bis an irgendeiner Stelle etwas passiert, was alle Beteiligten zum Reagieren *zwingt* (vom Suizid bis zum Amoklauf, von Mobbing bis zu rassistischen Übergriffen). Wenn Pädagog*innen sich trauen hinzusehen, haben sie eine Chance zu handeln. Auch die Gestaltpädagogik hat dafür keine Rezepte, aber sie macht Mut sich umzusehen, welche pädagogischen Möglichkeiten es gibt, um etwa mit Eskalationsspiralen beziehungsorientiert umzugehen. Die Grundlagen hierfür sind: Anerkennung, Dialog, Kontakt. Diese Aspekte spielen stets eine zentrale Rolle in der pädagogischen Arbeit. Je vulnerabler Kinder, Jugendliche und Erwachsene sind, umso wichtiger werden sie. Erst recht trifft das zu, wenn Menschen bereits massiv seelisch verletzt worden sind und an einer Traumafolgestörung leiden. Dann kann sich Gestaltpädagogik in besonderer Weise als eine vulnerabilitätssensible Pädagogik beweisen. Ich widme daher der Traumapädagogik einen eigenen Abschnitt.

8.5.2 Gestaltpädagogik und Traumapädagogik

Gestalttherapie und Gestaltpädagogik haben eine sehr lange Tradition in der Arbeit mit traumatisierten Menschen (Butollo & Karl 2012, 27, vgl. ähnlich Hartmann-Kottek 2011, 162, vgl. auch den Sammelband von Anger & Schulthess 2008). Die allgemeine Traumapädagogik ist maßgeblich durch den Gestaltansatz beeinflusst (Hehmsoth 2020, 21). Aus gestalttherapeutischer Perspektive ist ein Trauma[52] eine Blockade des Kontaktzyklus (Maragkos et a. 2006). Bei traumatisierten Menschen ist das Figur-Hintergrundgefüge „gesprengt". Ihr innerer Fokus liegt auf dem Erlebten, sodass sie im Hier und Jetzt nicht richtig in Kontakt kommen können, keine wirklichen Kontakterfahrungen machen können (vgl. ebd.). Der Gestaltansatz kann hier einen Beitrag leisten, Menschen wieder mit sich und anderen durch eine dialogisches Beziehung in Kontakt zu bringen.

Traumatherapie

Eine *Traumafolgestörung* im klinischen Sinne kann eintreten nach einem seelisch in höchstem Maße überfordernden Erlebnis oder kumulativ nach vielen wiederkehrenden Erlebnissen, ausgelöst durch Menschen (z. B. Gewalt, Missbrauch) oder äußere Ereignisse (z. B. Unfall, Krieg). Ein Trauma in diesem Sinne ist die Erschütterung des Selbst-Welt-Verhältnisses, ein „Verlust des Selbst, Verlust des Anderen" im Sinne einer „doppelte[n] Zerstörung von Nähe und Ferne" (Küchenhoff 2004), Selbst- und Weltverlust (vgl. „Philipp sucht sein Ich", Weiß 2021). Der Gestaltansatz vermag therapeutisch wie pädagogisch in besonderer Weise das anzubieten, was traumatisierte Menschen vor allem brauchen: Halt. Willi Butollo hat mit der „Dialogischen Traumatherapie" einen Ansatz entwickelt, der verhaltens- und gestalttherapeutische Herangehensweise verknüpft, zentral jedoch auf der Gestalttherapie basiert (Butollo 2014). Die Wirksamkeit des Ansatzes kann als empirisch belegt gelten, Butollo schreibt einen Großteil der Wirkung klar dem gestalttherapeutischen Fundament des Therapieansatzes zu (a. a. O., 286 ff.). Für den traumatherapeutischen Kontext brauche es allerdings eine noch strukturier-

52 Ich beziehe mich im Folgenden ausschließlich auf Traumafolgestörungen im Sinne klinischer Kriterien in Abgrenzung zum manchmal etwas inflationär und diffusen Gebrauch von „Trauma" als Synonym für jedwede Form seelischer Belastung. Es sei hier zudem daran erinnert, dass ein Ereignis an sich noch kein Trauma darstellt, sondern erst dessen seelische Nicht-Bewältigung.

tere Vorgehensweise (Butollo & Karl 2012, 28, vgl. auch Rosner & Henkel 2010). Diese Einschätzung trifft sich mit neueren Entwicklungen in der Gestalttherapie. Dort wird immer häufiger betont, dass speziell für den klinisch orientierten Bereich neben der Prozessorientierung ein stärker diagnoseorientiertes (jedoch nicht individuell-pathologisierendes) Herangehen nötig ist (Roubal et al. 2016).

Die dialogische Arbeit stellt den gestalttherapeutischen Kern der Dialogischen Traumatherapie dar (vgl. Butollo & Karl 2012, 27 ff.). Es geht um die Wiedererlangung der Kontaktfähigkeit. Butollo (2014, 283) spricht von deren „Entstellung" im Zuge einer Traumafolgestörung. Der erste Schritt im traumatherapeutischen Vorgehen (zu den einzelnen Phasen vgl. Butollo & Karl 2012) ist die Wiedererlangung der subjektiven Sicherheit (Butollo 2014, 283). Die Wiedererlangung von Sicherheit und Halt steht im Vordergrund der Arbeit mit traumatisierten Menschen. In den Übungen, die Butollo & Karl (2012) am Schluss ihres Manuals darstellen, finden sich unter anderen Übungen aus der Gestalttherapie zur Förderung von Gewahrsein und zur Wiedererlangung von Erdung im Sinne von Bodenhaftung, Orientierung, Halt. Darin spiegelt sich genau das wider, was traumatisierte Menschen brauchen: die Verbindung mit sich und der Welt, mit dem sprichwörtlichen Boden, den es ihnen unter den Füßen brutal weggezogen hat. Nicht umsonst ist der „sichere Ort" das zentrale Konzept der Traumapädagogik, denn es geht um Schutz und Sicherheit als Voraussetzung für die Wiedererlangung der Selbstbemächtigung (Weiß 2021). Vor allem bei durch Menschen verursachten Traumatisierungen (Gewalt, Missbrauch) ist die Sicherheit der Beziehungen am pädagogischen Ort, allen voran der pädagogischen Beziehungen, von entscheidender Bedeutung. Darin genau besteht die Stärke des Gestaltansatzes: Wiedererlangung des Selbst, unterstützt durch einen verlässlichen dialogischen Beziehungsrahmen, der stimmigen Kontakt mit sich selbst und der Welt ermöglicht.

Traumapädagogik

In der Arbeit mit traumatisierten Menschen ist die Zusammenarbeit zwischen Traumatherapie und Traumapädagogik besonders wichtig (Weiß 2021, 14). Zum einen geht es dabei um eine klare Zuständigkeitsteilung zwischen Pädagogik und Therapie, andererseits integriert Traumapädagogik therapeutisches Know-how (Weiß 2021, 197 ff.). Eine fundierte traumaspezifische Qualifizierung, auch zum eigenen Schutz, ist eine wichtige Voraussetzung, um spezifisch traumapädagogisch arbeiten zu können. Gleichzeitig haben alle Pädagog*innen immer wieder mit traumatisierten Kindern, Jugendlichen und Erwachsenen zu tun, auch ohne Vorliegen eines spezifischen traumapädagogischen Handlungsauftrags (vgl. etwa zu Trauma und Schule Jäckle et al. 2017, Hehmsoth 2020). Der Vorzug der Gestaltpädagogik besteht darin, dass sie generell vieles von dem bietet, was traumatisierte Menschen, das heißt: in höchstem Maße seelisch verletzte Menschen, dringend brauchen. So mag Gestaltpädagogik zwar noch keine Traumapädagogik sein (zu Gemeinsamkeiten und Unterschieden vgl. Baulig 2023), doch in jedem Fall ist sie eine ideale Basis, um mit den betreffenden Menschen vulnerabilitätssensibel umzugehen. Gestaltpädagogik und Traumapädagogik teilen ihre Sichtweise auf das Kind und ihr Vorgehen als ein „Sich-Einjustieren" (a. a. O., 236) auf das Kind in einem Ausgleich von Nähe und Distanz; sie respektieren die Schutzbedürftigkeit und versuchen sich an behutsamer Stärkung (vgl. ebd.). Und sie teilen einen grundsätzlichen Optimismus (a. a. O., 237). Dabei kommt nicht nur der feinfühlige Aspekt der Gestaltpädagogik zum Tragen, sondern auch deren Halt gebender dialogischer Beziehungsrahmen. Ein essenzieller Punkt in der pädagogischen Arbeit mit traumatisierten Menschen ist es, eine Re-Traumatisierung der Betroffenen zu vermeiden. Baulig (2023, 235) hebt hervor, dass es wichtig sei, die Affektdosierungs- und Steuerungsschwäche traumatisierter Kinder zu beachten. Daher sei es wichtig, ihr Erleben ohne Dominanzhaltung zu dosieren, um Selbstorientierung- und -distanzierung zu fördern (ebd.). Erst dann sei im zweiten Schritt „elementare Beziehungsarbeit mit dosierter Nähe anzubahnen" (ebd.). In der traumapädagogischen Arbeit ist es wichtig, der erlebten Ohnmacht Möglichkeiten zur Selbst-Wiederaneignung entgegenzuhalten.

> Es ist wichtig, die Kraft des Lernens zu nutzen, um statt des festgefügten Vergangenen die Gestaltbarkeit von Zukunft zu erfahren. Kompetenz, Selbstwirksamkeit, Zielorientierung stellen Chancen der Selbstbemächtigung dar, im eigenen Leben wieder selbstbestimmte Dynamik zu erfahren und zu entfalten, um der Ohnmacht der Traumatisierung die Macht der Selbstwirksamkeit gegenüberzustellen. (Baulig 2023, 235)

Auf mögliche Re-Inszenierungen der traumatischen Situation in der pädagogischen Situation ist zu achten, auch als Eigenschutz und als Schutz der anderen zum Beispiel in einer Schulklasse oder in einer Wohngruppe. Angesichts des häufigen Vorkommens von Traumafolgestörungen in allen pädagogischen Handlungsfeldern braucht es mehr Fremd-Support für die Fachkräfte (Supervision, Fortbildung) als Ressourcen für deren Selbst-Support, damit Pädagog*innen selbst Halt finden können, auch und gerade wenn sie es mit Menschen zu tun haben, die für eine Zeitlang ihres Lebens den Halt verloren haben. Nicht zuletzt braucht es dazu in den pädagogischen Institutionen Halt gebende Strukturen (vgl. für eine haltgebende „Schulgemeinschaft" Becker 2016). Dann kann Gestaltpädagogik einen wesentlichen Beitrag leisten, um eine Chronifizierung des Traumatischen bei den Betroffenen sowie Sekundär-Traumatisierungen bei den Umstehenden zu verhindern.

Anhand pädagogischer Aspekte im Handlungsfeld Soziale Arbeit lassen sich wichtige Aspekte pädagogisch-therapeutischen Handelns abschließend noch einmal veranschaulichen.

8.5.3 Praxisbeispiel Soziale Arbeit

Klinische Diagnosen sind Teil der Lebenswelt von Adressat*innen. Die Herausforderung in der Sozialen Arbeit besteht darin, Phänomene, die als „klinisch“ gelten, mit einer *professionseigenen* Deutung zu belegen und Lebensbewältigung auch unter erschwerten Bedingungen in Multiproblemlagen zu ermöglichen. Mittels (nicht nur, aber auch) pädagogischer Herangehensweisen will Soziale Arbeit in diesem Zusammenhang heilsame Prozesse unterstützen. Klaus Walter (2015) beschreibt sehr persönlich, wie er zu einer gestaltorientierten Sichtweise auf die Jugendarbeit kam:

Als ich Arno das erste Mal sah, war er 15 Jahre alt. Damals trug er ausschließlich schwarze Kleidung und am liebsten lange Lederhosen. Seine Jacken und Hosen waren mit silbernen Ketten behängt und seine Haare pflegte er aufwändig, machte sie mit irgendeinem Mittel steif, sodass sie sich wie ein Hahnenkamm aufrichten ließen. Er war nicht der erste „Punk“, dem ich begegnete, aber ich hatte vorher keinen so intensiven Kontakt zu jungen Menschen mit einem solchen Äußeren und solchem Auftreten gesucht. Arnos Verhalten und seine ganze Selbstdarstellung wirkten auf mich so, dass ich mich abgelehnt und provoziert fühlte, und ich habe ihm gegenüber diese ablehnenden Gefühle erwidert, freilich ohne dass ich mir dessen anfangs bewusst war. Dabei war sein Verhalten bei seinen früheren Erlebnissen aus seiner Lebensgeschichte völlig verständlich. Er war in das Jungenheim, in dem ich als Psychologe arbeitete, aufgenommen worden, weil er in seinem Elternhaus nicht mehr zurechtkam. Sein Vater war, wie er mir später erzählte, aggressiv und streng. Arno bezeichnete ihn als „alten Nazi“. Der Vater hatte ihn häufig und auch sinnlos verprügelt und Arno hatte den Eindruck entwickelt, ihm würde „alles“ verboten. Er hatte aber nicht kapituliert, sondern sich selbst eine abweisende und aggressive Haltung zugelegt, mit der er jetzt seinerseits seine Umwelt traktierte. Sätze, wie: „Willst du mich anmachen?“, „Ihr macht mich nicht platt“ oder „Verpisst euch, ich komme alleine klar“, waren seine Standards, die er auch mir gegenüber gebrauchte. Er benutzte sie, egal ob sie gerade auf die Situation passten oder nicht.

Arnos Haltung hat mich damals verärgert. Ich war der Meinung, gute Absichten mit ihm zu haben, wollte ihm helfen und er lehnte mich einfach ab. Ich habe diese Ablehnung zwar von anderen Jugendlichen später noch häufig erfahren, aber bei Arno war sie für mich neu, traf mich unvorbereitet und verletzte mich. Nach meiner damaligen Auffassung war ich doch ein „guter“ Psychologe, weil ich meinen Ärger zurückhielt – mühsam, wie ich mich heute erinnere. Aber meine Versuche, mit Arno umzugehen, waren verkrampft. Wenn er wütend war, wurde ich äußerlich freundlich, was ihn noch mehr „auf die Palme brachte“, denn ich vermittelte den Eindruck, nicht erreichbar zu sein. So steigerten wir uns gegenseitig, er sich in Wut und ich mich in angespannte Freundlichkeit, hinter der ich meine eigene zunehmende Wut verbarg.

Irgendwann habe ich es dann nicht mehr geschafft. Meine ganzen Anstrengungen waren umsonst und ich konnte meinen aufgestauten Ärger nicht mehr halten. Wir brüllten uns beide an: „Scheiß-Psycho“, „Rotzlöffel“, „Pisser“, „Halt den Mund“ … Wir waren nicht sehr wählerisch. Arno reichte es zuerst, er ging einfach. Aber er kam wieder. Wir hatten regelmäßige Treffen vereinbart und er blieb nicht fort. So gab er mir die Chance, mir klarer darüber zu werden, was der Hintergrund für unsere, seine und meine Verhalten[sweisen] war. Warum ich bei ihm über lange Zeit so erfolglos war, keinen Kontakt zu ihm bekam. In einem späteren Gespräch vertraute er mir an: „Als wir uns angemacht haben, Psycho, da fand ich dich stark". (Walter 2015, 11 f.)[53]

Der Autor beschreibt, wie ihn die Arbeit mit Arno wesentlich dazu gebracht hat, sich für den Gestaltansatz zu interessieren. Er habe durch Arno viel über sich selbst gelernt, vor allem darüber, wie er seine eigenen Gefühle nicht wahrnehmen wollte (a. a. O., 12): „Ich hatte mich für ihn verschlossen, ohne mir dessen bewusst zu sein. Meine Haltung war darum verkrampft, war mir dabei sicherlich ins Gesicht geschrieben, in meiner Mimik und Gestik erkennbar. Und so war für Arno meine Freundlichkeit ein Betrug, der seinen negativen Erwartungen gegenüber Erwachsenen entsprach" (ebd.). Diese berührenden Sätze zeigen, worauf es ankommt, und auch, was die professionelle Zumutung (nicht nur) in der Sozialen Arbeit ist: aushalten, was ist. Und dazu gehören vor allem die eigenen Gefühle. Soziale Arbeit besteht immer auch im Angebot, sich den heftigen Gefühlen der Klient*innen als ein Gegenüber anzubieten, und nicht vor den eigenen Gefühlen zurückzuschrecken, sie nicht abzuwerten oder zu bekämpfen. Was für eine Herausforderung. Es geht darum, die Lebenswelt der Klient*innen anzunehmen, mag sie uns auch noch so fremd erscheinen wie im folgenden Beispiel (einem transkribierten Interview) von Achim Schachameier (2023).

Stellen wir uns einen Klienten vor, der Herr Kunder heißt. Er leidet schon seit vielen Jahren unter einer psychischen Krankheit. Er hat immer wieder psychotische Phasen, in denen er Wahngedanken entwickelt. Er hört dann Stimmen, die ihm Befehle geben, und er vermutet, dass seine Gedanken abgehört werden. Die Krankheitssymptome beeinträchtigen sein Leben trotz medikamentöser Behandlung so stark, dass er seinen Beruf nicht mehr ausüben und den Lebensalltag nicht mehr ohne professionelle Hilfe verrichten kann. Deswegen hat er sich entschieden, in eine stationäre Einrichtung für Menschen mit psychischen Erkrankungen zu gehen. Dort lebt er nun schon seit einigen Monaten. Ein Sozialarbeiter, Herr Tauber, ist sein Ansprechpartner. Herr Kunder sucht Herrn Tauber auf, da er Stimmen hört, die ihm befehlen, nach Hamburg zu fahren. Außerdem denkt er, dass der Geheimdienst hinter ihm her ist.

K: Also (...) ähm, ich höre Stimmen, die befehlen mir, ich muss in Hamburg, was klären, weil – ähm, ich weiß auch nicht, ob die nicht hier [zeigt auf seine Schläfen und schaut sich um] was in meinen Kopf rein senden. So. Und ich – ähm, und hier, ich bin mir auch nicht sicher, ob hier nicht irgendwelche Kameras oder Sender oder irgendwas hier drin ist.

T: Ah, okay. Also (...) ähm. Sie glauben, Sie werden abgehört? Von wem denn? Oder (...) können Sie das noch 'n bissl beschreiben? Wer das sagt, diese Stimmen?

K: [ich weiß nicht, wer das ist, ob das] Geheimdienst ist oder wer das ist, das weiß ich nicht, aber ich krieg das ja mit, dass das (–) dass das so (–) Ja und ich muss da (...) und da kom-

53 Mit freundlicher Genehmigung des disserta-Verlags.

men dann auch die Stimmen, dass ich in Hamburg kann ich das vielleicht herausrausfinden. Ich glaub die sitzen in Hamburg.
T: Ja (...) Was ich auf jeden Fall mitbekomme ist, Sie scheinen sehr unter Druck zu stehen.
K: Ja-ja. Das ist ja unsicher hier. Das ist ja auch anstrengend.
T: Das ist anstrengend, Sie haben den Eindruck, Sie müssen hier schnell weg.
K: Ja. Das is (...) äh (...) ich weiß auch nicht, ob ich das dann noch lange aushalte mit den (...) mit den Stimmen, so. [zeigt kreisend auf seinen Kopf]
T: Ja. Das (...) also das macht Ihnen auch Angst?
K: Ja-ja! Ja! (–) Kann ich (...) ich weiß ja gar nicht, was ich hier sagen kann. Weiß ja auch gar nicht, ob Sie nicht vielleicht auch (...) dazugehören, zu denen.
T: Ah, okay. Also da ist ein Misstrauen mir gegenüber da? Sie befürchten, ich könnte da dazugehören?
(–)
K: Ich weiß es ja nicht! Kann ja sein.
T: Mhm. Es könnte sein, denken Sie. [Ja] Also ich kann Ihnen versichern, ich gehör da nicht dazu, ja? ich bin hier Sozialarbeiter, ihr Gruppenleiter. Mir liegt daran, Ihnen zu helfen. (–) Sie zu unterstützen. Das ist, was ich da sagen kann. Und gleichzeitig, ähm, verstehe ich natürlich oder, äh, höre ich und akzeptiere, dass Sie da misstrauisch sind.
(–)
K: Ja.
(–)
T: Wie ist das, wenn ich das jetzt Ihnen so sage?
K: Ja, das ist schon mal gut (–) so, das ist schon mal gut. Irgendwie, da (–) irgendwie wird's gerade ein bisschen ruhiger.
T: Aha?
K: Auch wenn ich natürlich nicht Hundertprozent weiß, 'ne. Aber ist irgendwie gerade (...) es war jetzt (–) also Sie fühlen sich hier gerade sicher, oder? Sie haben da nicht das Gefühl, dass es hier irgendwas gibt?
T: Nein. Also ich arbeite hier schon seit zehn Jahren und ich fühle mich hier sicher und eigentlich auch relativ wohl. Das ist meine Wahrnehmung und ich möchte aber auch deutlich machen, Sie haben gerade 'ne andere Wahrnehmung. (–) Für Sie ist das anders, [ja] und das (...) ist so und das ist auch okay so. (–)
K: [Ja] Ja, aber was soll ich denn dann jetzt machen?
T: Okay, das heißt, Sie sind sich gar nicht mehr so sicher, ob Sie so dringend nach Hamburg fahren wollen?
(–)
K: Ich weiß es nicht, nee, jetzt gerade weiß ich es nicht mehr (...) so richtig genau. (Schachameier 2023, 364 ff.)[54]

Schachameier (2023, 366) hebt an diesem Beispiel die Begegnung auf Augenhöhe hervor, in der der Sozialarbeiter nicht als Problemlöser agiert, sondern mit einer Haltung, „dass sein darf, was ist" (ebd.). Er geht konsequent auf die Beziehungsebene ein, wodurch sich der innere Druck des Klienten verringert, nach Hamburg fahren zu müssen (ebd.). Das Beispiel macht viele Aspekte gestalttherapeutisch-gestaltpädagogischen Vorgehens in der Sozialen Arbeit deutlich. Gut nachvollziehbar ist, dass eine dialogische Herangehensweise das Gegenüber anerkennt in seinem So-Sein. Der Klient aus dem Beispiel wird auf diese Weise von einem „Psychotiker" zu einem Menschen, zu einem Gegenüber, der unter Druck steht. Im Sinne einer gestaltorientierten klinischen Sozialarbeit ist hier meines Erachtens sehr gut zu sehen, worauf es ankommt: Perspektivenübernahme als Voraussetzung für eine dialogisch-anerkennende Rahmung der Beziehung.

9 Gestaltpädagogik und Gesellschaft: Verantwortung für pädagogische Rahmenbedingungen

Kontakt- und Begegnungsmomente brauchen haltgebende äußere Rahmenbedingungen. Gestaltpädagogik war daher schon immer ein pädagogischer Ansatz mit einem kritischen Blick auf die gesellschaftlich-politischen Rahmenbedingungen, unter denen Pädagogik in Institutionen konkret stattfindet. Es gibt noch viel zu tun, um das „Lernziel: Menschlichkeit" (Burow & Scherpp 1981) zu verwirklichen, und zwar nicht nur in den konkreten pädagogischen Situationen, sondern auch auf der Ebene von Bildungspolitik und Bildungsinstitutionen. Im Folgenden geht es zunächst um die Bildungs- und Gesellschaftskritik der Gestaltpädagogik. Weil Pädagogik aus Gründen ethischer Verantwortbarkeit immer auch eine Kritik ihrer selbst sein muss, ist entsprechend auch die Gestaltpädagogik kritisch unter die Lupe zu nehmen (9.1). Pädagogik als Kritik pädagogischer Verhältnisse zu verstehen, schärft den Blick für die Grenzen der (Gestalt-)Pädagogik. Denn nicht alles, was pädagogisch sinnvoll wäre, ist unter allen Bedingungen möglich. Eine Gesellschaft, die mehr Gestaltpädagogik will, muss pädagogische Handlungsfelder strukturell und institutionell ausreichend unterstützen (9.2).

9.1 Kritische Gestaltpädagogik – Kritik der Gestaltpädagogik

Die Entstehung der Gestaltpädagogik war immer auch bildungs- und gesellschaftskritisch motiviert. Bereits Fritz Perls sah in der Gestalttherapie mehr als Psychotherapie, nämlich einen gesellschaftspolitischen Beitrag zur „Wiederbelebung des Selbst" (Perls et al. 2019 [1951], 33). Perls habe „die Verdinglichung des Menschen der Gesellschaft sein Leben lang angegriffen", so Petzold (1980, 13). Paul Goodman übertrug das kritische Denken der Gestalttherapie auf das Bildungssystem. Goodman war ein leidenschaftlicher Gegner staatlicher Schulpflicht („Das Verhängnis der Schule", Goodman 1975 [1964], vgl. Blankertz 2019). Wer Gesellschaft verändern will, muss Schule verändern, so Paul Goodman. Sein Hauptargument gegen das staatliche Schulwesen war, dass die Jugendlichen in ihrer Freiheit eingeschränkt würden („Growing up absurd", Goodman 1956). Darum ging es Paul Goodman: Freiheit (vgl. Blankertz 1990, 18, Blankertz 2019, Blankertz 2023). Erziehung bei Goodman ist angewandte Anarchie (Holowchak 2010).

Der Literaturwissenschaftler Goodman war in erster Linie als Publizist und Schriftsteller tätig. Er war kein Pädagoge, war lediglich in jungen Jahren ein Jahr als Internatslehrer tätig. Später lehrte er gelegentlich an Universitäten, wohl aufgrund seiner regelrecht ikonenhaften Berühmtheit als populäres Gesicht anarchistischer Gesellschaftstheorie (Goodman 1978 [1962], vgl. Honeywell 2011) und provozierender Äußerungen zur Stellung der Jugend in der Gesellschaft (vgl. Hentoff et al. 1972, vgl. zu seiner Bedeutung für die „Studentenbewegung" die persönliche Note von Flacks 2010). Goodman formulierte, in Rekurs auf die Gestalttherapie, allgemeine pädagogische Prinzipien wie beispielsweise Spontaneität, Freiwilligkeit und Erfahrungsorientierung als wünschenswerte schulische Prinzipien (vgl. Holowchak 2010). Das Kontaktkonzept taucht in seinen Schriften nicht auf, diese bleiben überdies ohne Bezug zur konkreten pädagogischen Praxis (Burow 1993, 79). Goodman äußerte sich eher recht allgemein zur Bedeutung der Verfahren der Gestalttherapie für die Schulpädagogik (ebd.).

Selbstkritik der Gestaltpädagogik

Ein pädagogisches Handlungskonzept hat Goodman nicht formulieren wollen, er glaubte an selbst organisierte Lernprozesse, für die neben dem gesellschaftlichen Rahmen vor allem der „pädagogische Eros" der Garant sein sollte (ein klassisches pädagogisches Konzept, das Goodman grob missverstanden hat, was ihn erziehungswissenschaftlich nachhaltig diskreditiert).[55] Paul Goodman

---

55 Goodmans Vorstellungen über sexuelle Aspekte pädagogischer Beziehungen müssen nicht nur aus heutiger Sichtweise verstören. Es wäre absurd, in so jemanden den Begründer der Gestaltpädagogik sehen zu wollen. Für mich ist er das definitiv nicht. Goodman darf aus heutiger Sicht als Person und in seinem Werk erziehungswissenschaftlich als schwierig gelten. Sein Verständnis von Anarchismus taugt – erziehungswissenschaftlich – nicht als Begründung eines pädagogischen Handlungsleitbilds, wie Jürgen Oelkers (2012) anlässlich einer Tagung zur erziehungswissenschaftlichen Reflexion des Missbrauchsskandals an der Odenwaldschule ausführlich gezeigt hat. Goodman sei „verantwortlich für eine Entgrenzung des Diskurses über Sexualität und Erziehung" (Oelkers 2012, 1). Wenn Goodman etwa in seiner Schrift „Anarchistisches Manifest" aus dem Jahre 1962 leidenschaftlich die Rückkehr zur – was immer er darunter versteht – „natürlichen" Gesellschaftsordnung fordert, dann bemüht er einen Topos, der ihm an anderer Stelle dazu dienen kann, unter Freiheit der Jugend zentral freie sexuelle Kontakte zwischen Teenagern mit Erwachsenen zu verstehen (vgl. Oelkers 2012, 11 f.). Unabhängig von etwaigen persönlichen, übergriffigen Handlungen des jungen Goodmans als College-Dozent (vgl. Widmer 1980, 14) ist es eine zweite, ganz andere Frage, ob er durch seine Äußerungen als eine Art geistiger Brandstifter betrachtet werden muss, der zum Beispiel den Leiter der Odenwaldschule in den 1970er Jahren das „fachliche" Placet, sprich: die Ausrede, für seine sexuellen Übergriffe auf Schüler lieferte (vgl. Oelkers 2012). Dass die nur vorgeblich gut klingende Absicht, Statusunterschiede zwischen Erwachsenen und Jugendlichen (angeblich!) aufzuheben (leider auch körperlich), Machtmissbrauch erleichtert, hat der Skandal um die Odenwaldschule tragisch gezeigt (vgl. ebd.). Goodmans Auslassungen mögen mit den Wirrungen der sogenannten sexuellen Befreiung in den 1960er Jahren erklärbar sein, hinnehmbar sind sie nicht. Im Sinne einer pädagogischen Ethik geraten Goodmans pädagogische Ideen als Grundlage einer praktischen – denn das heißt: (berufs)ethisch begründeten – Gestaltpädagogik ins Abseits. Goodmans Ge-

ist erziehungswissenschaftlich meines Erachtens vor allem darin zu kritisieren, dass er sich den unhintergehbaren Ambivalenzen des pädagogischen Auftrags und des pädagogischen Handelns, auch in seiner eigenen Person, nicht gestellt hat. Er war Anarchist, kein Pädagoge. Unbeantwortet bleibt bei ihm die Frage nach der persönlichen Verantwortbarkeit pädagogischen Handelns sowie nach der pädagogischen Verantwortung des Gemeinwesens. Jörg Bürmann (1992) kritisiert Paul Goodmans anarchische Ideen des gemeinsamen Lernens (zur „community of scholars" bei Goodman vgl. Stoehr 1994, 257), weil hier „Urbilder" des Lernens im Mittelpunkt stünden, bezogen auf eine archaische Gesellschaft mit einem ungeteilten Zusammenhang von Leben, Arbeiten und Lernen (J. Bürmann 1992, 148). In der Tat enthält Paul Goodmans naturalistischer Anarchismus (vgl. Goodman 1978 [1962]) die Vorstellung eines wenig stratifizierten Sozialgebildes, sodass es Spekulation bleiben muss, ob seine Vorstellungen des gemeinsamen Lebens und Lernens in einer solchen Gesellschaft, wenn es sie denn gäbe, funktionieren würden und wünschenswert wären. Diese Frage ist für den Schulbereich schon komplex genug, wird aber noch komplexer mit Blick unter anderen auf sozialpädagogische Handlungsfelder, die nicht nur mit der Idee der Emanzipation, sondern auch mit der Maßgabe von Kompensation und Schutz verknüpft sind. Paul Goodmans Vorstellungen taugen an dieser Stelle nicht als Grundlage einer professionellen Pädagogik. Pädagogische Beziehungen müssen stets rückgebunden werden an erziehungswissenschaftliche Diskussionen um Machtverhältnisse in pädagogischen Institutionen (vgl. z. B. Miller & Oelkers 2014). Wo Macht verleugnet wird, kommt es zu Übergriffigkeit: „Am Anfang steht die Grenzverletzung" (Oelkers 2014, 97). Das wusste in den Anfangstagen der Gestaltpädagogik (noch bevor es diese Bezeichnung überhaupt gab) bereits George Dennison (2006 [1969]), der im Umfeld der frühen Gestalttherapie seine „Streets Schools" gründete. Die Schilderungen dieses frühen Praktikers der Gestaltpädagogik sind auch heute noch die Lektüre wert, weil sie von tiefer Menschlichkeit erfüllt sind.

Notwendigkeit kritischer Gestaltpädagogik

Die Grundsatzkritik am Schul- und Bildungssystem verlor sich in den anti- und reformpädagogischen Diskussionen der 1970er Jahre ein wenig, und erst recht in den neoliberalen Politiken der 1980er Jahre, die eine einseitige Eigenverantwortung propagierten. Stefan Blankertz (2019, 2023) kämpft in diesem Sinne unermüdlich weiter und sieht sich wohl heute in noch gravierender Weise als er dies 1990 (Blankertz 1990, 31) beschrieb von „pädagogischer Provinz" und einem „unkritischen Pragmatismus" bedrängt. Er weist immer wieder darauf hin, wie we-

---

sellschafts- und Bildungskritik mag davon, als Argumentation, unberührt bleiben. Eine Aufarbeitung dieser Problematik im gestalttherapeutischen und gestaltpädagogischen Diskurs steht weiterhin aus.

nig das staatliche Schulwesen in der Lage ist, Bildungsungleichheit abzubauen, und PISA und andere Bildungsstudien geben ihm recht. Seit der „PISA-Debatte" scheint es in der Bildungslandschaft eher eine Rolle rückwärts zu geben statt eine zeitgemäße Pädagogik. Bildung ist mehr als das Verfolgen von Lernzielen mittels Lehrplänen und Modulhandbüchern (vgl. beispielhaft für die vielen Kritiker*innen Thompson 2019).

In der Gestaltpädagogik ging es von Beginn an nicht nur um einen pädagogischen Ansatz, sondern auch um die Reform von Strukturen. So findet sich bereits im Band von Burow und Kaufmann (1991) eine Vielzahl von kritischen Fragen bezüglich Schulstrukturen und Schulentwicklung. Nach Burow beruht Gestaltpädagogik (auf Schule bezogen) auf drei Ebenen (Burow 1988, 12 ff.): „Lehrertraining", „Unterrichtskonzept" und „Organisationsentwicklung". Nach dieser Auffassung kann Gestaltpädagogik als Handlungsansatz nicht unabhängig vom Organisationskontext gedacht werden, in den Lehren und Lernen eingebettet sind. Nach wie vor setzt eine progressive Schulpädagogik Schulentwicklung voraus (Burow 2023). Allerdings ist Schulentwicklung innerhalb des bestehenden Schulsystems etwas anderes als das Vorhaben von Blankertz, Schule neu zu erfinden oder am besten gleich abzuschaffen. Bildungs- und Schulkritik ist schwierig geworden in einer Gesellschaft, die in den letzten fünfzig Jahren nie gekannte Freiheiten ermöglicht hat, die aber den gesellschaftlichen Reform- und Emanzipationsbedarf als eine *selbstverständliche* Daueraufgabe liberaler Gesellschaften nicht wahrhaben will (und sich damit Demokratiemüdigkeit einfängt). Aus einer althergebrachten Gesellschaftskritik mit oftmals zu einseitiger Betonung des Abschaffens ist heute eine Form von Selbstkritik geworden, die mit „Optimierung" eine falsche Zielstellung verfolgt. Statt eindimensionaler Vorstellungen bedarf es heutzutage der Fähigkeit, in einem *Sowohl-als-auch* zu denken. Tschötschel-Gänger (2023) bringt es genau auf den Punkt, wozu Gestaltpädagogik einen zeitgemäßen Beitrag leisten kann und muss: Selbstbemächtigung als Fundament für politische Selbstermächtigung. Das Private hat nur insoweit politisch zu sein, als es zu einem solidarisch funktionierenden Gemeinwesen beiträgt, zu einer „Bildung als Praxis der Freiheit in Verbundenheit" (Dauber 2023). Das fordert von uns allen, miteinander sowohl achtsam umzugehen als auch die im Miteinander stets gegebene Ungewissheit auszuhalten, offen zu sein „für den Fluss sich entfaltender Motive und Handlungsmöglichkeiten aller beteiligten Personen" (a. a. O., 154). Dauber formuliert hier nichts weniger als ein zukunftsfähiges Bildungsideal für das 21. Jahrhundert.

Seit den Tagen Goodmans ist viel passiert. Unter anderen hat sich die Erziehungswissenschaft in einer Weise ausdifferenziert, die es so in den 1960er und 1970er Jahren noch nicht gab. Dutzende von pädagogischen Ansätzen und Reformideen sind zudem seither entstanden. Eine moderne Gestaltpädagogik muss zeitgemäße Fragen stellen und Antworten entwerfen. Als professionelle Pädagogik bedarf sie stets aufs Neue der fachlichen und ethischen Überprüfung. Was ihre Wertebasis anbelangt, findet sie in der philosophischen Idee des Dialogs eine angemessenere Basis als in den politischen Ideen aus den Anfangstagen der Gestalttherapie. Gleichzeitig ist es wichtig, immer wieder daran zu erinnern, dass Gestaltpädagogik immer auch Machtkritik zu sein hat (Blankertz 2023). Der Gestaltansatz muss Gestalt*kritik* sein, so Blankertz (1990). Wer gestaltpädagogische Ideen ernst nimmt, kommt nicht umhin, sich mit den real existierenden Widersprüchen auseinanderzusetzen, die das pädagogische Feld *sui generis* hervorbringt. Ein gesellschafts- und bildungskritischer Umgang mit dem Pädagogischen (und das bedeutet vor allem: ein kritischer Umgang mit Macht- und Zwangsverhältnissen) lenkt den Blick auf die Widersprüche, Ambivalenzen und Unsicherheiten des pädagogischen Auftrags. Gerade weil die Gestaltpädagogik das erkennt, ist sie in der Lage, in ihren Handlungsweisen mit den allgegenwärtigen gesellschaftlichen Ambivalenzen, die auch in pädagogischen Einrichtungen anzutreffen sind, umzugehen, statt sie in Eindeutigkeiten jenseits der Widersprüchlichkeit auflösen zu wollen. Die beste Rahmenbedingung für Gestaltpädagogik wäre eine gesamtgesellschaftliche Kultur der Anerkennung von Vielfalt. Davon sind wir weit entfernt. Pädagogische Einrichtungen (und damit sind auch deren Träger angesprochen) müssen Strukturen und Ressourcen bereitstellen, damit nicht nur Personen, sondern ganze Institutionen eine Haltung der Anerkennung entwickeln können. Angemessene politische und institutionelle Rahmenbedingungen sind wichtige Ressourcen für die Realisierbarkeit eines dialogischen Beziehungsrahmens im pädagogischen Handeln. Sie erleichtern oder stören das, was in pädagogischen Situationen geschieht, und setzen dem, was pädagogisch möglich ist, Grenzen.

9.2 Grenzen des (gestalt)pädagogischen Settings

Die pädagogische Aufgabe braucht Orientierungspunkte, die es ermöglichen, pädagogische Absichten wie die Förderung von Selbstbestimmung und Partizipation kontaktorientiert in konkrete Handlungsweisen umzusetzen. Entsprechende Kriterien gestaltpädagogischer Programmatik könnten fruchtbar in die gesamte Pädagogik hineinwirken. Dialog heißt Machtkritik, nicht Machtverleugnung. Lernen als kritische Reflexion von Machtverhältnissen aufzufassen, ermöglich Kritikfähigkeit vor allem hinsichtlich von Wissensordnungen und Wissensregimes: eine Lernerfahrung, die mich in meiner Integrität sein lässt, als Lernende*r, als Mensch. Wenn aber Gestaltpädagogik gleichzeitig riskiert, ihren Adressat*innen etwas zuzumuten, wie kann sie dann sicher sein, dass sie nicht Spielball (bildungs)politischer oder institutioneller Interessen wird? Wie kann Gestaltpädagogik verhindern, selbst Baustein allgegenwärtiger Leistungs- im Gewand von Selbstoptimierung zu sein (vgl. Tschötschel-Gänger 2023)? Vor allem in Zeiten zunehmender psychosozialer Belastungen bei Kindern, Jugendlichen und Erwachsenen (einschließlich Pädagog*innen) scheint die Frage wichtiger denn je: Wie geht das, gleichzeitig Menschen etwas zuzutrauen und sie dabei nicht zu überfordern? Das wichtigste Instrument hierfür ist der Dialog. Pädagogik als ein Antwortgeschehen zu begreifen, macht Intersubjektivität verantwortbar im Sinne einer phänomenologisch begründbaren Ethik (vgl. dazu Waldenfels 2006). Pädagogik ist Beziehung in Begrenzung.

Vier Grenzlinien

Damit Pädagogik situativ nicht grenzüberschreitend wird, bedarf es der Grenzziehung. Grundsätzlich lassen sich meines Erachtens vier pädagogische Grenzlinien ziehen, über die Pädagogik nicht hinauszugehen hat.

1. Eine erste Grenze ziehen Raumbedingungen. In zu großen Gruppen, in zu kleinen Räumen, unter Bedingungen von Personalnot oder -fluktuation lassen sich nicht hinreichend pädagogische Ideen umsetzen. Unter Bedingungen der Enge in Gesellschaft und pädagogischen Einrichtungen ist es schwer, Freiräume für Kontakt zu schaffen.
2. Die zweite Grenze ist der Zeitfaktor. Die Umsetzung pädagogischer Situationen braucht, entsprechend dem Kontaktzyklus, eine Anfangsphase, eine Anbahnungsphase, eine Durchführungs- und eine Abschlussphase. Vieles lässt sich in 45 Minuten Unterricht oder 60 Minuten Einzelberatung schlichtweg nicht durchführen. Das Durchlaufen aller Kontaktphasen ist im Zweifelsfalle wichtiger als die beeindruckende Größe des „Geschafften". Denn im einen Fall wird Erfahrung möglich, im anderen Fall gibt es bestenfalls ein Event (darf auch mal sein, ist aber etwas anderes).
3. Überforderung durch Ohnmacht ist eine dritte Grenze pädagogischen Handelns. Der Rahmung des pädagogischen Settings wird immer dann überschritten, wenn Adressat*innen keine hinreichenden Erfahrungen der eigenen Selbstwirksamkeit machen können und in der Folge das Gefühl von Ohnmacht so weit steigt, dass massive Überforderung droht. Wenn die Problembewältigung nicht vollzogen werden kann, dann gibt es nur die Möglichkeit, den Problemdruck über äußere Einwirkung zu nehmen. Entweder müssen Adressat*innen aus der Handlungssituation genommen werden oder es muss in Ausnahmefällen stellvertretend für ihn*sie gehandelt werden. Fehlender Selbst-Support der Adressat*innen muss stets von außen durch Fremd-Support aufgefangen werden. Selbstverständlich ist auch die Ohnmacht auf Seiten der Fachkräfte ein Signal dafür, dass eine Grenze erreicht ist und es Unterstützung von außen braucht.
4. Existenzbedrohung ist die vierte Grenze des pädagogischen Settings. Der Rahmen des pädagogischen Settings wird immer dann überschritten, wenn die Nicht-Verfügung über (innere oder äußere) Ressourcen zur Existenzbedrohung wird. Mag im Rahmen von Psychotherapie die dadurch ausgelöste Krisenangst noch länger haltbar sein, so ist doch das pädagogische Setting

davon schnell überfordert und bedarf zumindest der Ergänzung durch Dritte, die die Bereitstellung von Ressourcen sicherstellen.

Pädagogik muss und kann nicht widerspruchsfrei sein. Aber überall dort, wo der Umgang mit Widersprüchen im pädagogischen Feld durch räumlichen und zeitlichen Mangel subjektiv bedeutsame Erfahrungen verhindert, wo es zu Ohnmacht oder gar zur Existenzbedrohung kommt, ist die rote Linie erreicht. Jeder pädagogische Ansatz sollte diese vier Grenzlinien berücksichtigen, weil es andernfalls zu Überforderungssituationen kommt, denen kaum mehr pädagogisch begegnet werden kann. *Keine* Grenze des pädagogischen Settings sollte sich allerdings dadurch ergeben, dass es in einer Einrichtung deshalb keine pädagogische Antwort für schwierige Beziehungssituationen gibt, weil die Beziehungsfähigkeit im Team zu wenig ausgebildet ist oder die Strukturen angemessenes Handeln verhindern. Die rote Linie wird umso schneller erreicht, je weniger sich Fachkräfte zu helfen wissen und je weniger ihnen geholfen wird in der Bewältigung ihrer pädagogischen Aufgabe.

Beziehung ist Aufgabe der Pädagogik. Es käme einer pädagogischen Bankrotterklärung gleich, schwierige Praxissituationen *per se* an andere Professionen delegieren zu wollen. Therapie und Pädagogik unterscheiden sich von der Sache her nur in ihren Aufgaben, nicht jedoch in ihrer Zuständigkeit für (auch schwierige) Erlebens- und Beziehungsweisen. Leider erhalten pädagogische Fachkräfte oftmals nicht die Aus- und Weiterbildung sowie die Häufigkeit von Supervision, die sie eigentlich brauchen. Und leider sind die Strukturen und Arbeitsbedingungen oftmals eher im Weg als förderlich, um professionelle Beziehungsweisen zu unterstützen.

Pädagogische Professionalität braucht gute Rahmenbedingungen. Pädagogisches Handeln wiederum braucht Orientierungspunkte, damit es nicht beliebig wird. Im folgenden Kapitel entwickle ich aus den bisherigen theoretischen Überlegungen einen gestaltpädagogischen Handlungsrahmen und zeige praktische Ansätze zur Gestaltung pädagogischen Kontakts.

10 Kontakt und Dialog in der Praxis: Wie umsetzen?

Wie kann es in der Praxis gelingen, selbst in schwierigen Situationen, kontakt- und dialogorientiert pädagogisch zu handeln? Um diese Frage geht es im Folgenden. Dazu fasse ich das bisher Ausgeführte in einem gestaltpädagogischen Handlungsrahmen zusammen (10.1). Anschließend veranschauliche ich gestaltpädagogisches Denken und Handeln exemplarisch am Umgang mit dem Problemkomplex „ADHS“. Dazu fasse ich zunächst Deutungsangebote des Gestaltansatzes zusammen, um neue Perspektiven auf das Thema anzubieten. Anschließend geht es um praxisbewährte Ideen des Gestaltansatzes im Umgang mit den betreffenden Kindern (auf die ich mich in diesem Fall beschränke) (10.2).

10.2 Ein gestaltpädagogischer Handlungsrahmen

In schwierigen Praxissituationen besteht das Handlungsproblem oft weniger in einem fehlenden Wissen über mögliche Handlungsweisen, sondern in einer Reihe von Unsicherheiten bezüglich der Umsetzung: Unsicherheit hinsichtlich Auswahl der Handlungsoption, Unsicherheit über den rechten Zeitpunkt, Unsicherheit über die Feinabstimmung im Handeln. Dazu kommt Verunsicherung bei sich nicht sofort einstellendem Erfolg (was eher die Regel als die Ausnahme in pädagogischen Interaktionen ist). Handlungs*sicherheit* bedeutet, kritisch auf das eigene Handeln zu blicken und sich gleichzeitig der eigenen Handlungsprinzipien zu vergewissern. Das ist ein anspruchsvoller Balanceakt. Pädagogische Situationen sind, wie jede menschliche Interaktion, *per se* zukunftsoffen, also unsicher. Umso wichtiger ist es, sich über die Grundsätze des eigenen professionellen Handelns zu verständigen. Beziehungsangebote brauchen manchmal Zeit, um auf fruchtbaren Boden zu fallen. Je negativer die Beziehungserfahrungen eines Menschen sind, umso unrealistischer ist es zu erwarten, dass selbst das beste Beziehungsangebot sofort Wirkung entfaltet. Vertrauen in die eigenen Handlungsprinzipien kann durch Erfahrungen mit dem Sicheinlassen auf Kontakt wachsen, ergänzt um die theoretische Reflexion dieser Erfahrungen. Daraus kann professionelle Intuition entstehen. Professionelle Intuition ist nicht nur hilfreich, um pädagogisch relevante Momente zu erkennen, sondern auch dafür, Sicherheit in eigene Handlungsweisen zu gewinnen, weil diese zur eigenen Erfahrung geworden sind (und nicht nur „ausgedacht“ sind). In Zusammenfassung der theoretischen Kapitel dieses Buches soll das Folgende zur fachlichen Reflexion der eigenen praktischen Erfahrungen mit gestaltpädagogischen Handlungsideen anregen. Zunächst werde ich aus den theoretischen Überlegungen vier Prinzipien zur Gestaltung einer pädagogischen Situation ableiten. Anschließend geht es darum, konkrete Möglichkeiten der Kontaktgestaltung zu beschreiben sowie vier Ebenen der pädagogischen Beziehung in ihrer praktischen Umsetzung zu schildern.

10.2.1 Gestaltung einer pädagogischen Situation

Gestaltpädagogisches Handeln bedeutet, in der Gestaltung pädagogischer Situationen die Aspekte Setting, Beziehung, Lernen und Didaktik in spezifischer Weise zu berücksichtigen. Bedeutung und Gewichtung der einzelnen Aspekte variieren je nach pädagogischer Aufgabe und pädagogischer Situation. Die vier Handlungsaspekte sind in Abbildung 2 dargestellt. Die einander gegenüberliegenden Seiten des Quadrats stellen komplementäre Aspekte dar, das heißt Setting und Beziehung einerseits sowie Didaktik und Lernen andererseits hängen in der pädagogischen Situation jeweils eng zusammen. Den vier Aspekten sind jeweils drei Gestaltungsprinzipien zugeordnet, die es unter dem betreffenden Aspekt zu berücksichtigen gilt. Die Farbschattierungen der Gestaltungsprinzipien sollen andeuten, dass zwischen gegenüberliegenden Prinzipien wichtige Zusammenhänge bestehen (darauf gehe ich weiter unten ein).

(1) *Setting*: Das gestaltpädagogische Setting ist dem Ideal nach eine experientiell orientierte, das heißt erfahrungsorientierte pädagogische Situation. Er ist existenziell (die eigene Lebenssituation von Grund auf betreffend) und experimentell (forschend, ausprobierend, jenseits der Routine) ausgerichtet. Es geht nicht um ein Erleben als Event, sondern um Erleben als bedeutsame Erfahrung. Wenn Lernen subjektiv bedeutsam sein soll für die Lernenden, dann muss dieses Lernen mit ihnen als Menschen zu tun haben, sie berühren, sie beschäftigen, sie anregen in dem, was ihnen wirklich wichtig ist. Dazu ist es notwendig, pädagogische Situationen in einem ausprobierenden, kreativen Modus anzugehen. Lernen lässt sich nicht standardisieren. Es bedarf vielfältiger Zugänge, um bedeutsame Erfahrungen zu ermöglichen.

(2) *Beziehung*: Gestaltpädagogische Beziehungsarbeit ist gekennzeichnet durch Anerkennung, Support und Präsenz. Persönlich bedeutsame Lernerfahrungen bedürfen eines haltenden Rahmens. Die unbedingte und voraussetzungslose Anerkennung jeder Person in ihrer Existenz durch die Pädagog*innen ist die Voraussetzung dafür, existenziell bedeutsame Erfahrungen auf Seiten der Adressat*innen fachlich überhaupt verantworten zu können. Fremd-Support, vor allem in Form eines schützenden dialogischen Beziehungsrahmens, ermöglicht den Lernenden, ihre eigenen Ressourcen zu aktivieren. Die anerkennend-dialogische Beziehung darf nie infrage gestellt sein (solange ein pädagogisches

Abbildung 2: Gestaltpädagogischer Handlungsrahmen

Quelle: Eigene Darstellung

Angebot besteht). Das erfordert beständige Präsenz in der Beziehung bei klarer Abgrenzung.

(3) *Lernen*: Gestaltpädagogik benennt Bedeutsamkeit, Dialog und Verantwortung als Kriterien für gelungene Lernprozesse. Prozesse des Lehrens (im Sinne von Lernbegleitung) und Prozesse des Lernens sind eng miteinander verwoben. Persönlich bedeutsames Lernen lässt sich einerseits pädagogisch nicht herstellen, andererseits weist es weit über die Möglichkeiten des Lehrens hinaus. „Lehre" kann oft nur bedeuten, einen Raum für Lernen und Entwicklung zu öffnen. Lernen bedarf der sozialen Einbindung, des Dialogs, nicht nur mit den Pädagog*innen. Lernprozesse müssen verantwortlich begleitet werden, auch und

gerade in kritischer Reflexion der unweigerlich mit pädagogischen Situationen verbundenen Machtverhältnisse.

(4) *Didaktik*: Gestaltpädagogische Didaktik (im Sinne systematisierter, gegenstandsbezogener Lernbegleitung) beruht auf dem Dreischritt Erfahrung, Beziehung und Reflexion. Sie setzt an den Erfahrungen der Lernenden an und macht Angebote, diese Erfahrungen in Beziehung zu bringen mit der eigenen Erfahrungswelt und Biografie. Gestaltpädagogische Didaktik erleichtert es, im Lernen soziale Bezüge herzustellen (auch zu den Lebenswelten anderer Menschen) und die eigenen Erfahrungen einzuordnen in kulturelle und gesellschaftlich-politische Bezüge (auch und gerade im Dialog mit anderen). Von ihren eigenen Erfahrungen ausgehend können die Lernenden über Reflexionsprozesse zu Erkenntnissen gelangen, die nicht abstrakt sind, sondern rückgebunden an ihre eigene und mit anderen geteilte Erfahrungswelt.

Prinzipien der Situationsgestaltung

Alle vier Handlungsaspekte ermöglichen eine im Sinne der Gestaltpädagogik professionelle Gestaltung der pädagogischen Situation. Den Aspekten sind jeweils drei Gestaltungsprinzipien zugeordnet. Zwischen den im Quadrat (Abbildung 2) genau gegenüberliegenden Prinzipien gibt es inhaltliche Zusammenhänge, die durch Farbschattierungen gekennzeichnet sind. Die Gestaltungsprinzipien der Aspekte Setting und Beziehung sowie der Aspekte Didaktik und Lernen weisen eine enge handlungsbezogene Verknüpfung auf.

(A) Die Prinzipien zur Gestaltung eines gestaltpädagogischen *Settings* hängen mit den Prinzipien zur Gestaltung einer gestaltpädagogischen *Beziehung* wie folgt zusammen:

1. Damit Existenzialität (Lebensnähe und -tiefe) zum pädagogischen Settingprinzip werden kann, braucht es Anerkennung als Beziehungsprinzip. Dann können Menschen etwas von sich zeigen ohne Angst davor, ausgelacht zu werden. Hilfreich können zum Beispiel das gemeinsame Vereinbaren eines Arbeitsbündnisses oder gemeinsam erstellte Gruppenvereinbarungen sein.
2. Damit Experimentialität (Ausprobieren, Offenheit) zum pädagogischen Settingprinzip werden kann, braucht es (Fremd-)Support als Beziehungsprinzip. Dann können Menschen Neues wagen ohne Angst davor, in destruktiver Weise zu scheitern. Hilfreich ist zum Beispiel die Herstellung eines geschützten Raums, der einen sicheren Rahmen bietet.
3. Damit Experientialität (Erfahrungsorientierung) zum pädagogischen Settingprinzip werden kann, braucht es Präsenz als Beziehungsprinzip. Dann können Menschen Erfahrungen an sich heranlassen ohne Angst davor, deshalb

ausgeschlossen zu werden. Hilfreich ist Präsenz dann, wenn sie regelmäßig, zuverlässig, solidarisch und in jedem Fall unhintergehbar ist.

(B) Die Prinzipien zur Gestaltung gestaltpädagogischer *Lernprozesse* hängen mit den Prinzipien zur Gestaltung einer gestaltpädagogischen *Didaktik* folgendermaßen zusammen:

1. Bedeutsamkeit als Lernprinzip braucht Erfahrungsoffenheit als Didaktikprinzip. Um persönlich bedeutsame Erfahrungen machen zu können, sind Angebote hilfreich, die Möglichkeiten für eigene Erfahrungen lassen. Hilfreich sind hier zum Beispiel räumliche und zeitliche Ressourcen sowie die Möglichkeit, zwischen verschiedenen Sozialformen zu wechseln (Einzel, Gruppe).
2. Dialog als Lernprinzip braucht Beziehung als Didaktikprinzip. Um Lernen als soziales Geschehen zu erleben, sind Angebote erforderlich, die Lernprozesse in sozialen Prozessen verankern. Es geht sowohl um den persönlichen Austausch in der pädagogischen Situation (z. B. in verschiedenen sozialen Settings: zu zweit, in Gruppen) als auch um Bezüge zur Welt außerhalb der pädagogischen Situation (z. B. Projekte außerhalb der pädagogischen Einrichtung).
3. Mündigkeit als Lernprinzip braucht Reflexion als Didaktikprinzip. Um zu lernen, sich zu sich selbst und zur Welt kritisch ins Verhältnis zu setzen, sind Angebote zur Reflexion des eigenen Denkens und Handelns hilfreich, zum Beispiel historische, wissenschaftliche und auch alltagsbezogene Einordnungen der eigenen Erfahrungen.

Der hier skizzierte gestaltpädagogische Handlungsrahmen soll dazu dienen, mittels Prinzipien zur Gestaltung einer pädagogischen Situation Kontaktprozesse zu fördern. Das betrifft auch, aber eben nicht nur, die pädagogische Beziehung. Es geht viel grundsätzlicher um die Ermöglichung bedeutsamer Lern- im Sinne von Kontakterfahrungen. Die gestaltpädagogischen Handlungsaspekte und Gestaltungsprinzipien sind weder deterministisch gedacht, noch sind sie vollständig. Im Zusammendenken der jeweils gegenüberliegenden Seiten (Setting – Beziehung, Lernen – Didaktik) zeigt sich eine Vielzahl günstiger Ausgangsressourcen für entwicklungsfördernde Kontakterfahrungen. In der konkreten pädagogischen Handlungssituation gilt es sodann, den auf diese Weise aufgespannten Handlungsrahmen so zu füllen, dass daraus stimmige Kontaktprozesse entstehen können. Dazu ist es wichtig zu wissen, wie an Kontaktgestaltung pädagogisch konkret herangegangen werden kann.

10.1.2 Kontaktgestaltung durch Kontaktressourcen

Pädagogik ist Lernbegleitung, Begleitung in Entwicklungs- und Veränderungsprozessen. Die gestaltpädagogische Kontakttheorie kann als Orientierung dienen, damit die pädagogische Beziehung im Sinne eines pädagogischen Kontakts gelingt. Stimmiger Kontakt kann nicht hergestellt werden, weder durch eine Person noch durch zwei Personen. Kontaktprozesse folgen ihrer eigenen Dynamik. Gleichzeitig folgen sie bestimmten Prinzipien, die zu kennen hilfreich ist, um Beziehungs- im Sinne von Kontaktprozessen professionell *mit*gestalten zu können. Das setzt die Fähigkeit des Hin- und Herschwingens (Oszillierens) an der Kontaktgrenze voraus. Gemeint ist eine Art Kippbewegung (wie in den Kippbildern der Gestaltpsychologie), durch die sowohl die Teile (die Perspektiven der Personen in der Situation) als auch das Ganze (das Feld) in den Blick gerät. Dieses Hin- und Herschwingen bildet den methodischen Grundsatz im gestaltpädagogischen Beziehungshandeln.

Oszillieren an der Kontaktgrenze

Jedem Menschen ist die Möglichkeit gegeben, in der eigenen Aufmerksamkeit hin und her zu gehen, den Fokus zu verändern. Es bedarf der Übung, um diese Fähigkeit zur Verfügung zu haben. Sie zu trainieren führt dazu, die eigene Präsenz in der pädagogischen Situation zu erhöhen. Vor allem in schwierigen Situationen gibt das Halt, Standfestigkeit und Beweglichkeit. Volle Präsenz bedeutet Gewahrsein im Kontakt mit offenen Sinnen (vgl. Spagnuolo Lobb 2006, 52). In dieser Haltung gelingt es einfacher, zwischen verschiedenen Perspektiven im pädagogischen Feld zu wechseln. Das ist die Voraussetzung für Perspektivenübernahme. Perspektivenübernahme wiederum ist die Voraussetzung für Empathie und für einen Überblick über die Situation bei gleichzeitigem Involviertsein. Die Wahrnehmung von Kontaktgrenzen bedarf der Fähigkeit, zwischen Wahrnehmungsstandpunkten hin und her zu wechseln:

1. *Selbstwahrnehmung*: Ich achte auf meine eigenen Emotionen, auf mein Spannungsniveau, auf mein in Starrheit oder in Bewegung Sein, auf meine Stimme und Gestik. Ich frage mich selbst: „Wie ist es gerade?" Dazu braucht es Selbsteinfühlung.
2. *Gegenüberwahrnehmung*:[56] Ich achte auf mein Gegenüber, auf seine*ihre Emotionen, auf das Spannungsniveau, auf körperliche Signale von Starrheit oder Bewegung, auf Stimme und Gestik. Ich kann sie*ihn auch direkt fragen: „Wie

56 Gemeint ist die Wahrnehmung der anderen Person. Manchmal ist in der gestaltpädagogischen Literatur auch von „Fremdwahrnehmung" die Rede. Das finde ich verwirrend, weil in der Psychologie darunter meistens verstanden wird, wie eine Person von einer anderen Person wahrgenommen wird im Gegensatz zur eigenen Selbstwahrnehmung (im Sinne von Fremdbild und Selbstbild).

ist es gerade?" Dazu braucht es Perspektivenübernahme und Fremdeinfühlung.[57]

3. *Feldwahrnehmung*: Ich achte auf das, was zwischen uns und um uns herum passiert; auf die Atmosphäre, auf Raum und Zeit; auf die gemeinsame Dynamik, die wir miteinander herstellen, auf das Dazwischen, auf die Kontaktgrenzen. Dazu braucht es die Fähigkeit zur Oszillation als ein Hin- und Herpendeln im Aufmerksamkeitsfokus zwischen Selbst-, Gegenüber- und Feldwahrnehmung.

Eine zwischenmenschliche Beziehung besteht nicht nur aus zwei Personen, sondern auch aus dem Dazwischen. Die gestaltpädagogische Vorgehensweise zeichnet sich durch ein Oszillieren an den Kontaktgrenzen aus, also durch ein Hin- und Her-Schwingen zwischen dem mir Bekannten und dem Neuen, zwischen meinen Bedürfnissen und denjenigen des Gegenübers, zwischen Selbsteinfühlung, Fremdeinfühlung und einem Gefühl für die Gesamtsituation. In Bewegung bleiben öffnet den Raum für Kontakt. Die Kunst der Oszillation besteht nicht einfach in einem Wechsel zwischen mir und dem Gegenüber, sondern ist ein Hin- und Her-Gleiten in dem Bewusstsein, dass es zwischen den beiden Seiten ein Dazwischen gibt: ein Feld. Dieses Feld ordnet die Bewegungen nicht von selbst, und doch folgt es Prinzipien, die im Gestaltansatz als Selbstregulationsprozesse bezeichnet werden, als Tendenz zur Gestaltschließung. Davon merken wir immer dann etwas, wenn es „fließt", wenn es „stimmt" oder „passt" zwischen uns, wenn wir uns „verstehen" im Bemühen umeinander, wenn Nähe und Distanz im Gleichgewicht sind und Vertrauen wächst. Vertrauen entsteht durch viele stimmige Kontaktmomente. Das oft in der gestaltpädagogischen Literatur so benannte „Arbeiten am Kontakt", das Herzstück des Gestaltansatzes, ist eigentlich ein Arbeiten an den Kontaktgrenzen als ein *Arbeiten mit der Situation*. Es geht darum zu lernen, sich auf verschiedene Aspekte im Feld auszurichten, um Situationen flexibel gestalten zu können. Das ist das Ziel der Ausbildung von Gestaltpädagog*innen sowie das Bildungsziel im gestaltpädagogischen Handeln. Eine große Aufgabe, aber es geht hier nicht um Perfektionismus. Etwas Übung verlangt die Gestaltpädagogik allerdings schon (manche sagen: ein Leben lang). Gestaltpädagogik hilft dabei, systematisch Kontaktprozesse zu fördern, sodass auf *beiden* Seiten der pädagogischen Beziehung wertvolle Erfahrungen entstehen können.

Kontaktressourcen

Raus aus den Routinen, Kontakt mit dem Neuen! So könnte das Motto für die Kontaktgestaltung lauten. Es gilt, immer wieder etwas Neues auszuprobieren im Kontakt mit Kindern, Jugendlichen und Erwachsenen (und auch mit sich selbst).

---

57 Die Ausdrücke „Fremdeinfühlung" und „Selbsteinfühlung" übernehme ich aus der Gewaltfreien Kommunikation von Marshall Rosenberg.

Spielräume für pädagogisches Handeln finden sich überall dort, wo Kontakt (im Sinne eines sich wechselseitig spontan ereignenden Prozesses) gehemmt wird. Dabei geht es in pädagogischer Absicht nicht *gegen* die Hemmung, sondern es geht darum, das, was fehlt, anzubieten. Ob das dann vom Gegenüber angenommen wird, bleibt im Rahmen einer dialogischen Grundhaltung der betreffenden Person überlassen. Kontakt ist nur ein Angebot. Wenn jemand ein Kontaktangebot nicht annehmen will oder kann, dann braucht es eben ein anderes Angebot.

Wenn Kontakt als anerkennendes Bemühen umeinander nicht zustande kommt, kann ein Blick auf die Kontaktmodalitäten hilfreich sein, wie sie in der Theorie des Gestaltansatzes beschrieben sind. Wie oben bereits ausgeführt (siehe Kapitel 5.3.3), geht es in diesem Zusammenhang nicht um Störungen im Sinne negativ zu beurteilender Kontaktprozesse. Es geht darum, Ressourcen für Kontakt zu finden, damit sich für beide Seiten stimmige Kontaktprozesse einstellen können. Stimmigkeit ist im Zweifelsfalle wichtiger als beispielweise Nähe, Emotionalität oder Vertrautheit. Tabelle 1 zeigt Kontaktressourcen, die für pädagogisches Handeln je nach Kontaktprozess bestehen. Es geht nicht um die Idee, Kontaktprozesse nach Gutdünken beeinflussen zu wollen, sondern darum, Handlungsspielräume für Kontaktgestaltung zu suchen.

In der ersten Spalte der Tabelle 1 ist die jeweilige Kontaktmodalität bzw. -hemmung kurz definiert (Deflektion, Introjektion, Projektion, Konfluenz und Retroflektion) sowie die Ressource, die mehr Kontakt ermöglichen würde (Fokussierung, Eigenwille, Authentizität, Differenz und Ausdruck). Zudem wird in knappen Worten beschrieben, wie sich eine entsprechende Kontaktsituation im eigenen Erleben oft darstellt: oberflächig, rigide, zu persönlich oder zu ablehnend, verwirrend oder energielos. In der zweiten Spalte wird erläutert, wie die in der Kontaktmodalität verborgenen Ressourcen erschlossen werden können (Bedürfnisse erfragen, Interesse an der Person zeigen, sich als Person zeigen, Verbindendes und Trennendes thematisieren, Impulse unterstützen). Zum besseren Verständnis dienen Beispielsätze, die in einer entsprechenden Kontaktsituation so oder so ähnlich ausprobiert werden könnten. Außerdem werden unterstützende pädagogische Herangehensweisen erwähnt, die den Zugang zu Kontakterfahrungen fördern. In der dritten Spalte schließlich stehen Anregungen zur Selbstklärung in den jeweiligen Kontaktsituationen. Nicht genützte Kontaktressourcen sind keine Störungen auf Seiten der pädagogischen Adressat*innen, sondern sie fehlen im Feld. Daher ist es wichtig, in Selbstklärung dem eigenen Kontaktverhalten nachzuspüren. Das gilt für die Pädagog*innen nicht minder als für die Adressat*innen. Zu ergänzen wäre eigentlich noch eine vierte Spalte mit Feldressourcen, die den jeweiligen Kontaktprozessen zuträglich sind. Auf diese gehe ich in den Erläuterungen zusätzlich ein.

Tabelle 1: Kontaktressourcen

Kontaktmodalität	Dialogangebot	Selbstklärung
Deflektion braucht Fokussierung Sich auf den Kontakt zwar einlassen, aber in letzter Konsequenz vermeiden (weglachen, wegreden, ablenken). Der Kontakt erscheint oberflächig, unschlüssig, bemüht.	Bedürfnisse erfragen „Was brauchst du?" „Ich kann dir anbieten …" Unterstützend: Gewahrseinsübungen, um mit Kontaktprozessen vertraut zu werden	Will ich Kontakt? Was brauche ich für einen Kontakt mit …?
Introjektion braucht Eigenwille Sich auf den Kontakt zwar einlassen, dabei aber nicht den eigenen Bedürfen und Überzeugungen folgen, sondern erlernten Glaubenssätzen („Du darfst nicht …", „Sei so … und nicht so …"). Der Kontakt erscheint rigide.	Interesse an der Person zeigen „Was ist dir wichtig?" „Ich respektiere das und will berücksichtigen …" Unterstützend; Zeit für Selbstreflexion im Einzel- und Gruppensetting	Was finde ich richtig? Was brauche ich, um das, was ich richtig finde, einzubringen im Kontakt mit …?
Projektion braucht Authentizität Sich nicht wirklich auf den Kontakt mit dem Gegenüber einlassen, weil ein fixes Bild vom Gegenüber, von der Welt im Wege steht. Der Kontakt erscheint zu persönlich oder zu ablehnend (z. B. einseitige Idolisierung, Feindschaft).	Sich als Person zeigen „Was siehst du in mir?" „Ich bin …" Unterstützend: Interaktionsübungen, Vielfalt thematisieren	Was sehe ich im Gegenüber, in der Welt? Was brauche ich, um mein Bild zu überprüfen im Kontakt mit …?
Konfluenz braucht Differenz Sich nicht wirklich auf das Gegenüber einlassen können, weil die Grenze zum anderen verwischt (z. B. Überidentifikation, Überforderung, Übergriffigkeit). Der Kontakt erscheint verwirrend.	Verbindendes und Trennendes thematisieren „Was verbindet uns in deinen Augen und was trennt uns?" „In meinen Augen …" Unterstützend: Kommunikations- und Konfliktübungen	Welche Art von Kontakt und welche Grenze brauche ich? Was brauche ich für eine Balance von Beziehung und Begrenzung im Kontakt mit …?
Retroflektion braucht Ausdruck Sich zwar auf den Kontakt einlassen, aber die Energie gegen sich selbst richten (z. B. Wut auf sich selbst, Ohnmacht, Körperverspannung, Verbissenheit, Selbstabwertung). Der Kontakt erscheint energielos.	Impulse unterstützen „Was willst du tun?" „Ich kann dich unterstützen durch …" Unterstützend: Ausdrucksübungen, um die eigenen Impulse zu erleben	Welchen Impuls spüre ich? Was brauche ich, um meinem Impuls zu folgen im Kontakt mit …?

Quelle: Eigene Darstellung

Praktischer Umgang mit den Kontaktressourcen

(1) Deflektion (Vermeidung durch Ablenkung) braucht Fokussierung durch Erfragen der Bedürfnisse. Wenn Deflektion im Feld ist, dann entsteht oft der Eindruck, nicht zueinander zu finden, obwohl eigentlich gewollt. Wenn Menschen unter einem eigenen deflektiven Prozess leiden, dann sind sie oft frustriert oder ungeduldig. Es kommt der Kontakt nicht zustande, den die Beteiligten eigentlich suchen (stattdessen wird beispielsweise sehr viel geredet). Wenn der Fokus weitschweifig und/oder sprunghaft ist, braucht es ein Gegenüber, dass den Kontakt auf den Punkt bringt, sich zuwendet, konkret und verbindlich ist, sich einer klaren Sprache bedient, um der Energie *gemeinsam* eine fokussierte Richtung zu geben. Eine sinnvolle Frage zur Selbstklärung (bei allen Beteiligten) lautet: Will ich den Kontakt? Was brauche ich für einen Kontakt mit dieser Person? Im Dialog kann ich mein Gegenüber in ähnlicher Weise fragen: „Was brauchst du?" Die Antwort hörend kann ich entgegnen: „Ich kann dir dieses und jenes anbieten, das und das nicht". Im Feld können insbesondere ein klares Arbeitsbündnis und die gegenseitige Erlaubnis, sich Zeit zu lassen, unterstützen. Wenn Menschen sich nicht richtig auf Kontakt einlassen können, braucht es stabile Rahmenbedingungen. Vielleicht deflektieren ja die Rahmenbedingungen, sind diffus und ohne Richtung? Unterstützend sind als pädagogische Methoden vor allem Gewahrseinsübungen, um mit Kontaktprozessen vertraut zu werden, einsetzbar. Pädagog*innen müssen als ein Gegenüber greifbar werden, was im Einzelsetting leichter ist als im Gruppensetting.

(2) Introjektion (Vermeidung durch fremde Glaubenssätze) braucht Eigenwille, Interesse zeigen an der anderen Person ist dafür hilfreich. Wenn Introjektionen Kontakt erschweren, dann haben die Beteiligten im Feld oft voneinander den Eindruck als unflexibel und unpersönlich. Wenn Menschen unter ihren eigenen Introjekten leiden, fühlen sie sich oft selbstunsicher, niedergeschlagen oder voller (Selbst-)Hass, hervorgerufen durch Glaubenssätze wie: „Ich sollte" oder „Ich muss". Es fehlt an Unterscheidbarkeit zwischen eigenen Überzeugungen (die mir hilfreich sind) und fremden Überzeugungen (die ich irgendwann einmal „geschluckt" habe, aber unter denen ich leide, z. B. „Ich bin nichts wert"). In der Selbstklärung ist als Reflexionsfrage hilfreich: Was finde ich richtig? Was brauche ich, um das, was ich richtig finde, einzubringen im Kontakt mit dieser Person? Im Dialog kann ich das Gegenüber fragen: „Was ist dir wichtig?" Antwortend kann ich sagen: „Ich respektiere das und will berücksichtigen ..." Im Feld braucht es Zeit für Reflexion und Freiraum für eigene Gedanken ohne Zensur, was zum Beispiel durch bestimmte Gruppenregeln unterstützt werden kann. Denn vielleicht sind ja die Feldbedingungen voller Introjekte, unreflektierter Regeln, unsinnig gewordener Konventionen? Als pädagogische Ressourcen eignen sich ergänzend Reflexionsübungen (alle Medien), um Selbstklärung zu ermöglichen. Ziel ist es,

die Vertrautheit mit der eigenen Persönlichkeit zu fördern. Dafür hilfreich ist Selbstreflexion im Einzel- und Gruppensetting.

(3) Projektion (Vermeidung durch ein fixes Bild vom Gegenüber, von der Welt) braucht Authentizität im Sinne eines sich Zeigen als Person. Wenn Projektionen im Feld sind, dann fühlen sich Menschen nicht gesehen, mit Vorurteilen überhäuft oder nicht gemeint (etwa durch nicht nachvollziehbare Ablehnung oder überschwängliche Vertrautheit). Menschen, die unter ihren Projektionen leiden, fühlen sich oft ängstlich, leer und feindselig. Sie leiden an dem, was sie an anderen oder in der Welt sehen. Es fehlt das einander Ansehen im Feld. In der Selbstklärung hilft es, sich zu fragen: Was sehe ich im Gegenüber, in der Welt? Was brauche ich, um mein Bild zu überprüfen im Kontakt mit ...? Im Dialog kann ich mein Gegenüber fragen: „Was siehst du in mir?" Dann kann ich antworten: „Ich bin ..." Im Feld braucht es die Anerkennung von Unterschieden. Vielleicht ist ja das Feld voller Projektionen und Vorurteile? Als pädagogische Methoden bieten sich zusätzlich vor allem Interaktionsübungen an, um die Wahrnehmungen und Vorstellungen voneinander kennenzulernen. Ziel ist es, Kritik gegenüber Vorurteilen zu fördern und Vielfalt zu thematisieren. Dazu ist es hilfreich, anerkennendes Feedback im Gruppensetting zu ermöglichen.

(4) Konfluenz (Vermeidung durch Grenzenlosigkeit) braucht Differenz durch Thematisieren von Verbindendem und Trennendem. Wenn Konfluenz im Feld ist, dann entsteht oft der Eindruck eines Sogs, eines Verschmelzens, einer trügerischen Harmonie. Menschen, die unter einem konfluenten Prozess leiden, fühlen sich oft verwirrt, überfordert, überfahren, leiden unter Übergriffigkeit (aktiv oder passiv). Es fehlt die Unterscheidbarkeit zwischen den eigenen Bedürfnissen und denen von anderen im Feld (z. B. in der Clique, in der Klasse, in der Schule, in der pädagogischen Beziehung). Für die Selbstklärung hilfreich ist beispielsweise die Reflexionsfrage: Welche Art von Kontakt und welche Grenze brauche ich? Was brauche ich für eine Balance von Beziehung und Begrenzung im Kontakt mit ...? Im Dialog kann ich als Frage anbieten: „Was verbindet uns in deinen Augen und was trennt uns?" Antworten kann ich mit dem, was ich ähnlich und was ich anders sehe: „In meinen Augen ..." Im Feld ist es hilfreich, wenn es zugleich eine Kultur des Gemeinschaftssinns *und* der individuellen Freiheit gibt. Vielleicht entsteht ja Konfluenz, weil auch im Feld mit Unterschiedlichkeit nicht anerkennend umgegangen wird? Als unterstützende pädagogische Methoden stehen vor allem Kommunikations- und Konfliktübungen zur Verfügung, um zu lernen, sich miteinander auseinanderzusetzen. Es geht darum, die Balance von Ich und Wir zu fördern, was im Gruppensetting in einem geschützten Rahmen am besten möglich ist.

(5) Retroflektion (Vermeidung durch Zurückhaltung) braucht Ausdruck, zu fördern über ein Unterstützen der Impulse der anderen Person. Retroflektionen im

Feld erwecken den Anschein der Lähmung, der Zurückhaltung, der gezogenen Handbremse. Menschen, die unter einem eigenen retroflektiven Prozess leiden, fühlen sich oft gelähmt, ohnmächtig oder verbissen. Es fehlt der Ausdruck, die Spontaneität, die Erlaubnis zum Eigensinn im Feld. Retroflektionen sind Hemmungen der Impulsivität durch Angst vor Impulsivität, Angst vor Scham, Angst vor Kontrollverlust. Letztlich heißt zu retroflektieren, sich selbst zurückzunehmen trotz anderer Impulse. Was es braucht, ist ein körperlicher Zugang zur eigenen Energie, ein Kennenlernen der eigenen Gefühle (vor allem in Beziehung zu anderen Menschen) und die sprachliche Fähigkeit, klar über sich zu sprechen. Voraussetzung für den Umgang mit Retroflektionen ist eine Sensibilisierung für das eigene Gewahrsein. In der Selbstklärung ist hilfreich zu fragen: Welchen Impuls spüre ich? Was brauche ich, um meinem Impuls zu folgen im Kontakt mit ...? Im Dialog mag es für mein Gegenüber hilfreich sein, wenn ich frage: „Was willst du tun?" Um zu antworten: „Ich kann dich unterstützen durch ..." Das Feld wirkt dann unterstützend, wenn es Ausdruck und Kreativität fördert. Vielleicht ist ja das Feld zu rigide und beherrscht? Hilfreiche pädagogische Methoden finden sich in Ausdrucksübungen, um die eigenen Impulse zu erleben. Ziel ist es, ein Experimentieren in sicheren Grenzen zu fördern, am besten im Einzelsetting und in (kleinen) Gruppen.

Für das Fehlende im Feld

Welche Kontaktressourcen genutzt werden *sollen*, entscheidet sich auf der Grundlage ethisch-professioneller Überlegungen. Erst einmal geht es darum zu wissen, welche es überhaupt gibt. Solange es beim Kontakt*angebot* bleibt und solange Pädagog*innen die Bedürfnisse nach Annäherung und Rückzug, also nach *eigen*sinniger Kontaktmodifikation auf Seiten der Adressat*innen annehmen, sind die vorgeschlagenen Handlungsrichtungen gut zu verantworten, weil sie nicht eine bestimmte Qualität von Kontakt, sondern grundsätzlich ein sich aufeinander Beziehen anbieten: was immer dadurch zustande kommt. Es ist wichtig, dass Kontaktprozesse von einem dialogischen Beziehungsrahmen aufgefangen werden, von Anerkennung und Respekt. Nur, wer sich als Pädagog*in selbst als Gegenüber positioniert, kann eine Kontaktgrenze anbieten, auf die sich Adressat*innen einlassen können – oder natürlich auch nicht. Kontakt ist eine Feldeigenschaft, sie entsteht im Kontakt *miteinander*. Wenn Kontakt fehlt, dann fehlt etwas im Feld. Es geht nicht um ein Defizit von Adressat*innen und auch nicht von Pädagog*innen.

Sämtliche oben formulierten Reflexionsfragen, Möglichkeiten des Dialogs und Sichtweisen auf Feldbedingungen sind für alle im Feld Beteiligten gleichermaßen relevant. Von praktischem Nutzen sind alle erfahrungs- und beziehungsorientierten, experimentellen und erlebnisaktivierenden Methoden der Pädagogik (nicht nur der Gestaltpädagogik). Aber erst durch einen anerkennenden, dialogischen Beziehungsrahmen mit Fokus auf Kontakt- und Begegnungsmomente wird daraus Gestaltpädagogik. Die Kunst der Gestaltpädagogik besteht darin, auf noch so kleine Verlegenheiten und Unstimmigkeiten in pädagogischen Situationen achtzugeben, und im Bedarfsfall im Dialog zu überprüfen, ob sie gerade relevant sind. Es geht nicht darum, auf alles einzugehen, aber es geht darum, möglichst viel mitzubekommen: Gewahrsein als pädagogisches Prinzip. Das Offensichtliche anzusprechen im Sinne der phänomenologische Methode, bedeutet, immer wieder anzusprechen, was in der Situation gerade Wirkung entfaltet: prägnante Wörter aufgreifen, Bilder und Bewegungen nachwirken lassen; auf Wiederholungen achten in Phänomenen, Themen, Sätzen; diese aufgreifen, auf sie zurückkommen; Feedback einholen, Bedeutsamkeit von den Lernenden erfragen; mehr Annäherung oder mehr Rückzug anbieten, mit dem Kontakt experimentieren.

Was aber, wenn es scheinbar gerade nichts wahrzunehmen gibt? Pädagogische Situationen können auch dann voller Kontaktdynamiken sein, wenn vermeintlich nichts Bedeutungsvolles geschieht. Wann immer Kontaktsituationen einen lähmenden Charakter annehmen, ist es wichtig, in Distanz zur Situation zu gehen, beispielweise durch Reflexion der Situation im Rahmen von Supervision.

Praxisbeispiel: Mit Stillstand umgehen

In einer Superversionssitzung berichtet Frau Kuhn, Sozialpädagogin in einer Nachmittagsgruppe für chronisch kranke Kinder, von einer äußerst lähmenden Gruppenatmosphäre. Es sei teilweise so langweilig, dass sie regelrecht mit dem Schlaf kämpfen müsse. Lars, elf Jahre alt, habe sich vor kurzem beklagt, er wisse nicht, was er in der Gruppe solle, er hätte keine Lust mehr. Das habe sie, Frau Kuhn, sehr frustriert. Sie versuche seitdem, noch sensibler mit den Kindern umzugehen, wisse aber manchmal auch nicht weiter. Gestern habe Lars einfach unangekündigt gefehlt. Als der Supervisor das alles hört, sagt er: „Ganz schön was los bei Ihnen in der Gruppe".

Das Praxisbeispiel zeigt eine lähmende Stimmung, in der scheinbar nichts geschieht. Was jedoch geschieht, ist, dass sich eine Stimmung über die Gruppensituation legt, als ein Geschehen, das sich *ereignet*. Das Wegbleiben des Jungen ist eine aktive *Tätigkeit*, auch das *Bemühen* der Sozialpädagogin, mit der Situation umzugehen. Es findet ein äußerer *Konflikt* statt (z. B. die Kritik des Jungen), und es gibt innere Konflikte (vermutlich nicht nur bei der Sozialpädagogin). Das Kennzeichnende an dem Praxisbeispiel ist nicht, dass hier nichts passiert (darauf wollte der Supervisor wohl hinaus), sondern dass die Sozialpädagogin nicht weiß, wie sie damit umgehen kann. Das zu erkennen macht die Situation vielleicht nicht sofort leichter, hilft aber, mögliche Ansatzpunkte zu sehen. Im Praxisbeispiel fühlt sich die Sozialpädagogin gelähmt. Die Intervention des Supervisors zielte nicht darauf ab, die Erfahrung der Lähmung in Abrede zu stellen, sondern nach dem

Prozessgeschehen zu fragen. Vor allem in pädagogisch herausfordernden Situationen, seien sie lähmender oder aufwühlender oder ganz anderer Art, ist es von Vorteil, sich das Beziehungsgeschehen zu vergegenwärtigen. Dazu dient die Kontakttheorie der Gestaltpädagogik. Es geht darum zu lernen, sich von pädagogisch relevanten Momenten ansprechen zu lassen, statt ihnen in Starrheit oder Überaktivität auszuweichen. Wichtig ist, die pädagogische Beziehung in ihrer Tiefe flexibel gestalten zu können. Vier Ebenen lassen sich unterscheiden.

10.1.3 Vier Ebenen der pädagogischen Beziehung

Die wichtigsten professionellen „Werkzeuge" der Gestaltpädagogik sind die eigene Präsenz (leiblich, geistig, seelisch, emotional), das Gewahrsein für das eigene implizite Beziehungswissen (Resonanz und Intuition), das In-Bewegung-Bleiben (Kontakt) und die Bereitschaft, stets einen dialogischen Beziehungsvorschuss zu geben, sich dabei aber auch klar abzugrenzen. Das übergeordnete Prinzip der Gestaltpädagogik lautet, die pädagogische Beziehung nicht einer Sache zu opfern. Kein Lernziel, kein Lehrplan, keine Hilfevereinbarung ist wichtiger als der Mensch, um den es geht. Keine Hausaufgabe und auch kein anderes Konfliktthema sind wichtiger als der anerkennend-dialogische Beziehungsrahmen.

Die Gestaltpädagogik hat mit der Kontakttheorie ein Modell zur Verfügung, um die Tiefendimension der pädagogischen Beziehung zu erschließen. Pädagogische Beziehungen bewegen sich auf vier Ebenen, die einander jeweils voraussetzen: aus einer Kontaktinteraktion (als Tatsache der Bezugnahme aufeinander) wird im Rahmen pädagogischer Professionalität ein Dialog(angebot), daraus kann ein für beide Seiten stimmiger Kontakt werden, der sich ab und an zu einem Begegnungsmoment verdichtet. Im gestaltpädagogischen Beziehungsverständnis ist stets mit Beginn der Interaktion zwischen Pädagog*in und Adressat*in ein dialogischer Beziehungsrahmen zu setzen, und zwar unabhängig davon, ob es dadurch zu stimmigem Kontakt oder gar Begegnungsmomenten kommt. In Abbildung 3 finden sich die vier Ebenen der pädagogischen Beziehung von links nach rechts, miteinander durch die Klammer des dialogischen Beziehungsrahmens im Sinne einer Grundhaltung des anerkennenden Dialogs verbunden.

Abbildung 3 zeigt eine Vertiefung der pädagogischen Beziehung von links nach rechts. Für jede Ebene sind ganz links Fragen zur Selbstreflexion angegeben, die sich jeweils auf Selbst-, Fremd- und Gegenüberwahrnehmung beziehen sowie auf Anregungen zum methodischen Vorgehen. Die Fragen können dazu dienen, sich der Ebene der gerade aktualisierten pädagogischen Beziehung zu vergewissern. Sie dienen auch zur Überprüfung ihrer Angemessenheit.

Abbildung 3: Tiefendimension der pädagogischen Beziehung

Quelle: Eigene Darstellung

Praktischer Umgang mit den Ebenen der pädagogischen Beziehung

(1) *Interaktion (Bezugnahme)*: Voraussetzung für einen bedeutsamen pädagogischen Kontakt ist zunächst einmal, dass überhaupt Interaktion stattfindet. Das klingt selbstverständlicher, als es ist. Unklare Zuständigkeiten beispielweise im Falle von Urlaubsvertretungen oder aushilfsweise Übernahmen von Stunden können es durchaus unklar erscheinen lassen, ob überhaupt eine pädagogische Interaktion besteht, das heißt, ob sich Pädagog*in und Adressat*in tatsächlich (dem eigenen Erleben nach) angesprochen fühlen. Ein klares Arbeitsbündnis und eindeutige Zuständigkeiten sind hier sehr hilfreich.

(2) *Dialog (Anerkennung)*: Der Dialog ist immer nur ein Angebot. Ein Dialog wird daraus erst, wenn dieses Angebot angenommen wird. Das Angebot besteht darin, das Gegenüber als Person anzuerkennen. Von pädagogischer Seite gilt stets, dass die Adressat*innen ein Anrecht auf einen Vorschuss an dialogischer Zuwendung haben. Der Dialog ist erst einmal nur ein Angebot. Für seine Realisierung müssen auch die Adressat*innen die Pädagog*innen als Personen anerkennen. Je nach pädagogischer Situation kann dieser Schritt viel Zeit einnehmen.

(3) *Kontaktmoment (Stimmigkeit)*: Ein dialogischer Rahmen stützt die Entfaltung stimmigen Kontakts. Pädagogisch ist es wichtig, sowohl auf das eigene Erleben von Stimmigkeit zu achten als auch die Perspektive des Gegenübers einzuneh-

men (mithilfe von Feedback überprüfen). Im steten Wechsel von Annäherung und Rückzug muss sich in der Auseinandersetzung von Person mit Person die dialogische Grundhaltung bewähren. Wenn der Kontakt unsicher wird, ist es wichtig, zunächst wieder den Dialog herzustellen.

(4) *Begegnungsmoment (Ich-Du)*: Aus einem Kontaktmoment kann ein Begegnungsmoment werden. Es ist vor allem wichtig, ihn nicht zu übersehen. Auch wenn er noch so klein ist: Erst die gegenseitige Vergewisserung (ein Augenkontakt, ein Nicken, ein Lächeln, ein Satz) erschafft ihn. Begegnung bedeutet, dass sich zwei Menschen *als Menschen* nahekommen und dass sie das einander wissen lassen. Es bedarf des kurzen Würdigens durch Zeitlassen und Ausatmen. Verlegenheit kann sich einstellen. Es kann Sinn machen, bewusst aus der Situation herauszugehen, wenn die Verlegenheit den Begegnungsmoment überdauert. Die *Angemessenheit* der Begegnung ist von entscheidender Bedeutung. Irgendwann verwandelt sich der Begegnungsmoment wieder in einen gewöhnlichen Kontaktmoment. Der Kontaktprozess kann sich weiter entfalten. Entsteht zu viel Unsicherheit, ist es nötig, sich wieder zunächst des Dialogs zu vergewissern.

Die vier Ebenen der pädagogischen Beziehung stellen keinen fortlaufenden Prozess dar, der sich zwingend einstellt. Auch handelt es sich nicht um Phasen, die jeweils komplett abgeschlossen werden, bevor die nächste Phase beginnt. Oft ist es so, dass der Dialog bereits in einer spezifischen Hinsicht etabliert ist, in anderer Hinsicht (etwa wenn es um ein besonders heikles Thema geht) allerdings noch nicht. Mit den vier Ebenen sind Kriterien formuliert zur Einordnung des je aktuellen Kontaktgeschehens hier und jetzt. Mit der Rede von der Tiefendimension der Beziehung ist keine Wertigkeit verbunden. Tiefer ist nicht an sich wertvoller als weniger tief. Für viele Menschen, etwa in den sozialpädagogischen Hilfen zur Erziehung, kann bereits eine Dialogerfahrung von solcher Bedeutung sein, dass dadurch Veränderungsprozesse ermöglicht werden, auch wenn es (zumindest scheinbar) zu keinen besonders nennenswerten Kontaktmomenten kommt. Ein respektvoller Umgang kann bereits heilsam wirken. Ein Dialogangebot kann auch dazu führen, provoziert oder ausgetestet zu werden. Das ist verständlich. Je höher das Anerkennungsdefizit eines Menschen ist, umso misstrauischer reagiert er*sie unter Umständen auf das Angebot eines anerkennenden Dialogs. Das „Austesten“ ist (getreu dem Motto des gestaltpädagogischen Optimismus) ein Test, ob ein Dialogangebot auch unter Belastung hält. Oder ob es dann sofort wieder zurückgezogen wird. Daher ist es wichtig, dass der anerkennende Dialog unhintergehbar von Anfang an und unkündbar als Haltung und Rahmen zur Verfügung steht. Erst wenn Adressat*innen an die Aufrichtigkeit dieses Angebots glauben, werden sie sich für Kontaktprozesse öffnen können. Und bei manchen Menschen dauert das nun einmal aufgrund ihrer Lebenserfahrung aus guten Gründen sehr lange. Wenn Beziehung heilsam für alte Beziehungserfahrungen sein soll, braucht es Zeit und Geduld. Es geht hier um existenzielle Beziehungserfahrungen. Diese können im Rahmen pädagogischer Beziehungen zu bedeutsamen Lebenserfahrungen werden: eine positive Erfahrung mit der Welt als einem Ort, an dem etwas Gutes erfahren werden kann. Stimmiger Kontakt kann zu einem Begegnungsmoment werden, und zwar dann, wenn das gleichzeitige Gewahrsein der Stimmigkeit zur emotionalen (seelischen, existenziellen) Berührung führt. Begegnungsmomente bemerken wir manchmal kaum. Die Kontakttheorie der Gestaltpädagogik kann uns daran erinnern.

Praxisbeispiel: Einander sehen

In einem fünftägigen Sozialkompetenztraining für Jugendliche sitzt von Beginn an Malte, 15 Jahre alt, demonstrativ desinteressiert in der Gruppe. Genau gegenüber dem Leiter sitzt er, sein Lächeln mag als ein „was willst du denn" gedeutet werden. Das Training findet in einem Seminarhaus statt, mehrere Gruppen finden parallel statt, insgesamt Dutzende von jugendlichen Azubis desselben Arbeitgebers. In der Nach vom dritten auf den vierten Tag wird im Keller der Getränkeautomat aufgebrochen. Der ist abgesperrt, wenn Jugendliche im Haus sind, denn darin befinden sich Bierflaschen. Eine feuchtfröhliche Nacht war die Folge. Am nächsten Tag gibt es Ärger mit der Hausleitung und der Ausbildungsleitung. Es stellt sich heraus, dass Malte der Anführer war. Als die Gruppe nach der morgendlichen Aussprache wieder zusammenkommt, ist die Stimmung merklich angespannt. Wie soll der Leiter mit Malte umgehen? Noch eine Standpauke? Das will der Gruppenleiter eigentlich nicht, aber auch er ist stinksauer auf Malte. Aber wie Beziehung herstellen, denn das ist die Aufgabe im Sozialkompetenztraining, unter diesen ärgerlichen Bedingungen? Der Leiter hat Folgendes gemacht: Er hat seiner Ohnmacht und seiner Wut Ausdruck verliehen (er sprach es seitlich vorbei an Malte), die in ihm aufsteigt, wenn er sieht, wie sich Malte durch so eine Sache in ärgste Probleme bringt. Er hat beklagt, wie schlimm das wäre, wenn er deshalb seinen Ausbildungsplatz verliert – denn das genau kann Malte passieren, wo er seinen Beruf doch so mag. Der Leiter hat sich getraut zu zeigen, wie ihn bewegt, was passiert ist. Und tatsächlich scheint es ihm gelungen zu sein, dadurch nicht vorwurfsvoll und moralisch zu werden. Hat er Malte erreicht? Für alle war spürbar, dass damit erst einmal die Anspannung verschwunden war. Malte reagierte kaum, wirkte freundlich. Es wurde ein guter Seminartag. Am nächsten Tag endete das Training. Die einzigen längeren Sätze, die Malte in der Gruppe die ganze Woche gesagt hat, sagte er jetzt. Er bedankte sich für die Woche in wenigen Sätzen mit einer ungeheuerlichen Ernsthaftigkeit. Mehr nicht. Der Leiter war sehr angerührt und wusste, dass Malte das merkte und wusste, dass der Leiter das sah und sehen durfte. Einen kurzen Augenblick hatte der Leiter den Eindruck einer tiefen Verbindung zwischen Malte und ihm. Er durfte etwas von Malte sehen. Begegnung ist oft kein spektakuläres Ding, aber sie trägt uns.

Die (kleinen) Begegnungsmomente nicht zu übersehen, ist essenziell für gestaltpädagogisches Handeln. Wir verfügen alle über implizites Beziehungswissen. Statt aufwändiger Techniken brauchen wir Gewahrsein für das, was geschieht. Dass sich Begegnungsmomente ereignen können, ist keine Frage der Intensität oder des Zeitraums pädagogischer Arbeit. Begegnungsmomente können sich bei einem einmaligen einstündigen Beratungsgespräch einstellen. Oder bei einem kurzen, herzlichen Kontakt mit einer völlig fremden Person. Da Beziehung aus vielen Kontaktsequenzen besteht, wird ein einzelner Moment nicht gleich eine tiefe Beziehung hervorrufen. Und doch kann er einen Unterschied machen. Die Würdigung des Moments ist im Gestaltansatz zentral. So zentral, dass in ihm sogar ein Schlüssel zu heilsamen Veränderungsprozessen gesehen wird: Was sein kann, verändert sich, so lässt sich das gestalttherapeutische „Paradox der Veränderung" (Beisser 1997) zusammenfassen. Erst die Anerkennung, das Gewahrsein für das, was jetzt ist, erschafft die Möglichkeit zur Veränderung. Die Erlaubnis für das Bestehende ermöglicht Entwicklung. Dieses Prinzip ist eine therapeutisch und eine pädagogisch sinnvolle Haltung. Eine solche Haltung stärkt den Dialog als Beziehung zwischen zwei Menschen, einem Ich und einem Du.

Die große und grundsätzliche Bedeutung von Beziehung ist Teil unserer menschlichen Existenz, die immer schon gegeben ist, für die nichts getan werden muss. Das ist das Feld, das immer schon bereitet ist, und der Grund dafür, dass jeder Mensch ansprechbar ist, angesprochen werden will als der Mensch, der er*sie ist. Wir können das Religion, Spiritualität oder Philosophie nennen, es lassen sich bindungstheoretische, sozialpsychologische oder neurowissenschaftliche Argumente dafür anführen. Alles läuft darauf hinaus, dass wir in der Pädagogik eine Chance haben, einander zu erreichen. Und dass stimmige Beziehungserfahrungen heilsam wirken können, gerade bei seelisch verletzten Menschen. Dass uns Beziehung oft nicht (sofort) gelingt, ist kein Argument dagegen. Das trifft auch für das folgende Beispiel zu.

10.2 Gestaltpädagogische Vorgehensweisen am Beispiel „ADHS"

An einem Beispiel sollen die gestaltpädagogischen Überlegungen, die in den letzten Kapiteln entfaltet wurden, veranschaulicht werden. Es handelt sich um ein Thema, das mittlerweile in aller Munde ist, und das Herausforderungen an die Praxis stellt, von denen sich viele Praktiker*innen überfordert sehen: „ADHS".[58]

58 Ich setze hier bewusst Anführungszeichen, um zu verdeutlichen, dass ein klinisches Label in der Pädagogik, zumindest in einer bildungs- und erziehungswissenschaftlichen Konturierung, kein disziplineigener Terminus ist. Er ist kein pädagogisch „einheimischer Begriff" (Prange 2012, 19) und muss erst in die Pädagogik hineinübersetzt werden. Auch unter klinischer Perspektive ist das Kürzel „ADHS" lediglich eine Abkürzung für differenzierte und auch kontroverse psychiatrische und psychotherapeutische Diskussionen eines komplexen Störungsbildes. Das Kürzel „ADHS" hat sich alltagssprachlich etabliert und lädt meines Erachtens zum Missverständnis ein, dabei handle es sich um ein fixierbares, klar umrissenes Etwas. Um die damit

Wie schaut die Gestaltpädagogik auf dieses Phänomen, und welche Ideen hat sie zu bieten, um mit hyperaktiven, unruhigen, unkonzentrierten Kindern (auf diese Altersgruppe beschränke ich mich hier) umzugehen?

10.2.1 Pädagogische Herausforderungen anlässlich von „ADHS"

In nahezu allen pädagogischen Handlungsfeldern und Einrichtungen kommen Pädagog*innen mit Kindern und Jugendlichen (auch mit Erwachsenen) in Kontakt, denen eine „Aufmerksamkeits- / Hyperaktivitätsstörung" („ADHS") diagnostiziert wurde. Das bedeutet: Sie haben es mit Kindern zu tun, deren Verhaltensweisen medizinisch als Symptome einer (nach der neuen ICD-11 Nomenklatur) neuronalen Entwicklungsstörung gedeutet wird und die als persistent über den Lebensverlauf gilt (Philipsen & Döpfner 2020). Die Prävalenz (relative Diagnosehäufigkeit) wird mit acht Prozent weltweit und fünf Prozent für Deutschland angegeben, mit einer stets höheren Prävalenzrate bei Jungen (vgl. Philipsen & Döpfner 2020, 910). Mittlerweile erhalten 12 Prozent der Jungen zwischen zehn und 14 Jahren in Deutschland die Diagnose (ebd.), was „eine etwas zu häufige Diagnosestellung vermuten" lässt (ebd.). Die Zahlen dürften längst höher liegen (epidemiologische Daten sind grundsätzlich nur mit erheblicher zeitlicher Verzögerung generierbar).

Streit um die Diagnose

An einer einseitig klinisch-somatischen, auf ein Störungsbild fokussierten Deutung der Diagnose gab es von Beginn an Kritik, und zwar sowohl im klinischen und naturwissenschaftlichen Umfeld (z. B. Riedesser 2006, Neraal & Wildermuth 2008, Hüther & Bonney 2016, Neraal 2019) als auch sozial- und erziehungswissenschaftlich (z. B. Amft et al. 2004, Ahrbeck 2007, Stiehler 2007, Sauerbrey & Winkler 2011, Liebsch 2009, Köttgen 2014, Stechow 2015, Zink 2016). Die Auseinandersetzung um die Diagnose ist aber nicht nur ein Streit um die Ursache (genetisch? erworben? neuronal? sozial?) der thematisierten kindlichen Verhaltensweisen, sondern damit zusammenhängend auch ein Streit um die richtige Umgangsweise (Therapie? Pädagogik?) und schlussendlich auch ein Streit um die professionelle und disziplinäre Zuständigkeit (Medizin? Psychologie? Pädagogik?). Der wohl strittigste Punkt, der mit den drei vorherigen eng zusammenhängt, ist gewiss die Frage nach der Behandlung mit Psychostimulanzien („Ritalin"). Innerhalb der Pädagogik – in Wissenschaft und Praxis – gibt es zum Problemkomplex

---

verbundene Gefahr der Reifizierung eines Diagnosekonstrukts zu entgehen, setze ich die Anführungszeichen und spreche von einem Problemkomplex. Die Anführungszeichen sollen nicht missverstanden werden als Ironie oder Polemik gegenüber einem Phänomen, unter dem viele Menschen leiden.

„ADHS" recht unterschiedliche, sich teilweise diametral entgegenstehende Sichtweisen auf die Diagnose (Becker 2007). „ADHS" ist ein diffiziler Problemkomplex, der Professionen wie Eltern (und auch die Kinder) mit der schwer beantwortbaren Frage konfrontiert: „Schwierig oder krank?" (Becker 2014).

Im nicht-pädagogischen, *klinischen* Diskurs gibt es (mindestens) drei unterschiedliche Positionen bezüglich der Ursache der beschriebenen Verhaltensweisen:

1. Biomedizinisch: Die Verhaltensweisen sind genetisch bedingt, soziale Faktoren wirken kompensierend, Erziehung kann nur ausgleichen, Pharmakotherapie ist daher im Vordergrund.
2. Biopsychosozial: Die Verhaltensweisen sind sozial (z. B. in der Familie) ausgelöst auf Grundlage genetischer Faktoren (im Sinne einer Vulnerabilität), Erziehung spielt eine wichtige Rolle, Pharmakotherapie wird nur zurückhaltend eingesetzt.
3. Neurobiologisch-kritisch: Die Verhaltensweisen beruhen nicht auf neurobiologischen Ursachen. Das kindliche Gehirn weist eine hohe Plastizität auf, Auffälligkeiten können genauso gut das Ergebnis psychosozialer kindlicher Erfahrungsprozesse sein, Erziehung ist hier ein wesentlicher Faktor.

In der Neufassung der internationalen Klassifikation psychiatrischer Diagnosen (ICD-11) wird „ADHS" neuerdings als neuronale Entwicklungsstörung definiert. Das ist eine recht einseitige Festlegung des Phänomens, mag aber im besten Falle zu strengeren, nämlich medizinisch-physiologischen Kriterien für die Diagnose führen anstelle der äußerst schwammigen „Symptome" auf Verhaltensebene. Diese beziehen sich überwiegend auf den Schulkontext, weshalb manche Autor*innen behaupten, mit der Diagnose „ADHS" werde lediglich das Versagen gesellschaftlicher Erziehungsprozesse in Schule und Familie kaschiert (z. B. DeGrandpre 2003, Becker 2007, Ahrbeck 2007).

Pädagogische Perspektiven

Die medizinisch als ADHS-Symptome verstandenen zentralen Verhaltenskriterien wie Unkonzentriertheit und Unruhe lassen sich (ungeachtet ihrer Ursache) allesamt auch pädagogisch deuten, wie Stiehler (2007, 154) aus heilpädagogischer Perspektive ausführlich gezeigt hat: „Praktisch alle Verhaltensweisen, die aus medizinischer Sicht als ‚Symptome' für ‚AD(H)S' interpretiert werden, kann man auch erzieherisch erklären. Dazu gehören alle ‚Diagnosekriterien', die im ICD-10 (...) verwendet werden". Stiehler (2007) deutet beispielweise das klinisch formulierte Symptom motorischer Unruhe als pädagogisches Signal für Verträumtheit, Antriebsarmut, starke emotionale Ansprechbarkeit, erziehungsbedingte Schulunreife oder ein durch Konflikte abgelenktes Verhalten, und sie setzt dem die heilpädagogisch begründete Erziehungsidee einer „Förderung von Wollen, Können und Fühlen" entgegen (ebd.). Aus einem erziehungswissenschaftlichen Blickwinkel geht es um pädagogische Umgangsweisen mit Kindern, die von der Verhaltensnorm (vor allem im schulischen Kontext) abweichen, die „Fehlverhalten“ zeigen, die oft sehr kommunikativ sind, die Grenzen austesten, die rebellieren und quirlig sind, vielleicht Kinder mit Förderbedarf sind, in jedem Fall Kinder mit Bedürfnissen. Was also ist pädagogisch zu tun? Abwarten, bis sich der Sachverhalt klinisch endgültig klären lässt? Letztlich, so mein Argument, ist es *pädagogisch* (nur davon ist hier die Rede) relativ unbedeutend, was „ADHS“ *ist*.

Abgesehen von den klinischen Kritikpunkten (Über- und Fehldiagnosen), und den gesellschaftspolitischen und ethischen Dimensionen des Problems (Stigmatisierung und ungerechtfertigte Medikamentisierung) bedarf es, ob nun eine klinisch richtige und gerechtfertigte Diagnose vorliegt oder nicht, *pädagogisch* sinnvollen Handelns. Eine Diagnose ändert nichts daran, dass Pädagog*innen mit diesen Kindern tagtäglich in Schulen und anderen pädagogischen Einrichtungen zu tun haben. Sie müssen also *in jedem Fall* pädagogisch handeln. Die Diagnosestellung darf also unter keinen Umständen dazu führen, keine pädagogischen Überlegungen mehr anzustellen. Eltern und Fachkräfte sind mit Kindern, die solches Verhalten zeigen, oft überfordert. Einer Medikamentengabe stimmen die Sorgeberechtigten oft aus schierer Ratlosigkeit und aufgrund fehlender (wahrgenommener) Alternativen zu (Cormier 2012), und sie machen sich diese Entscheidung nicht leicht, entscheiden sich dafür und revidieren die Entscheidung wieder (Brinkman et al. 2009). Medikamentengabe mag die Sorgeberechtigten kurzfristig entlasten, insgesamt bleibt die Belastung jedoch in hohem Maße erhalten: „a substantial burden related to work, social activity, family life, and parental worry/stress reported by caregivers of children/adolescents with ADHD across Europe, despite the use of pharmacotherapy“ (Fridman et a. 2017). Die betroffenen Familien brauchen Unterstützung. Unabhängig vom Streit um Ursachen und Zuständigkeiten bleibt pädagogisch etwas zu tun, wenn es um „hyperaktive“ Kinder und Jugendliche geht. Pädagogisch zu denken darf dabei nicht heißen, die beobachteten Phänomene zu bagatellisieren und muss auch nicht heißen, die Deutungen anderer Professionen abzulehnen. Das heißt vor allem nicht, dass der pädagogische Ansatz darin bestünde, den Eltern oder Lehrer*innen eine erzieherische „Schuld“ zu geben. Es geht schlichtweg darum, in Erziehungskontexten jegliches Verhalten immer (auch) *pädagogisch* zu thematisieren und dafür *pädagogische* Antworten zu finden, weil genau das die Aufgabe der Pädagogik ist. Eine andere hat sie nicht. Daher wäre es kritisch zu sehen, wenn eine Orientierung an psychiatrischen Diagnosen mit einem Verschwinden von Pädagogik einherginge, wenn Diagnosen zu Stigmatisierung führen und dadurch Entwicklungschancen eingeschränkt werden (etwa hinsichtlich Selbstwertentwicklung, Selbstakzeptanz); wenn soziale Faktoren als Ursache und Bewältigungsressource unterbelichtet bleiben und Pädagogik keine lebensweltorientierte Unterstützung mehr bietet. Was auch immer also „ADHS“ ist, pädagogisch gibt es etwas zu tun.

Wie pädagogisch handeln, wenn Kinder uninteressiert scheinen, an dem, was gerade passiert, wenn sie sprunghaft sind und sich auf nichts und niemanden einzulassen scheinen, in einer Weise impulsiv sind, die es schwer macht, mit ihnen in Kontakt zu kommen? In der Gestaltpädagogik gibt es dafür eine Reihe von Vorschlägen. Sie laufen alle darauf hinaus, weder das Kind einfach nur als psychisch krank anzusehen noch den Pädagog*innen (auch nicht den Eltern) irgendeine Schuld zuzuweisen. Es geht vielmehr darum, das Kind zu verstehen, und an Kontakt das anzubieten, was diesem einen Kind, das ich gerade vor mir habe, fehlt. Gestaltpädagogische Perspektiven auf „ADHS" sind gefragt.

10.2.2 Gestaltpädagogische Perspektiven auf „ADHS"

Vor allem die Gestalt-Heilpädagogik und die Gestalt-Kindertherapie liefern bewährte Leitideen, wie mit unruhigen Kindern pädagogisch sinnvoll umgegangen werden kann. Was ist eigentlich der Fall, wenn „Hyperaktivität" im Feld ist? Was ist dieses Zuviel an Aktivität? Nach welchen Maßstäben ist es überhaupt ein Zuviel? Violet Oaklander, Grand Dame der Gestalttherapie mit Kindern und Jugendlichen (Oaklander 1981, Oaklander 2009, zum „Violet-Oaklander-Training" Mortola 2011), beschreibt mit Blick auf „ADHS", dass Erwachsene mit solchen Kindern überfordert sind, ungeduldig und genervt; dass die Kinder oft Schwierigkeiten haben mit Gleichaltrigen und auch selbst ein schlechtes Bild haben von sich haben; und dass Medikamente lediglich Krücken sein können, die an Symptomen ansetzen, ohne eine „innere Kraft" zu befördern, die doch so nötig wäre (vgl. Oaklander 1981, 277). Volkmar Baulig (2019) betont aus seiner sonderpädagogischen und kindertherapeutischen Perspektive die Bedeutung von Kontaktprozessen im Falle von Diagnosestellungen bei Kindern. In Rekurs auf psychoanalytische Verstehensmodelle sehen Ingeborg Baulig und Volkmar Baulig (2002, 138) bei Kindern, die ein rastloses Verhalten im Sinne von „ADHS" zeigen, in erster Linie einen „Wiederholungszwang von Ohnmacht, Kompensation und erneuter Vermeidung einer wirklichen befreienden Erfahrung" (a. a. O., 138). Ihre primäre Hilfslosigkeit versuchen sie stets auf Neue durch übersprungartige Allmachtsvorstellungen zu kompensieren, wodurch sie erneut Ohnmachtserfahrungen machen, was den Kreislauf wieder von vorne beginnen lässt. Bei Pädagog*innen kann dieser Kreislauf starke Gefühle, vor allem Überfordertsein und Machtbedürfnisse hervorrufen (vgl. a. a. O., 138 f.). Die Zielrichtung des therapeutischen bzw. pädagogischen Handelns muss sein, diesen Kreislauf zu durchbrechen (egal, welche Ursache er hat):

> Das Durchbrechen dieses Regelkreises setzt u. E eine durch aktive Begleitung begrenzende Haltung voraus, und zwar im Hinblick auf alle drei Verhaltensaspekte. (Baulig & Baulig 2002, 139)

Durch eine gleichzeitige Orientierung an der „Begrenzung im Beziehungskontakt“ und einer stärkeren „Orientierung am Selbst“ kann die Außenorientierung vermindert werden (ebd.). Das bedeutet: Baulig und Baulig verstehen in hyperaktivem Verhalten ein Ausweichen auf Agitation im Außen aufgrund einer Überforderung im Innen. Doch woher kommt diese Ohnmachtserfahrung bei den Kindern? Sie entsteht nicht nur aufgrund von deren individuellen Dispositionen.

Was ist „ADHS“? Fünf Thesen

Baulig und Baulig (2002, 140 ff.) formulieren fünf Thesen, um sich den Kindern sinnverstehend zu nähern.

1. „Das frühkindlich-traumatisierende Erleben“ (Baulig & Baulig 2002, 140 f.): Suche nach Aktivität ist ausgelöst durch traumatische Erfahrung von Hilflosigkeit. Solche Kinder fühlen sich bedroht und halten mit ihrer Überaktivität andere auf Abstand. Sie brauchen einen sensiblen Umgang mit Nähe und Distanz.

   Neuere Studien zeigen, dass sich hinter einer „ADHS“-Diagnose oft eine traumatische Erfahrung verbirgt. In diesem Falle wären traumapädagogische Vorgehensweisen hilfreich. Baulig (2023) hat auf den engen Zusammenhang zwischen Gestaltpädagogik und Traumapädagogik hingewiesen. Gestaltpädagogisch geht es hier in erster Linie um eine stabile dialogische Beziehung und um Würdigung und Wirkenlassen jedes einzelnen stimmigen Kontaktmoments.

2. „Der Aspekt mangelnder Eingrenzung“ (Baulig & Baulig 2002, 141): Wegen erzieherisch diffuser Grenzen kommt es zu provokativem Verhalten, um das Gegenüber zu einer klaren Position zu zwingen in der Hoffnung auf Halt. Solche Kinder brauchen Greifbares: Körperkontakt, handfestes Spielzeug, Regelspiele.

   Mit Blick in die Literatur zum Thema „ADHS“ ist das Grenzenthema vor allem in den familientherapeutischen bzw. -pädagogischen Ansätzen ein zentraler Aspekt, um durch eine pädagogische Arbeit mit der ganzen Familie ein Halt gebendes Familienklima aufzubauen. Gestaltpädagogisch ist es vorrangig, Kontakt als greifbare, erdende, sich materialisierende Erfahrung zu ermöglichen. Es geht um die Erfahrung von Kontaktgrenzen, auch um Kontaktgrenzen im Feld (Familie, Einrichtung).

3. „Der Polaritätsaspekt“ (Baulig & Baulig 2002, 142 f.): Starke unbewältigte Gefühle wie Angst, Wut oder Trauer führen zur einseitigen Betonung des Aktiven, um die Gefühle nicht mehr zu spüren. Solche Kinder brauchen Ruhe, und zwar auch in der Situation.

   Das beschriebene Problem erinnert daran, dass auch viele Erwachsene Schwierigkeiten haben, ihre Gefühle zu spüren. Die Ratgeberliteratur zu diesem Thema füllt ganze Regale. Gestaltpädagogisch geht es hier um eine Stärkung des

Kontakts mit sich selbst, der durch Gewahrseinsübungen gefördert werden kann in einem sicheren Rahmen, der Zeit lässt.

4. „Der energetische Aspekt" (Baulig & Baulig 2002, 143 f.): Kinder haben zu wenig Energie aufgrund ihrer Lebenssituation und überkompensieren diesen Mangel, indem sie ihre eigenen Grenzen ständig überschreiten, um unangenehme Gefühle zu vermeiden. Solche Kinder brauchen eine angenehme Atmosphäre im Raum und in der Beziehung.

Viele Studien haben gezeigt, dass selbst einfachste Bewegungsübungen bei manchen Kindern schon für mehr Ruhe sorgen. Angesichts des viel beklagten Bewegungsmangels, nicht nur bei Kindern, ein wichtiger Punkt. Gestaltpädagogisch geht es hier um Kontakt mit dem Feld, um Raumgreifen und Sichausdrücken im Sichaustoben.

5. „Der Aspekt mangelnder Zielorientierung" (Baulig & Baulig 2002, 144 f.): Kinder sind getrieben und gleichzeitig ziellos, sind für alles offen, weil ihnen kein orientierendes Auswahlkriterium zur Verfügung steht. Solche Kinder brauchen Angebote, die Orientierung geben und Werte anbieten. Hilfreich sind orientierende Fragen wie: „Was möchtest du auf keinen Fall?", „Was willst du?", „Was brauchst du?"

Das erinnert an die sozialwissenschaftliche Dauerdiagnose einer orientierungslosen, rastlosen, mediengetriebenen hyperaktiven Gesellschaft: „Erregte Zeiten, unaufmerksame und hyperaktive Kinder" (Ahrbeck 2018), in der Erregung wichtiger ist als Bedeutung (Ahrbeck 2007). Produziert also die Event-Gesellschaft ruhelose Kinder, und ist hier Ruhelosigkeit vielleicht nichts anderes als Orientierungslosigkeit? Und: Was können Eltern und Fachkräfte tun für mehr Orientierung – in sich selbst und im Kontakt mit den Kindern?

Kontaktorientierte Sichtweise auf „ADHS"

Gestaltpädagogisch geht es mit Blick auf die hier angesprochene Rastlosigkeit um Kontakt: um Kontakt als ein In-der-Welt-Sein in Abstimmung zwischen mir und meinen Bedürfnissen, den anderen und ihren Bedürfnissen sowie den Dingen und den Zumutungen der Welt. Kontakt als Bodenhaftung, als ein Im-Leben-Stehen, als Halt. Hyperaktiven Kinder fehlt es nach Baulig (2006, 58) an Orientierung im Hin und Her zwischen Innen und Außen, zwischen dem „Pol des Weichen, inhaltlich Gestalterischen" und dem „Pol des Festen, Klaren und Haltgebenden", sondern sie „oszilliere[n] angstbestimmt zwischen diesen beiden Polen hin und her ohne einen klaren Standort zu finden". Mit anderen Worten: Diese Kinder (Jugendlichen und Erwachsenen) finden keinen existenziellen Halt in der Welt.

Baulig und Baulig geben Anregungen für eine kontaktorientierte Sichtweise auf ein Phänomen, das gestaltpädagogisch betrachtet mit den klinischen Symptomen nichts anders als Beziehungsweisen beschreibt, nämlich sich nicht konzentrieren können *auf* etwas *in* bestimmten Situationen, die *Selbst*kontrolle erfordern. Ist angesichts der Komplexität der „ADHS"-Problematik „Kontakt" als gestaltpädagogische Antwort nicht etwas wenig? Baulig und Baulig (2001, 2002) betonen, dass es gestalttherapeutisch zentral sei, Hyperaktivität als sinnhaftes Verhalten zu betrachten (Baulig & Baulig 2002, 133). Dazu ist es notwendig, entsprechende Verhaltensweisen nicht isoliert zu betrachten, sondern im Kontext der Situationen, in denen sie auftauchen (a. a. O., 137). Hier kann die gesamte (Gestalt-)Pädagogik von der Heilpädagogik lernen: So lange „das Fehlende" (Paul Mohr) nicht im Feld präsent wird, besteht die Gefahr des ewigen Kreislaufs psychischer und sozialer Dynamiken auch über Jahre und Jahrzehnte. Das fortdauernde Fehlen dessen, was es eigentlich bräuchte, nämlich Kontakt, mag daran liegen, dass es auch wirklich schwierig ist, mit ausgreifend aktiven Menschen in Kontakt zu kommen. Es ist schwierig, unmöglich wird es aber erst dann, wenn keine pädagogische Idee vorhanden ist, was eigentlich getan werden könnte. Denn die Rede von der „Hyperaktivität" lädt dazu ein, gerade das Falsche zu tun. Es geht in der (gestalt)pädagogischen Herangehensweise darum, mit einem rastlosen Kind *in Kontakt* zu kommen. Was stattdessen, nachvollziehbar, oft passiert, ist, dass Eltern und Fachkräfte vollauf damit beschäftigt sind, das Kind durch Ermahnungen in die Schranken zu weisen („einfangen"), das Kind nicht zu beachten („ignorieren") oder das Kind mit Engelszungen oder mithilfe von Medikamenten oder „Time-out" zur Ruhe bringen zu wollen („beruhigen"). Diese Ideen sind nicht ausreichend, weil sie den Kern des Problems nicht berühren. Das Kind hat Schwierigkeiten im Kontakt.

Hyperaktivität als ein Problem der Kontaktgrenze

Oaklander (2009, 261) sieht in „ADHS" ein Problem der Kontaktgrenze: das Selbst ist nur schwach ausgebildet, das heißt (weil das Selbst ein Prozess ist) das Oszillieren an der Kontaktgrenze gelingt nicht. Im Falle von „ADHS" geht das Kind in der Weise kreativ mit diesem Mangel um, dass es stets auf das Außen fixiert ist, weil das Innen aus bestimmten Gründen gemieden wird. Die Hyperaktivität von Kindern wäre in dieser Sichtweise nur eine Variante des Ausagierens einer innerer Not, ohne mit dieser inneren Not in Kontakt kommen zu können. Die kreative Anpassung erbringt zwar den Vorteil, sich von der eigenen Gefühlswelt zu entfernen, produziert aber im Außen nahezu chaotische Zustände, die wiederum das eigene Unwohlsein erhöhen. Die betroffenen Kinder geraten in einen Kreislauf. Wie meistens, wenn komplexe innere Dynamiken entstehen, kommt es in der Folge auch zu Dynamiken im Außen, vor allem in der Familie und in der Schule, also in Feldern, in denen es hohe Erwartungen gibt an vorgegebene Formen der Selbstkontrolle. Mit Kontrolle ist diesen Kindern allerdings nicht geholfen. So paradox es klingt: Sie *sind* extrem kontrolliert. Das Chaos im Außen ist so etwas wie ein seelisches Ablenkungsmanöver, das genau eben jenen Zweck erfüllt: Kontrolle im Sinne einer Verhinderung von Kontakt mit sich selbst aus Angst davor, von den eigenen Gefühlen überschwemmt zu werden (die Nähe zum Traumakomplex ist nicht zufällig). In diesem Sinne versteht Oaklander (2009, 261) hyperaktives Verhalten als *Deflektion*, also ein Ablenken der im Kontaktprozess mobilisierten Energie, Kontakt auf Abwegen sozusagen, wodurch die Energie ziellos wird und das Verhalten nicht nur scheinbar, sondern ganz real ohne Ziel ist (außer dem Ziel des Vermeidens von vollem Kontakt). Es ist ein Vermeiden von Gefühlen (ebd.). In Oklanders Sicht kämpfen diese Kinder um Grenzen (ebd.). Das heißt aber nicht, wie es oft missverstanden wird, dass es lediglich um ein Grenzenziehen von außen geht. Grenzen haben zwei Seiten. Ohne das Angebot einer Kontaktgrenze kann ein Kind, das sich mit den eigenen Kontaktgrenzen schwer tut, keine hilfreiche, kontaktfördernde Erfahrung machen. In der Folge kommt es zu einem chaotischen Hin und Her zwischen Außen und Innen, zu Hyperaktivität aus Flucht vor dem Innen, zur Un-Konzentrierbarkeit auf das Innen. Bei entsprechender Hemmung fällt nur die Unkonzentriertheit auf und die Hyperaktivität fehlt (zumindest im Außen). Jedwedes pädagogisches Handeln im Sinne einer kontaktorientierten Intervention ist hier hilfreich. Der spezielle gestaltpädagogische Ansatz besteht darin, den betreffenden Kindern Kontakt anzubieten, um ihnen Orientierung in sich selbst und im Handeln nach außen zu ermöglichen.

10.2.3 Der gestaltpädagogische Ansatz: Orientierung durch Kontakt

Es geht darum, dem Kind eine Grenze anzubieten, indem ich mich als Gegenüber für Kontakterfahrungen zur Verfügung stelle, und *mit* dem Kind zusammen Kontaktprozesse gestalte, sodass es stimmige Kontakterfahrungen machen kann, also selbst lernt, Kontakt zu gestalten.

> Je klarer mir meine eigenen Grenzen sind, umso leichter fällt es mir natürlich, Kindern Grenzen zu setzen. (Oaklander 2009, 265)

Violet Oaklander beschreibt, wie es funktionieren kann: „Wenn diese Kinder merken, dass man ihnen Aufmerksamkeit schenkt, ihnen zuhört und sie ernst nimmt, dann gelingt es ihnen recht schnell, ihre Symptome einzudämmen" (Oaklander 1981, 279). Sie beschreibt, wie sie sich auf das sprunghafte Verhalten der Kinder einlässt, ohne zu werten; wie sie versucht, mit einfachen Fragen beim Sprung von einer Sache zur anderen Kontakt zu ermöglichen („Wie fühlt sich der Stift an?"); wie sie jedwedes sinnliche Erlebnis fördert, mit verschiedenen Materialien arbeitet und Entscheidungsfreiheit fördert, weil Selbstwahrnehmung und Entscheidenkönnen eng zusammenhängen (Oaklander 1981, 279 ff.).

> Wenn Kinder sich von jedem Gegenstand, jedem Geräusch, jedem Bild und jedem Lichtstrahl ablenken lassen, Fragen stellen, ohne eine Antwort abzuwarten, ununterbrochen reden, ohne zu erwarten, dass andere darauf reagieren, dann sind sie nicht

> wirklich an ihrer Umwelt interessiert. Sie sehen die Dinge, ohne sie wirklich in sich aufzunehmen, bevor sie sich einer anderen Sache zuwenden. Wenn ich solches Verhalten beobachte, gehe ich methodisch so vor, dass ich zu jedem Gegenstand eine Bemerkung mache oder Fragen stelle und das Kind dann ermutige, sich etwas anderes vorzunehmen. Diese Methode erlaubt es dem Kind, sein Verhalten beizubehalten, gleichzeitig aber intensiver zu erleben. (Oaklander 1981, 282)

Oaklander betont, dass hilfreiche Strukturen (räumlich, zeitlich) wichtig sind, aber bei Weitem nicht ausreichen. Sie weist auch darauf hin, dass hyperaktive Kinder mit ihrer eigenen aggressiven Energie wenig vertraut sind, sie brauchen ein Kennenlernen dieser Energie in einem geschützten, positiven Kontext (Oaklander 2009, 274 f.). Es geht also, entgegen vielleicht der eigenen Intuition, nicht nur darum, diese Kinder zu beruhigen. Ihr Problem ist nicht die Bewegung und die Aggression, sondern deren Ungerichtetheit. Sowohl die Ruhe als auch die Erregung, sowohl das Sitzen als auch das Sichbewegen brauchen einen Fokus. Statt Deflektion braucht es erfüllenden Kontakt. Wenn Deflektion im Feld ist, dann braucht es feste Regeln des Miteinanders (Arbeitsbündnis) und mehr Fokussierung. Gestaltpädagogisch-feldtheoretisch ist das nicht nur ein Problem des Kindes. Es ist zu fragen, wie das Feld Selbst-Support beim Kind unterstützen kann (etwa durch körperbezogene Gewahrseinsangebote), aber auch, wie das Feld für mehr Fremd-Support sorgen kann. Wie kontaktfähig ist das Feld? Die Eltern und Pädagog*innen? Wie kontaktunterstützend sind die Strukturen und Prozesse, zum Beispiel: Wie flexibel im Miteinanderumgehen ist die Schule, die Einrichtung? Gibt es nur „Das muss so sein" oder „Alles erlaubt", oder gibt es auch etwas Dazwischen: eine flexible, gemeinsame Abstimmung über das, was an diesem pädagogischen Ort geschieht; mit Sicherheit gebenden Grenzen und gleichzeitig einfühlsam auf die individuellen Bedürfnisse eingehend (das ist im Übrigen der Grundsatz jeglicher Traumapädagogik).

Umgehen mit „ADHS" braucht Orientierung

Unter Rückgriff auf den im vorigen Kapitel entwickelten gestaltpädagogischen Handlungsrahmen seien die Prinzipien des Umgangs mit „ADHS" noch einmal zusammengefasst.

(1) Die Gestaltungsprinzipien für ein Setting im Umgang mit extrem unruhigen Kindern laufen darauf hinaus, sich in erforschender Haltung dem Kind zu nähern, um herauszufinden, auf welchem Wege es für existenziell bedeutsame Kontakterfahrungen ansprechbar ist.

(2) Die Beziehungsprinzipien finden Berücksichtigung in Anerkennung dessen, dass das gezeigte Verhalten für das Kind Sinn macht (es geht nicht darum, das Kind als krank anzuerkennen, sondern als Person). Wenn die Orientierung an

der klinischen Diagnose „ADHS" die pädagogische Perspektivenübernahme verhindert, dann kommt es zur Blockade pädagogischen Denkens und Handelns. Es mag verständlich sein, dass, wenn Eltern und Fachkräfte sich nicht mehr zu helfen wissen, sie froh sind, wenn die Verantwortung für den Umgang mit dem Kind in andere Hände kommt (Psychiatrie, Psychotherapie). Das ist aber keine Lösung. Es braucht neue, zum Beispiel gestaltpädagogische Ideen für die pädagogische Unterstützung dieser Kinder. Der erste Schritt zur Erweiterung der eigenen professionellen Handlungsfähigkeit besteht darin, sich die eigene Ratlosigkeit einzugestehen, um sich selbst Rat holen zu können (zum Umgang mit Ratlosigkeit bei Erziehungsfragen vgl. gestaltpädagogisch Eschweiler-Trutzenberg 2023).

Fremd-Support für ein extrem unruhiges Kind bedeutet vor allem, das Kind in geeigneter Weise mit Kontaktangeboten zu unterstützen und auch die eigene Präsenz in der Beziehung als Form des Supports zu begreifen. Das ermöglicht die Herausbildung stabiler(er) Kontaktgrenzen.

(3) Die Gestaltungsprinzipien im Sinne einer gestaltpädagogischen Lernbegleitung kommen zur Geltung, indem konsequent bedeutsames Lernen dialogisch ermöglicht wird, und zwar in Verantwortung für die Rahmenbedingungen der pädagogischen Situation. Der Rahmen (Raum, Zeit, Handlungsspielraum) muss stimmen, sonst torpediert er noch die besten Ideen für pädagogisches Handeln. Es braucht Zeit, sich dem Kind in einem ruhigen Zweiersetting zu widmen (zu dessen Bedeutung vgl. Baulig 2023), die größere Gruppe (z. B. Klasse) bedarf der Aufteilung, um miteinander in Dialog zu kommen, in Einrichtungen muss es Orte für Einzelgespräche geben oder Zeit, in Ruhe miteinander zu spielen, und so fort.

(4) Und schließlich können die Didaktikprinzipien gestaltpädagogischen Handelns immer dann Anwendung finden, wenn es darum geht, das Kind darin zu unterstützen, konkrete Kompetenzen zu erwerben, etwa die Fähigkeit zur Selbstwahrnehmung: etwas erfahren, mit dieser Erfahrung in Beziehung gehen und daraus über Reflexion Erkenntnisse gewinnen.

Auch wenn die pädagogische Herausforderung darin zu bestehen scheint, dem Kind im Außen Einhalt zu gebieten, so geht es doch viel mehr aus Gestaltperspektive darum, das Kind darin zu unterstützen, sich wahrhaft auszudrücken, anstatt sich und alle andern im Pseudo-Kontakt mit der Außenwelt zu erschöpfen. Die gestaltpädagogische Umgangsweise mit dem Problemkomplex „ADHS" zielt darauf ab, dem Kind Kontaktgrenzen anzubieten. Das ist etwas anderes als das alltagssprachliche „eine Grenze ziehen". Es geht darum, im dialogischen Kontakt gemeinsam stimmige Kontaktgrenzen entstehen zu lassen. Kontaktgrenzen ermöglichen Orientierung im Innen und Außen. Orientierung unterstützt innere Ruhe ebenso wie ein aktives Herangehen an die Welt (ohne Ausflucht in die Hyperaktivität). Ein solches Vorgehen ist auch dann sinnvoll, wenn hinter dem als

„ADHS“ diagnostizierten Verhalten eine traumatische Überlastung steht. Gerade im Fall eines zerrütteten Selbst- und Weltverstehens kann ein sicherer Kontakt- und Beziehungsrahmen eine immense Wirkung entfalten. Die Prinzipien der Gestaltpädagogik im Umgang mit „ADHS“ (einschließlich der traumapädagogischen Vorgehensweisen) können bei allen kontaktunsicheren Menschen, egal welchen Alters, eine positive Wirkung entfalten. Denn diese Prinzipien sind nicht störungsspezifisch gedacht, sondern kontaktorientiert.

Können das Pädagog*innen aber überhaupt leisten, Lehrer*innen, Sozialpädagog*innen, Heilpädagog*innen? Brauchen Lehrer*innen heutzutage am besten gleich eine traumapädagogische Zusatzausbildung? Nein, das darf getrost Spezialist*innen überlassen bleiben. Es kann aber nicht sein, dass Pädagogik gerade dann, wenn Beziehung anstrengend wird, ratlos zurückbleiben muss (und den Stab an Psychotherapie und Psychiatrie weitergibt). Es geht darum, auch *pädagogisch* konsequent am Kontakt dranzubleiben. Wie soll das gehen in großen Schulklassen im 45-Minuten-Takt und vollen Lehrplänen? In sozial- und heilpädagogischen Einrichtungen in Zeiten von Personalnot? Sowohl Baulig und Baulig (2002) als auch Oaklander (1981, 2009) strotzen nur so vor Zuversicht, was ein konsequentes Kontaktangebot auch in schwierigsten „Fällen“ bewirken kann. Was wäre, wenn die Lösung wirklich so klar vor uns läge? Wenn gar nicht die Lösung das Problem wäre, sondern nur deren Umsetzung? Oaklander betont das wichtigste Moment einer hilfreichen Begegnung mit hyperaktiven Kindern, nämlich die eigene Fokussiertheit und: Zeit. Am wirkungsvollsten ist pädagogische Zeit im Einzelsetting. Wenn dies, etwa im Schulkontext, nicht möglich oder gewollt ist, dann ist die pädagogische Chance vertan.

> Ich kann diese Art von Interaktion vorteilhaft nutzen, um dem Kind zu helfen, adäquate Grenzen und ein starkes Selbstempfinden zu entwickeln, das es ihm ermöglicht, in der äußeren Welt gut zurechtzukommen. (…) Was das Kind mit mir zusammen erleben kann, ist anders als alles, was es in anderen Zusammenhängen erlebt. Das Erleben ist bei der Arbeit mit Kindern das Wichtigste überhaupt. Wir sollten dies nie unterschätzen. (Oaklander 2009, 267 f.)

Pädagogische Arbeit mit Kindern bedarf der Zuwendung im Einzelkontakt, um sich dem Erleben des Kindes zu widmen.

Zeit als zentrale Ressource

Was wäre, wenn es tatsächlich vor allem Zeit bräuchte und überdies noch Eltern und erst recht Pädagog*innen, die selbst fokussiert und kontaktsicher sind? Könnte es nicht sein, dass der Anstieg der „ADHS“-Diagnosen mehr ist als Ausdruck einer zunehmenden psychischen Gestörtheit, sondern zumindest *auch* Ausdruck einer „genervten“ Zeit, einer allgemeinen Zeitknappheit, die uns sogar für das Wichtigste auf der Welt die Zeit raubt: unsere Kinder? Ist vielleicht das

Leiden einiger nichts anderes als eine allgemeine Kontaktunsicherheit in einer „berührungslosen Gesellschaft“ (von Thadden 2018), die mehr (pädagogischen) Kontakt braucht? „Eine ganze Generation wird krankgeschrieben“, titelte die Deutsche Gesellschaft für Soziale Psychiatrie (DGSP 2013) schon vor zehn Jahren angesichts der immensen Anzahl von „ADHS“-Diagnosen. Die Diagnosestellung mag *klinisch* was auch immer bedeuten und die ausgerechnet medizinische Perspektive auf kindliche Verhaltensweisen mag gerechtfertigt sein oder auch nicht: In jedem Falle sollte es übergreifender Konsens sein, dass (statt oder parallel zu einer klinischen Behandlung) sämtliche *pädagogischen* Möglichkeiten zur Förderung von Kontakt (als das Fehlende der Hyperaktivität) *tatsächlich angeboten* werden. Alles andere käme einer Abschaffung der Pädagogik gleich. Eltern können in ihrem Erziehungsvermögen (sozial)pädagogisch unterstützt werden, professionelle Pädagog*innen müssen dazu ausgebildet werden. Nicht in Therapie, sondern in Pädagogik. Dazu brauchen sie aber auch Rahmenbedingungen, die das ermöglichen. Statt Pädagog*innen in klinischer Diagnostik laienpsychiatrisch zu schulen (wie in ersten Pilotprojekten), sollte das Lehramtsstudium endlich zu dem werden, was es oft nur vorgibt zu sein: ein *pädagogisches* Studium; eines, das pädagogisches Handeln auch unter schwierigen Bedingungen lehrt, das heißt unter den mittlerweile normalen Bedingungen einer diversifizierten und gleichzeitig entfremdeten Moderne.

Schule ist immer noch nicht das, was sie pädagogisch sein könnte: ein Ort der Freundlichkeit, der Anerkennung, des Miteinanders, ein ausgleichender Ort. Auch alle anderen pädagogischen Handlungsfelder tun gut daran, den Beziehungsfaktor noch konsequenter zu berücksichtigen. Zum Optimismus Anlass gibt, dass inzwischen auch die Beziehungsfähigkeit der Pädagog*innen stärker in den Fokus genommen wird. Auf diesen Punkt weist die Gestaltpädagogik schon seit fünfzig Jahren hin. Wenn es einen pädagogischen Ansatz gibt, der bezüglich einer beziehungsorientierten Qualifizierung von Pädagog*innen seit Jahrzehnten Pionierin ist, dann ist das mit Sicherheit die Gestaltpädagogik. Ihre Aktualität ist daher ungebrochen (Svoboda 2023a). In diesem Sinne ist noch viel zu tun: Denn wenn Kinder, Jugendliche und Erwachsene – ob sie nun hyperaktiv oder hyperpassiv, aggressiv oder gehemmt, lustig oder traurig sind – eines brauchen können, dann ist es Kontakt. Kontakt ist mehr als Zuwendung, Kontakt ist Leben-Lernen: eine ur-pädagogische Aufgabe.

11 Und zum Schluss: Eine Zusammenfassung

Die Gestaltpädagogik ist einst angetreten, um aus pädagogischen Einrichtungen menschenfreundlichere Orte zu machen. Seitdem ist viel passiert, die pädagogische Beziehung ist in Wissenschaft und Praxis zu einem zentralen Thema geworden. Allen pädagogischen Fachkräften ist klar, dass es wichtig ist, ihre Zielgruppen zu erreichen. Aber wie? In den Anfangsjahren der Gestaltpädagogik stand die Idee einer emotionalen Befreiung aus gesellschaftlichen Zwängen im Mittelpunkt. Die bewährten Übungen der Gestalttherapie (z. B. Phantasieübungen und kreative Methoden) sind dafür überaus effektiv. In den Jahrzehnten seit Gründung der Gestaltpädagogik ist jedoch ein zweiter wesentlicher Aspekt hinzugekommen. Neben der Fähigkeit, mit sich selbst in Kontakt zu kommen, geht es immer mehr um den Aspekt, auf dieser Grundlage mit anderen besser in Kontakt zu kommen (vgl. gestalttherapeutisch Spagnuolo Lobb 2013). Es braucht Kontakt „jenseits des Individualismus" (Wheeler 2006). Zeitgemäße erziehungswissenschaftliche Bildungstheorien formulieren diesen Doppelaspekt in komplementären Positionen wie etwa Personalisation und Sozialisation, Selbstbezug und Fremdbezug, Selbst- und Weltverhältnis. Die Gestaltpädagogik stellt mit der Kontakttheorie einen Denkrahmen zur Verfügung, auf dessen Grundlage sich sagen lässt, was eigentlich zu tun ist, wenn vor dem Hintergrund eines solchen Bildungsverständnisses pädagogisch gehandelt werden soll. Gestaltpädagogik ist ein aus der Gestalttherapie herleitbarer und gleichzeitig eigenständiger Ansatz der praktischen Pädagogik für alle pädagogischen Handlungsfelder (z. B. Kindheitspädagogik, Schulpädagogik, Heilpädagogik, Soziale Arbeit). Ihr Fundament ist Kontakt- und Beziehungsorientierung im Rahmen einer anerkennend-dialogischen Beziehung.

Die Gestaltpädagogik antwortet auf die aktuellen pädagogischen Herausforderungen, indem sie Kinder, Jugendliche und Erwachsene in ihrer gesamten Lebenssituation betrachtet. Sie setzt an deren lebensweltlichen, das heißt alltäglichen Erfahrungen an, die sie mit sich selbst und mit anderen Menschen machen, auch mit ihren tagtäglichen Lebensaufgaben, Herausforderungen und Krisen. Gestaltpädagogik nimmt die Erfahrungen von Menschen ernst, auch diejenigen Erfahrungen, die in pädagogischen Situationen gemacht werden, nicht nur aber auch im Rahmen von pädagogischen Beziehungen. Sie interessiert sich für diese Erfahrungen, spricht sie an und macht sie in pädagogischen Situationen zum Inhalt der anerkennenden Auseinandersetzung miteinander. Zeitgemäße Bildung und Erziehung brauchen Möglichkeiten, um ihre Adressat*innen selbst unter schwierigen Bedingungen pädagogisch zu erreichen. Der Grundgedanke der Gestaltpädagogik besagt, dass genau dies möglich ist, wenn Kinder, Jugendliche und Erwachsene darin unterstützt werden, in pädagogischen Situationen eigene bedeutsame Erfahrungen zu machen: mit sich selbst, mit anderen, mit den Dingen in der Welt.

Das gestaltpädagogische Erfahrungsverständnis basiert auf vier zentralen Annahmen: Erfahrungen sind immer ganzheitlich (geistig, seelisch, leiblich, emotional), situativ (kontextabhängig), existenziell (den eigenen Lebensgrund betreffend) sowie sozial (mit anderen verbunden). Die Eingebundenheit menschlicher Erfahrung besteht von Geburt an. Aufwachsen bedeutet immer schon, Erfahrungen in und mit Beziehungen zu machen. Das Kind lernt von Geburt an komplexe Formen des Zusammenseins mit den Bezugspersonen. Entwicklung ist keine Schrittfolge isolierbarer Verhaltensweisen, sondern eine sozial eingebundene Entwicklung, die zunehmend komplexer wird, aber von Beginn an immer schon ein Ganzes darstellt. Daniel Sterns Säuglingsforschung hat gezeigt, dass Säuglinge von Geburt an mit ihren Betreuungspersonen aktiv interagieren. Jeder Mensch hat ein angeborenes Beziehungswissen, das pädagogisch ansprechbar ist.

Gestaltpädagogik unterstützt Menschen, sich aktiv ins Verhältnis zu setzen mit sich selbst und mit der Welt. Dazu braucht es die Fähigkeit, sich die eigenen Erfahrungen bewusst zu machen. Das gilt für die pädagogischen Adressat*innen ebenso wie für die Pädagog*innen. Die Förderung von „Kontakt" spielt in diesem Zusammenhang eine entscheidende Rolle. Kontakt ist der Erfahrungsaspekt von Beziehung. Mit der Kontakttheorie werden im Gestaltansatz Verhaltensweisen (Kontaktregulation), Präferenzen (für stimmigen Kontakt) sowie Prozesse (Phasenmodelle) beschrieben. Kontaktprozessen nachzuspüren und auf ihre Stimmigkeit zu achten, gehört zum elementaren Handwerkszeug der Gestaltpädagogik. Auf diese Weise entsteht ein tiefes Verständnis für menschliche Beziehungen und darüber hinaus für jede Form des Sichbeziehens auf etwas in der Welt. Die Kontakttheorie der Gestaltpädagogik macht sichtbar, wie Menschen in grundsätzlicher Weise stets bezogen sind zur Welt und wie sie diese Bezüge gestalten. Diese Prozesse zu verstehen, hilft, Menschen dabei zu unterstützen, sich aktiv ins Verhältnis zu setzen zu ihrer Lebenswelt.

Eine dialogische Grundhaltung ist die pädagogische Voraussetzung dafür, dass in der pädagogischen Beziehung stimmige Kontaktmomente entstehen können, aus denen ab und an intensive Momente der Begegnung werden können. Die Gestaltpädagogik verfügt über eine Sprache des Kontakts, die hilfreich ist, um auch für die Feinheiten des alltäglichen Beziehungsgeschehens Worte zu finden. Eine kontaktreiche pädagogische Beziehung hilft den Adressat*innen, in Kontakt mit sich und der Welt zu kommen. Gestaltpädagogisches Handeln unterstützt Menschen darin, entwicklungsfördernde Erfahrungen zu machen. Dialogisch zu arbeiten bedeutet, offen zu sein für die Erfahrungen des Gegenübers. Es geht darum, mehr als eine mögliche Antwort zuzulassen. Gestaltpädagogische

Bildungsarbeit verknüpft Selbst- und Weltzugewandtheit in Lern- und Veränderungssituationen. Es geht um persönlich bedeutsame Lernerfahrungen, die mit der eigenen Lebenssituation und mit der eigenen Existenz in Verbindung stehen. Diese können mittels vier Aspekten gestaltpädagogischen Handelns unterstützt werden: Dialogorientiertes pädagogisches Handeln setzt den anerkennend-dialogischen Beziehungsrahmen, bildungsorientiertes pädagogisches Handeln arrangiert in systematischer Weise kontaktorientierte Lernsettings, störungsorientiertes pädagogisches Handeln setzt an gestörten Interaktionen an und pädagogisch-therapeutisches Handeln schafft vulnerabilitätssensibel heilsame Lern- und Veränderungsbedingungen. Je nach Handlungsfeld und pädagogischer Aufgabe erfahren die vier Handlungsaspekte einen unterschiedlichen Schwerpunkt.

Die basalen Prinzipien der Gestaltpädagogik sind denjenigen der Traumapädagogik sehr ähnlich. In beiden Fällen geht es um ein feinfühliges Vorgehen bei gleichzeitig sicherem Rahmen. Die Gestaltpädagogik hat, gerade weil sie um die Verwundbarkeit des Menschen weiß, immer auch kritisch die Bedingungen im Blick, unter denen Pädagogik stattfindet. Sie ist ein bildungs- und machtkritischer Ansatz, nicht nur bezogen auf pädagogisches Handeln, sondern auch in Bezug auf die politischen und institutionellen Rahmenbedingungen. Nicht zuletzt ist Gestaltpädagogik ein selbstkritischer Ansatz, der betont, dass die pädagogische Beziehung kein Selbstzweck ist. Es geht um pädagogische Verantwortung und die stete Balance von Beziehung und Begrenzung.

Gestaltpädagogik ist ein hilfreicher Ansatz, um mit alltäglichen Handlungsunsicherheiten gut umzugehen. Pädagogische Situationen sind *per se* ergebnisoffen und unsicher. Umso wichtiger ist es, über eine sichere Basis von Handlungsprinzipien zu verfügen und sich gleichzeitig im Gewahrsein zu üben, also im Kontakt mit der Situation zu sein. Dafür stellt die Gestaltpädagogik einen Handlungsrahmen zur Verfügung, der in der Gestaltung pädagogischer Situationen Setting-, Beziehung-, Lern- und Didaktikprinzipien berücksichtigt. Eine der wichtigsten Grundsätze kontaktorientierten Vorgehens lautet, immer wieder verantwortungsvoll etwas Neues auszuprobieren im Kontakt mit Kindern, Jugendlichen und Erwachsenen. Denn Kontakt findet mit dem Neuen statt, nicht mit dem immer Gleichen. Es ist hilfreich, auf ungenutzte Kontaktressourcen zu achten. In den Dialog gelangen sie vor allem über fünf Wege: Bedürfnisse erfragen, Interesse an der Person zeigen, sich selbst als Person zeigen, sowohl Verbindendes als auch Trennendes thematisieren sowie gehemmte Impulse unterstützen. Auf diese Weise entstehen mit höherer Wahrscheinlichkeit stimmige Kontaktprozesse, die sich ab und an zu Momenten der Begegnung verdichten. Gestaltpädagogisches Handeln bezieht sich auf mehr als auf eine tragfähige pädagogische Beziehung. Diese ist jedoch die beste Voraussetzung, um die pädagogisch Angesprochenen in ihrer generellen Selbst- und Weltzugewandtheit zu stärken. Gestaltpädagogik arbeitet mit der Tiefendimension der pädagogischen Beziehung.

Gestaltpädagogisches Handeln, das konnte am Umgang mit dem Problemkomplex „ADHS“ gezeigt werden, bedeutet in erster Linie Orientierung geben durch Kontakt. Die Gestaltpädagogik liefert einen Handlungsrahmen, der für mehr Klarheit sorgt. Klarheit ist in herausfordernden pädagogischen Situationen nicht rezeptartig herzustellen, und es soll auch nicht behauptet werden, dass es sich dabei um eine leichte Aufgabe handelt. Die Gestaltpädagogik bietet jedoch Handlungsspielräume auch dann, wenn es eng wird. Sie zeigt die ungenutzten, übersehenen und oftmals entscheidenden Ressourcen für eine entwicklungsförderliche pädagogische Beziehung. Sie auszuschöpfen, ohne auszubrennen, ist Aufgabe einer zeitgemäßen und zukunftsfähigen Bildung und Erziehung anlässlich der gestiegenen Beziehungsansprüche und Beziehungsmöglichkeiten in spätmodernen Gesellschaften.

Literatur

Abram, A. & Hirzel, D. (2007). Fühlen erwünscht. Praxishandbuch für alle sozialen Berufe. Mit 88 Übungen für verschiedene Zielgruppen und Symptomatiken. Paderborn: Junfermann.

Ader, S. (2021). Analytischer „Scharfsinn" und geschulte Intuition im Dialog. In: Sozial Extra, 45 (4), 245–250.

Ahrbeck, B. (2007). Erregung statt Bedeutung. Überlegungen zum aktuellen Stand der ADHS-Forschung. In: Humboldt-Spektrum, 1, 40–43.

Ahrbeck, B. (2018). Erregte Zeiten, unaufmerksame und hyperaktive Kinder. In: Schmidt, H. R. (2018). Modekrankheit ADHS: eine kritische Aufsatzsammlung (S. 21–42). Frankfurt a. M.: Mabuse.

Alber, J., Kaiser, S. & Schulze, G. C. (Hrsg.) (2018). Die Person-Umfeld-Analyse in der Sonder- und Rehabilitationspädagogik. Lehrbuch zur Theorie mit Praxisbeispielen aus unterschiedlichen Handlungsfeldern. Bad Heilbrunn: Klinkhardt.

Albright, A. C. (2011). Situated dancing: Notes from three decades in contact with phenomenology. In: Dance research journal, 43 (2), 5–18.

Allport, G. W. (1974 [1958]). Werden der Persönlichkeit. Bern: Hans Huber.

Amft, H., Gerspach, M. & Mattner, D. (2004). Kinder mit gestörter Aufmerksamkeit: ADS als Herausforderung für Pädagogik und Therapie. Stuttgart: Kohlhammer.

Anderson, W. T. (2004). The upstart spring: Esalen and the human potential movement: The first twenty years. Lincoln: iUniverse.

Anger, H. & Schön, T. (Hrsg.) (2012). Gestalttherapie mit Kindern und Jugendlichen. Bergisch Gladbach: EHP.

Anger, H. & Schulthess, P. (Hrsg.) (2008). Gestalt-Traumatherapie. Vom Überleben zum Leben: Mit traumatisierten Menschen arbeiten. Bergisch Gladbach: EHP.

Arnold, R. & Holzapfel, G. (Hrsg.) (2008). Emotionen und Lernen. Die vergessenen Gefühle in der (Erwachsenen-)Pädagogik. Baltmannsweiler: Schneider Verlag Hohengehren.

Ash, M. G. (2016). Max Wertheimer und Wolfgang Köhler: Gestalttheorie als „dritter Weg" zwischen Natur- und Geisteswissenschaft. In: Schwarz, A. & Nordmann, A. (Hrsg.). Das bunte Gewand der Theorie (S. 263–295). Baden-Baden: Karl Alber.

Ash., M. G. (1995). Gestalt psychology in German culture, 1890–1967. Cambridge: University Press.

Bald, C. (2015). Kreativität und Mathematik. In: Zeitschrift für Gestaltpädagogik, 26 (1), 35–41.

Balzer, N. & Ricken, N. (2010). Anerkennung als pädagogisches Problem – Markierungen im erziehungswissenschaftlichen Diskurs. In: Schäfer, A. & Thompson, C. (Hrsg.). Anerkennung (S. 35–88). Paderborn: Ferdinand Schöningh.

Baulig, I. & Baulig, V. (2002). Praxis der Kindergestalttherapie. Bergisch Gladbach: EHP.

Baulig, V. & Baulig, I. (2001). Die Gestalttherapie als Chance, hyperaktive Kinder zu verstehen, auszuhalten und zu begleiten. In: Gestalttherapie, 15 (1), 59–68.

Baulig, V. (2006). Ritalin und Co – ein Workshopbericht. In: Zeitschrift für Gestaltpädagogik, 17 (2), 57–62.

Baulig, V. (2016). Bewusstheit als Chance. Gestaltpädagogische Hilfen im schwierigen Alltag mit schwierigen Kindern. In: Zeitschrift für Gestaltpädagogik, 27 (1), 25–33.

Baulig, V. (2019). Gestaltdiagnostik mit Kindern. In: Gestalttherapie, 33 (1), 16–34.

Baulig, V. (2023). Traumapädagogik und Gestaltpädagogik. In: Schübel, T. (Hrsg.). Perspektiven der Gestaltpädagogik. Neue Ideen für zukunftsfähige Bildung und Erziehung (S. 229–240). Gevelsberg: EHP.

Bear, M. F., Connors, B. W. & Paradiso, M. A. (2018). Neurowissenschaften: Ein grundlegendes Lehrbuch für Biologie, Medizin und Psychologie. Berlin: Springer.
Becker, N. (2007). Der Stellenwert biologischer Erklärungsmuster in der Debatte über ADHS. Eine Analyse pädagogischer Zeitschriften. In: Mietzner, U., Tenorth, H. E. & Welter, N. (Hrsg.). Pädagogische Anthropologie – Mechanismus einer Praxis (S. 186–201). Weinheim & Basel: Beltz.
Becker, N. (2014). „Schwierig oder krank?": ADHS zwischen Pädagogik und Psychiatrie. Bad Heilbrunn: Klinkhardt.
Becker, U. (2016). Leben und Lernen in der Schulgemeinschaft. In: Pädagogik, 11, 28–31.
Becker, U. (2023). Im Kontakt und digital: Gestaltpädagogik und Hochschullehre online in Zeiten von Covid-19. In: Schübel, T. (Hrsg.). Perspektiven der Gestaltpädagogik. Neue Ideen für zukunftsfähige Bildung und Erziehung (S. 173–186). Gevelsberg: EHP.
Beckmann, J. & Heckhausen, H. (2018). Motivation durch Erwartung und Anreiz. In: Heckhausen, J. & Heckhausen, H. (Hrsg.). Motivation und Handeln (S. 119–162). Berlin: Springer.
Beebe, B. (2017). Daniel Stern: Microanalysis and the empirical infant research foundations. In: Psychoanalytic inquiry, 37 (4), 228–241.
Beisser, A. R. (1997). Wozu brauche ich Flügel? Ein Gestalttherapeut betrachtet sein Leben als Gelähmter. Wuppertal: Peter Hammer.
Benner, D. (1993). Die Pädagogik Herbarts: eine problemgeschichtliche Einführung in die Systematik neuzeitlicher Pädagogik. München: Juventa.
Bernhard, A., Rothermel, L. & Rühle, M. (Hrsg.) (2018). Handbuch Kritische Pädagogik. Eine Einführung in die Erziehungs- und Bildungswissenschaft. Weinheim & Basel: Beltz Juventa.
Bernstädt, J. & Hahn, S. (2011). Gestalttherapie mit Gruppen: Handbuch für Ausbildung und Praxis. Gevelsberg: EHP.
Bertholet-Roth, K. (2023). Gestaltpädagogisch-therapeutische Begleitung von Kindern und Jugendlichen in Krisen. In: Schübel, T. (Hrsg.). Perspektiven der Gestaltpädagogik. Neue Ideen für zukunftsfähige Bildung und Erziehung (S. 307–320). Gevelsberg: EHP.
Besems, T. & van Vugt, G. (1988). Gestalttherapie mit geistig behinderten Menschen. Teil 1 – Seelische Entfaltung statt Psychopharmaka? In: Geistige Behinderung, 27 (4), Praxisteil.
Blankertz, S. & Doubrawa, E. (2005). Lexikon der Gestalttherapie. Wuppertal: Peter Hammer.
Blankertz, S. & Doubrawa, E. (2007). Jan Christiaan Smuts und der Holismus. In: Gestaltkritik 1/2007. Verfügbar unter: www.gestalt.de/smuts_holismus.html (zuletzt am 01.02.2023).
Blankertz, S. (1990). Gestaltkritik. Paul Goodmans Sozialpathologie in Therapie und Schule. Köln: EHP.
Blankertz, S. (2006). Gestaltpädagogik, Schule und Freiheit. In: Dennison, G. (Hrsg.). Gestaltpädagogik in Aktion. Ein Praxisbericht. Wuppertal: Peter Hammer.
Blankertz, S. (2012). Gestalttherapie Essentials. Das Wichtigste aus dem Grundlagenwerk von Perls, Hefferline und Goodman. Wuppertal: Peter Hammer.
Blankertz, S. (2019). Gestaltpädagogik zwischen Rebellion und Anpassung – eine Spurensuche. In: Zeitschrift für Gestaltpädagogik, 30 (1), 19–24.
Blankertz, S. (2020). Kurt Lewins Kritik der Ganzheit. Norderstedt: BoD.
Blankertz, S. (2023). Gestaltpädagogik als Machtkritik. In: Schübel, T. (Hrsg.). Perspektiven der Gestaltpädagogik. Neue Ideen für zukunftsfähige Bildung und Erziehung (S. 101–112). Gevelsberg: EHP.
Bloom, D. & Brownell, P. (2011). Continuity and change. Gestalt therapy now. Cambridge: University Press.
Bloom, D. (2009). Commentary I: The cycle of experience re-cycled: Then, now ... next? Let's go round again: Cycle of experience or sequence of contact? Dan Bloom has another go with Seán Gaffney. In: Gestalt Review, 13 (1), 24–36.
Bocian, B. & Staemmler, F.-M. (2013). Kontakt als erste Wirklichkeit. Zum Verhältnis von Gestalttherapie und Psychoanalyse. Köln: EHP.

Bocian, B. (2007). Fritz Perls in Berlin. 1893–1933. Expressionismus – Psychoanalyse – Judentum. Wuppertal: Peter Hammer.
Boeckh, A. (2006). Die Gestalttherapie. Eine praktische Orientierungshilfe. Stuttgart: Kreuz.
Boeckh, A. (2011). Die dialogische Struktur des Selbst. In: Gestalttherapie, 25 (1), 74–92.
Boeckh, A. (2015). Gestalttherapie. Eine praxisbezogene Einführung. Gießen: Psychosozial.
Boeckh, A. (2020). Die Soziale Funktion des Selbst. Gestalttherapeutische Perspektiven der Theorie-Entwicklung und der Empirischen Forschung. In: Gestalttherapie, 34 (2), 114–125.
Bogner, D. P. (2017). Die Feldtheorie Kurt Lewins: Eine vergessene Metatheorie für die Erziehungswissenschaft. Wiesbaden: Springer VS.
Bogner, D. P. (2021). Kurt Lewin reloaded. Band 1: Innovative feldtheoretische Perspektiven für die Schulpädagogik. Wiesbaden: Springer VS.
Bohnsack, F. (2008). Martin Bubers personale Pädagogik. Bad Heilbrunn: Klinkhardt.
Bohnsack, F. (2013). Wie Schüler die Schule erleben: zur Bedeutung der Anerkennung, der Bestätigung und der Akzeptanz von Schwäche. Opladen: Barbara Budrich.
Bollnow, O. F. (2001 [1968]). Die pädagogische Atmosphäre. Essen: Die blaue Eule.
Brand-Rinne, H. (2000). Gestaltpädagogik und Unterrichtsalltag. In: Früchte der Gestaltpädagogik. Ermutigte Lehrer – motivierte Schüler: 20 Beispiele (S. 27–38). Bad Heilbrunn: Klinkhardt.
Bremm, N. (2020). Umso mehr kommt es auf die Lehrperson an. Defizitperspektiven von Lehrkräften an Schulen in sozialräumlich benachteiligten Lagen. In: Drucks, S. & Bruland, D. (Hrsg.). Kritische Lebensereignisse und die Herausforderungen für die Schule (S. 106–127). Weinheim & Basel: Beltz Juventa.
Breyer, T. & Gerner, A. (2017). Resonanz und Interaktion: Eine philosophische Annäherung anhand zweier Proben. In: Breyer, T., Buchholz, M. B., Hamburger, A., Pfänder, S. & Schumann, E. (Hrsg.). Resonanz – Rhythmus – Synchronisierung: Interaktionen in Alltag, Therapie und Kunst. Bielefeld: transcript.
Brinkman, W. B., Sherman, S. N., Zmitrovich, A. R., Visscher, M. O., Crosby, L. E., Phelan, K. J. & Donovan, E. F. (2009). Parental angst making and revisiting decisions about treatment of attention-deficit/hyperactivity disorder. In: Pediatrics, 124 (2), 580–589.
Brinkmann, M. (2014). Verstehen, Auslegen und Beschreiben zwischen Hermeneutik und Phänomenologie. Zum Verhältnis und zur Differenz von hermeneutischer Rekonstruktion und phänomenologischer Deskription am Beispiel von Günther Bucks Hermeneutik und Erfahrung. In: Schenk, S. & Pauls, T. (Hrsg.). Aus Erfahrung lernen. Anschlüsse an Günther Buck (S. 199–222). Paderborn: Ferdinand Schöningh.
Brinkmann, M. (2015). Phänomenologische Methodologie und Empirie in der Pädagogik. Ein systematischer Entwurf für die Rekonstruktion pädagogischer Erfahrungen. In: Brinkmann, M. (Hrsg.). Pädagogische Erfahrung: Theoretische und empirische Perspektiven (S. 33–59). Wiesbaden: Springer VS.
Brinkmann, M. (2019). Phänomenologische Erziehungswissenschaft von ihren Anfängen bis heute. Eine Anthologie. Wiesbaden: Springer VS.
Brinkmann, M., Buck, M. F. & Rödel, S. (2017). Pädagogik – Phänomenologie. Verhältnis-bestimmungen und Herausforderungen. Wiesbaden: Springer VS.
Bronfenbrenner, U. (1981). Die Ökologie der menschlichen Entwicklung. Natürliche und geplante Experimente. Stuttgart: Klett-Cotta.
Brooks, C. V. W. (1991). Erleben durch die Sinne: „Sensory Awareness“. München: dtv.
Brown, G. I. (1969). An introduction to humanistic education: A weekend workshop for educators. In: Educational opportunity forum, 1 (4), 136–153.
Brown, G. I. (1971). Human teaching for human learning: An Introduction to confluent education. New York: Viking Press.
Brumlik, M. (2007). Vom Missbrauch der Disziplin. Antworten der Wissenschaft auf Bernhard Bueb. Weinheim & Basel: Beltz.

Brumlik, M. (2017). Advokatorische Ethik: Zur Legitimation pädagogischer Eingriffe. Hamburg: Europäische Verlagsanstalt.

Bruner, J. S. (1999). Self-Making and World-Making: wie das Selbst und seine Welt autobiographisch hergestellt werden. In: Journal für Psychologie, 7 (1), 11–21.

Buber, M. (1964 [1925]). Reden über Erziehung. Heidelberg: Lambert Schneider.

Buber, M. (1973). Das dialogische Prinzip. Heidelberg: Lambert Schneider.

Buchholz, M. B. & Kleist, C. v. (1997). Szenarien des Kontakts. Eine metaphernanalytische Untersuchung stationärer Psychotherapie. Gießen: Psychosozial.

Bühler, C. (1937). Kind und Familie. Untersuchung der Wechselbeziehungen des Kindes mit seiner Familie. Jena: Gustav Fischer.

Bühler, K. (1907). Tatsachen und Probleme zu einer Psychologie der Denkvorgänge. Über Gedanken. In: Archiv für Psychologie, 9, 297–365.

Burchardt, M. (2017). Bildung oder Selbstregulation? Zur Anthropologie des „selbstgesteuerten Lerners". In: Hübner, E. & Weiss, L. (Hrsg.). Personalität in Schule und Lehrerbildung: Perspektiven in Zeiten der Ökonomisierung und Digitalisierung (S. 99–115). Opladen: Barbara Budrich.

Burghardt, D. & Zirfas, J. (2019). Pädagogischer Takt. Eine erziehungswissenschaftliche Problemformel. Weinheim & Basel: Beltz Juventa.

Burghardt, D., Dziabel, N., Höhne, T., Dederich, M., Lohwasser, D., Stöhr, R. & Zirfas, J. (2017). Vulnerabilität: Pädagogische Herausforderungen. Stuttgart: Kohlhammer.

Burghardt, D., Seichter, S. & Krinniger, D. (2015). Pädagogischer Takt. Theorie-Empirie-Kultur. Paderborn: Ferdinand Schöningh.

Burkitt, I. (2021). The emotions in cultural-historical activity theory: Personality, emotion and motivation in social relations and activity. In: Integrative Psychological and Behavioral Science, 55 (4), 797–820.

Bürmann, I. (1997). Überwindung des Dualismus von Person und Sache. Annäherungen an bildendes Lehren und Lernen. Bad Heilbrunn: Klinkhardt.

Bürmann, I. (2003). Über die Wirksamkeit einer dialogischen Grundhaltung in der Didaktik. In: Girmes, R. & Korte, P. (Hrsg.). Bildung und Bedingtheit: Pädagogische Kommunikation im Kontext individueller, institutioneller und gesellschaftlicher Muster. Opladen: Leske + Budrich (S. 113–123). (Nachdruck in: Zeitschrift für Gestaltpädagogik, 14 (2), 2–11)

Bürmann, I. (2010). Gestaltpädagogik im Kontext aktueller Professionalisierungsdiskurse. In: Zeitschrift für Gestaltpädagogik, 21 (1), 11–20.

Bürmann, J. & Heinel, J. (Hrsg.) (1997). Wege zu verändertem Unterricht. Gestaltpädagogik und Lehrerpersönlichkeit. Bad Heilbrunn: Klinkhardt.

Bürmann, J. & Heinel, J. (Hrsg.) (2000). Früchte der Gestaltpädagogik. Ermutigte Lehrer – motivierte Schüler: 20 Beispiele. Bad Heilbrunn: Klinkhardt.

Bürmann, J. (1983). Gestaltpädagogik – ein Weg zu humanerem Lernen. In: Sauter, F. C. (Hrsg.). Psychotherapie in der Schule (S. 129–157). München: Kösel.

Bürmann, J. (1992). Gestaltpädagogik und Persönlichkeitsentwicklung. Theoretische Grundlagen und praktische Ansätze eines persönlich bedeutsamen Lernens. Bad Heilbrunn: Klinkhardt.

Bürmann, J. (1997). Auf welchem Weg beeinflusst Gestaltpädagogik den Unterricht und welche Veränderungen lassen sich erkennen? – Zusammenschau und Reflexion. In: Bürmann, J. & Heinel, J. (Hrsg.). Wege zu verändertem Unterricht. Gestaltpädagogik und Lehrerpersönlichkeit (S. 195–208). Bad Heilbrunn: Klinkhardt.

Bürmann, J. (2000). Gestaltpädagogik als Aufbruch in eine neue Lernkultur? In: Bürmann, J. & Heinel, J. (Hrsg.). Früchte der Gestaltpädagogik. Ermutigte Lehrer – motivierte Schüler: 20 Beispiele (S. 165–1990). Bad Heilbrunn: Klinkhardt.

Bürmann, J. (2014). Gestaltpädagogik als Brücke zum Fremden. In: Bürmann, J., Bürmann, I. & Kienzl, U. (Hrsg.). Gestaltpädagogik im transnationalen Studium. Persönlichkeitsentwicklung als Aspekt pädagogischer Professionalisierung (S. 31–42). Bergisch Gladbach: EHP.

Bürmann, J. (2014). Was mir wichtig ist in meiner pädagogisch-therapeutischen Arbeit. In: Zeitschrift für Gestaltpädagogik, 25 (1), 24–27.
Bürmann, J. (2023). Was ist eigentlich Gestaltpädagogik? In: Schübel, T. (Hrsg.). Perspektiven der Gestaltpädagogik. Neue Ideen für zukunftsfähige Bildung und Erziehung (S. 19–34). Gevelsberg: EHP. (leicht gekürzter Nachdruck von: Bürmann, J. (2015). Was ist eigentlich Gestaltpädagogik? Ein Nachwort. In: Heinel, J. (2015). Was ist eigentlich Gestaltpädagogik? Eine Einführung für Neugierige: „Der König ruht im Klassenzimmer" (S. 98–126). Bergisch Gladbach: EHP – aktualisierte Neuauflage der Ausgabe 1993)
Bürmann, J., Bürmann, I. & Kienzl, U. (Hrsg.) (2014). Gestaltpädagogik im transnationalen Studium. Persönlichkeitsentwicklung als Aspekt pädagogischer Professionalisierung. Bergisch Gladbach: EHP.
Burow, O.-A. & Gudjons, H. (Hrsg.) (1998). Gestaltpädagogik in der Schule. Hamburg: Bergmann + Helbig.
Burow, O.-A. & Kaufmann, H. (Hrsg.) (1991). Gestaltpädagogik in Praxis und Diskussion. Berlin: Hochschule der Künste.
Burow, O.-A. & Scherpp, K. (1981). Lernziel: Menschlichkeit. Gestaltpädagogik – eine Chance für Schule und Erziehung. München: Kösel.
Burow, O.-A. (1988). Grundlagen der Gestaltpädagogik. Dortmund: modernes lernen.
Burow, O.-A. (1993). Gestaltpädagogik. Trainingskonzepte und Wirkungen – Ein Handbuch. Paderborn: Junfermann.
Burow, O.-A. (2023). Gestaltpädagogik Revisited: Lehrer*innentraining – Unterrichtskonzept – Organisationsentwicklung. In: Schübel, T. (Hrsg.). Perspektiven der Gestaltpädagogik. Neue Ideen für zukunftsfähige Bildung und Erziehung (S. 57–76). Gevelsberg: EHP.
Burow, O.-A., Quitmann, H. & Rubeau, M. P. (1987). Gestaltpädagogik in der Praxis. Unterrichtsbeispiel und spielerische Übungen für den Schulalltag. Salzburg: Otto Müller.
Butollo, W. & Karl, R. (2012). Dialogische Traumatherapie. Manual zur Behandlung der Posttraumatischen Belastungsstörung. Stuttgart: Klett-Cotta.
Butollo, W. (2014). Trauma und Dialogfähigkeit. Zur empirisch überprüften Wirksamkeit einer Gestalt-basierten Traumatherapie. In: Hartmann-Kottek, L. (Hrsg.). Gestalttherapie – Faszination und Wirksamkeit. Eine Bestandsaufnahme (S. 279–292). Gießen: Psychosozial.
Carroll, F. (2017). Entwicklungspsychologie der Kindheit in der Gestalttherapie. In: Fuhr, R., Sreckovic, M. & Gremmler-Fuhr, M. (Hrsg.). Handbuch der Gestalttherapie (S. 563–574). Göttingen: Hogrefe.
Churchill, S. D. (2022). Existential phenomenological research. Washington: APA.
Clarkson, P. & Mackewn, J. (1995). Frederick S. Perls und die Gestalttherapie. Köln: EHP.
Cohn, R. (1975). Von der Psychoanalyse zur themenzentrierten Interaktion: von der Behandlung einzelner zu einer Pädagogik für alle. Stuttgart: Ernst Klett.
Cohn, R. C. & Terfurth, C. (Hrsg.) (2018). Lebendiges Lehren und Lernen – TZI macht Schule. Stuttgart: Klett-Cotta.
Congress, E. P. (2017). Gestalt theory and social work treatment. In: Turner, F. J. (Hrsg.). Social work treatment: Interlocking theoretical approaches (S. 248–265). Oxford: University Press.
Cooper, M. & Bohart, A. C. (2013). Experiential and phenomenological foundations. In: Cooper, M., O'Hara, M., Schmid, P. F. & Bohart, A. C. (Hrsg.). The handbook of person-centred psychotherapy and counselling (S. 102–117). New York: Palgrave Macmillan.
Cormier, E. (2012). How parents make decisions to use medication to treat their child's ADHD: a grounded theory study. In: Journal of the american psychiatric nurses association, 18 (6), 345–356.
Crocker, S. (2019). A unified theory. In: Brownell, P. (Hrsg.). Handbook for theory, research, and practice in Gestalt therapy (S. 157–182). Cambridge: Cambridge Scholars Publishing.
Dauber, H. (2009). Grundlagen Humanistischer Pädagogik. Leben lernen für eine humane Zukunft. Bad Heilbrunn: Klinkhardt.

Dauber, H. (2023). Bildung als Praxis der Freiheit in Verbundenheit. Gestaltpädagogik in der Tradition der Humanistischen Psychologie und Pädagogik. In: Schübel, T. (Hrsg.). Perspektiven der Gestaltpädagogik. Neue Ideen für zukunftsfähige Bildung und Erziehung (S. 145–156). Gevelsberg: EHP.

De Palma, V. (2016). Phänomenologie – Psychologie oder Ontologie? In: Bulletin d'analyse phénoménologique, 12 (8), 1–28.

Deci, E. L. & Ryan, R. M. (1980). Self-determination theory: When mind mediates behavior. In: The journal of mind and behavior, 33–43.

DeGrandpre, R. (2003). Die Ritalin-Gesellschaft. ADS: Eine Generation wird krankgeschrieben. Weinheim & Basel: Beltz.

Dennison, G. (2006 [1969]). Gestaltpädagogik in Aktion. Wuppertal: Peter Hammer.

DGSP (2013). „Eine ganze Generation wird krankgeschrieben". Die Aufmerksamkeitsdefizit-/Hyperaktivitätsstörung (ADHS), Ritalin und Psychopharmaka. Köln: Deutsche Gesellschaft für Soziale Psychiatrie e.V. Verfügbar unter: www.dgsp-ev.de/fileadmin/user_files/dgsp/pdfs/Publikationen/DGSP_Broschuere_Eine_Generation_wird_krankgeschrieben.pdf (zuletzt am 01.02.2023).

Dietrich, C, Uhlendorf, N., Beiler, F. & Sanders, O. (Hrsg.) (2020). Anthropologien der Sorge im Pädagogischen. Weinheim & Basel: Beltz Juventa.

Dinkelaker, J., Hugger, K. U., Idel, T. S., Schütz, A. & Thünemann, S. (2021). Professionalität und Professionalisierung in pädagogischen Handlungsfeldern: Schule, Medienpädagogik, Erwachsenenbildung. Opladen: Barbara Budrich (utb).

Ditton, H. (2006). Der Beitrag Urie Bronfenbrenners für die Erziehungswissenschaft. In: Zeitschrift für Soziologie der Erziehung und Sozialisation, 26 (3), 268–281.

Doubrawa, E. & Staemmler, F.-M. (Hrsg.) (2003). Heilende Beziehung. Dialogische Gestalttherapie. Wuppertal: Peter Hammer.

Dreitzel, H. P. (2004). Gestalt und Prozess. Eine psychotherapeutische Diagnostik oder: Der gesunde Mensch hat wenig Charakter. Köln: EHP.

Dreitzel, H. P. (2007). Emotionales Gewahrsein. Die Mensch-Umwelt-Beziehung aus gestalttherapeutischer Sicht (Reflexive Sinnlichkeit I). Köln: EHP.

Dreitzel, H. P. (2018). Die Rolle der Emotionen in der Gestalttherapie. Die Arbeit an der Ausdrucksfähigkeit unserer Gefühle. In: Psychotherapie im Dialog, 19, 93–98.

Ecarius, J. (2003). Biografie, Lernen und Familienthemen in Generationsbeziehungen. In: Zeitschrift für Pädagogik, 49 (4), 534–549.

Ehr, D. & Link, P.-C. (2016). Plädoyer für eine kritische Betrachtung des Spannungsverhältnisses von Vulnerabilität und Resilienz am Beispiel der Selbst- und Emotionsregulation nach Berking. In: Zeitschrift für Gestaltpädagogik, 27 (2), 22–34.

Eichhorn, C. & Kremers, T. (2007). Das Pädagogische Selbstkonzept. In: Zeitschrift für Gestaltpädagogik, 18 (2), 26–29.

Eichhorn, C. (2007). „Gott, was ist Glück?" Über die Arbeit mit dem „Pädagogischen Selbstkonzept" im Studienseminar Oberhausen. In: Zeitschrift für Gestaltpädagogik, 18 (2), 29–35.

Eiden, S. (2021). Normalitätserwartungen von Lehrkräften in der Kooperation mit unterschiedlich privilegierten Eltern. In: Van Ackeren, I., Holtappels, H. G., Bremm, N. & Hillebrand-Petri, A. (Hrsg.). Schulen in herausfordernden Lagen – Forschungsbefunde und Schul-entwicklung in der Region Ruhr. Das Projekt „Potenziale entwickeln – Schulen stärken" (S. 301–319). Weinheim & Basel: Beltz Juventa.

Ellinger, S. & Hechler, H. (2013). Pädagogisches Sehen, Denken und Handeln. In: Brumlik, M., Ellinger, S., Hechler, O. & Prange, K. (Hrsg.). Theorie der praktischen Pädagogik: Grundlagen erzieherischen Sehens, Denkens und Handelns. Stuttgart: Kohlhammer.

Eschweiler-Trutzenberg, N. (2023). Ratlosigkeit in Erziehungssituationen: Gestalttherapeutische Sicht auf die Prozesse bei Eltern und Berater*innen. In: Schübel, T. (Hrsg.). Perspektiven der

Gestaltpädagogik. Neue Ideen für zukunftsfähige Bildung und Erziehung (S. 329–340). Gevelsberg: EHP.

Ewert, F. (2008). Themenzentrierte Interaktion (TZI) und pädagogische Professionalität von Lehrerinnen und Lehrern: Erfahrungen und Reflexionen. Wiesbaden: Springer.

Farau, A. & Cohn, R. (1984). Gelebte Geschichte der Psychotherapie. Zwei Perspektiven. Stuttgart: Klett-Cotta.

Fatzer, G. (2011). Ganzheitliches Lernen. Handbuch zur Humanistischen Pädagogik, Schul- und Organisationsentwicklung. Bergisch Gladbach: EHP.

Feder, B. & Frew, J. (Hrsg.) (2008). Beyond the hot seat – Revisited. Gestalt approaches to group. New Orleans: Gestalt Institute of New Orleans.

Felton, R. (1978). Gestalt therapy and social work. In: International journal of social psychiatry, 24 (2), 139–152.

Filipp, S. H. & Aymanns, P. (2018). Kritische Lebensereignisse und Lebenskrisen: Vom Umgang mit den Schattenseiten des Lebens. Kohlhammer.

Fischer, N. & Richey, P. (2021). Pädagogische Beziehungen für nachhaltiges Lernen. Eine Einführung für Studium und Unterrichtspraxis. Stuttgart: Kohlhammer.

Fitzek, H. & Salber, W. (1996). Gestaltpsychologie. Geschichte und Praxis. Darmstadt: Wissenschaftliche Buchgesellschaft.

Fitzek, H. (2014). Gestaltpsychologie kompakt. Grundlinien einer Psychologie für die Praxis. Wiesbaden: Springer VS.

Flacks, D. (2010). Paul Goodman and the old new left. In: Dissent, 57 (4), 23–24.

Foolen, A., Lüdtke, U. M., Racine, T. P. & Zlatev, J. (2012). Moving ourselves, moving others: Motion and emotion in intersubjectivity, consciousness and language. Amsterdam: John Benjamins Publishing.

Frambach, L. & Thiel, D. (Hrsg.) (2015). Friedlaender/Mynona und die Gestalttherapie: Das Prinzip „Schöpferische Indifferenz“. Bergisch Gladbach: EHP.

Francesetti, G., Gecele, M. & Roubal, J. (Hrsg.) (2016). Gestalttherapie in der klinischen Praxis. Von der Psychopathologie zur Ästhetik des Kontakts. Köln: EHP.

Fridman, M., Banaschewski, T., Sikirica, V., Quintero, J., Erder, M. H. & Chen, K. S. (2017). Factors associated with caregiver burden among pharmacotherapy-treated children/adolescents with ADHD in the caregiver perspective on pediatric ADHD survey in Europe. In: Neuropsychiatric disease and treatment, 373–386.

Friedlaender, S. (2009). Schöpferische Indifferenz: Gesammelte Schriften. Herrsching: Waitawhile.

From, I. (2006 [1978]). Interview: Träume – Kontakt und Kontaktgrenzen. In: Gestaltkritik 1/2006. Verfügbar unter: www.gestalt.de/from_interview_traum.html (zuletzt am 01.01.2023). (zuerst erschienen als: From, I. (1978). Dreams. Contact and contact boundaries. E. Mark Stern and Don Lathrop interview Isadore From. In: Voices, 14 (1), 14–22)

Fromm, M. (2015). Einführung in die Pädagogik: Grundfragen, Zugänge, Leistungsmöglichkeiten. Münster: Waxmann (utb).

Fuhr, R. & Gremmler-Fuhr, M. (1988). Faszination Lernen. Transformative Lernprozesse im Grenzbereich von Pädagogik und Psychotherapie. Köln: EHP.

Fuhr, R. & Gremmler-Fuhr, M. (1991). Dialogische Beratung. Person, Beziehung, Ganzheit. Köln: EHP.

Fuhr, R. & Gremmler-Fuhr, M. (1996). Scham – eine pädagogische Herausforderung. In: Gestalttherapie, 10 (1), 42–59.

Gahleitner, S. B. (2020). Das pädagogisch-therapeutische Milieu in der Arbeit mit Kindern und Jugendlichen: Trauma- und Beziehungsarbeit in stationären Einrichtungen. Bonn: Psychiatrie.

Gegenfurtner, N. (2006). Interview mit L. S. Greenberg im April 2005. In: Gegenfurtner, N. & Fresser-Kuby, R. (Hrsg.). Emotionen im Fokus. Gestalttherapeuten im Dialog mit Leslie Greenberg. Bergisch Gladbach. EHP.

Germain, C. B. & Gittermann, A. (2016). Praktische Sozialarbeit: Das „Life Model" der Sozialen Arbeit. Fortschritte in Theorie und Praxis. Stuttgart: Ferdinand Enke.

Gethmann, C. F. (2007). Vom Bewußtsein zum Handeln. Das phänomenologische Projekt und die Wende zur Sprache. München: Wilhelm Fink.

Geuter, U. (2015). Körperpsychotherapie. Grundriss einer Theorie der klinischen Praxis. Berlin: Springer.

Giesecke, H. (1997). Die pädagogische Beziehung. Pädagogische Professionalität und die Emanzipation des Kindes. München: Juventa.

Giesecke, H. (2004). Einführung in die Pädagogik. Weinheim & München: Juventa.

Giesecke, H. (2015). Pädagogik als Beruf. Grundformen pädagogischen Handelns. Weinheim & Basel: Beltz Juventa.

Gluske-Martini, M. (2023). Gestaltpädagogik im elementaren Feld Kindergarten. In: Schübel, T. (Hrsg.). Perspektiven der Gestaltpädagogik. Neue Ideen für zukunftsfähige Bildung und Erziehung (S. 341–354). Gevelsberg: EHP.

Göhlich, M. & Zirfas, J. (2007). Lernen. Ein pädagogischer Grundbegriff. Stuttgart: Kohlhammer.

Göhlich, M., Wulf, C. & Zirfas, J. (2014). Pädagogische Zugänge zum Lernen. Pädagogische Theorien des Lernens. Weinheim & Basel: Beltz Juventa.

Goldstein, K. (1934). Der Aufbau des Organismus. Einführung in die Biologie unter besonderer Berücksichtigung der Erfahrungen am kranken Menschen. Den Haag: Nijhoff.

Goodman, P. (1956). Growing up upsurd. New York: Random House.

Goodman, P. (1975 [1964]): Das Verhängnis der Schule. Frankfurt a. M.: Athenäum Fischer.

Goodman, P. (1978 [1962]). Anarchistisches Manifest. Münster & Wetzlar: Büchse der Pandora.

Graumann, C. F. (1991). Phänomenologie und Psychologie – ein problematisches Verhältnis. In: Herzog, M. & Graumann, C. F. (Hrsg.). Sinn und Erfahrung: Phänomenologische Methoden in den Humanwissenschaften (S. 22–42). Heidelberg: Asanger.

Greenberg, L. S. (2006). Emotionsfokussierte Therapie. Lernen, mit den eigenen Gefühlen umzugehen. Tübingen: dgvt.

Greenberg, L. S., Rice L. N. & Elliott, R. (2003). Emotionale Veränderung fördern. Grundlagen einer prozess- und erlebensorientierten Therapie. Paderborn: Junfermann.

Gremmler-Fuhr, M. (2017a). Grundkonzepte und Modelle der Gestalttherapie. In: Fuhr, R., Sreckovic, M. & Gremmler-Fuhr, M. (Hrsg.). Handbuch der Gestalttherapie (S. 345–392). Göttingen: Hogrefe.

Gremmler-Fuhr, M. (2017b). Dialogische Beziehung in der Gestalttherapie. In: Fuhr, R., Sreckovic, M. & Gremmler-Fuhr, M. (Hrsg.). Handbuch der Gestalttherapie (S. 393–416). Göttingen: Hogrefe.

Gruninger, N. (2012). Wachstum, Reifung und Entwicklung. In: Anger, H. & Schön, T. (Hrsg.). Gestalttherapie mit Kindern und Jugendlichen (S. 49–67). Bergisch Gladbach: EHP.

Gruschka, A. & Pollmanns, M. (2018). Schulpädagogik. In: Bernhard, A., Rothermel, L. & Rühle, M. (Hrsg.). Handbuch Kritische Pädagogik. Eine Einführung in die Erziehungs- und Bildungswissenschaft (S. 431–451). Weinheim & Basel: Beltz Juventa.

Gurwitsch, A. (1974). Das Bewusstseinsfeld. Berlin: de Gruyter.

Guss, K. (1975). Gestalttheorie und Erziehung. Darmstadt: Steinkopff (utb).

Guss, K. (1979). Gestalttheorie und Sozialarbeit. Darmstadt: Steinkopff (utb).

Gut, J. (2012). Gestaltpädagogisches Arbeiten mit Eltern und Jugendlichen in der Sozialpädagogik. In: Svoboda, U., Scala, E. & Gut, J. (Hrsg.). Gestaltpädagogisch lernen und beraten: Theorie, Praxis und Methoden für die Schule und andere pädagogische Arbeitsfelder (S. 106–113). Berlin: dVb.

Häfelein, A. (2023). Gestaltpädagogik und Gestaltberatung: Impulse der gestaltorientierten Beratungsarbeit für die Beratung in gestaltpädagogischen Handlungsfeldern. In: Schübel, T. (Hrsg.). Perspektiven der Gestaltpädagogik. Neue Ideen für zukunftsfähige Bildung und Erziehung (S. 241–250). Gevelsberg: EHP.

Hansen, G. & Hansberg-Schröder, D. (1990). Analytische Gestalttherapie. Bad Heilbrunn: Klinkhardt.
Hansen, G. & Heindl-Opitz, S. (2005). An der Grenze zwischen Freiheit und Sicherheit. Elternarbeit aus gestalttherapeutischer Sicht. In: Gestalttherapie, 19 (2), 101–112.
Hansen, G. (1992). Zur Bedeutung von Kontakt im pädagogischen Bezug. In: Haupt, U. & Krawitz, R. (Hrsg.). Anstöße zu neuem Denken in der Sonderpädagogik (S. 85–93). Pfaffenweiler: Centaurus.
Harrington, A. (2002). Die Suche nach Ganzheit. Die Geschichte biologisch-psychologischer Ganzheitslehre: Vom Kaiserreich bis zur New-Age-Bewegung. Reinbek bei Hamburg: Rowohlt.
Hartmann-Kottek, L. (2011). Gestalttherapie – heute. In: Psychotherapeutenjournal, 2, 157–165.
Hartmann-Kottek, L. (2014). Leslie Greenberg: „Yes I am a Gestaltist!" – ein Gestalttherapeut mit Herz und Empathie. In: Hartmann-Kottek, L. (Hrsg.). Gestalttherapie – Faszination und Wirksamkeit. Eine Bestandsaufnahme (S. 293–304). Gießen: Psychosozial.
Hattie, J. A. C. (2009). Visible learning: A synthesis of over 800 meta-analysis relating to achievement. London: Routledge.
Haug-Schnabel, G. (2011). Aggression bei Kindern: Praxiskompetenz für Erzieherinnen. Freiburg i. B.: Herder.
Hechler, O. (2010). Pädagogische Beratung. Stuttgart: Kohlhammer.
Heckhausen, H. (2018). Entwicklungslinien der Motivationsforschung. In: Heckhausen, J. & Heckhausen, H. (Hrsg.). Motivation und Handeln (S. 13–48). Berlin: Springer.
Heckhausen, H., Gollwitzer, P. M. & Weinert, F. E. (Hrsg.) (1987). Jenseits des Rubikon: Der Wille in den Humanwissenschaften. Berlin: Springer.
Heekerens, H.-P. & Ohling, M. (2005). Am Anfang war Otto Rank: 80 Jahre Experienzielle Therapie. In: Integrative Therapie, 31 (3), 276–293.
Heekerens, H.-P. (2016). Psychotherapie und Soziale Arbeit: Studien zu einer wechselvollen Beziehungsgeschichte. Weitramsdorf-Weidach: ZKS.
Hehmsoth, C. (2020). Traumatisierte Kinder in Schule und Unterricht: Wenn Kinder nicht wollen können. Bad Heilbrunn: Klinkhardt (utb).
Heidegger, M. (2001 [1927]). Sein und Zeit. Tübingen: Max Niemeyer.
Helsper, W. (2006). Pädagogisches Handeln in den Antinomien der Moderne. In: Krüger, H.-H. & Helsper, W. (Hrsg.). Einführung in Grundbegriffe und Grundfragen der Erziehungswissenschaft (S. 15–34). Opladen: Barbara Budrich (utb).
Helsper, W. (2021). Professionalität und Professionalisierung pädagogischen Handelns: Eine Einführung. Opladen: Barbara Budrich (utb).
Henle, M. (2005 [1978]). Gestaltpsychologie und Gestalttherapie. In: Gestalttherapie, 19 (1), 8–19. (zuerst erschienen als: Henle, M. (1978). Gestalt psychology and Gestalt therapy. In: Journal of the history of the behavioral Sciences, 14 (1), 23–32)
Hentoff, N., Channon, G., Rippy, W. & Dennison, G. (1972). The Legacy of Paul Goodman. In: Change, 4 (10), 38–47.
Hof, C. & Bernhard, M. (2022). Übergänge als Anlass für Lernprozesse. In: Zeitschrift für Pädagogik, 68 (Beiheft), 181–194.
Hof, C., Meuth, M. & Walther, A. (Hrsg.) (2014). Pädagogik der Übergänge: Übergänge in Lebenslauf und Biografie als Anlässe und Bezugspunkte von Erziehung, Bildung und Hilfe. Weinheim & Basel: Beltz Juventa.
Hoffmann, T. & Stahnisch, F. W. (2014). Zur Einführung. In: Goldstein, K. (2014 [1934]). Der Aufbau des Organismus. Einführung in die Biologie unter besonderer Berücksichtigung der Erfahrungen am kranken Menschen. München: Wilhelm Fink.
Holodynski, M. (2006). Emotionen – Entwicklung und Regulation. Heidelberg: Springer.
Holodynski, M. (2013). The internalization theory of emotions: A cultural historical approach to the development of emotions. In: Mind, Culture, and Activity, 20 (1), 4–38.

Holowchak, M. A. (2010). Paul Goodman redux: education as apprenticed anarchism. In: Ethics and education, 5 (3), 217–232.

Holzapfel, G. (2002). Leib, Einbildungskraft, Bildung. Nordwestpassagen zwischen Leib, Emotion und Kognition in der Pädagogik. Bad Heilbrunn: Klinkhardt.

Holzapfel, G. (2008). Emotion und Kognition in der Erwachsenenpädagogik. In: Arnold, R. & Holzapfel, G. (Hrsg.). Emotionen und Lernen. Die vergessenen Gefühle in der (Erwachsenen-)Pädagogik. Baltmannsweiler: Schneider Verlag Hohengehren.

Holzapfel, G. (2023) Integrative Pädagogik im Kontext von Diskursen zur Humanistischen Pädagogik: Chancen, Grenzen, Weiterentwicklungsmöglichkeiten. In: Schübel, T. (Hrsg.). Perspektiven der Gestaltpädagogik. Neue Ideen für zukunftsfähige Bildung und Erziehung (S. 35–46). Gevelsberg: EHP. (gekürzter Nachdruck von: Holzapfel, G. (2007). Integrative Pädagogik im Kontext von Diskursen zur Humanistischen Pädagogik. Chancen, Grenzen, Weiterentwicklungsmöglichkeiten. In: Sieper, J, Orth, I. & Schuch, W. (Hrsg.). Neue Wege Integrativer Therapie: Klinische Wissenschaft, Humantherapie, Kulturarbeit – Polyloge. Festschrift Hilarion G. Petzold – 25 Jahre EAG (S. 449–488). Bielefeld: Edition Sirius)

Honeywell, C. (2011). Paul Goodman: finding an audience for anarchism in twentieth-century America. In: Journal for the study of radicalism, 5 (2), 1–33.

Hopfner, J. (2007). Pädagogisches Handeln zwischen Intuition und Urteil. Urteilskraft und Pädagogik. Beiträge zu einer pädagogischen Handlungstheorie. In: Fuchs, B. & Schönherr, C. (Hrsg.). Urteilskraft und Pädagogik. Beiträge zu einer pädagogischen Handlungstheorie (S. 133–143). Würzburg: Königshausen & Neumann.

Huber, M. & Krause, S. (Hrsg.) (2018). Bildung und Emotion. Wiesbaden: Springer VS.

Husserl, E. (1913). Ideen zu einer reinen Phänomenologie und phänomenologischen Philosophie. Husserliana, Band 1, hrsg. von K. Schumann. Den Haag: Nijhoff.

Hüther, G. & Bonney, H. (2012). Neues vom Zappelphilipp: ADS verstehen, vorbeugen und behandeln. Weinheim & Basel: Beltz.

Hutterer, R. (1998). Das Paradigma der Humanistischen Psychologie: Entwicklung, Ideengeschichte und Produktivität. Wien: Springer.

Hycner, R. (1989). Zwischen Menschen. Ansätze zu einer Dialogischen Psychotherapie. Köln: EHP.

Hycner, R. (2003). Die Ich-Du-Beziehung. Martin Buber und die Gestalttherapie. In: Doubrawa, E. & Staemmler, F.-M. (Hrsg.). Heilende Beziehung. Dialogische Gestalttherapie (S. 83–94). Wuppertal: Peter Hammer.

Iwers-Stelljes, T. (2014). Innere Blockaden in Phasen von Entscheidung und Veränderung. In: Zeitschrift für Gestaltpädagogik, 25 (1), 2–10.

Iwers-Stelljes, T. (2015). Reduktion von Lernstörungen durch die Auflösung innerer Konflikte. In: Zeitschrift für Gestaltpädagogik, 26 (1), 24–29.

Iwers, T. (2019). Achtsame Interaktion durch introvisionsorientierte Reflexion. In: Graf, U. & Iwers, T. (Hrsg.). Beziehungen bilden: Wertschätzende Interaktionsgestaltung in pädagogischen Handlungsfeldern (S. 47–56). Bad Heilbrunn: Klinkhardt.

Iwers, T. (2021). Gelassenheit und Achtsamkeit durch Introvision. In: Iwers, T. & Roloff, C. (Hrsg.). Achtsamkeit in Bildungsprozessen. Professionalisierung und Praxis (S. 49–59). Berlin: Springer.

Iwers, T. (2023). Gestaltpädagogik und Transformatorische Bildungstheorie. Eine erziehungswissenschaftliche Einordnung. In: Schübel, T. (Hrsg.). Perspektiven der Gestaltpädagogik. Neue Ideen für zukunftsfähige Bildung und Erziehung (S. 157–172). Gevelsberg: EHP.

Jäckle, M. (2017). Zur Topographie der Vulnerabilität. Eine schultheoretische Betrachtung. In: Jäckle, M. Wuttig, B. & Fuchs, C. (2017). Handbuch Trauma – Pädagogik – Schule. Bielefeld: transcript.

Jäckle, M. (2023). Vulnerabilität und ihre gestaltpädagogische Antworthaltung einer Sorgenden Präsenz. In: Schübel, T. (Hrsg.). Perspektiven der Gestaltpädagogik. Neue Ideen für zukunftsfähige Bildung und Erziehung (S. 217–228). Gevelsberg: EHP.

Jäckle, M., Wuttig, B. & Fuchs, C. (2017). Handbuch Trauma – Pädagogik – Schule. Bielefeld: transcript.

Jacobs, L. & Hycner, R. (2008). Relational approaches in Gestalt therapy. Santa Cruz: Gestalt Press.

Jacobs, L. (1989). Dialogue in Gestalt Theory and Therapy (zuerst erschienen 1989 in: The Gestalt Journal, 12 (1), 25–67. Verfügbar unter: www.gestaltpsychotherapie.de/jacobs1.pdf (zuletzt am 01.02.2023)).

Jacobs, L. (2003). Ich und Du, hier und jetzt. Zur Theorie und Praxis des Dialogs in der Gestalttherapie. In: Doubrawa, E. & Staemmler, F.-M. (Hrsg.). Heilende Beziehung. Dialogische Gestalttherapie (S. 95–124). Wuppertal: Peter Hammer.

Joyce, P. & Sills, C. (2015). Gestalttherapeutische Kompetenzen für die Praxis. Ein Lehr- und Arbeitsbuch für Psychotherapie, Beratung und Ausbildung. Bergisch Gladbach: EHP.

Kelle, H. (2009). Kulturen der Entwicklungsdiagnostik. Einführung in den Themenschwerpunkt. In: Zeitschrift für Soziologie der Erziehung und Sozialisation, 29 (2), 115–121.

Kempler, W. (1975). Grundzüge der Gestalt-Familientherapie. Stuttgart: Ernst Klett.

Kempler, W. (1989). Erlebnisaktivierende Familientherapie. Psychotherapeutische, wachstumsorientierende, systemische Interventionen. Paderborn: Junfermann.

Kepner, J. I. (1988). Körperprozesse. Ein gestalttherapeutischer Ansatz. Köln: EHP.

Keupp, H., Mosser, P., Busch, B. Hackenschmied, G. & Straus, F. (2019). Die Odenwaldschule als Leuchtturm der Reformpädagogik und als Ort sexualisierter Gewalt. Eine sozial-psychologische Perspektive. Wiesbaden: Springer VS.

Kienzl, U. (2015). Fantasiereise zur Astrophysik. In: Zeitschrift für Gestaltpädagogik, 26 (1), 22–23.

Kienzl, U. (2023a). Kurze Geschichte der Gestaltpädagogischen Vereinigung GPV e.V. In: Schübel, T. (Hrsg.). Perspektiven der Gestaltpädagogik. Neue Ideen für zukunftsfähige Bildung und Erziehung (S. 127–128). Gevelsberg: EHP.

Kienzl, U. (2023b). Braucht es heute noch gestaltpädagogische Schulen? Versuch einer Antwort am Beispiel der Projektschule Graz. In: Schübel, T. (Hrsg.). Perspektiven der Gestaltpädagogik. Neue Ideen für zukunftsfähige Bildung und Erziehung (S. 253–264). Gevelsberg: EHP.

Klein, G. (2004). Bewegung: sozial- und kulturwissenschaftliche Konzepte. Bielefeld: transcript.

Klemenz, B. (2018). Beziehungspsychologie: Grundlagen, Forschung, Therapie. Stuttgart: Kohlhammer.

Klusmann, U. (2020). Was Lehrkräfte gesund hält. Verfügbar unter: https://deutsches-schulportal.de/schulkultur/was-lehrkraefte-gesund-haelt (zuletzt am 01.02.2023).

Koch, L. (2011). Erfahrung und Lernen. In: Mertens, G., Frost, U. Böhm, W. & Ladenthin, V. (Hrsg.). Allgemeine Erziehungswissenschaft I (Handbuch der Erziehungswissenschaft 1) (S. 371–377). Paderborn. Ferdinand Schöningh (utb).

Kokemohr, H. C. (2007). Bildung als Selbst- und Weltentwurf im Anspruch des Fremden. Eine theoretisch-empirische Annäherung an eine Bildungsprozesstheorie. In: Koller, H.-C., Marotzki, W. & Sanders, O. (Hrsg.). Bildungsprozesse und Fremdheitserfahrung. Beiträge zu einer Theorie transformatorischer Bildungsprozesse (S. 13–68). Bielefeld: transcript.

Kolečáni Lenčová, I. (2021). In search of friendliness at school: Unfolding a new teaching culture. In: Philologia, 31 (1), 189–205.

Koller, H.-C. (2007). Probleme einer Theorie transformatorischer Bildungsprozesse. In: Koller, H.-C., Marotzki, W. & Sanders, O. (Hrsg.). Bildungsprozesse und Fremdheitserfahrung. Beiträge zu einer Theorie transformatorischer Bildungsprozesse (S. 69–82). Bielefeld: transcript.

Koller, H.-C. (2016). Bildung und Biografie. Probleme und Perspektiven bildungstheoretisch orientierter Biografieforschung. In: Zeitschrift für Pädagogik, 62 (2), 172–184.

Koller, H.-C. (2018). Bildung anders denken: Einführung in die Theorie transformatorischer Bildungsprozesse. Stuttgart: Kohlhammer.

Köttgen, C. (2014). ADHS (Aufmerksamkeitsdefizit-/Hyperaktivitätsstörungen). In: Düring, D., Krause, H. U., Peters, F., Rosenbauer, N. & Vollhase, M. (Hrsg.). Kritisches Glossar Hilfen zur Erziehung (S. 13–23). Frankfurt a. M.: Internationale Gesellschaft für erzieherische Hilfen. Ver-

fügbar unter: https://igfh.de/publikationen/kritisches-glossar/adhs-aufmerksamkeitsdefizit-hyperaktivitaetsstoerungen (zuletzt am 01.02.2023).
Krause, A., Dorsemagen, C. & Alexander, T. (2011). Belastung und Beanspruchung im Lehrerberuf. Arbeitsplatz- und bedingungsbezogene Forschung. In: Terhart, E., Bennewitz, H. & Rothland, M. (Hrsg.). Handbuch der Forschung zum Lehrerberuf (S. 788–813). Münster: Waxmann.
Krautz, J. & Schieren, J. (2013). Persönlichkeit und Beziehung als Grundlage der Pädagogik. Weinheim & Basel: Beltz Juventa.
Krebs, M. & Napoles, J. N. (Hrsg.) (2020). Bewegungen denken. Pädagogisch-anthropologische Skizzen. Weinheim & Basel: Beltz Juventa.
Kriz, J. (2008). Gestalttheorie und Systemtheorie. In: Metz-Göckel, H. (Hrsg.). Gestalttheorie aktuell. Handbuch zur Gestalttheorie, Band 1 (S. 39–70). Wien: Krammer.
Küchenhoff, J. (2004). Verlust des Selbst, Verlust des Anderen – die doppelte Zerstörung von Nähe und Ferne im Trauma. In: Psyche, 58 (9–10), 811–835.
Künkler, T. (2014). Lernen in Beziehung: Zum Verhältnis von Subjektivität und Relationalität in Lernprozessen. Bielefeld: transcript.
Laing, R. D. (1993). Phänomenologie der Erfahrung. Frankfurt a. M.: Suhrkamp.
Lampert, R. (2003). A child's eye view. Gestalt therapy with children, adolescents and their families. Goldsboro: Gestalt Journal Press.
Langmaack, B. (2017). Einführung in die Themenzentrierte Interaktion (TZI). Weinheim & Basel: Beltz.
Lanigan, R. L. (2000). The self in semiotic phenomenology: Consciousness as the conjunction of perception and expression in the science of communicology. In: The American journal of semiotics, 15 (1/4), 91–111.
Lederman, J. (1969). Anger and the rocking chair. Gestalt awareness with children. New York: Viking Press.
Lee, R. G. & Wheeler, G. (2013). The voice of shame: Silence and connection in psychotherapy. New York: Gestalt Press.
Leonhard, S. (2006). Leiblich lernen und lehren. Ein religionsdidaktischer Diskurs. Stuttgart: Kohlhammer.
Lewin, K. (1926). Vorsatz, Wille und Bedürfnis. Mit Vorbemerkungen über die seelischen Kräfte und Energien und über die Struktur der Seele. Berlin: Springer.
Lewin, K. (1942). Feldtheorie des Lernens. In: Lewin, K. (1982). Kurt-Lewin-Werkausgabe. Band 4: Feldtheorie, hrsg. v. C.-F. Graumann (S. 157–185). Bern: Huber / Stuttgart: Klett-Cotta.
Lewin, K. (2009). Schriften zur angewandten Psychologie. Aufsätze – Vorträge – Rezensionen, hrsg. u. eingel. v. E. Lück. In: Gestalt Theory, 31 (3/4), 243–514.
Lewin, K. (2012 [1963]). Feldtheorie in den Sozialwissenschaften. Ausgewählte theoretische Schriften. Bern: Hans Huber.
Lichtenberg, P. (2001). The four corners at the intersection of contacting. In: Robine, J.-M. (Hrsg.). Contact and relationship in a field perspective (S. 67–78). St. Romain la Virvée: L'Exprimerie.
Liebsch, K. (2009). Zwischen Enhancement und Stigmatisierung. Medikalisierung kindlichen Verhaltens als (neue) Umgangsform mit sozialer Selektion und Exklusion. In: Diskurs Kindheits- und Jugendforschung, 4 (4), 11–12.
Liegle, L. (2017). Beziehungspädagogik: Erziehung, Lehren und Lernen als Beziehungspraxis. Stuttgart: Kohlhammer.
Lingis, A. (2007). Contact: Tact and caress. In: Journal of phenomenological psychology, 38 (1), 1–6.
Lüpke, H. v. (2006). Der Dialog in Bewegung und der entgleiste Dialog. Beiträge aus Säuglingsforschung und Neurobiologie. In: Leuzinger-Bohleber, M., Brandl, Y. & Hüther, G. (Hrsg.). ADHS – Frühprävention statt Medikalisierung. Theorie, Forschung, Kontroversen (S. 169–188). Göttingen: Vandenhoeck & Ruprecht.
Lutterer, W. (2021). Eine kurze Geschichte des systemischen Denkens. Heidelberg: Carl-Auer.

Macaluso, M. A. (2015). Beyond the Perls-Goodman model: From the organism-environment field to the relational field. In: Gestalt Review, 19 (3), 233–250.
Macke, F. J. (2003). A Semiotic phenomenology of „contact". The phatic function of body and flesh in Jakobson's model of communication. In: Semiotics, 27 (1–4), 367–381.
Macke, F. J. (2014). The Experience of Human Communication: Body, Flesh, and Relationship. Vancouver: Fairleigh Dickinson University Press.
Mann, D. (2020). Gestalt therapy: 100 key points and techniques. London: Routledge.
Maragkos, M. (2017). Gestalttherapie. Stuttgart: Kohlhammer.
Maragkos, M., Rosner, R. & Butollo, W. (2006). Ein integrativer Ansatz zur Behandlung der PTB: Kombination von Gestalttherapie und Verhaltenstherapie. In: Maercker, A. & Rosner, R. (2006). Psychotherapie der Posttraumatischen Belastungsstörung: Krankheitsmodelle und Therapiepraxis-störungsspezifisch und schulenübergreifend (S. 86–101). Stuttgart: Thieme.
Marks, S. (2021). Scham – die tabuisierte Emotion. Ostfildern: Patmos.
McConville, M. (2001). Lewinian field theory, development, and psychotherapy. In: McConville, M. & Wheeler, G. (Hrsg.). The heart of Development. Gestalt approaches to working with children, adolscents and their worlds. Band 2: Adolescence (S. 26–53). Cambridge: Gestalt Press.
Mehrgardt, M. (1994). Erkenntnistheoretische Grundlegung der Gestalttherapie. Münster: LIT.
Mehrgardt, M. (1997). Erkenntnistheorie und Gestalttherapie. Teil 3: Erkenntniskritik gestalttherapeutischer Konzepte. In: Gestalttherapie, 11 (1), 26–42.
Melnick, J., Robine, J. M. & Schack, M. L. (2007). Contact and intrapsychic perspectives: Gestalt therapists reply to questions from the editors and from Ernesto Spinelli. In: Studies in Gestalt therapy. Dialogical bridges, 1 (2), 11–40.
Merleau-Ponty, M. (1965). Phänomenologie der Wahrnehmung. Berlin: de Gruyter.
Metzger, W. (1971). Psychologie in der Erziehung. Bochum: F. Kamp.
Metzger, W. (1975). Psychologie und Pädagogik zwischen Lerntheorie, Tiefenpsychologie, Gestalttheorie und Verhaltensforschung. Bern: Hans Huber.
Metz-Göckel, H. (2016). Gestalttheorie und kognitive Psychologie. Wiesbaden: Springer.
Meyer-Drawe (2008). Diskurse des Lernens. München: Wilhelm Fink.
Meyer-Drawe, K. (2003). Lernen als Erfahrung. In: Zeitschrift für Erziehungswissenschaft, 6 (4), 505–514.
Meyer-Drawe, K. (2005). Anfänge des Lernens. In: Benner, D. (Hrsg.). Erziehung – Bildung – Negativität (S. 24–37). Weinheim & Basel: Beltz. (Zeitschrift für Pädagogik, Beiheft 49)
Meyer-Drawe, K. (2010). Zur Erfahrung des Lernens. Eine phänomenologische Skizze. In: Santalka: Filologija, Edukologija, 18 (3), 6–17.
Mikhail, T. (2016). Pädagogisch handeln. Theorie für die Praxis. Paderborn: Ferdinand Schöningh.
Mikhail, T. (Hrsg.) (2008). Ich und Du: Der vergessene Dialog. Frankfurt a. M.: Peter Lang.
Miller, D. & Oelkers, J. (Hrsg.) (2014). Reformpädagogik nach der Odenwaldschule – Wie weiter? Weinheim & Basel: Beltz Juventa.
Miller, J. P., Nigh, K., Binder, M. J., Novak, B. & Crowell, S. (Hrsg.) (2019). International handbook of holistic education. London: Routledge.
Moor, P. (1965). Heilpädagogik. Ein pädagogisches Lehrbuch. Bern: Hans Huber.
Mortola, P. (2011). Einführung in die Psychotherapie mit Kindern und Jugendlichen. Das Praxisbuch zum Violet-Oaklander-Training. Wuppertal: Peter Hammer.
Müller, T. & Stein, R. (Hrsg.) (2018). Erziehung als Herausforderung: Grundlagen für die Pädagogik bei Verhaltensstörungen. Bad Heilbrunn: Klinkhardt.
Muth, C. (Hrsg.) (2014). Ein Wegweiser zu dialogischen Haltung. Dialogische Praxisforschung in Arbeitsfeldern von Sozialer Arbeit und Pädagogik der Kindheit: Stuttgart: ibidem.
Nancy, J.-L. (2014). Corpus. Zürich: Diaphanes.
Natsoulas, T. (1999). An ecological and phenomenological perspective on consciousness and perception: Contact with the world at the very heart of the being of consciousness. In: Review of General Psychology, 3 (3), 224–245.

Nausner, L. (2017). Phänomenologische und hermeneutische Grundlagen der Gestalttherapie. In: Fuhr, R., Sreckovic, M. & Gremmler-Fuhr, M. (Hrsg.). Handbuch der Gestalttherapie (S. 463–484). Göttingen: Hogrefe.

Neraal, T. & Wildermuth, M. (2008). ADHS. Symptome verstehen – Beziehungen verändern. Gießen: Psychosozial.

Neraal, T. (2019). Die Suche nach der Bedeutung der ADHS-Symptome in der Diagnostik. In: Psychoanalytische Familientherapie, 20 (2), 43–52.

Nevis, E. C. (1988). Organisationsberatung. Köln: EHP.

Nittel, D., Felden, H. v. & Mendel, M. (Hrsg.). Handbuch Erziehungswissenschaftliche Biographieforschung und Biographiearbeit. Weinheim & Basel: Beltz Juventa.

Nolting, H.-P. (2014). Lernfall Aggression. Wie sie entsteht – wie sie zu vermindern ist. Eine Einführung. Reinbek bei Hamburg: Rowohlt.

Noppeney, U. (2000). Abstrakte Haltung. Kurt Goldstein im Spannungsfeld von Neurologie, Psychologie und Philosophie. Würzburg: Königshausen & Neumann.

Oaklander, V. (1981). Gestalttherapie mit Kindern und Jugendlichen. Stuttgart: Ernst Klett.

Oaklander, V. (2009). Verborgene Schätze heben. Wege in die innere Welt von Kindern und Jugendlichen. Stuttgart: Klett-Cotta.

Oelkers, J. (2014). Wenn die Reformpädagogik den Missbrauch deckt. In: Miller, D. & Oelkers, J. (Hrsg.). Reformpädagogik nach der Odenwaldschule – Wie weiter? (S. 50–73). Weinheim & Basel: Beltz Juventa.

Oevermann, U. (1996). Theoretische Skizze einer revidierten Theorie professionalisierten Handelns. In: Combe, A. & Helsper, W. (Hrsg.). Pädagogische Professionalität. Untersuchungen zum Typus pädagogischen Handelns (S. 70–182). Frankfurt a. M.: Suhrkamp.

Parlett, M. (2017). Feldtheoretische Wurzeln der Gestalttherapie. In: Fuhr, R., Sreckovic, M. & Gremmler-Fuhr, M. (Hrsg.). Handbuch der Gestalttherapie (S. 279–294). Göttingen: Hogrefe.

Pauls, H. (1994). Das „innere Kind" und die Entwicklung des Selbst. Mit programmatischen Anmerkungen zu Entwicklungspsychologie, Säuglingsforschung und Gestalttherapie. In: Gestalttherapie, 8 (1), 19–36.

Pauls, H. (2016). Klinische Sozialarbeit. Grundlagen und Methoden psycho-sozialer Behandlung. Weinheim & Basel: Beltz Juventa.

Perls, F. S. (1948). Theory and technique of personality integration. In: American Journal of psychotherapy, 2 (4), 565–586.

Perls, F. S. (1980). Gestalt, Wachstum, Integration: Aufsätze, Vorträge, Therapiesitzungen. Paderborn. Junfermann.

Perls, F. S. (2000 [1947]). Das Ich, der Hunger und die Aggression. Stuttgart: Klett-Cotta.

Perls, F. S. (2002 [1969]). Gestalttherapie in Aktion. Stuttgart: Klett-Cotta.

Perls, F. S. (2002 [1973]). Grundlagen der Gestalt-Therapie. Einführung und Sitzungsprotokolle. Stuttgart: Pfeiffer bei Klett-Cotta.

Perls, F. S., Hefferline R. F. & Goodman, P. (2004 [1951]). Gestalttherapie. Praxis. Stuttgart: dtv.

Perls, F. S., Hefferline R. F. & Goodman, P. (2019 [1951]). Gestalttherapie. Grundlagen der Lebensfreude und Persönlichkeitsentfaltung. Stuttgart: Klett-Cotta.

Perls, F. S., Hefferline, R. F. & Goodman, P. (2009 [1951]). Gestalt therapy. Excitement and growth in the human personality. London: Souvenir Press.

Perls, F., Hefferline, R. F. & Goodman, P. (1951). Gestalt therapy. Excitement and growth in the human personality. New York: Julian Press.

Perls, L. (1999). Leben an der Grenze. Essays und Anmerkungen zur Gestalt-Therapie. Köln: EHP. (Texte aus den Jahren 1938 bis 1988)

Petzold, H. (1980). Einleitung. Fritz Perls und die Gestalttherapie. In: Perls, F. S. (1980). Gestalt, Wachstum, Integration: Aufsätze, Vorträge, Therapiesitzungen (S. 7–16). Paderborn: Junfermann.

Petzold, H. G. & Brown, G. I. (1977). Gestaltpädagogik. Konzepte der Integrativen Erziehung. München: Pfeiffer.
Petzold, H. G. & Sieper, J. (Hrsg.) (2004). Der Wille in der Psychotherapie. Band 1: Tiefenpsychologische und humanistische Verfahren. Göttingen: Vandenhoeck & Ruprecht.
Petzold, H. G. (1977). Einführung: Gestaltpädagogik. In: Petzold, H. G. & Brown, G. I. (1977). Gestaltpädagogik. Konzepte der Integrativen Erziehung (S. 7–13). München: Pfeiffer.
Petzold, H. G. (1978). Das Ko-respondenzmodell in der Integrativen Agogik. In: Integrative Therapie, 4 (1), 178, 21–56.
Petzold, H. G. (1996). Integrative Therapie: Schriften zu Theorie, Methodik und Praxis. Integrative Bewegungs- und Leibtherapie: ein ganzheitlicher Weg leibbezogener Psychotherapie (2 Teilbände). Paderborn: Junfermann.
Petzold, H. G. (2022). Ökologische Bedrohungen und die heilende Kraft von Natur und Gärten – 50 Jahre „ökopsychosomatischer“ Sicht der Integrativen Therapie auf oikeiotische „Orte und Prozesse des Wachsens“. In: Polyloge, 9, 1–73.
Petzold, H. G. (Hrsg.) (2001). Wille und Wollen. Psychologische Modelle und Konzepte. Göttingen: Vandenhoeck & Ruprecht.
Petzold, H., Schay, P. & Scheiblich, W. (Hrsg.) (2006). Integrative Suchtarbeit: Innovative Modelle, Praxisstrategien und Evaluation. Wiesbaden: VS Verlag für Sozialwissenschaften.
Philippson, P. (2001). Three boundaries of self-formation. In: Robine, J.-M. (Hrsg.) (2001). Contact and relationship in a field perspective (S. 23–40). St. Romain la Virvée: L'Exprimerie.
Philipsen, A. & Döpfner, M. (2020). ADHS im Übergang in das Erwachsenenalter: Prävalenz, Symptomatik, Risiken und Versorgung. In: Bundesgesundheitsblatt – Gesundheitsforschung – Gesundheitsschutz, 63, 910–915.
Ploder, A. (2018). Qualitative Forschung als strenge Wissenschaft? Zur Rezeption der Phänomenologie Husserls in der Methodenliteratur. Köln: Herbert von Halem.
Polster, E. & Polster, M. (2003 [1973]). Gestalttherapie. Theorie und Praxis der integrativen Gestalttherapie. Wuppertal: Peter Hammer.
Polster, E. (2009). Zugehörigkeit. Eine Vision für die Psychotherapie. Wuppertal: Peter Hammer.
Polster, M. (2001). Miriam Polster im Interview mit Robert L. Harman. In: Harman, R. L. (Hrsg.). Werkstattgespräche Gestalttherapie (S. 131–150). Wuppertal: Peter Hammer.
Portele, G. H. (2003). Der Mensch ist kein Wägelchen. Köln: EHP.
Portele, H. (2017). Gestaltpsychologische Wurzeln der Gestalttherapie. In: Fuhr, R., Sreckovic, M. & Gremmler-Fuhr, M. (Hrsg.). Handbuch der Gestalttherapie (S. 263–278). Göttingen: Hogrefe.
Prange, K. & Strobel-Eisele, G. (2014). Die Formen des pädagogischen Handelns: Eine Einführung. Stuttgart: Kohlhammer.
Prange, K. (2006). Erziehung im Reich der Bildung. In: Zeitschrift für Pädagogik, 52 (1), 4–10.
Prange, K. (2010). Die Ethik der Pädagogik: Zur Normativität erzieherischen Handelns. Paderborn: Ferdinand Schöningh.
Prange, K. (2012). Die Zeigestruktur der Erziehung. Grundriss der Operativen Pädagogik. Paderborn: Ferdinand Schöningh.
Prange, K. (2013). Pädagogisches Ethos. In: Brumlik, M., Ellinger, S., Hechler, O. & Prange, K. (Hrsg.). Theorie der praktischen Pädagogik. Grundlagen erzieherischen Sehens, Denkens und Handelns (S. 117–170). Stuttgart: Kohlhammer.
Prengel, A. & Winklhofer, U. (Hrsg.) (2014a). Kinderrechte in pädagogischen Beziehungen. Band 1: Praxiszugänge. Opladen: Barbara Budrich.
Prengel, A. & Winklhofer, U. (Hrsg.) (2014b). Kinderrechte in pädagogischen Beziehungen. Band 2: Forschungszugänge. Opladen: Barbara Budrich.
Prengel, A. (2013). Pädagogische Beziehungen zwischen Anerkennung, Verletzung und Ambivalenz. Opladen: Barbara Budrich.

Prengel, A. (2023). Erinnerungsgeschichten in pädagogischen Ausbildungs- und Studiengängen. In: Schübel, T. (Hrsg.). Perspektiven der Gestaltpädagogik. Neue Ideen für zukunftsfähige Bildung und Erziehung (S. 187–206). Gevelsberg: EHP.

Prengel, A. (Hrsg.) (1983). Gestaltpädagogik. Therapie, Politik und Selbsterkenntnis in der Schule. Weinheim: Beltz.

Prüwer, T. (2009). Humboldt reloaded. Kritische Bildungstheorie heute. Marburg: Tectum.

Pugliese, A. (2013). Subjektive und intersubjektive Genesis der Handlung. In: Phänomenologische Forschungen, 1, 181–196.

Quitmann, H. (1985). Humanistische Psychologie. Göttingen: Hogrefe.

Rabenstein, R. (2023). Das Gefühlte wirkt! Ein gestaltpädagogisches Ausbildungskonzept. In: Schübel, T. (Hrsg.). Perspektiven der Gestaltpädagogik. Neue Ideen für zukunftsfähige Bildung und Erziehung (S. 369–378). Gevelsberg: EHP.

Ratcliffe, M. (2008). Feelings of being: Phenomenology, psychiatry and the sense of reality. Oxford: University Press.

Reichel, R. & Scala, E. (1999). Das ist Gestaltpädagogik. Ein Lehrbuch für die Praxis: Grundlagen, Impulse, Methoden, Praxisfelder, Ausbildungen. Münster: Ökotopia.

Resnick, R. (2001). Robert Resnick im Interview mit Robert L. Harman. In: Harman, R. L. (Hrsg.). Werkstattgespräche Gestalttherapie (S. 91–112). Wuppertal: Peter Hammer.

Ricken, N. (1999). Subjektivität und Kontingenz. Markierungen im pädagogischen Diskurs. Würzburg: Königshausen & Neumann.

Riedesser, P. (2006). Einige Argumente zur ADHS-Kontroverse in der Kinder- und Jugendpsychiatrie. In: Leuzinger-Bohleber, M., Brandl, Y. & Hüther, G. (Hrsg.). ADHS-Frühprävention statt Medikalisierung. Theorie, Forschung, Kontroversen (S. 111–117). Göttingen: Vandenhoeck & Ruprecht.

Robine, J.-M. (Hrsg.) (2001). Contact and relationship in a field perspective. St. Romain la Virvée: L'Exprimerie.

Rohr, C. (1966). Kontaktbegriff und Kontaktdiagnose. Ein begriffsanalytischer und experimentelldiagnostischer Beitrag zum psychologischen Problem des „Kontakts". Dissertation an der philosophischen Fakultät der TU Berlin.

Rosner, R. & Henkel, C. (2010). Die Gestalttherapie in der Psychotraumatologie. In: Trauma & Gewalt, 4 (4), 294–303.

Roubal, J., Gecele, M. & Francessetti, G. (2016). Diagnose: ein gestalttherapeutischer Ansatz. In: Francessetti, G., Gecele, M. & Roubal, J. (Hrsg.). Gestalttherapie in der klinischen Praxis. Von der Psychopathologie zur Ästhetik des Kontakts (S. 78–104). Gevelsberg: EHP.

Rubin, E. (1921). Visuell wahrgenommene Figuren: Studien in psychologischer Analyse. Kopenhagen: Gyldendalske boghandel.

Rumpler, P. (2018). Soziokulturelle und biographische Voraussetzungen. In: Hochgerner, M., Hoffmann-Widhalm, H., Nausner, L. & Wildberger, E. (Hrsg.). Gestalttherapie (S. 85–106). Wien: facultas.

Rutter, S., Bremm, N. & Wachs, S. (2021). Wahrnehmung und Gestaltung von Lehrer*innen-Schüler*innen-Beziehungen an Schulen in herausfordernder Lage. In: Van Ackeren, I., Holtappels, H. G., Bremm, N. & Hillebrand-Petri, A. (Hrsg.). Schulen in herausfordernden Lagen – Forschungsbefunde und Schulentwicklung in der Region Ruhr. Das Projekt „Potenziale entwickeln – Schulen stärken" (S. 277–300). Weinheim & Basel: Beltz Juventa.

Sander, S. (2017). Dialogische Verantwortung: Konzepte der Vermittlung und des Fremdverstehens im jüdisch-deutschen Kontext des 19. und 20. Jahrhunderts. Paderborn: Wilhelm Fink.

Sauerbrey, U. & Winkler, M. (2011). Pädagogische Anmerkungen zur Aufmerksamkeitsdefizit-/Hyperaktivitätsstörung (ADHS). Jena: edition paideia.

Sauter, F. (Hrsg.) (1983). Psychotherapie der Schule. München: Kösel.

Schachameier, A. (2021). Gestalt und Soziale Arbeit: Ökonomische und ökologische Hintergründe. Gevelsberg: EHP.

Schachameier, A. (2023). Der Gestaltansatz in der Sozialen Arbeit. In: Schübel, T. (Hrsg.). Perspektiven der Gestaltpädagogik. Neue Ideen für zukunftsfähige Bildung und Erziehung (S. 355–368). Gevelsberg: EHP.

Schäfer, A. & Thompson, C. (2010). Anerkennung – eine Einführung. In: Schäfer, A. & Thompson, C. (Hrsg.). Anerkennung (S. 7–34). Paderborn: Ferdinand Schöningh.

Schefold, W. (2011). Hilfe als Grundkategorie Sozialer Arbeit. In: Soziale Passagen, 1 (3), 11–27.

Scheler, M. (1916). Der Formalismus in der Ethik und die materiale Wertethik. Halle a. d. S.: Max Niemeyer.

Schleeger, B. M. (2017). ... und wo ist das Problem ...? Zen-Buddhismus und Gestalttherapie. Wuppertal: Peter Hammer.

Schmicking, D. (2013). Zur Phänomenologie interpersonellen Handelns und Bewusstseins: Eine exemplarische Analyse der Improvisation im Jazz. In: Phänomenologische Forschungen, 1, 267–283.

Schnee, M. (2014). Scham und Beschämung in der Schule. In: Gestalttherapie, 28 (1), 58–80.

Schnee, M. (2023). Scham und Beschämung in der Schule aus gestaltpädagogischer Perspektive. In: Schübel, T. (Hrsg.). Perspektiven der Gestaltpädagogik. Neue Ideen für zukunftsfähige Bildung und Erziehung (S. 265–278). Gevelsberg: EHP.

Schneider, W. (2010). Phänomenologie und Pädagogik. Ein geschichtlich-systematischer Vergleich. Würzburg: Ergon.

Schön, T. (2019). Let's develop ... In: Gestalttherapie, 33 (1), 3–15.

Schübel, T. & Winklhofer, U. (2021). Anerkennung als pädagogische Aufgabe: Chancen für Schulen in herausfordernden Lagen. In: Journal für LehrerInnenbildung – jlb, 4, 26–39. (Schwerpunktheft „Schulen in herausfordernden Lagen")

Schübel, T. (2011). Gibt es eine gestalttherapeutische Diagnostik? Zur Begründbarkeit und Anschlussfähigkeit gestalttherapeutisch fundierter Diagnostikansätze. In: Gestalttherapie, 25 (2), 46–66.

Schübel, T. (2019). Gestaltpädagogik: eine erziehungswissenschaftliche Zwischenbilanz. In: Zeitschrift für Gestaltpädagogik, 33 (2), 4–9.

Schübel, T. (2020). Gestaltpädagogik als phänomenologische Erziehungswissenschaft. In: Gestalttherapie, 34 (1), 67–83.

Schübel, T. (2021). Berührung, die berührt: Kontakt als Schlüsselbegriff der Gestalttherapie. In: Gestalttherapie, 35 (2), 68–88.

Schübel, T. (Hrsg.) (2023). Perspektiven der Gestaltpädagogik. Neue Ideen für zukunftsfähige Bildung und Erziehung. Gevelsberg: EHP.

Schütz, A. (1951). Making music together: A study in social relationship. In: Social research, 18 (1), 76–97.

Schütze, F. (2021). Professionalität und Professionalisierung in pädagogischen Handlungsfeldern: Soziale Arbeit. Opladen: Barbara Budrich (utb).

Shantz, J. (2014). Review: Seeds beneath the snow: The sociological anarchy of Paul Goodman, Colin Ward, and James C. Scott. In: Contemporary sociology, 43 (4), 468–473.

Shapiro, S. B. (1998). The place of confluent education in the human potential movement: A historical perspective. Lanham: University Press of America.

Sieper, J. & Petzold, H. (2002). „Komplexes Lernen" in der Integrativen Therapie – Seine neurowissenschaftlichen, psychologischen und behavioralen Dimensionen. In: Polyloge 10. Verfügbar unter: www.fpi-publikation.de/download/10962 (zuletzt am 01.02.2023).

Sieper, J. (1971). Kreativitätstraining in der Erwachsenenbildung – „art therapy" und „action methods". In: Volkshochschule im Westen, 2, 220–221.

Simon, T. & Wendt, P. U. (2019). Lehrbuch Soziale Gruppenarbeit: Eine Einführung. Weinheim & Basel: Beltz Juventa.

Smuts, J. (1927). Holism and evolution. London: Macmillan.

Soff, M. (2017). Gestalttheorie und Feldtheorie. In: Hochgerner, M., Hoffmann-Widhalm, Nausner, L. & Wildberger, E. (Hrsg.). Gestalttherapie (S. 13–43). Wien: facultas.
Soff, M. (2023). Schöpferische Freiheit in der Schule – Zur Aktualität des gestalttheoretischen Ansatzes. In: Schübel, T. (Hrsg.). Perspektiven der Gestaltpädagogik. Neue Ideen für zukunftsfähige Bildung und Erziehung (S. 89–100). Gevelsberg: EHP.
Spagnuolo Lobb, M. (2001). From the epistemology of self to clinical specificity of Gestalt therapy. In: Robine, J. M. (Hrsg.). Self. A poliphony of contemporary Gestalt therapists (S. 49–66). St. Romain la Virvée: L'Exprimerie.
Spagnuolo Lobb, M. (2006). Die therapeutische Begegnung – eine improvisierte Kokreation. In: Spagnuolo Lobb, M. & Amendt-Lyon, N. (Hrsg.). Die Kunst der Gestalttherapie: Eine schöpferische Wechselbeziehung (S. 45–59). Wien: Springer.
Spagnuolo Lobb, M. (2012). Toward a developmental perspective in Gestalt therapy theory and practice: the polyphonic development of domains. In: Gestalt Review, 16 (3), 222–244.
Spagnuolo Lobb, M. (2013). The now-for-next in psychotherapy: Gestalt therapy recounted in postmodern society. Siracusa: Istituto di Gestalt HCC Italy.
Spagnuolo Lobb, M. (2016a). Self as contact, contact as self. A contribution to ground experience in Gestalt therapy theory of self. In: Robine, J. M. (Hrsg.). Self. A Poliphony of Contemporary Gestalt Therapists (S. 261–289). St. Romain la Virvée: L'Exprimerie.
Spagnuolo Lobb, M. (2016b). Entwicklungsperspektive in der Gestalttherapie: Die polyphone Entwicklung von Bereichen. In: Francessetti, G., Gecele, M. & Roubal, J. (Hrsg.). Gestalttherapie in der klinischen Praxis. Von der Psychopathologie zur Ästhetik des Kontakts (S. 107–124). Gevelsberg: EHP.
Spagnuolo Lobb, M. (2017). From losses of ego functions to the dance steps between psy-chotherapist and client. Phenomenology and aesthetics of contact in the psychotherapeutic field. In: British Gestalt Journal, 26 (1), 28–37.
Spagnuolo Lobb, M., Levi, N. & Williams, A. (2016). Gestalt therapy with children. From epistemology to clinical practice. Siracusa: Istituto di Gestalt.
Spagnuolo Lobb, M., Stern, D. N., Cavaleri, P. & Sichera, A. (2009). Key-moments in psicoterapia: confronto tra le prospettive gestaltica e intersoggettiva. In: Quaderni di gestalt, 12 (2), 11–29.
Spies, A. & Stecklina, G. (2015). Pädagogik: Studienbuch für pädagogische und soziale Berufe. München: Ernst Reinhardt (utb).
Sreckovic, M. (2017). Geschichte und Entwicklung der Gestalttherapie. In: Fuhr, R., Sreckovic, M. & Gremmler-Fuhr, M. (Hrsg.). Handbuch der Gestalttherapie (S. 15–178). Göttingen: Hogrefe.
Staemmler, F. M. & Staemmler, B. (2008). Das Ich, der Ärger und die Anhaftung – Zur Kritik der Perls'schen Aggressionstheorie und -methodik. In: Staemmler, F.-M. & Merten, R. (Hrsg.). Therapie der Aggression – Perspektiven für Individuum und Gesellschaft (S. 29–168). Bergisch Gladbach: EHP.
Staemmler, F. M. (1995). Der „leere Stuhl". Ein Beitrag zur Technik der Gestalttherapie. München: Pfeiffer.
Staemmler, F. M. (2013). Kontakt als erste Wirklichkeit – Intersubjektivität in der Gestalt-therapie. In: Bocian, B. & Staemmler, F.-M. (Hrsg.). Kontakt als erste Wirklichkeit. Zum Verhältnis von Gestalttherapie und Psychoanalyse. Bergisch Gladbach: EHP.
Staemmler, F.-M. (1993). Therapeutische Beziehung und Diagnose. Gestalttherapeutische Antworten. München: Pfeiffer.
Staemmler, F.-M. (2015). Das dialogische Selbst. Postmodernes Menschenbild und psychotherapeutische Praxis. Gevelsberg: EHP.
Staemmler, F.-M. (2017). Relationalität in der Gestalttherapie. Kontakt und Verbundenheit. Gevelsberg: EHP.
Staemmler, F.-M. & Bock, W. (2004). Ganzheitliche Veränderung in der Gestalttherapie. Wuppertal: Peter Hammer.

Stamm, M. & Halberkann, I. (2015). Resilienz – Kritik eines populären Konzepts. In: Andresen, S., Koch, C. & König, J. (Hrsg.). Vulnerable Kinder. Interdisziplinäre Annäherungen (S. 61–76). Wiesbaden: Springer VS.

Stauffer, A. (2023). Gestaltpädagogik und Ganzheitlichkeit: Die Sehnsucht nach Sinn. In: Schübel, T. (Hrsg.). Perspektiven der Gestaltpädagogik. Neue Ideen für zukunftsfähige Bildung und Erziehung (S. 207–216). Gevelsberg: EHP.

Stechow, E. v. (2015). Von Störern, Zerstreuten und ADHS-Kindern: Eine Analyse historischer Sichtweisen und Diskurse auf die Bedeutung von Ruhe und Aufmerksamkeit im Unterricht vom 16. bis zum 21. Jahrhundert. Bad Heilbrunn: Klinkhardt.

Stein, R. & Stein, A. (2020). Unterricht bei Verhaltensstörungen. Ein integratives didaktisches Modell. Bad Heilbrunn: Klinkhardt.

Stein, R. (2005). Einführung in die pädagogische Gestaltarbeit – und die gestalttheoretische Sicht von Störungen. Baltmannsweiler: Schneider Verlag Hohengehren.

Stein, R. (2023). Gestalt und Sonderpädagogik. In: Schübel, T. (Hrsg.). Perspektiven der Gestaltpädagogik. Neue Ideen für zukunftsfähige Bildung und Erziehung (S. 293–306). Gevelsberg: EHP.

Stemberger, G. (1995). Kritisches zum „Gestalt-Geschwätz“ (Teil 1). In: ÖAGP-Informationen, 4, 1–4.

Stemberger, G. (1998). Zur Kritik einiger theoretischer Annahmen und Konstrukte in der Gestalt-Therapie. In: Gestalt Theory, 20, 283–309.

Stern, D. N. (1971). A micro-analysis of mother-infant interaction. Behavior regulating social contact between a mother and her 3 1/2 month-old twins. In: Journal of the american academy of child psychiatry, 10 (3), 501–517.

Stern, D. N. (1992). Die Lebenserfahrung des Säuglings. Stuttgart: Klett-Cotta.

Stern, D. N. (2005). Der Gegenwartsmoment. Veränderungsprozesse in Psychoanalyse, Psychotherapie und Alltag. Frankfurt a. M.: Brandes & Apsel.

Stern, D. N. (2006b). L'implicito e l'esplicito in psicoterapia. In: Spagnuolo Lobb, M. (Hrsg.). L'implicito e l'esplicito in psicoterapia. Atti del Secondo Congresso della Psicoterapie Italiana. Milano: Franco Angeli.

Stern, D. N. (und die Boston Change Process Study Group) (2006a). Auf der anderen Seite des Mondes: Die Bedeutung impliziten Wissens für die Gestalttherapie. In: Spagnuolo Lobb, M. S. & Amendt-Lyon, N. (Hrsg.). Die Kunst der Gestalttherapie: eine schöpferische Wechselbeziehung (S. 42–59). Wien: Springer.

Stern, D. N. (und die Boston Change Process Study Group) (2012). Veränderungsprozesse. Ein integratives Paradigma. Frankfurt a. M.: Brandes & Apsel.

Stevens, J. O. (2006). Die Kunst der Wahrnehmung: Übungen der Gestalttherapie. Gütersloh: Gütersloher Verlagshaus.

Stiehler, M. (2007). AD(H)S. Erziehen statt Behandeln. Göttingen: Vandenhoeck & Ruprecht.

Stoehr, T. (1994). Here Now Next. Paul Goodman and the origins of Gestalt therapy. San Francisco: Jossey-Bass Publishers.

Stöhr, W. & Schulze, G. C. (2023). Gestaltpädagogik und Feldtheorie: Verstecken, Ablenken, Angreifen – Die feldtheoretische Analyse von Verhalten am Beispiel der Emotion Scham. In: Schübel, T. (Hrsg.). Perspektiven der Gestaltpädagogik. Neue Ideen für zukunftsfähige Bildung und Erziehung (S. 77–88). Gevelsberg: EHP.

Stojanov, K. (2006). Bildung und Anerkennung. Soziale Voraussetzungen von Selbst-Entwicklung und Welt-Erschließung. Wiesbaden: Springer VS.

Ströker, E. & Janssen, P. (1989). Phänomenologische Philosophie. Freiburg i. B.: Karl Alber.

Strümpfel, U. (2006). Therapie der Gefühle: Forschungsbefunde zur Gestalttherapie. Gevelsberg: EHP.

Svoboda, U. (2012). Kontakt – das zentrale Prinzip der Gestaltpädagogik. In: Svoboda, U., Scala, E. & Gut, J. (Hrsg.). Gestaltpädagogisch lernen und beraten: Theorie, Praxis und Methoden für die Schule und andere pädagogische Arbeitsfelder (S. 12–19). Berlin: dVb.

Svoboda, U. (2023a). Gestaltpädagogik: Ein bewährtes Konzept – aktueller denn je. In: Schübel, T. (Hrsg.). Perspektiven der Gestaltpädagogik. Neue Ideen für zukunftsfähige Bildung und Erziehung (S. 131–144). Gevelsberg: EHP.

Svoboda, U. (2023b). Den Regen riechen – die Angst spielen: Gestaltpädagogik in der Grundschule. In: Schübel, T. (Hrsg.). Perspektiven der Gestaltpädagogik. Neue Ideen für zukunftsfähige Bildung und Erziehung (S. 279–292). Gevelsberg: EHP.

Svoboda, U., Scala, E. & Gut, J. (Hrsg.) (2012). Gestaltpädagogisch lernen und beraten: Theorie, Praxis und Methoden für die Schule und andere pädagogische Arbeitsfelder. Berlin: dVb.

Tengelyi, L. (2007). Erfahrung und Ausdruck. Phänomenologie im Umbruch bei Husserl und seinen Nachfolgern. Dordrecht: Springer.

Thadden, E. v. (2018). Die berührungslose Gesellschaft. München: C. H. Beck.

Thompson, C. (2019). Bildung und die Grenzen der Erfahrung: Randgänge der Bildungsphilosophie. Paderborn: Ferdinand Schöningh.

Todres, L. (2008). Being with that: The relevance of embodied understanding for practice. In: Qualitative health research, 18 (11), 1566–1573.

Traverso, G. (2011). Existenzielle Gedanken. Gestalt-Zyklus der Erfahrung. In: Gestalttherapie, 25 (1), 93–104.

Trawny, P. (2016). Martin Heidegger. Eine kritische Einführung. Frankfurt a. M.: Klostermann.

Trüb, H. (2015 [1951]). Heilung aus der Begegnung: Überlegungen zu einer dialogischen Psychotherapie. Gevelsberg: EHP.

Tschötschel-Gänger, C. (2023). Gestaltpädagogik macht Politik. Gestaltpädagogische Selbsterfahrung – ein Fundament für Selbstermächtigung. In: Schübel, T. (Hrsg.). Perspektiven der Gestaltpädagogik. Neue Ideen für zukunftsfähige Bildung und Erziehung (S. 113–126). Gevelsberg: EHP.

Van Ackeren, I., H. G. Holtappels, N. Bremm & Hillebrand-Petri, A. (Hrsg.) (2021). Schulen in herausfordernden Lagen – Forschungsbefunde und Schulentwicklung in der Region Ruhr. Das Projekt „Potenziale entwickeln – Schulen stärken". Weinheim & Basel: Beltz Juventa.

Van Manen, M. (2012). The call of pedagogy as the call of contact. In: Phenomenology & Practice, 6 (2), 8–34.

Van Manen, M. (2016). Pedagogical tact. Knowing what to do when you don't know what to do. London: Routledge.

Vogel, P. (2019). Grundbegriffe der Erziehungs- und Bildungswissenschaft. Opladen: Barbara Budrich (utb).

Votsmeier, A. (1995). Gestalt-Therapie und die „organismische Theorie" – der Einfluss Kurt Goldsteins. In: Gestalttherapie, 9 (1), 2–16.

Votsmeier-Röhr, A. & Wulf, R. (2017). Gestalttherapie. München: Ernst Reinhardt.

Waldenfels, B. (1971). Das Zwischenreich des Dialogs. Sozialphilosophische Untersuchungen in Anschluss an Edmund Husserl. Den Haag: Nijhoff.

Waldenfels, B. (1992). Einführung in die Phänomenologie. München: Wilhelm Fink.

Waldenfels, B. (2002). Bruchlinien der Erfahrung: Phänomenologie, Psychoanalyse, Phänomenotechnik. Frankfurt a. M.: Suhrkamp.

Waldenfels, B. (2006). Schattenrisse der Moral. Frankfurt a. M.: Suhrkamp.

Waldenfels, B. (2007). Antwortregister. Frankfurt a. M.: Suhrkamp.

Waldenfels, B. (2009). Ortsverschiebungen, Zeitverschiebungen: Modi leibhaftiger Erfahrung. Frankfurt a. M.: Suhrkamp.

Waldenfels, B. (2015). Sozialität und Alterität. Modi sozialer Erfahrung. Frankfurt a. M.: Suhrkamp.

Waldenfels, B. (2018). Das leibliche Selbst. Vorlesungen zur Phänomenologie des Leibes. Frankfurt a. M.: Suhrkamp.

Waldenfels, B. (2019). Erfahrung, die zur Sprache drängt: Studien zur Psychoanalyse und Psychotherapie aus phänomenologischer Sicht. Frankfurt a. M.: Suhrkamp.

Walter, K. (2015). Erziehen ist eine Kunst. Gestaltpädagogik in der Jugendhilfe. Hamburg: disserta.

Wegscheider, H. (2020). Dialog und Intersubjektivität in der Gestalttherapie. Von der jüdischen Tradition und der Dialogphilosophie zu relationalen Entwicklungen in Psychoanalyse und Gestalttherapie. Gevelsberg: EHP.

Weiß, W. (2021). Philipp sucht sein Ich. Zum professionellen Umgang mit Traumata in der Heimerziehung. Weinheim & Basel: Beltz Juventa.

Wendt, A. N. (2020). Phänomenologische Psychologie. In: Mey, G. & Mruck, K. (Hrsg.). Handbuch Qualitative Forschung in der Psychologie. Band 1: Ansätze und Anwendungsfelder (S. 101–124). Wiesbaden: Springer VS.

Wertheimer, M. (1912). Experimentelle Studien über das Sehen von Bewegung. In: Zeitschrift für Psychologie, 61, 161–165.

Wheeler, G. (1993). Kontakt und Widerstand. Ein neuer Zugang zur Gestalttherapie. Köln: EHP.

Wheeler, G. (2002). The developing field: Toward a gestalt development model. In: Wheeler, G. & McConville, M. (Hrsg.). The heart of Development. Gestalt approaches to working with children, adolscents and their worlds. Band 1: Childhood (S. 37–82). Cambridge: Gestalt Press.

Wheeler, G. (2006). Jenseits des Individualismus. Für ein neues Verständnis von Selbst, Beziehung und Erfahrung. Wuppertal: Peter Hammer.

Wheeler, G. (2016). The future of the self: Reflections on contact, development, and the „sub-systems of the self" in Paul Goodman. In: Gestalt Review, 20 (3), 235–256.

Widmer, K. (1980). Paul Goodman. Boston: Twayne Publishers.

Wiese, W. (2018). Experienced wholeness: Integrating insights from gestalt theory, cognitive neuroscience, and predictive processing. Cambridge: MIT Press

Wiesing, L. (2020). Ich für mich. Phänomenologie des Selbstbewusstseins. Frankfurt a. M.: Suhrkamp.

Willaschek, M. (2014). Der mentale Zugang zur Welt. Frankfurt a. M.: Klostermann (utb).

Wimmer, B. (2014). Daniel Sterns Liebeserklärung an die Gestalttherapie – ein Kampf der Liebenden? In: Hartmann-Kottek (Hrsg.). Gestalttherapie – Faszination und Wirksamkeit. Eine Bestandsaufnahme (S. 317–322). Gießen: Psychosozial.

Winkler, M. (2022). Die pädagogische Beziehung aus Sicht der Sozialpädagogik. Oder: Warum es manchmal besser ist, über Orte an Stelle von Beziehungen zu sprechen. In: Berndt, C., Häcker, T. & Walm, M. (Hrsg.). Ethik in pädagogischen Beziehungen (S. 213–235). Bad Heilbrunn: Klinkhardt.

Winnefeld, F. (1971). Pädagogischer Kontakt und Pädagogisches Feld. München: Ernst Reinhardt.

Wirth, W. (2012). Entwicklungsbewegungen der Gestalttherapie. In: Anger, H. & Schön, T. (Hrsg.). Gestalttherapie mit Kindern und Jugendlichen (S. 15–48). Bergisch Gladbach: EHP.

Witsch, M. (2008). Kultur und Bildung: Ein Beitrag für eine kulturwissenschaftliche Grundlegung von Bildung im Anschluss an Georg Simmel, Ernst Cassirer und Richard Hönigswald. Würzburg: Königshausen & Neumann.

Witsch, M. (2010). Pädagogik als Selbstbezug im Fremdbezug – Ideengeschichtliche Theoriefiguren im Diskurs der Moderne. Verfügbar unter: www.pedocs.de/volltexte/2010/3332/pdf/Paedagogik_als_Selbezug_im_Fremdbezug_D_A.pdf (zuletzt am 01.02.2023).

Wojcieszuk, M. (2017). Der Mensch wird am Du zum Ich: eine Auseinandersetzung mit der Dialogphilosophie des XX. Jahrhunderts. Freiburg i. B.: Centaurus.

Wollants, G. (2012). Gestalt therapy. Therapy of the situation. Los Angeles: Sage.

Woo, J.-G. (2007). Responsivität und Pädagogik. Die Bedeutung der responsiven Phänomenologie von Bernhard Waldenfels für die aktuelle phänomenologisch orientierte Erziehungsphilosophie. Hamburg: Dr. Kovac.

Wulf, R. & Boeckh, A. (2013). Anerkennung – Intersubjektivität – Selbstentwicklung und die Konsequenzen für die Gestalttherapie. In: Gestalttherapie, 27 (2), 14–39.

Wymore, J. (2015). Gestalten. In: Mistler, B. J. & Brownell, P. (Hrsg.). Global perspectives on research, theory, and practice: A decade of gestalt! Newcastle u.T.: Cambridge Scholars Publisher.

Wysujack, V. (2021). Interaktive Handlungsweisen von Lehrpersonen unter anerkennungstheoretischer Perspektive. Wiesbaden: Springer VS.

Yazek, D. (2017). Transformation and Education. In: Warnick, B. R. & Stone, L. (Hrsg.). Macmillan interdisciplinary handbook on philosophy of education (S. 205–220). New York: Macmillan Reference.

Yin, Y. (2013). Contact with my teacher's eyes. In: Phenomenology & Practice, 7 (1), 69–81.

Yontef, G. M. (1999). Awareness, Dialog, Prozess. Wege zu einer relationalen Gestalttherapie. Köln: EHP.

Yontef, G. M. (2001). Garry Yontef im Interview mit Robert L. Harman. In: Harman, R. L. (Hrsg.). Werkstattgespräche Gestalttherapie (S. 75–90). Wuppertal: Peter Hammer.

Yontef, G. M. (2003). Gestalttherapie als dialogische Methode. In: Doubrawa, E. & Staemmler, F. M. (Hrsg.). Heilende Beziehung. Dialogische Gestalttherapie (S. 27–58). Wuppertal: Peter Hammer.

Yontef, G. M. (2004). Gary Yontef: Zum Aspekt der Beziehung in Theorie und Praxis der Gestalttherapie. In: Gestaltkritik, 1. Verfügbar unter: www.gestalt.de/yontef_dialog.html (zuletzt am 01.01.2023). (zuerst 2002 erschienen als: The relational attitude in Gestalt therapy theory and practice. In: International Gestalt Journal, 25 (1), 15–34)

Young, J. E., Klosko, J. S., Weishaar, M. E. & Kierdorf, T. (2008). Schematherapie. Ein praxisorientiertes Handbuch. Paderborn: Junfermann.

Zahavi, D. (2009). Husserls Phänomenologie. Tübingen: Mohr Siebeck (utb).

Zahavi, D. (2019). Getting it quite wrong: Van Manen and Smith on phenomenology. In: Qualitative health research, 29 (6), 900–907.

Zink, K. (2016). AD(H)S: Herstellungsweise(n) eines Etiketts in den Diskussionslinien zur „Aufmerksamkeitsdefizit-Hyperaktivitätsstörung“. Irritationen und Widersprüche in einer Spurensuche. In: Anhorn, R. & Balzereit, M. (Hrsg.). Handbuch Therapeutisierung und Soziale Arbeit (S. 451–479). Wiesbaden: Springer VS.

Zinker, J. & Nevis, M. (1999). Die Ästhetik der Gestalt-Paartherapie (S. 331–369). In: Wheeler, G. & Backman, S. (Hrsg.). Gestalttherapie mit Paaren. Wuppertal: Peter Hammer.

Zinker, J. (1993 [1977]). Gestalttherapie als kreativer Prozess. Paderborn: Junfermann.

Zinker, J. (1994). In search of good form. Gestalt therapy with couples and families. San Francisco: Jossey-Bass Publishers.

Zinker, J. (2001). Joseph Zinker im Interview mit Robert L. Harman. In: Harman, R. L. (Hrsg.). Werkstattgespräche Gestalttherapie (S. 53–58). Wuppertal: Peter Hammer.